My Notes from Harvard

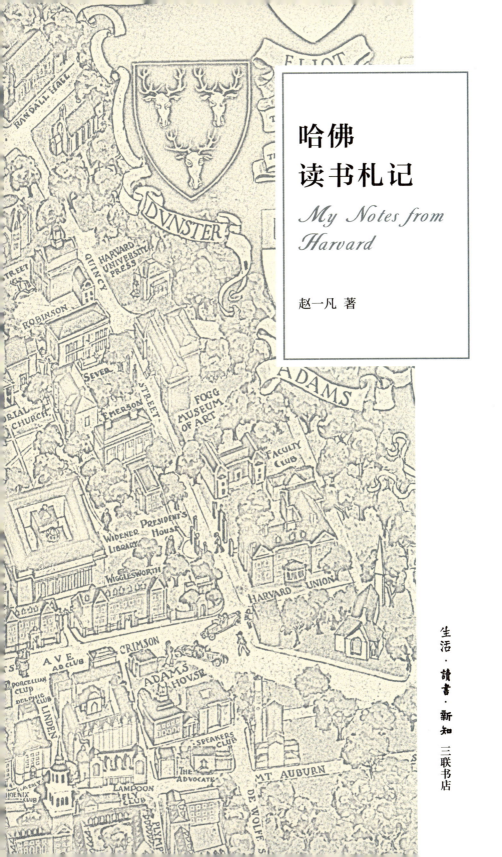

哈佛
读书札记

My Notes from Harvard

赵一凡 著

生活·讀書·新知 三联书店

Copyright © 2016 by SDX Joint Publishing Company.
All Rights Reserved.
本作品版权由生活·读书·新知三联书店所有。
未经许可,不得翻印。

图书在版编目(CIP)数据

哈佛读书札记/赵一凡著.—北京:生活·读书·新知三联书店,
2016.7 (2019.6 重印)
 ISBN 978-7-108-05487-6

Ⅰ.①哈… Ⅱ.①赵… Ⅲ.①西方文化-文集 Ⅳ.① G11-53

中国版本图书馆 CIP 数据核字(2015)第 221127 号

特邀编辑	孙晓林
责任编辑	王 竞
装帧设计	薛 宇
责任印制	董 欢
出版发行	生活·讀書·新知 三联书店
	(北京市东城区美术馆东街 22 号 100010)
网 址	www.sdxjpc.com
经 销	新华书店
印 刷	三河市天润建兴印务有限公司
版 次	2016 年 7 月北京第 1 版
	2019 年 6 月北京第 2 次印刷
开 本	635 毫米×965 毫米 1/16 印张 26.5
字 数	390 千字
印 数	6,001-9,000 册
定 价	49.00 元

(印装查询:01064002715;邮购查询:01084010542)

冬日哈佛图书馆(1981年)

初到美国，首府门口排长队

宿舍一隅

首款 IBM 个人电脑，伴随我哈佛八年的学生时代

大考之后

哈佛毕业照（1984年）

我的老师艾伦教授

2015年9月,再次来到哈佛老校园

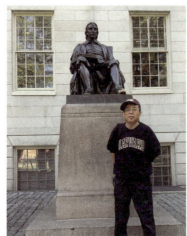

哈佛铜像前,再次留影

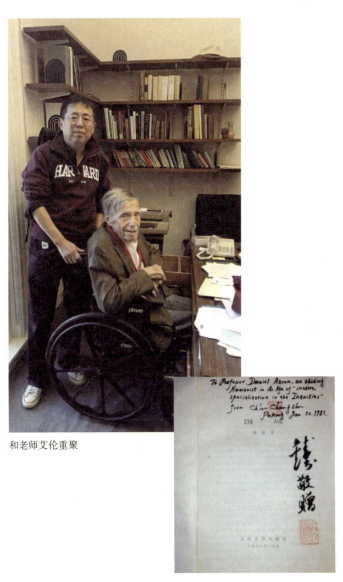

和老师艾伦重聚

艾伦老师拿出当年钱锺书先生题赠他的《围城》；一时间，我不知身处何处

丹尼尔·贝尔与当代资本主义文化批评

哈佛读书札记　　　赵一凡

Daniel Bell.

"在较为宽大的历史范畴内,我所致力的这种文化批评已经超越眼下广为接受的自由派立场,力图以一种不同方式来探究当代社会的众多难题。……为便于读者了解我著作中的观点,我以为应该首先申明立场:本人在经济领域是社会主义者,在政治上是自由主义者,而在文化方面是保守主义者。"

——丹尼尔·贝尔《资本主义文化矛盾》一九七八年再版前言

贝尔其人其书

在哈佛,博士资格考试的压轴难题,往往是要学生列举一串本学科级具"魅力权威"(Charisma,原指超凡神助者对信徒的感召力,后为韦伯社会学重要原则,强调具有领袖或先智素质的个人对社会的示范和推动作用)的精神导师,精要地作比较批评,进而对学科的发展前景、突破方向加以答辩。这种考法,目的是验证学生的批判和反思能力,以便站到巨人的肩头,继续学术攀登。

因为是中国学生读美国文化思想史,铨选评论起来,不免运用了双重标准。一方面,由于哈佛注重经典、崇尚精英文化的传统学风,作学生的读书百般挑剔,砸偶像成风,难得称人一声"权威"。另一方面,因为是负笈远邦,隔海观潮,习惯站在一箭地开外,对人皆目为权威的反要掂量再三。

据此原则择出的十余人,大抵是些老而不朽者,他们从事学术活动绵延几十载。在美国文化和思想研究这个多学科边缘领域内,这批人历经社会主义、自由主义和新保守主义三大思潮的冲刷,没有被淘汰淹没,反而以各自的理论影响建立起较为长久的学术秩序,并且在思想界保持挺进的锋芒直到晚年（○○○○在近年相继去世）。如果拿他们几经历史沉淀的理论同文化理论建设作对应思考,也许会多一些冷静、长远,至少某些因忽视历史差距、赶赴新浪潮而造成的失落,○○○○。

丹尼尔·贝尔(Daniel Bell)就是这方面一个当代思潮的人物——他算不算魅力权威且不下结论,时没有当他是"强制权威"。

108

1986年12月我在《读书》杂志上发表的第一篇文章;当时的栏目名称为"哈佛读书札记"

自 序

三联书店再版《哈佛读书札记》，令我百感交集。这是两本旧书的合编：其一为《美国文化批评集》，1994年由三联书店推出；其二叫《欧美新学赏析》，1996年由中央编译出版社印行。两本书的内容，多来自1986-1996年间我在《读书》发表的专栏文章。请留意：该专栏始终标名"哈佛读书札记"。

这个专栏的创立，自有一番佳话。1986年夏，我自哈佛回北京，深秋一次会议上认识了《读书》女编辑倪乐。她发了我的稿，又约我去见沈昌文，见面地点是在东四某个出租房中，朔风呼啸，摇撼破窗。当时感觉，仿佛回到30年代邹韬奋在上海的打拼场所：一屋子男男女女，南腔北调，来去如飞；这边说着话、干着活，那边架上小火锅，要开午餐了。

作为"呼啸山庄"的男女主人，沈公和秀玉盛情邀我入伙。我尚在犹豫中，旁边的王炎、杨丽华、吴彬、赵丽雅、贾宝兰等一干年轻编辑，早已捧出各色小菜、南北佐料来。一时间汤锅翻滚、香味四溢。大家伙儿不分尊卑，纷乱入座。

第一次会晤三联诸君，作何感想呢？从外表看，这帮人衣着朴素，因陋就简，形同拓荒者。偏又笑语不断，兴高采烈地做事。其手脚之麻利、人缘之好，令我刮目相看：原来三联传统，竟是如此敬业！

半年后，沈公约我小酌，打听美国出版界内情，重点是《纽约时报》《哈泼斯》的专栏作家（Column Writers）制度。1987年初，《读书》杂志开办中国改革开放后的第一个专栏"哈佛读书札记"：栏主赵一凡，责编先有倪乐，后有赵丽雅。漫画家丁聪先生欣然加盟，为我评点的二十多位欧美学界名流，逐一画出头像。

《读书》再接再厉，又推出巴黎札记、莫斯科札记等一批专栏，分头介绍外国新知，开启国人读书兴趣。及至1988年，我听说国内许多高校的学生，自愿组成读书小组，定期在寝室里、草坪上讨论《读书》文章。

近几年我听人说：哈佛读书札记绝版，哪儿也买不着。三联书店资深编辑孙晓林来电，也提醒我考虑再版。权衡之下，我决定将两书合编为一，仍保留专栏名目：哈佛读书札记。这样能满足一批老读者的怀旧愿望，亦可纪念《读书》风华正茂的那段美好岁月。

说明一下：这套札记的内容，多出自我在哈佛的课堂笔记、研讨班报告。由于我在哈佛文理研究院主攻美国研究、欧美思想史，所以我的笔记与报告，亦随我的选修方向扩展，形成两个系列：美国文化思想史，20世纪西方文论。

严格说，此书只是一个归国留学生的试笔文字。由于钱锺书先生的及时指点，它竟为我提供了攀登高峰前的一次热身机会。1996年《欧美新学赏析》杀青后，我曾向钱先生坦承：《新学》尚不及格，我会下力气重写。哪些方面不及格呢？

首先，钱先生指中外学术交往，犹如"鸟之双翼、剪之双刃，缺一不可"。而我在三十多篇专栏文章中，尽管努力介绍西方新学，批评美国文化，却也暴露出重洋文、轻国学的明显缺陷。其次，一如钱先生所言：我的文章是美国"博士文"，句子长，字眼大，叙事拖沓，就连文中语法，多半也是英语的！

纵观20世纪中国学术史，此类缺陷并非我一人独有：中国学人奋发图强、一心求变，遂大力钻研西方经典，忽略中国本位，继而养成不谙国情、不接地气、不识庐山真面目的毛病。我该如何补救呢？

钱先生建议我补习国学经典，自《易经》《诗经》《山海经》起，到《史记》《汉书》《三国志》，再到《红楼梦》《聊斋志异》"三言二拍"，辅以民间说唱艺术，如山东快书、苏州评弹、陕西秦腔。目的依然是鉴古知今，察人观己，融通中西。

此后十年，针对中国文科博士生，我结合国情，量体裁衣，反复试讲，逐步完成了《西方文论关键词》《西方文论讲稿》。2009年三联书店出版《讲稿》下卷，标志第二系列的圆满结束。至此，我的文风已然大变：《西方文论讲稿》不仅参酌司马迁《史记》体例，且能模仿《管锥编》中如数家珍的国学方法。其中六大法，含亦扫亦包法、儒家辩证法、鸟之两翼法、通观圆览法、脱胎换骨法、半庄半谐法。另有六小法，如春秋笔法、搭天桥法、阶进法、花开两朵法、水中着盐法、捉至一处法。

写作中，我为求得平衡，努力维持东西方文化的思想对应。我的笨拙做法是：一头以海德格尔、福柯等人为欧美新学代表，另一头则视陈寅恪、钱锺书为国学导师。书写完了，我反而生出许多畏惧。

这又是何道理呢？在《林纾的翻译》中，钱锺书提出一系列文化交流命题，诸如引进西洋文化，目的是欧化还是汉化？翻译标准是"化"还是"讹"？译者是"传四夷及鸟兽之语"以作诱导、反逆，还是借体寄生、指鹿为马？钱先生又指：在"出发语言"与"到达语言"之间，译者自有一段艰辛历程。看看《围城》里的方鸿渐，各位就不难明白：身为归国留学生，他难免一路颠顿，七灾八难。

1998年钱先生离世后，我辞掉官职，搬去苏州，闭门补习国学，体验民间说唱，但求能祛除方鸿渐的一身毛病，诸如食洋不化、东西不辨、移橘为枳。说到底，我仍有一本大书未及完成，它的雏形就是《哈佛读书札记》第一系列《美国文化批评集》。该系列计有十二篇，从当代资本主义文化批评、哈佛教育思想考察、美国政治思想史、美国改革史观，直到美国清教文化、美国管理革命、美国白领与权力精英、法兰克福学派旅美文化批评。

我原打算在此基础上，写一本中美文化思想的比较史论，书名为《中国与美国》，目标是对照并反思美国汉学家费正清的《美国与中国》。但自钱先生过世，我便失去他的宝贵指导。如今以我一人之力，要达至宏伟目标，显然不足对付。出路何在？唯有锻炼身体，修习国史，考察国土，分步推出《西部国情考》《美国汉学八大家》，以为《中国与美国》之前奏。

2010年夏，我卖掉苏州住宅，购入一辆越野车。2011年3月起，我连续四年，驾车五万公里，走遍中国西部十二省区。不久后我将推出《西部国情考》，其中的文笔与体例，力求中西兼顾、新旧交融：一方面不乏西学犀利的批判反思，另一方面，也杂糅了徐霞客的游记体（《徐霞客游记》）、顾炎武的日记体（《日知录》《天下郡国利病书》）、黄宗羲的学案体（《明儒学案》）。

新书问世前，我谨向三联书店两代老总、老少编辑们鞠躬，多谢你们不离不弃，陪伴我走过一路颠顿、峰回路转的三十年光阴。而这三十年中国变化之巨，也同我这本小书休戚相关、福祸相依。

赵一凡

2015年12月1日于海口冬宅

目 录

自序 1

美国文化批评集

前记 3
贝尔与当代资本主义文化批评 7
哈佛教育思想考察 18
  兼评鲍克校长《超越象牙塔》
霍夫斯塔特与美国政治思想史 29
现代化理论与霍氏改革史观 42
威尔逊的俄国之恋 57
  兼评《日瓦戈医生》及其美国批评家
派瑞·米勒与美国文化根 72
屈瑞林与纽约文人的时代 85
钱德勒与管理革命理论 97
白领·权力精英·新阶级 109
耶鲁批评家及其学术天地 121
法兰克福学派旅美文化批评 132

何谓新历史主义？ 143
附录一 《围城》的讽喻与掌故 156
附录二 《围城》的隐喻及主题 168

欧美新学赏析集

前记 181
尼采与西方文论的发生 183
胡塞尔与现象学的初衷 194
海德格尔与存在问题 209
海德格尔与后现代知识兴趣 218
巴赫金：语言与思想的对话 228
话语理论的诞生 239
阿尔都塞与话语理论 249
福柯的知识考古学 261
福柯的话语理论 273
拉康与主体的消解 285
巴特：结构主义变色龙 295

利奥塔与后现代主义论争　306

本雅明与西马文化生产论的发端　318

鲍德里亚与表征危机　327

海德格尔论科技危险　337

杰姆逊与后现代文化批判　348

亨廷顿、萨义德与东方主义　359

美国的忧郁　371

附录

哈佛与清华　383

介绍一部美国思想史　389

房龙小引　392

纪念陈寅恪先生　398

　　写作《西方文论讲稿》有感

九年工作回顾　405

　　记于"三联·哈佛燕京学术丛书"第八辑出版之后

我与三联二十年　408

My Notes from Harvard

美国文化批评集

哈佛读书札记

前　记

这本集子收编十二篇"哈佛读书札记"。它们作为专栏文章,曾在《读书》杂志上连载发表,时间大约是从1986年底至1991年初。这个专栏我还会继续写下去,目标是完成一套三十篇左右、自成系统的文化批评著作。其目的有二:第一可向国内读者提供一个了解西方文化与思想动态的窗口,第二能替自己的学术研究创设一种生动活泼的便利方式。

现在将这十二篇札记编成第一辑,因为它们全都涉及美国文化及其新近研究动态,故取名《美国文化批评集》。已在《读书》上同读者见面的一些篇目,诸如《巴赫金:语言与思想的对话》《利奥塔与后现代主义论争》《福柯的知识考古学》等,拟于今后汇入该专栏的第二辑,即《欧美新学赏析集》。

1987年,我刚刚通过哈佛博士资格考试,便携带尚未成形的毕业论文,欣然回北京安家。当时条件甚为艰辛,治学与持家皆须苦战。匆匆动笔的初衷,是想一边实行"拿来主义",练习批评之功;一边以文养学,如期完成博士论文。承蒙《读书》编辑赏识,众多读者鼓励,使我开笔顺畅,连续评点了一批重要的美国当代学者,以及他们所代表的一部分西方学术思想潮流。

文章写到1989年初,我回哈佛答辩论文,继而参加毕业大典。就在我穿上紫红帽袍的日子里,北京传来重大消息,催促我提前回国,奔向自己的家庭、工作,还有我未写完的《读书》专栏。目睹并体验中国的历史性变革，我逐渐写出一些感悟与心情来，于是开始摸索新的思路与风格。

1991年我再度访问哈佛，完成一本学术著作。不久父亲生病，我守候半年后，他终于故去，令我握笔乏力。这期间"哈佛读书札记"一度停笔，原因多半在此。另外，由于潜心阅读钱锺书先生的著作，我感触良多，有意搁笔反省一段时间，想想自己的"文化批评"今后该如何去做。

开辟专栏之前，我确有一个郑重构想，即希望通过跨越学科、沟通知识的方式，试验出一种符合中国人口味的"文化批评"体裁。这种体裁，是我在留学期间受老师指点，后经反复揣摩，心向往之的东西：其中既有法兰克福学派的文化批判（Kulturkritik）思想传统，也有欧美学界最近流行的文化批评（Cultural Criticism）新学风。

所谓法兰克福学派的文化批判精神，乃是西方左倾思想界一支坚韧余脉。它虽已放弃革命理想，趋于悲观和书斋化，却部分继承了马克思对资本主义的严峻批判立场。他们精于思辨，深入解剖，恪守精神价值，顽强对抗发达资本主义物化趋势，从而推动西方激进学派的多种理论抗争。

这个集子以相当篇幅评点了阿多诺、马尔库塞、米尔斯与新历史主义学派的学术理论，理由便是要借其一脉因袭的犀利与凝重，帮助中国读者客观而沉稳地透视美国文明，了解并预见现代化的利弊得失及其身后之路。自然，此种文化批判不是中国的产物，即便移植过来也难适应国情。我在书中仅仅想表明：他们是研究危机、提示矛盾的专家，也是中国人深入展开自己对西方发达资本主义的文化批判之前可供借鉴的老师。

至于文化批评新学风，则是一种多功能综合批评方法。特征是以新式批评理论为先导，破除传统人文中心论，超越学科分治界限，强调角度与方法的多样化，追求宽大复合的学术视野，以及广泛积极的读者反应。本集中专题介绍的贝尔、米勒、威尔逊、屈瑞林等人，都可归入这一路文化批评家之列。他们虽然专业方向不同，共有的长处是勇于沟通融汇，拓展边缘，综合治理，从整体上提高文化研究的水平与价值。在美国读书时，受此风气熏染，我努力扩充知识，兼修文史哲诸科，渴望练就那种轻捷灵动、游刃有余的综合批评功力。后来在写读书札记时，才逐渐知道其中艰难。

难在何处呢？首先是很难达到"思想与文采"并茂的佳境。钱锺书先生口中所谓的"举重若轻"，原本是要以简明流畅的生花之笔，去演绎高头讲章之精义，且须保持文章里的理论棱角，突出其原有思想之深刻性。其次，他强调一个人文学者，要逡巡穿插于各人文学科与学派之间，前后照应，左右顾盼，对比映衬，贯通衔接——稍有不慎，全盘皆散。最辛苦也最容易出笑话的，则是要翻越中西文化、历史与语言间的樊篱，做一个往来转运的文化交流使者。其间难免讹错误会，弄不好就会像方鸿渐那样四处碰壁，陷入困窘"围城"之中。

回头再向钱先生的著作求教，那份亲近感受，是任何洋人教授未曾给予我的。钱先生作为中国当今的文化批评大师，在学术风范与思想情操方面足称楷模，令中西学者倾倒。关于跨学科综合研究，他早已明言"彼此系连，交互映发"的道理，倡举循环阐释、觑巧通变的学术方法。

说到中西文化的交流、比较与批评，钱先生更是驾轻就熟，深谙其奥。除去大量丰富的研究实例，他还写下一系列值得我细心研读的精妙论断。例如他强调中西、人我之关系是"鸟之两翼，剪之双刃"，缺一不可。"自省可以忖人，而观人亦资自知。"又如他早已洞察引进西学的困难性质，更将这一工作喻为"艰辛历程，一路颠顿"。

不仅如此，钱先生还围绕翻译工作，提出文化交流的核心问题：我们引进外来文化的目标，究竟是"欧化"还是"汉化"？如果是汉化，"化"与"讹"的标准如何确定？最后，身为批评家的文化媒人，我们应当如何发挥作用？是"传四夷及鸟兽之语"以作诱导、反逆，还是"移橘为枳，借体寄生，指鹿为马"？

模仿钱先生是不可能的。但我在书后附录了两篇"读钱札记"，是为记载自己写作中的一次显著思想变化。今后，我会更努力地师承祖国学术传统，以期培养独立而有效的批评能力。

最后，我谨向三联书店沈昌文、董秀玉二位老总诚恳致谢，多亏他们历年不懈的鼓励支持，为我提供了试笔与出版机会。《读书》编辑部的赵丽雅、吴彬、贾宝兰诸君（还有已离开编辑部的王焱、杨丽华、倪乐），长期作为我的朋友与最初的读者，为我的一篇篇札记操劳不已，关心备至。这本集子，若没有上述各位的合作，是谈不上从容问世的。

赵一凡

1993年2月10日于北京

贝尔与当代资本主义文化批评

> 在较为宽大的历史范畴内,我所致力的这种文化批评已经超越眼下广为接受的自由派立场,它力图以一种不同方式来探究当代社会的众多难题。为便于读者了解我著作中的观点,我以为应该首先申明立场:本人在经济领域是社会主义者,在政治上是自由主义者,而在文化方面是保守主义者。
>
> ——丹尼尔·贝尔《资本主义文化矛盾》1978年再版前言

在哈佛,博士资格考试的压轴难题,往往是要学生列举一串本学科最具"魅力权威"[1]的精神导师,精要地作比较批评,进而对学科的发展前景、突破方向加以答辩。这种考法,目的是验证学生的批判和反思能力,以便站到巨人肩头,继续学术攀登。

因为是中国学生读美国文化思想史,诠释评论起来,不免运用了双重标准。一方面,由于哈佛注重经典、崇尚精英文化的传统学风,做学生的读书百般挑剔,砸偶像成风,难得称人一声"权威"。另一方面,因为是负笈远邦,隔海观潮,习惯站在一箭地开外,对人皆目为权威者,反而要据

---

[1] Charisma,原指超凡神助者对信徒的感召力,后为韦伯社会学重要原则,强调具有领袖或先哲素质的个人对社会的示范和推动作用。

量再三。

　　据此原则择出十余人，大抵是些老而不朽者：他们从事学术活动绵延几十载，在美国文化思想研究这个多学科边缘领域内，历经社会主义、自由主义与新保守主义三大思潮冲刷，非但没有被淘汰淹没，反而以各自的理论影响，建立起较为长久的学术秩序，并且在思想界保持挺进的锋芒直到晚年。如果拿他们几经历史沉淀的理论，同中国现阶段文化理论建设作对应思考，我们也许会多一些冷静长远的眼光，减少某些因忽视历史差距、追赶新浪潮而造成的失落。丹尼尔·贝尔（Daniel Bell）就是这方面一个颇能代表美国当代思潮的人物。他算不算"魅力权威"且不下结论，至少在读书时，我并未当他是"强制权威"。

贝尔：组合型思想者

　　贝尔是哈佛大学终身教授，年逾70岁，虽然每年还在社会学系和美国文明史系挂牌，已很少登台授课。偶尔接见高班研究生，那气氛的凝重，也如同递交国书一般，令人难忘。因他自称是"经济领域的社会主义者，政治上的自由派，文化方面的保守分子"，同学们私下叫他"圣三一教堂"。绰号虽不恭，倒是传神点明老先生奇特的组合型思想倾向。仅此一桩，就让校园里多少额头高高的"雅皮士"[1]刮目相看，顿生好奇。

　　贝尔原是纽约犹太移民后裔，自小在穷街陋巷长大，深谙下屋社会的艰辛与丑恶。他自述童年时期的自己，仅有的财富就是从犹太家庭遗传下来的读书上进信念。30年代初，在美国经济危机冲击下，这个贫困无助的大学生，本能地靠拢左翼文化运动，进而在马克思主义经济和社会学说熏染下，确定了自己的专业方向。50年代，他和一批背景相似的前左翼文化人，相继在美国学术界成名，形成了著名的"纽约文人集群"（New York Intellectuals）。

1　Yuppies，或 Young Urban Professionals，指70年代以来美国青年中的精英型人物，特征是年轻有为、都市派头、良好专业训练。

这个在"二战"后主导美国思想潮流的自由派文人圈子，囊括了为数众多的文学批评家、政论家、史学家和艺术家。贝尔同这群精英的交往和思想撞击，无疑有助于他将自己对社会学课题的宏观思考，逐步同广义文化批评相结合。如此学术与思想上的组合优势，导致贝尔对美国自由派思想界颇有贡献的三本书。

1959年，贝尔发表头一部引起辩论的学术专论《意识形态的终结》(*The End of Ideology*)，矛头直指战后美国及整个西方知识界面临的思想危机：由于摈弃马克思主义、对共产主义运动幻灭，西方人的思想源泉严重枯竭，自由派知识分子惶惶不知向何处去。贝尔的这本"天问集"，仿佛尼采喊出"上帝已死"，引起舆论大哗，以及持续十年的文化反省气氛。

1973年问世的《后工业社会的来临》(*The Coming of Post-Industrial Society*)，是贝尔综合西方经济发展及其伴生的阶级变迁情况，推出的一部社会未来学名著。该书率先界定了"后工业社会"概念，指其明显特征为：一、高科技创新理念引领经济发展；二、服务性第三产业成为主导产业；三、技术官僚全面治理社会。西方发达资本主义社会，也将因此具备一系列前所未有的特征与弊端。请注意：此书的实际影响，由于涉及"后现代主义"文化论争，逐渐由欧美思想界波及普通民众，一再畅销，回响不绝。

第三本书，也是这里重点考察的《资本主义文化矛盾》(*Cultural Contradictions of Capitalism*)，是作者在思想已臻炉火纯青之境的晚年，集毕生心血，企图攻克"终极问题"的努力。此书1976年出版，归结了贝尔前两本著作中提出的理论悬念，即把当代西方的精神危机问题，纳入他所设想的后工业社会框架中，旨在从历史哲学的宏观高度，提示并预测他所悠悠难忘的那个社会制度中正在发生和即将加剧的机制裂变，并提出一套勉为其难的补天方案。

资本主义结构之断裂

关于当代资本主义的总体文化矛盾，贝尔的基本判断是：
资本主义历经二百余年的发展与演变，自身结构已发生了重大变化。

最显著的特征是内部脱节、断裂。它的三个子系统，即经济、政治、文化（狭窄定义上的文化，指由文学、艺术、宗教和思想组成的负责诠释人生意义的部门）相对独立，分别围绕其自身的轴心原则，以不同的节律交错运转，甚至逆向摩擦、碰撞。随着后工业化社会的到来，上述矛盾将日趋突出，难以扼制。

首先看经济领域。这个在资本主义发展过程中起着决定性推进作用的基础部门，历经科技革命、管理革命的反复改造，已经发育成一个以"严密等级制、精细分工制"为特征的自律体系。其中的全部活动，都严格遵照效益（Efficiency）原则运转，目标是最大限度攫取利润。在这个日趋非人化的经济体系中，人的丰满个性，一再被压榨成单薄、无情的分工角色。作为精神补偿，这个日益强大的技术经济共同体，又宽宏无度地许愿社会进步的奇迹，提供广泛选择就业与社会流动的自由，不断刺激并满足人的物质欲望，促进全社会的享乐倾向。

其次是政治领域的分离与独立。前工业化和工业化阶段，资本主义国家机器（政治与法律部门）相对弱小，却偏重鼓励经济的自由发展。20世纪30年代经济危机，以及政治运动的高涨，迫使欧美政府集中权力，大力维护社会秩序，主动仲裁各利益集团之间的纷争。为了应对"二战"，政府还史无前例地增强了自己的职能，以便全面干预经济生产及利益分配，通盘处理国际政治问题，并在"二战"过程中，逐渐长成经济体系之外的又一个庞大王国。

政治领域的轴心原则，据贝尔断定，是广为派生的平等（Equality）观念。它从早先大而化之的人权法案、法律平等说，发展到当今内容具体、无所不包的各种民众应有、应享要求（诸如种族与性别平等，教育、福利、就业机会均等，消费者索赔权利，久病无治者的安乐死权利，等等）。西方各国政府，迫于这种不断向纵深推进的平等呼声，一方面被迫扩充官僚机构，管辖以前不管之事，另一方面又将传统政治代表制，延展为基础宽大的直接参与制。这样一来，阶级冲突与对抗的局面得以控制，公众与官僚机构间的矛盾却成了大问题。

最为严重的断裂和逆转，发生在经济基础和那个"更高地悬浮在空中的思想领域"（恩格斯语）之间。在贝尔称作"文化"的第三领域内，起支配作用的轴心原则，既不是经济效益，也不是平等权力。艺术和思想的灵魂，是所谓"自我表达、自我满足"。与经济、政治体系中发达的组织和管理模式相反，文化领域历来标榜"个性化、独创性，以及反制度化精神"。

如今欧美国家中，经济生产主宰社会生活，文化商品化趋势严重，高科技变成了当代人类图腾。在此大背景下，变革速度缓慢的文化阵营，顽强抵抗，步步退却，逐渐强化了它的自治能力与专利特征。西方文化中经久不衰的现代主义运动，便是这场冲突战的文化结晶。贝尔指出：人们习惯用历史进步的理性尺度，去衡量经济发展和政治改革。但在现代派文艺作品和理论中，最常见的现象却是"返祖和反理性"。它们追索原始，顾念传统，抨击现实生活，揭露其荒诞谬误，并且超越时空地征用、重组全部人类文化遗产。

资本主义精神之裂变

贝尔有关当代资本主义社会结构的脱节与矛盾说，可以看作是他对马克思和韦伯思想的追踪研究。马克思围绕资本主义生产关系的研究，构成了他的唯物史观和社会总体论。其核心表述，见于他的《政治经济学批判导论》。其中，马克思大致区分了上层建筑和经济基础，进而提出两者之间的作用与反作用原理。

贝尔针对发达资本主义社会三大领域的再度划分，基本援引马克思的原创概念。然而一百多年来，西方各派马克思学者争论不休，形成一个理论死结，即上层建筑（以法律和政治为代表）是否包含意识形态（由哲学、宗教、文艺合成）。在此环节上，贝尔斩断了政治（含法律）与文化的纽带，将其分离看待，并依据当代西方社会学成果自圆其说。

这不免令人想起我国学者朱光潜的类似见解。朱先生提醒理论界注意意识形态部门的特殊性，并对苏联式的"意识形态附属上层建筑"说，一再表示学究式的"诚恳迷惑"[1]。

---

[1] 见朱光潜《西方美学史》1979年再版序论。

另外，受西方思想多元化趋势影响，贝尔放弃了马克思主义关于"社会是理性的有机整体"的观点，偏向描画资本主义结构由高度一体化走向分裂、冲撞的解构态势。潜心拆解的同时，他不大顾及对于整体关系的把握。这大约是自从詹姆斯创立实用主义哲学以来，美国思想家代代相传的毛病：他们既需要欧洲人的理论大厦来挡风遮雨，又受不了这座大厦的严整与拘束，于是四下里打洞挖墙，瓦砾遍地，以追求垦荒民族喜欢的那种空气清新、视野开阔。

马克思身后，西方社会学的最大权威韦伯（Max Weber），也在贝尔著作中起到理论基石的作用。韦伯名著《新教伦理与资本主义精神》（1905），至今仍具有强大的经典魅力，主要是因为作者采用了与马克思不同的理论视角：马克思看重经济和政治，韦伯却由宗教与文化入手，精巧揭示出18世纪美洲新大陆资本主义精神兴起过程中，加尔文教义所发挥的重要催化与诱变作用。

韦伯证明：文化因素（即新教伦理）在一定历史条件下，足以推动经济变革。而他将思想线索置于突出地位，并对历史发展缜密求解的研究方法，一度也成为西方学者抵抗唯物史观的法宝。其实，马克思从来不是他的敌人所攻击的那种庸俗的经济决定论者。而韦伯也并未抹杀资本主义萌发时期，经济、资源、自然科学等因素的催化作用。贝尔的高明之处，是将双方的功绩兼容并包，在马克思（对资本主义总体结构的研究）和韦伯（对资本主义精神相对独立的探讨）的思想交叉轨迹上，寻找到有关当代资本主义矛盾的潜在历史原因。

问题，出在资本主义孕育的娘胎里。

关于资本主义精神从新教伦理中蜕变而出的神秘经过，韦伯曾作如下的精彩分析：新教教义死板严苛，笃信"命运前定说"。它不仅逼迫教徒终生忏悔、洗刷原罪，而且不厌其烦地宣扬禁欲苦行，反复惩戒奢华与懒惰风气。这种由欧洲舶来的偏激教义逐渐丧失人心，更不利于新英格兰地区移民的内部团结。为了振兴宗教、开发新大陆，少数思想灵活的宗教领袖便对老教义加以改造，创立新规则：他们将苦行僧式的世俗劳作与克己赎罪，同上帝选民重建理想世界的神圣天职（Calling）结合起来，转而强调通过勤俭致富达到拯救灵魂。

这便一举消除了"财富与罪恶"间的等号，进而为富兰克林式的资本主义精神加冕授勋，使之合法化。我们知道，富兰克林在其《自传》中，理直气壮地提倡靠勤俭、精明和信用发家致富。他声言"赚钱不为自己，而是好公民义之所在"。此书至今仍然是美国青年启蒙、励志与从业的生活教科书。随着新教伦理由"出世"的纯粹理想境界转向"今生"的世俗化心态，资本主义精神也就像骗子偷儿一般，混出了中世纪宗教的森严门缝，满世界奔跑撒欢儿去了。

贝尔就韦伯的论证追究下来，发现资本主义精神在其萌生阶段已携带一种潜伏病灶。禁欲苦行主义（Asceticism）只是它的一面，应称之为宗教冲动力（Religious Impulse）。另一面则有桑巴特[1]诊断出来的先天性痼疾：贪婪攫取性（Acquisitiveness），贝尔将它定义为经济冲动力。

资本主义早期发展阶段，这两股力量（宗教冲动与经济冲动）纠缠难分，相互制约。前者造就了资产者精打细算、兢兢业业的经营风范，后者则养成他们挺进新边疆、征服大自然的冒险精神与勃勃雄心。资本主义在文化领域的巍然崛起，也让艺术家摆脱了对于贵族庇护人的依赖，得以充分发挥他们浮士德式上天入地的想象和追求，热衷于个性解放、自我表现。

奇怪的是，资产阶级企业家、艺术家这一对孪生子，在合力完成了资本主义开发工作后，变得相互敌视，并害怕对方。二者本是同根生，在崇尚自由、要求解放的本质上，他俩是血肉相连的。然而分工的不同，却令他们的精力导向不同领域的无限扩张，并相互危及对方的生存。

企业家在经济上激烈进取，贪得无厌，并不妨碍他们在道德文化方面的保守顽固。他们本能地维护经济和社会制度稳定，反对与"功能理性"背道而驰的艺术灵感、自发倾向、多变趣味。反过来看，艺术家和文化人则把"人"字一再大写，唯我至上到无以复加的地步（比较企业家在物质财富方面的贪婪与偏激）。与此同时，他们对功利、制度化、拜金主义挞伐不断，近百年来更采取了决绝与叛逆的姿态，专事拆台和否定工作，并因

---

[1] Werner Sombart，德国哲学家，著有《现代资本主义》三卷，1916—1927。

此名利双收，乐此不疲。

造成这等怪状的原因，贝尔一语道破说：是由于资本主义精神中相互制约的两大基因只剩下了一个，即"经济冲动力"。另一个至关重要的抑制与平衡因素，"宗教冲动力"，早已被科技和经济的迅猛发展耗尽了能量：先是它的神学外壳被碾碎，继而它在文化方面的超验纽带被切断，最后它所代表的道德伦理基础也被毁坏。贝尔认为：现代的分期付款与信用卡制度，从根本上粉碎了传统清教徒的"先劳后享"原则，把消费者引向超支购买、未劳先享的靡费心理，是为罗马与拜占庭文明堕落的先兆。

资本主义制度一经失去宗教苦行主义的制约，它在经济与文化两方面的发展，必然畸形冒进、彼此冲突。经济冲动力成为社会前进的唯一主宰之后，世上万物都被剥去了神圣色彩。发展与变革即是一切。社会世俗化（Secularization）的副产品，正是文化上的渎神现象（Profanity）。走到这一步，发达资本主义便难以为人们的工作和生活提供所谓的终极意义了。

那么，西方现代派文艺近百年来所形成的文化霸权（Cultural Hegemony），以及它那不断翻新变更的流派旗号，又该作何解释呢？贝尔的回答发人深省。在他看来，资本主义文化领域中的现代主义潮流，实乃西方知识界出于本能，力图以文艺对人生意义的重新解说，来取代宗教对社会的维系与聚敛功能，以此填补宗教冲动耗散之后遗留下的巨大精神空白。这种文化上的非宗教式"当代崇拜"，同资本主义经济奇迹相互辉映，强烈地吸引贝尔去解答他的终极课题。

后工业社会的新宗教

在贝尔及许多西方思想家看来，人类不仅需要利用科学去了解和征服自然界，同时也必须依靠宗教来把握自己的文化。文化领域既然是"意义的领域"，它的功能便是借用艺术或仪式的象征形式，去体现诸如死亡、爱情、痛苦与命运这些人类永远面对的"不可理喻性"问题。现代高科技的发达，虽然膨胀了西方人的自我意识，扩大了他们的自由范围，增加了他们对大自然的控制能力，毕竟没能让他们变成超人。相反，传统宗教的核心命题（人性的善恶之争）与历史同步前进，进而在经济与科技的推动下升腾入云。

当代西方社会里，人类生存的基本问题依然如故，甚至咄咄逼人。因此，不论为解决精神寄托或信仰危机，还是出于反省自我、沟通情感、绵延文化的考虑，当代西方人仍旧离不开宗教，或是类似宗教的崇拜（Cult）。在贝尔看来，宗教与崇拜的差别在于：前者置信徒于教会机构组织与纪律约束之下，而后者却是黑格尔所赞赏的那种自觉自愿、独自领悟和奉行的精神信仰。

对于后工业化社会，贝尔觉得"崇拜"更为合适。那么，这种新宗教或文化崇拜，究竟需要哪些内涵呢？贝尔觉得，它似乎应当保留传统宗教中某些至今仍有意义的内容，例如对人性的冷峻认识，对不可知力量的畏惧之心，对人类巨大灾难的预感和提醒，以及对于人类无限度扩张、实现自我所持的怀疑与克制态度。

而在功能上，这种新的文化崇拜，应成为"人对其生存总模式的感知方式"[1]，同时具备"将日常经验加以认可和裁判的更高权威"[2]，以及帮助"儿子寻觅和验证自己同父亲血缘关系"的心理环扣[3]。然而以这种典型的文化保守主义尺度，去审查西方现代派文艺所代表的"准宗教"文化霸权，贝尔的结论却是超乎寻常的悲观。

西方现代派文艺，作为传统宗教思想消亡之后的替代物，从本质上说是孱弱无力的。如前所述，文化和经济系统相互对立，二者迥然不同的品质构成（Character Structure），首先就限制了文艺这种松散凌乱的形式对强大经济体系的影响力，使它难以独立完成针对整个社会的维系与引导作用。

从表现方式上看，现代派文艺袭用了某些传统宗教用来震撼人心、征服信徒、让人超脱俗念的有效手段，往往能起到类似宗教皈依仪式的宣泄效果。可惜的是，近百年来各家流派一味翻新，不断刺激，神圣之感早已荡然无存。现代派文艺又总是以个人感觉作为评判标准，竭力缩短审美心

---

[1] 语出法国社会学泰斗涂尔干。
[2] 语出美国文化人类学家吉尔兹。
[3] 语出哈佛心理学教授埃里克森。

理距离，追求即兴冲动和本能共鸣，其结果是没有一家拥有足够的责任感和深厚精神蕴藏，形成控制全局的大气候，只好一浪压一浪，"以不断抗争去否定先例的成功，还要接着奋斗来确保自己永远不成功"[1]。

长此以往，现代文艺思潮就成了一只"泼尽了水的空碗"。它对资本主义的批判和否定失去了创造力，徒落下个反叛的外壳。原有的强大震惊力（Shock）逐渐萎缩成为花哨浅薄的时尚（Chic）。而它赖以哗众取宠的实验性和超脱感，也变得日益琐碎无聊（Trivialized）。

现代派文艺的另一致命克星，就是中产阶级文化趣味对它的侵袭和改造。在贝尔看来，高深严肃的现代主义思想，一旦落入中产阶级手中，便只能叫作"中产崇拜"（Midcult）。它变成了各种势利鬼的时髦游戏：他们将艺术和思想迅速翻制成商品推销出去，大规模渗入民众的生活方式。所谓"后现代主义"文艺的产生，就代表了严肃文化与大众消费、经济生产的混杂趋势。于是乎，被激怒的文化精英层（贝尔也在其中）便开始痛斥所谓"反文化"是彻头彻尾的"假文化"，而所谓"中产崇拜"，更是一种亵渎神圣、同魔鬼携手的新型拜物教。

现代主义"思想的终结"，迫使贝尔设计一种适用于后工业社会的新崇拜。老先生已为它想好了名称，姑且称之为公众家庭（Public Household）崇拜吧。

贝尔的"公众家庭"，乍看起来颇类似原始部族的公共契约（Covenant）制度，又有点像柏拉图的理想国，甚至带点儿社会主义集体化的味道。其实它们确有相通之处，因为贝尔在思想和价值取向上，确实把原始公社、乌托邦和社会主义都当作了他的参考群体。他提出：资本主义在前工业化阶段的主要任务是对付自然，工业化阶段便集中精力对付机器。到了后工业化社会，自然与机器都已隐入人类生存的大背景。此时，社会主要面临的问题是人与人、人与自我的关系。这方面资本主义因欠账过多，急需补救调整。新宗教因此必须在人际关系和人对自我的重新认识上求得，以便成为维持社会一统的精神支柱。

---

1 美国文学批评家欧文·豪的讥讽名言。

贝尔在设计"公众家庭"原则时，显然统一了他的经济社会主义、政治自由主义和文化保守主义。新教堂的屋顶下，个人将作为民主社会的一分子（不再唯我至上），具有比较平衡的社会公德与共济心理。他将从"丰裕社会"得到满足生活必需的经济配给，也拥有自由处置私有财富和额外报酬的权利。他将尊重传统，顾虑将来，反对无节制的享乐纵欲，同时愿意为公众利益做出自我牺牲。这样，资本主义社会才能恢复它赖以生存的道德正当性。反之，古代文明由苦行到奢华，由强悍团结到纷争内乱的覆灭之路，必将被当代西方人重蹈。

回顾资本主义发展史，人们不禁会同情贝尔的思古之情，也能体谅他在风烛残年的殚精竭虑。曾几何时，北美资本主义也曾强调精神价值，并以严格的纪律与道德约束，来集中全民族的体力智力，为创建新世界的理想而奋斗。然而立国两百周年之际（贝尔此书正好于1976年出版），美利坚民族却物极必反，乐极生悲。它已站在西方文明的峰巅，却发现"雾失楼台，月迷津渡"，这才涌现出贝尔这样先知式的思想家，大书失落的痛苦，呐喊重建精神崇拜的需要。

贝尔的新宗教并不一定管用，这一点他自己心里也很清楚。不过他在《资本主义文化矛盾》中爆出的几句埋怨之词，倒可以当作21世纪人类的警世通言："看来资本主义在其发展过程中，对于灾祸就根本缺乏道德与心理上的准备。"毫无准备、盲目乐观发展的结果之一，便是一个黄皮肤的中国留学生，心情复杂地注视着他的美国教授。他正以垂垂将老之身，与魔鬼睽睽相视，却苦于驱邪无方——很像是从海里捞出所罗门宝瓶的那个倒霉渔夫。

（*The Cultural Contradictions of Capitalism*, by Daniel Bell, Basic Books Inc., New York, 1978. 丹尼尔·贝尔：《资本主义文化矛盾》，北京：生活·读书·新知三联书店，1989年）

哈佛教育思想考察

兼评鲍克校长《超越象牙塔》

鲍克的《超越象牙塔》一书,主要功绩是对美国教育思想中著名的三 A 原则,即学术自由、学术自治、学术中立,一一做出重新肯定与修正,巩固了哈佛在美国高校中的思想领先地位。

1986 年 9 月,时逢哈佛大学 350 周年校庆。庆典期间,布满常青藤的赭红色古老校园里,鸽哨与教堂钟声齐鸣,彩幡同黑袍方帽交辉。虽然里根总统并未到场作传统的祝贺讲演,鲍克(Derek Bok)校长的贵宾席上云集各国各界显要,倒也不觉冷落。

那一年的哈佛校庆,曾引起一场轰动新闻的"两个总统之战"。原来在英文里,哈佛校长与美国总统都称 President。所以在里根总统的办公室发出暗示、要求获得哈佛荣誉方帽之后,鲍克校长毫不客气地向报界宣布,他无意奉承"另一位总统"的虚荣,一时竟演成知识界领袖同政府首脑的对垒局面。暗斗结果,居然以堂堂美国总统铩羽告终,社会舆论难免沸沸扬扬。

从时事政治角度看,此事象征性地反映出哈佛作为民主党堡垒、美国政治传统发祥地,同里根共和党政府的强大抗衡力量。哈佛毕竟养育过亚当斯、罗斯福、肯尼迪家族六位总统外加一个基辛格博士,还有数以百计的参众议员、大法官,以及当代美国 500 家大财团中三分之二的决策总经理（CEO）。

若向文化思想层追究，贤仁之士便会指出：鲍克举动虽属空前未有，却不怪诞离谱。哈佛传统的形象地位，以及它自认对于社会民族负有的责任感，都会驱使任何一个哈佛校长作出类似决定，以便坚持既有的思想原则。

那么，这种神圣不可侵犯的哈佛原则，到底是些什么名堂呢？从市井议论、公众印象入手，很难说清其中内容。它既不是电影《追逐功名》(Paper Chase) 中各路神童大战考试地狱、拼抢优等生名次的残酷竞争法则，也不是小说《爱情故事》中纨绔子同大亨父亲决裂，继而自谋生路、磨砺人格的典型美国成功模式。时尚男女半嘲半羡的"哈佛风度"，概括不了它的思想实质。70国首脑调查，首推哈佛为全球性精英摇篮（自然也包括宋子文、赵元任、林语堂、王安这批中国名流）的褒奖，也很难说明它的精神目标。

靠读书解疑，也颇为不易。因为几百年的哈佛校史档案、教育研究资料，历届权贵校友的评价、回忆，足足可以堆满一座图书馆。不少学者（出名的如 S. E. 莫里逊教授）甚至把"哈佛研究"当作毕业事业，以"先有哈佛，后有美国"的虔诚信念著书立说，反复阐发教育立国、大学乃文明基石的论点。虽然杀鸡错用了牛刀，倒也提醒我们注意人家在教育思想方面的建树和积累。

偷懒省心的办法，是选读哈佛校长们的教育论著。这帮人身兼一流学者、治校大师，往往渡人过迷津，轻舟熟路。我在校读书时翻过两本，一是普西校长[1]的《学者的世纪》，再就是鲍克1982年新作《超越象牙塔：论现代大学的社会责任》。这里以学生之见妄评校长的书，让海内外学长和在校的中国同学见笑了。

鲍克是美国有名的劳工法专家、哈佛法学院院长。1971年他接替老普西升任第25届校长。上台十五年，他在增加女生、少数民族和外国学生比例，强化公共关系，筹集巨资养校方面政绩斐然。1983年他率众校长抵制政府有关限制共产党国家留学生就读保密技术专业的规定，维护了炎黄子

---

[1] N. M. Puesy，1953—1971年第24届哈佛校长。

孙的求学权利，尤其令我们这一拨中国学生感慨。

哈佛立校之路

鲍克的《超越象牙塔》一书，主要功绩是对美国教育思想中著名的三A原则，即学术自由（Academic Freedom）、学术自治（Academic Autonomy）、学术中立（Academic Neutrality），一一做出重新肯定与修正，巩固了哈佛在美国高校中的思想领先地位。

经鲍克精心锤炼的三A原则，环环相扣、互为依存。很多人认为这不仅是今后哈佛的立校治学之本，也是它捍卫自身权益、履行社会义务的不二准则。可叹里根英雄一世，在好莱坞和国会山见多识广，却不晓得鲍克夹袋中这柄三棱宝剑的厉害。我乱写至此，觉出自己又被阿Q魂灵缠身：刚去了一趟城里，也敢回未庄茶馆来吹嘘外界玄妙，还忍不住要挥掌代刀，口作"咔嚓"之音。惭愧。

其实，这三A原则与我国科举，同是特定社会历史条件下的产物，本无稀罕。不同的是，我们自辛亥革命后几番砸烂传统、另起新庙（先废科举、兴西学，继而照搬苏制、院校调整，最后统统打翻、斯文扫地），一度元气大伤，国脉沉微，至今还面临艰巨的重建改革任务。而美国学校由简陋落后到兴旺发达，注意择优而谋、代代加固。如今不仅有哈佛国宝炫耀于世，而且还有兴致来琢磨中国的孔夫子和"文化大革命"。

若要破除外邦神话，我们当对哈佛教育思想及三A原则的形成经过有所把握。说到底，哈佛和美国现代教育，原有三大思想来源。

第一是从英国带去的牛津剑桥贵族模式。它讲究针对少数优秀青年，施行道德、情感、心智三方综合训练，以期造就具有精英素质、特权意识的绅士阶级，并依靠他们领导社会、监护文明。

1636年10月，"五月花"号登陆刚满十六年，马萨诸塞海湾殖民当局眼见数千移民住进了茅屋，村上马马虎虎立了教堂，便发狠心拨出400镑（全年税收的四分之一），立法建造哈佛。办学地点被称为"剑桥镇"。镇上一条破街，则起名"牛津"。接着又请来几位牛津、剑桥出身的神职公仆执教鞭，实指望这座比武训义学还不如的可怜学堂，能为北美蛮荒大陆培养"饱学的神父、识字的人民"。

物换星移，沧桑几度。哈佛创业艰难，却一直坚持仿效英制标准，陆续设立导师制、学舍制、讲座基金和排外性学生联谊团体，逐渐造成浓郁的贵族学校气氛。在柯南特校长[1]任期内，它同耶鲁、普林斯顿等传统名校结成"常青藤联盟"，雄踞美国精英教育之首。

英制贵族教育虽有利于延续传统、稳定统治，却难摆脱思想保守、教材陈腐的弊端。19世纪下半叶，艾略特校长[2]大力引进德国试验模式，令哈佛焕发了科学与思想朝气。德式教育（此乃第二思想源泉，也是现代研究生教育的发端）以实验室和研究班为中心，师生互利、教学相长。它强调大学的首要职能，是以示范性思想与科学发明服务于民族和社会。

艾略特校长当政四十年，发誓要"创建有史以来最高水准、最大规模的新型大学"。哈佛奋力图新，大举改革系科与课程设置，努力集优秀学者和出色学生于一堂，坚持走研究与教学合一道路，终于在本世纪初，建成了拥有十所研究生院、众多领域超一流学者的研究型结合大学。

第三来源，是植根于美国革命和人权法案的民主化教育思想。这一思想的主要代表人物，老杰弗逊总统曾经扬言："要将最大量的知识，最大限度地向民众普及。"他还认定：公众教育实为美国民主之基础，因为"唯有有文化的国民，才能理解、享有，并以生命捍卫民主制"。

到了杰克逊总统时代，杰弗逊的民主教育思想深入民心，逐一具体化为联邦法案。例如1862年通过的《莫利尔法案》，便规定各州无一例外，均须划拨相当比例的专用地皮，继而以卖地筹款方式，陆续创办州立大学。不仅如此，该法案一举创立了当时世界上最大规模的公共教育体系。截至1880年，美国各州，各县市的公立学校、公共图书馆，以及大量廉价出版物的发行，迅速将全国文盲比例降至百分之九，史称扫盲奇迹、普及教育之典范。

1　J. B. Conant，1933—1953年第23届哈佛校长。
2　C. W. Eliot，1869—1909年第21届哈佛校长。

杰弗逊、杰克逊总统大力提倡的公众教育，一反英式特权偏见，强调平均施教、实际技能传授，以满足开发西部、同化移民、训练从业人员之急需。然而在他们注重经济与政治效益的同时，却忽视了心智发展和学术尊严。对此，法国思想家托克维尔（Alexis de Tocqueville），在考察杰克逊时期的美国民主之后，曾经深谋远虑地指出：美式民主化教育具有危险的"削平力量"，它能以压倒一切（包括独创性学术思想）的垄断型公众舆论，造成一种危险的"民主暴政"。[1]

为克服上述可怕的削平力量（Leveling Power），维持精英教育与公众教育的平衡均势，哈佛一方面兼容英、德两种模式，另一方面又有保留地吸取本土民主化教育思想，精心设置一种既适应美国国情，又有别于平庸单调的政策，逐渐形成了高压与自由并重、热烈理想和冷酷世故共存的特殊校风。

例如在接纳女性、贫寒子弟、有色人种上持通达态度的同时，它不肯降低智商与操行标准。为了顺应学生的民主要求，传授社会急需技能，它首创自选学分制（Elective System）。改革之后，它仍然坚持通才教育与全面训练，要求本科生必须兼修人文、社会、自然科学三大主课。

面对滚滚而来的年轻学子，哈佛一再鼓励本科生提前选修研究生课程，并且特许杰出的青年教师提前享受高级科研待遇。坐拥大批资深教授的同时，它又创设了校级终身教授制（University Professorship）、校长长期连任制（一般要超过美国总统任期二到三倍），以保证八大校级导师（不必亲躬执教）对几代青年高高在上的精神熏陶，进而确立德高望重的哈佛校长面对民族和社会的权威发言权。

若要说起革命传统、民主理想，哈佛可以骄傲地历数它从独立战争到"二战"出兵员、献武器的丰功伟绩（仅"二战"从军师生就达两万多人）。面对现实，它深为"水门事件"这样的政治舞弊所激怒、所震动。所以十多年来，哈佛一面呼吁重建社会道德，声讨礼崩乐坏，一面拒不信任共和党政治家，甚至以教训里根总统来昭示天下，申扬清明政治。

---

[1] 参阅董果良中译本《论美国的民主》，北京：商务印书馆，1988年。

然而，这些苦心竭虑的立校谋略，仍不足以抵挡外界（在美国历史上，它包括宗教裁判、经济寡头、大众舆论、左右派激进势力）对于教育和学术的不断干扰与反复冲击。美国教育思想家既把教育看作民主基础、国脉所系，他们自然免不了也像美国革命导师设计永固江山、最佳政体那样，死死追寻一种超稳定教育结构，以期维护大学自身权益。这便有了三A原则。

三A原则的演变

1915年全美大学教授协会（AAUP）宣告成立并发出宣言，首次阐明学术自由原则的三项要点：一、教授作为学者、知识传授人享有言论自由；二、教授生计应有长期或终身雇佣合同保障；三、教授受校纪制裁时有权申诉，并要求校方说明理由（仅限于道德败坏与不胜职守）。

话说回来，此时的学术自由原则，仅仅具备保护教授基本权利的功能，其目的是限制校董会中的宗教狂热分子和百万富翁——他们往往心血来潮，随便撵走教师、干扰教学。

我们如果指责这一草创的学术自由原则，判定它是"资产阶级自由化"的产物，那可就错大发了。因为当时提出学术自由的要求，显然受到了工人运动影响：教授们争取的雇佣合同制，与工人阶级为之奋斗的八小时工作制、男女同工同酬，具有类似的进步性质。

不过，由于惹不起资助大学的诸多老板，哲学家杜威和洛夫乔尔等学界名流，不得不在学术自由宣言之后，又追加了一节学术中立妥协条款，并以明文担保：教授的自由将以校园和学术圈为界，对外则严守中立，绝不过问政治与社会的敏感问题。

这种端人碗、受人管的被动局面，迫使教育界领袖进一步思索根治方案，力求解决经济独立、校政自理的核心问题。有关学术自治的原则，最终在罗斯福总统支持下，由弗兰克福特教授[1]做出了法律界定：

"为社会公益着想，政府应尽量避免干涉大学事务（紧急非常情况除

1　Felix Frankfurter，哈佛法学院教授，罗斯福亲自提名的1939—1961年联邦最高法院大法官。

外）。大学有权从学术角度出发，决定谁教书、教什么、如何教，以及谁来学等问题。"[1]

与众多美国公立大学相比，哈佛在学术自治方面觉悟较早、成效较大，这同它自身的特殊经历有关。建校之始，哈佛曾经是法定公立学校，由殖民当局提供津贴、任免校长。由于津贴太少，它不得不两条腿走路，努力搜罗民间资助。开学没几天，首届12名学生中，便死去一个叫约翰·哈佛（John Harvard）的小牧师。死者父母悲痛之余，便把原本要留给儿子的一笔遗产，捐给了这所新建大学。学校得了他的遗产，就定名哈佛。

如今再没有这等便宜事！就算王安博士捐出千百万，也难买下哈佛一幢实验楼的名字。随着募捐超过公助，学校逐步趋向独立自治。1883年州政府停止给钱，哈佛也顺坡下驴，变成了一所私立大学。1708年洛瓦瑞特教授成为第一位非神职校长。1865年州政府不再任命校长、校监，改由校友会民主选举。

待到"二战"结束，哈佛的教授讲座基金已达两百多种。亿万校产之外，还有滚滚而来的巨额捐助。清水衙门般的庄严学府，竟然演变成一家善于理财、盈利丰厚，而且满世界投资放债的超级企业！说穿了也不奇怪：哈佛现成养着一大批世界顶级的经济、政治、法律、管理顾问，岂有不富之理？这才在招生、聘教、教学科研、校政决策各方面，实现了真正意义上的学术自治。

三A原则在逆境中挣扎而出，但这并不说明：天下从此太平了。60年代狂飙突进、学生造反，使得美国教育思想受到巨大考验。三A原则也因此成为美国教育界大辩论的中心话题。

1963年，加州大学校长、著名教育家凯尔（Clark Kerr）专程来到哈佛校园，发表了轰动全国的巨型大学（Multiversity）宣言[2]。凯尔宣言的核心，是要打破三A原则（尤其是学术中立）的保守性。他呼吁师生走出知识飞地、面向大众、参加改革（指肯尼迪总统雄心勃勃的"新边疆"政纲），更

---

[1] 参见《斯韦泽对新罕布什尔州》一案的最高法院裁决书。
[2] 见凯尔《大学的功用》(*The Uses of University*) 哈佛大学出版社1963年版。

要以社会需要以己任，充分发挥现代大学推动历史进步的巨大作用。

战后美国政府重视军备、急于争霸，不惜大幅度增加对高教科研拨款，1965年达每年30亿美元之巨。各大财团和基金会着眼于扩大国际影响、输出美国经济文化产品，也纷纷慷慨解囊，赞助教育。所谓"巨型大学"主张，正是这种乐观局面下冲昏了头脑的书生之见。也怪参战一代的年轻父母，死命生下太多的战后婴儿，孩子们长大又蜂拥进了大学，逼得许多州立大学在60年代迅速扩张。

凯尔宣言之后，加州大学转眼就有了30多万学生，还内引外联，走向社会，什么都管，过问一切。一时间，西欧国家对这种开放式巨型教育惊羡不已。与之相比，哈佛一直保持两万名左右在校学生，其中研究生过半，实在显得保守落后，经院味十足。

但保守自有道理，中立也不无明智。上千万当鸭子放的美国大学生，不久便冲决罗网，卷入社会动乱，从自由言论（Free Speech）、垮掉的一代、嬉皮士和性解放，一直闹到新左派、黑豹党、格瓦拉式城市游击战。走在开放前列的加州大学、哥伦比亚大学等校首遭其难。校园里硝烟弥漫、枪声大作。面对学生横尸草坪、军警挥棍舞铐，校长和教授们老泪纵横、吵成一团。

鲍克在《超越象牙塔》一书中，开篇便讲凯尔宣言，继而就"行动派和保守派"争持不下的观点开弓，批驳纠正。在总结经验基础上，他重新订正三A原则，并以此拍板定论，收服天下（哈佛派头，有年数了）。鲍克的具体论证不必细述，这里仅对哈佛标准的新三A原则略作评价——不知校长能判几分？

一、鲍克的新三A原则与哈佛传统教育思想，从大范畴归纳，属于开明先进的资产阶级思想体系。但由于建立在"政治特权＋知识精英"的狭隘基础上，它摆脱不了封建贵族标记、局部反民主倾向。在承认它自我革新快、富有科学精神的同时，我们要指出它的内在局限：

理论上它突出少数人（尽管不强调权力世袭、允许知识新贵入圈）对于资本主义社会的统治权，实践中它易于脱离实际、孤立自身。请看：肯尼迪总统的白宫班底，全由哈佛人马组成，号称美国政治史上的"出类拔萃之辈"。其实际政绩，却不见得比平民化总统约翰逊来得稳重扎实。对此，哈佛理应认真反省，并在教育实践中实行更广泛的组合搭配。

二、鲍克将老三A原则中的"学术中立"思想，扩展为现代大学的"公共关系准则"，为新三A原则找到了平衡支点，此举立意不凡。

从理论上讲，现代大学有了学术自治保障，应该能享受比较充分的学术自由。我们是否就因此抛弃中立原则呢？保守派坚守象牙塔，不问世事、潜心修道的立场不可取，因为他们否认大学对社会应负的现实责任。行动派以救世主自居，盲目夸大教育与学术神威，急功近利，过分卷入时政，结果也不美妙。鲍克审时度势，提出的见解较为明智。

鲍克校长认为：现代大学一变19世纪的单纯封闭，已成为沟通社会各界、身兼多重职能的超级复合机构。现代大学的规模与威望，将同社会对它的需求与干预同步增长。在此时代背景下，消极回避或盲目参与，都会伤害关联双方。唯有严格区分社会的长远利益、近期需要，一面力所能及、不失时机地为之服务（训练人才、培植新技术和新思想、提供广泛专业咨询），一面又不偏废自身最根本的使命（基础研究、远景预测、对青年的道德传统教育，以及对民族文化和精神水平的逐步提升），以实现社会与教育两者比较和谐的互利共进。

在与政府关系方面，鲍克也提出了折中方案，争取政府的认可与合作。他建议，政府在实施必要的教育管理节制时，应采取灵活多变方式，尽可能不抵触大学的自治原则。政府对大学有限的管制，可采用如下可选方案：立法禁止；设立限制程序；提供替代形式；利用市场法则自然筛选。

三、如果说鲍克的公共关系准则比较切实可行、公允持重，有助于美国大学的未来发展，那么我们就应该从现代管理科学角度，肯定新三A原则具有显著的优点，诸如教育高效率、社会安全性。

旧三A原则以自治、中立求学术自由，其初衷反映出知识界画地为牢、与世无争的软弱性。60年代它自我膨胀，差一点就变成君临一切的强权主义。这从正反两面暴露了它的弊端，说明现代社会中任何一个利益集团及其思想的畸形扩展，都可能扰乱平衡，危及社会整体。

正是在此问题上，鲍克秉承美国民主政治与管理权术的传统思想，牢牢把握住大学与社会既相互关联又扼制对方的关键机制，大胆消除了旧三

A原则的片面与偏激，力图使教育在与社会保持适当距离的条件下，较为长久、稳定地发展学术和思想，并且在超越社会纷争与一时倾向的同时，对社会和民族履行大学应尽的义务。

在美国教育思想家看来，一个有着健全自我意识和强烈责任心，并且相对独立的教育体系，不但能促进科学与文化的繁荣进步，更要紧的是，它能以自身的稳定和自尊，去校正社会的一时偏向，掣肘其他集团盲动。新三A原则的灵魂，是要摆正教育与政治、经济的适当配置和比例关系，求得各方的克制和超稳定性，又不割断其间血肉纽带。它最终的关切，是繁荣中的安全、变革时的稳定。

费正清留下的难题

美国现代汉学之父、哈佛终身教授费正清，在他的自传《中国缘》中承认，他至今解决不了现代中国史上一个简单问题："为什么千百万受过教育的青年学生，会在一夜之间变成红卫兵？孔夫子到哪里去了？"[1]

与此对应的有个美国例子（不知能否解答费教授的难题），说是60年代哈佛也有少数激进学生，一觉睡醒后扬言要火烧校园里最大的瓦德纳图书馆，却没能够毁及片纸只字。因为出师那天，有一列白发苍苍的哈佛教授排在高堂玉阶之上，标语牌上只写了三个英文字：Walk upon Us！（踩着我们的老骨头过去！）造反派在围观群众哄笑声中败退，警察老爷只顾看笑话，竟然忘了形。

当时的哈佛校长，饱受麦卡锡反共迫害与左派学生暴乱两头冲击的普西先生字字珠玑地告诫后人："学校生来就免不了要为社会做各种杂差琐事。但我们一刻也不能忘记，大学最根本的任务是追求真理，——真理的本身而不是去追随任何派别、时代或局部利益。"

由此想到的是中国教育。费正清教授虽然为"文化大革命"和孔夫子所困扰，可他毕竟独具慧眼，看出中华民族的两大潜在优势：第一是低水

---

1 参阅 John King Fairbank, *China Bound: A Fifty-Year Memoir*, New York: Harper & Row, 1982。

平的物质生活要求，第二是世界最大规模的优质人才储备。他预言：这种储备资源一旦被开发出来，21世纪的历史钟摆不免会向东方偏移。如何开发？中外各种模式的教育思想都可资参照，哈佛教育和新三A原则亦然。

（Derek Bok, *Beyond the Ivory Tower: Social Responsibilities of the Modern University*, Harvard University Press,1982）

霍夫斯塔特与美国政治思想史

> 霍氏证明：民主政治三大件之外，还存在一条隐形杠杆：是它推动宪法、政府与两党制作连锁运转，经久不息。抽掉此物，美国政治机器只是一堆废物，难得显灵。

理查德·霍夫斯塔特（Richard Hofstadter）是当代研究美国政治文化、政治思想最杰出的学者之一。他1916年生于纽约州布法罗市，父亲是波兰移民。大学期间，他主修历史哲学，才华显露。研究生阶段，他由纽约法学院转至哥伦比亚大学攻读美国史，1942年以优异论文《美国思想中的社会达尔文主义》获得历史学博士学位。

而立之年，霍氏便荣膺哥大克林顿史学讲座教授，接连发表学术著作近十部，三次摘取全美史学大奖。正当霍夫斯塔特风华正茂、光彩照人之际，1970年10月他骤然病故，年仅54岁。消息传开，从哥大教授圈到纽约文人群，从东部哈佛到西岸斯坦福，美国学术界一片哀悼之音。

1973年，霍氏成名作《美国政治传统》(1948)纪念再版，由其高足克里斯托弗·赖西（Christopher Lasch）撰写序言，追记其学术思想成就。以赖西之才，竟有自愧弗如、绝难超越老师之语。理由是：老师兴趣广泛，精力过人，遗产及影响遍布历史、政治学、社会学、思想史几大领域，一时无人能总结评价。新一代学者虽可做出一些更完善、更新颖的工作，却被笼罩在霍氏阴影下，这辈子别再想有学术优越感了！这番话说得吓人又迷人。

霍夫斯塔特这头大象

在哈佛读书五个年头，我对霍氏这具庞然大物，从一无所知到四下搜寻，经历了好一阵盲人摸象的苦恼。二年级上学期，我刚有资格从功课堆里抬头环顾，便发觉霍氏的幽灵在校园里飘荡：

此人与哈佛无亲无故，这里见过大世面的政治系、历史系、哲学系，居然都开他的书单。而在我就读的美国文明史系，他的知名度几乎同专业宗师派瑞·米勒（哈佛已故终身教授）与托克维尔（法国贵族思想家）相当。传授专业方法的定向研究班上，他的《进步史学家》（1968），更是加星号的必读书。

有一回系主任当堂压阵，让全班发表对霍氏《改革时代》（1955）的批评意见。一时间唇枪舌剑，思想火花迸溅，有如一群奴隶角斗士，在烙铁和皮鞭驱赶下，蜂拥进入古罗马角斗场。有人高度赞扬，也有人即席发难，说霍氏关于现代化改革运动的观点颇有过时之处，不及新派思想刺激。我便作九斤老太语，表明霍氏观点于中国学生仍有强烈移情作用。发达国家青年隔岸观火，缺少历史同步感——舌底压住一句不能讲：尔等浊物，何曾识得大观园中林妹妹的好处！

一晃几月，我早忘了那场混战（因为终年战火连天、校无宁日），不意又被系主任揪住，追问我对霍氏兴趣深浅。我退出办公室前，那位风度温厚的老派南方绅士又笑着点拨说：去寻一寻思想史轴线，兴许能进一步。

按照老师的指点再深入，我心中明白：这是面对大象了。对于霍氏这样重要的同代学者，教授一般不列为自己的正式研究对象。但他们对学生研究兴趣多有鼓励，使其冲锋陷阵、充当炮灰。有些非官方笑话，描绘哈佛独具一格的"大象研究"，道破师生相依竞争的喜剧性。下面这个最逗乐：

话说哈佛某教授开研究班专论大象，各种文化背景的博士生踊跃报名。美国导师放完几幅表现大象形貌与生活习性的幻灯片，便挟包拂袖而去，由学生随意读书调研，一个月后交卷。好勇斗狠的英国公子挥笔即就，以《如何猎象》的报告抢得头功。生性活泼的法国姑娘，发扬浪漫情趣作成《象的恋爱》，博得老先生一笑。勤勉严谨的德国秀才，两月完成一部皇皇《象类百科》，惊倒全班。轮到倔头犟脑的俄国同志，竟抛出一篇怀疑主义大作：《论象之存在与否》。最后完稿的是聪明过人的中国学生，他一声不吭地献上一册《象肉烹调法》，居然大悦师心，判得最高分。

记得头一次听美国同学讲这个聪明笑话，我曾恼羞成怒，满含辛辣地补充说明：这头大象在美国出生，当称"民主小姐"，她的拉丁学名最好叫Veritas[1]。害得笑话专家赶忙解释，说他向来赞赏中国人的才智不在其饭菜之下。

轮到我写读书札记，向国人介绍霍夫斯塔特这头大象时，却依然感到自己是笑话里的中国学生——既无庖丁解牛术，只好硬着头皮上前，剜下它的几块里脊肉，以华夏之邦的手段佐料炒炸一盘，奉与同胞中脾胃强健者尝鲜。至于此菜是否属于正宗"民主真理"，且不作理论。

合法反对原则

提到美国民主政治，东西方持论不一、并行相悖。美国人立论堆山，自家也难统一。给我印象最深的似乎有三四家，都是严肃不堪的学界"条顿族"，或善拆烂污的"修正派"。

政治学领域公认的最大影响来自亚瑟·班特利（Arthur Bentley）。此公率先对美国政治施以行为主义研究，其名著《政府管理过程》提出利益集团与社会压力说，为现代美国政治奠定了多元化与科学管理的理论基础。

史学界专论美国革命、美国宪法的思想史双绝，分别是贝伦（Bernard Bailyn）的《美国革命之思想探源》和伍德（Gordon Wood）的《美利坚共和国的缔造》。幅宽跨国界、纵横几百年的《民主与专制的社会根源》，由社会学界比较史学代表摩尔（Barrington Moore, Jr.）写成，也令人眼界大开。霍夫斯塔特却从中路切入，直驱美国民主传统，以及当今政体之间的关键

---

[1] 意为"真理"，也是哈佛校徽正中央的永久标记物。

环节：两党制之形成与演变，并以区区一本书，撩开了美国民主政治的百年面纱。

此书名叫《政党制度的思想进化》(1969)，是霍氏 1966 年在加州大学伯克利分校主持杰弗逊纪念讲座的基础上完成。与战后史学"同声派"为美国民主歌功颂德的理想主义相左，霍氏说他的书无意为美式民主和两党制作理论正名工作。他的唯一兴致，是考察它们形成的经过。而他的个人兴致，又来自许多发展中国家正在发生的历史巨变：是这些新独立国家的政治与经济发展，促使他本人"重新回顾美国的亲身经历"。

霍氏的这份超脱，首先显出"条顿式"研究特征，又让人感到存在一种与"美国中心"研究意识颇为不同的异己角度。大概由于他血管中还流着波兰民族历代受辱、渴求自强的热血吧，否则就讲不清我的心灵感应从何而来。

什么是美国民主政治的关键性思想？它恐怕不在于那部"天下长治久安"宪法，也不是世人皆知的三权分立政治体制，以及南北战争后才见稳定的两党制。霍氏证明：民主政治三大件之外，还存在一条隐形杠杆：是它推动宪法、政府与两党制连锁运转、经久不息；抽掉此物，美国政治机器只是一堆废物，难得显灵。更为蹊跷的是：自建国之始到 1840 年前后，美国两代治国天才足足花了 60 年工夫，才于走投无路中抓住这根杠杆，来结束思想混乱、政治危机。

这个救命玩意儿，霍氏称作合法反对原则（Legitimate Opposition）。据他考证，它确是美国地道土产——英国人直到 19 世纪中叶，只晓得依靠"妥协原则"度日。虽说 1826 年上院有位爵爷曾向威廉四世开玩笑，谈论"有组织反对"，那只是吓唬老王以及他膝下的幼女维多利亚而已。

霍夫斯塔特用现代理论术语，将"合法反对"的科学含义明确规定为一条严整的三段相连式：

一、合法反对的前提，首先必须是符合宪法的（Constitutional），即政府与反对党派都承认对方的合法地位。政府允许反对党派在国会内外公开批评自己的政纲国策，并组织和平、有理的抵抗活动（煽动叛国、卖国或政变，当然要受国法制裁）。执政党亦有权反击，同样受宪法制约，不得施虐或舞弊。

二、反对党派须得同执政党一样，对本民族社会之长远利益负责（Responsible），因为成功的反对之后，便是自己登台表演，变成在野党的反对目标。双方批评的目的，是为了提供更佳的政策选择，以便两党相互监督竞争，如此循环不已，相依为命。

三、反对党派不能只是一种教育与影响力量，而应具备完善的政治机构功能，即组织严密有力，政纲切实可行，人才储备齐全，随时能应召组阁施政。如是，方可称有效（Effective）反对。

我以为，霍氏这本书的精粹，并不在于他归纳、出示了上述原则，而在于对它形成的思想搏斗经过，也就是中国古话"那一念之差"的转变，做了一次漂亮利落的曝光投影，令人大有老酒新味之喜。下面，让我们听他讲早期美国政治家是怎样"瞎猫逮着耗子精"的。

霍氏把美国政党制的思想进化大致划分为两个阶段。前期是弗吉尼亚王朝（指华盛顿、杰弗逊、麦迪逊、门罗四位弗州人总统执政期）。其间，社会各界谴责政党活动的舆论主宰政治舞台。后期是杰克逊、范布伦总统执政的时代。作为第二代政治领袖，他们被迫承认接受了两党并存、合法竞争的游戏规则。

政党制不期而来

理想主义的美国革命领袖们，从一开始就崇尚民主，笃信宪治，痛恨党争，决意维护天下一统。独立战争中，他们结成革命同志，团结奋斗，发誓要革掉欧洲腐败政治的命，搞一套无党而治的先进宪法。

这帮人大体赞同英国政治讽刺大师斯威夫特的名言："政党乃多数人发疯、少许人得利。"（参阅斯威夫特《小人国游记》）岂料赶跑了英国"红衫鬼"，刚召开立宪会议，开国元勋们就发现自己完全置身于党争和宗派对立。

以现代学究的苛刻眼光看，美国宪法是由于参与立宪的各集团派别相互克制、利益均沾，才得以侥幸通过。它之所以"万岁"，则是因其内容与形式空前的松散开放，妥协又平衡。参与革命的每一派别，都在其中分得了专利，功劳与缺陷则由大伙儿平摊。因而谁也反它不得，却不难用它去反对别人。

这部宪法的好处太多。比如它将罗马权力平衡观、洛克的社会契约说、英国大宪章、两院制，乃至乡村辉格党反抗专制的精神熔于一炉。又逐一塞进美国民主要素的村镇自治、人民主权思想、实际代表权主张、三权鼎立相克措施。进而糅合了杰弗逊平均主义、田园理想，汉密尔顿的集中原则、经济谋略。除此之外，它也兼顾到大小各州、贫富两极、南北双轨、内政外交的不同要求。

呕心沥血的最终结果，是使它空呈画饼一张，政治生活中当不得饭吃。尤其是这部宪法太过清高，坚持不设计宪法与政党间的联动制约装置。结果恰恰导致了"党内有派、党外生党"的麻烦局面。

宪法草案刚出炉，汉密尔顿率领的联邦党人（他们力主强大政府、工商立国），便同杰弗逊的民主派（他们要求为宪法追加十条人权法案，否则将联合诸州、拒不承认宪法）吵作一团，水火不容。此事搅得富兰克林和首届总统华盛顿心烦意乱。他俩一个苦苦规劝双方不要"滥施党争手段"，另一个索性挂冠而去，在去职演说中警告后人：不得用"恶毒的党派精神，毁我民主大业"！

第二届总统、东部革命元老亚当斯上台，成天担忧"宪治下的共和国会遭遇两党分裂之大难"。果不出其所料，身兼财长与军队总监的汉密尔顿，为压垮杰弗逊反对派，悍然颁布"煽动叛乱惩治法案"，要下手抓人、搜屋、封报纸。杰弗逊则拉拢麦迪逊做盟友，双双操纵本州议会，宣布联邦法案无效。一时间剑拔弩张，险险乎闹出了兵刃相见——美国史称"1798年危机"。

此时的所谓"党争"（后人称为"第一次政党制"）的模式很传统，也很幼稚可笑：双方都没有正式的名称与组织，一方叫联邦党（Federalists），另一方就顺口自称反联邦党（Anti-Federalists），颇似《小人国》里因为鸡蛋的吃法不同，两派便分作"大头党""小头党"。

此时的两派都否认对手合法，都公开谴责党派活动祸国殃民，而自己是以革命和宪法的名义。汉密尔顿急着通过宪法，赶紧收拾战后残破局面，便伙同麦迪逊、杰伊两位笔杆子,写下著名的《联邦党人文集》,严密论证党派活动是民主大敌。杰弗逊一面组织对抗,一面安慰同志道:"此乃非常时期的非常手段。我们什么党也不是,不得已暂时为之。"霍氏在此按笔加评:杰弗逊以一人之力,顶住了普天下声讨党争的巨大压力,坚持"偶尔为之"的反对派活动的正当合理性,因此为日后合法反对原则的诞生留下出路,功不可没。

可我一想到杰弗逊的可怕名言,"自由之树要用鲜血浇灌,人民革命可以每二十年来他一回",便不敢过于奉承。有人为之辩护,说杰弗逊是借谢思农民起义,向联邦党人施加压力,实乃醉翁之意不在酒。如此极端原则一旦合法,再遇上四面受围、水泼不进的局面,他老人家会不会鼓舞起一场文化革命?

1800年,风水倒转。汉密尔顿与亚当斯因军备案闹翻。杰弗逊乘虚竞选上台,部署人马,准备迎击联邦党反扑。不料那班失意的绅士们,竟操起豀达君子式的傲慢,纷纷回乡当员外、做生意去了。从此两派散伙休兵。这便是美国政治史上第一次两党和平交接权力:大约应该感谢华盛顿总统主动退位的先例,以及美国民族心理上相对的宽容精神——他们的祖先尽是些饱受欧洲专制迫害、驱逐的异教徒与"社会渣滓",后代兴许对残暴手段有种本能反感?

然而党争的难题,并未随第一次政党制的消解而了结。此后二十年,杰弗逊无敌可对,便带领麦迪逊与门罗,兢兢业业地安邦拓疆,两党相安,史称"情感融洽岁月"。1812年美英战争,英军入侵,并放火烧掉京城华盛顿和半拉子国会。这一事件惹得党派旧仇复发。杰弗逊一派痛斥联邦党人亲英通敌、招来战祸。这一来是为自己开脱部分备战不周的责任,二来也好把1798年罪名回送给冤家。幸而此时联邦党群龙无首:一代枭雄汉密尔顿已于1804年决斗身亡(杀他的是杰弗逊政府副总统、后来阴谋叛国的阿隆·倍尔,因此野史传说纷纷)。此事虽然没有激出乱子来,可毕竟又是风险一度。

我们回顾这一段七灾八难,是要说明美国所谓民主政治的早期实践,是多么的自相矛盾、险象丛生。立宪、交权、危机缓解,不是靠了运气,便是托人情之福。宪法唯大、强求统一的思想主流，被党派活动的顽石迎头撞击，造成暗流险滩。老一辈革命领袖，因竭力炮制宪法而江郎才尽，没有也不愿承认党争铁一般的规律。结果虽留下宝贵的宪法作为立国之本，后人却痛感民主制朝不保夕。内乱和危机，就像达摩克利斯宝剑那样，一直悬挂在美国人的头顶。

自法国大革命血流漂杵以来，历代学者和哲人都想解开一个斯芬克斯之谜：为何大革命总要残酷吞食自己亲生的优秀儿女？美国革命几度张开血盆大口，却未能咬断民族咽喉，这是何方神灵在护佑？列宁曾夸美国人树起了"资产阶级文明的榜样与理想"，但这榜样是如何得来的呢？

民主这东西，一如狮身女怪那样本性难测。中国士大夫自古叹曰：唯女子小人难养。今天似可改良一下，加上"民主更难"。请看：美国革命元老痴情矢忠、以死相求，用尽渊博学识、古人经验，却无一人能拴住她的青睐。

若即若离、万唤不回首的民主小姐，却在绅士政治家、理想骑士们年老之后，径直去向第二代政治领袖巧笑献媚。最终的好运，居然落到貌不惊人、政绩平平的纽约乡村律师范布伦（Martin Van Buren）头上。

说来谁信呢？我至今半信半疑。有意请教霍老师，他倒乘鹤而去了。

范布伦见民主小姐

接着请看第二次政党制及第二代领袖与民主的历史幽会。自然这不像"孔子见南子"那样庄重，倒是应和了美国当代男女青年所说的玩闹式 Blind Date，即"歪打正着"。

第二代政治领袖分别是小亚当斯、杰克逊、范布伦三位总统。他们各自的出身、性格俱不相同，却有共同大背景：三人都是革命前后几年出生，从小听英雄神话长大，在学堂饱读美国民主宪治思想，后来都由老一辈政治家提携教导，熟知党争历史内情。

与长辈不同，这三位领袖都不看重思想原则、远大理想，而趋于务实与功利。在他们看来，汉密尔顿和杰弗逊都是好汉，各有所长。另外，这一代革命之子对政治机器兴趣浓烈。他们苦心钻研政党组织、操纵技术，多有创造发明。

首先接班的是小亚当斯。他是老亚当斯总统之子，哈佛毕业。出自名门名校，精通政治外交，可谓是那一代高干子弟中的凤毛麟角。涉足政界之初，他是联邦党人。汉密尔顿失势，他又转入杰弗逊派，由参议员、驻俄英大使，一路做到门罗总统的国务卿，风雅练达，十分出色。

门罗退位后，小亚当斯同杰克逊将军竞选，打成平局。众议院裁决后指定他为第六届总统，这却激怒了微贱出身的杰克逊以及一批中间派。他们骂小亚当斯有财有势，靠走后门和高层交易抢得宝座。杰弗逊党人因此分崩离析、山头林立。

1826年，老革命家杰弗逊与老亚当斯同时去世，小亚当斯处境困难。1828年大选，他被"群氓首领"杰克逊一举击败，黯然下台。美国贵族政治的残余血脉，也就从此了断[1]。

杰克逊总统时代（1828—1840），是美国民主从理想转化为现实的重要发展阶段。它亦标志第二次政党制的开始。杰克逊是一位鲁莽军人、战争英雄。1812年战争，他曾率部在新奥尔良大败英军，后屡克印第安部族，战功彪炳。从表面看，这位将军心眼无多，易于控制。谁知他在万千泥腿子、乡巴佬欢呼簇拥下入主白宫后（白宫的华贵陈设惨遭亵渎，国会一度浊臭逼人），却以非凡魄力、强悍作风，一再向特权政治、寡头经济发起挑战，有力反映了蓬勃兴起的"乡村企业家"的利益，顺应自由资本主义发展潮流。

政治上，这位"平民皇帝"痛恨特权，尤其厌恶"书房杯酒定天下"那一路绅士政客作派。因反对以财产地位、学识教养取仕，他另立一套"公职轮换"制，被人骂为"政党分赃"。何谓"分赃"？简单说，谁拥护老子上台，老子就给谁官做。但在政治实践中，获胜政党论功行赏、分派公职的做法，比原先的元老会议内定人选要来得民主，也行之有效，因而这一制度代代沿袭，后辅以文官考核，竟演变成当今美国的正统官僚制度。

---

[1] 关于美国革命与贵族政治、奴隶经济的关系，可参阅摩根（Edmund S. Morgan）教授的《美国奴役、美国自由》，恕不在此岔出。

在经济上,"老核桃将军"也毫不手软。他先在1832年银行之战中,悍然使用总统否决权,摧毁了汉密尔顿亲手缔造并视为美国经济基石的国家银行,还把集中一处的金融储备,分到他本人喜欢的州银行去。此举导致华尔街民间银行中心的兴起。杰克逊打这一恶仗的理由很明确:国家银行这"魔鬼机构"专吸老百姓的血养肥富人,还胆敢在大选时同本总统过不去——留它做甚?

1833年杰克逊连任后,又逼南方各州接受于他们不利的关税法案,激起蓄奴的南方政客一片骚动不满。副总统卡尔洪带头反对杰克逊,继而在《南卡州立场与抗议》中大喊主权在州、联邦法无效(这是生硬模仿当年杰弗逊对抗汉密尔顿之举,铤而走险到藐视宪法的地步)。论战中,那位南方人杰卡尔洪,还谴责政府强制推行南贫北富政策,扬言"自由高于联邦、宪法只是各州协议",大有要砸锅分家的架势。

杰克逊一怒之下,要求国会立即授予他"总统用兵执法权",准备挥军进剿,杀去南卡州,"绞死卡尔洪这狗娘养的!"经人折中调解,卡尔洪被迫让步,成了美国史上仅有的一位辞职副总统。

杰克逊总统虽说所向披靡,但也结下众多的对头。1834年,反对派三巨头(卡尔洪、克莱、韦伯斯特)正式结盟,组成"辉格党"。他们三人以英国乡村反对党对抗王室的传统继承人自许,任务是推翻"行政官篡权"的杰克逊皇帝。杰克逊也随即成立一个"民主党",以示他完全代表人民的意志。两党相继召开代表大会,开创了党代会竞争投票、决出本党总统候选人的先例。请注意:这一发明权属于辉格党。此乃美国政党制的又一进步。

卡尔洪辞去副总统不干,该由谁来顶缺呢?命中该当杰克逊的国务卿、左右臂范布伦接任此职。1837年杰克逊总统两任期满,又亲自提名范布伦为民主党总统候选人,后者顺利继承了"王朝"。

如果说杰克逊象征"平民革命"的正面锋芒,范布伦便是它以柔济刚的另一面。这位第八届总统出身贫寒(父亲开小酒店),年轻时当乡村律师。革命与民主浪潮,将他和杰克逊这一批下等人推向政治前台,实该感谢老杰弗逊总统创立的民主时代。与杰克逊的咄咄逼人相反,范布伦虽然参与攻打贵族世袭领地,他私下里更深知那帮人的实力与高明——汉密尔顿便令他终生钦佩。

范布伦的个性也很特别。以法庭争斗为生的职业环境，将他磨练得性格宽厚、锋芒不露。台上他寸步不让，刀笔簧舌，台下他却尊重对手，亲密如好友。从政多年后，他的这种专业技能日趋熟练，运用神化。当纽约州长时，世人称他是"奥尔伯尼摄政团的灵魂"。其人缘之好，不但博得杰克逊的宠信、纽约政治老板克林顿的庇护，就连小亚当斯总统也夸奖他人才难得。

范布伦的长处，在于胜任党派组织、内部谈判。他当了总统后，反而捉襟见肘，应付不了财政困难，因而做了一任就下台，只留下一本小册子：《美国政党根源与发展调查》（1867）。霍氏认为：此书虽小，堪称一块里程碑。它标记了美国政党思想演变中的现代化转折。

小册子从各方面分析，确有决定性的理论与思想突破。我们已知：第一代美国政治家局限并沉醉于万众一心、思想和谐的一元化理想主义。所以他们在实践中无法容忍纷争对立，总要千方百计地吞并、吸收、消灭不同派别。第一次政党制因而像个私生子：它不期而来，父母双方拒不承认，反倒连打带骂。

第二代政治家为现实斗争所迫，逐步认识到党争的无可避免。政党虽有坏处，却也有益处和实际功用。与其不择手段地胡斗乱闹，给野心家和牟私利者造成危害民主的机会，倒不如顺势引导党争，让政党制度合法化，并制定严格竞赛规则，以便在新的两党对峙与相互监督之下，实现革命导师的民主理想。

这一"坏事变好事"的创见，正是范布伦提出的。他的小册子完美统一了杰弗逊的理想主义、小亚当斯的外交眼光、杰克逊直言不讳的"党性"、卡尔洪的造反精神，以及克林顿的全套权术（政党分赃、政治庇护、党内老板操纵）。

范布伦在总结其政治经验以及纽约州党派活动先进方法的基础上，明确阐述了四项组织原则，向全党全国推广：一、政党应是战斗组织，其内部纪律严格，赏罚分明；二、党员须对组织忠诚，前程交由党安排，并能为党牺牲个人利益；三、不求吃掉和压垮对立党派，而要与之互为依存，以延续本党生命，使竞争成为永久性的互利法则；四、党的最高任务不是思想原则，而是一切服从竞选，即利用所有矛盾冲突、各种机会获胜上台。

至此，"合法反对原则"与美国两党制的思想基础得以正式确立。霍夫斯塔特的叙述也到此结束，只留下两句结论：首先，合法反对原则的开创，指示西方政治思想将反对党派活动从非法、半合法直到看成合法，这是它逐步成熟、日趋复杂精微的一种进步。其次，完全发育的西方民主政体，须得有至少一个以上的反对党派，作为安全阀门，冲销社会不满的压力，方可真正符合标准。

疑虑与浮想

读完霍氏这本书，我便像登山运动员越过了雪线，进入空气稀薄的缺氧世界。疑问与浮想挡住了去路，却又呼唤新的途径。

疑虑一：第二次政党制形成不久，南北战争即血流成河。1865 年又逢林肯总统遇刺。这些历史惨剧令人联想法国大革命高耸的断头台和丹东之死。当然，美国内战自有其深刻复杂的经济、文化、思想根源。美国政党制度既压不住它，也不能负主要责任。但内战的确指出两党制和宪法当时存在的许多弱点毛病，说明美式民方远非万能。

我在哈佛的系主任唐纳德教授[1]，曾提出修正派观点称：内战原因之一，来自美国生活中的"过度民主"，即无限扩张、疯狂竞争、藐视权威、个人至上。结果导致传统约束削弱，政治决策受到多方离心力干扰。政治家不讲原则，但求选票。结果一遇危机便各自为大，终于演成内战、分裂的悲剧[2]。另一位左派史学家方纳（Eric Foner）也发现：内战前的两党基础狭窄，成分单调，缺少牵拉与维系作用。两大党拦腰切断了南北利益，内战遂起。而战后两党都注意到广泛区域基础、众多阶层支持，方才呈现稳定态势[3]。

疑虑二：霍氏认为，西方民主政治必得有一个以上反对党才能算数。

---

1 David Donald，南方文化思想史、内战重建史专家。
2 见其名著《林肯重论》(*Lincoln Reconsidered*)，Vintage，1989。
3 参见 Foner, *Free Soil, Free Labor, Free Men*, Oxford University Press, 1970。

那么东方民主模式将如何另辟新路？第二次世界大战后，山姆大叔在日本实验了"武力监护型"民主制（后又关心马尼拉）。我倒是很关注新加坡总理李光耀的"东西方混合民主制"试验，其特征是一党长期执政、广泛民选、精英集约（即尽力将人才网罗到执政党内）。说到中国，我以为引进成套设备的法子行不得，只能靠借鉴与自创相结合。洋民主三大件代价昂贵，买来咱也消化不动。而且须得有几十年工夫，等到经济发达、教育提高、大众民主意识健全后，逐步改进完善。

浮想一：软件部分如霍氏论证的"合法反对原则"，似可早一些"拿来"，不见得就要运用于政治领域，倒可以用它来提倡合法、负责而又有效的学术批评和反批评，以造就良好的研究气氛，从中生产出较为适合我国国情的民主政治构想，岂不是好事？

浮想二：待中国的社会主义民主政治发育成熟之日，我希望能在北大开研究班，专收外国留学生，也让他们自去读书调研。我自己则夹包回家，给孙子孙女们讲故事，说爷爷当年漂洋过海，受过多少洋罪。

（Richard Hofstadter: *The Idea of a Party System*, University of California Press, 1970）

现代化理论与霍氏改革史观

> 此人气质颇有些像中国学问大家朱光潜、钱锺书。他的书没有《悲惨世界》的调调儿，却善于寓谐于庄，心与脑（情感与理智）搭配合适。进步时务求踏实得体，保守中又透出经典的威严。

上篇《霍夫斯塔特与美国政治思想史》，只摸着大象一条腿。这篇札记，有意涉及他的另一侧面，即结合时下流行的经济与社会现代化理论，来看霍氏关于美国改革运动史（1890—1940）的宏观思辨、哲理反思。

美国学界研究现代化理论及改革史的局面蔚为壮观，甚至有泛滥势头。60年代在那里兴起的现代化理论，起先以圣西门、斯宾塞、马克思与韦伯等人的社会进化论为基础，结合分析现代资本主义国家的经济、社会与政治变革，推出一批发展类型、趋势模型。这股浪潮于70年代冲向法、德、匈、日等国，成为东西方共同关心、社会科学（主要是经济和社会学）与自然科学（如系统工程、结构功能、控制论）交融混合的尖端课题，并引起我国理论界瞩目。

史学这一行内，有关美国改革史的研究几乎同时铺开——从改革领袖、断代思潮、区域发展，直到各大都市的市政沿革，都被当成专题或博士论文，挖地三尺地淘检了几遍（可惜国内的介绍不成比例）。

进入80年代，那些有志于研究美国改革或现代化规律的青年学者走投无路，便向社会心态、大众传播、高速公路文化之类的边缘地带拓荒，以便寻找学术栖身处。在哈佛，一个博士生三套专业训练（文史哲或政社经）不敷应用，那就必须再添几套时髦行头，否则毕业后的饭碗会成问题。

相比之下，我等中国留学生就成了社会主义优越性的广告：既不屑去争教授扔下的嗟来食，也无须为专业定向担忧。高压重负之下，读书四处游击，写论文余地充足。听过几堂讲改革与现代化的课，我便野心发作，想去揣摩美国的经验和规律。我心想：只要从中抓出几条便不吃亏——哪有心思去管"纽约市长改造贫民窟方案"之类的杂题？（权当给美国同学留些活干，怪可怜见的。）

下面记录我当时比较几家现代化理论与霍氏改革史的一些感想。务请不要当作学术论文来读，因为它只配入学生功课之类的十二金钗又副册。

美国化：类型模式与历史概念

依照美国现代化理论的开山之祖、社会学家帕森斯（Talcott Parsons, 1902—1979）的说法，西方社会发展史上的现代化过程，包含三项基本任务，即科学革命、民主革命与产业革命。后来有人增补了"管理革命"一项，合成西式四个现代化。

西方各国在其实践步骤上，亦可分列出三种不同历史模式：A型为常规模式，指英、法、荷等国，各以产业革命或民主革命为先导，继而艰难缓慢地展开另两项。B型灾难性模式，由德国首创（未提及日本，可能是因为它算不上西方国家），特征是大搞工业化、崇尚科技，但偏废民主建设，结果导致纳粹暴政、军国主义扩张。C型最佳模式，自然要划归星条旗与自由女神护佑下的美国，因为它的民主政治、科技进步、经济发展三位一体，同时并举，洪福齐天，居然以两百年光阴，毕千秋功业！[1]

帕森斯模式说，显然代表50年代在美国盛行、在苏联遭痛批的"美国

---

[1] 参阅 Parsons, *Structure and Process in Modern Societies*, NY: Free Press, 1960。

例外论"（American Exceptionalism）。当着美国师生，我曾挑剔此说，煞其风景。与中国留学生恳谈，我又举出美国资本主义发展之所以少受原始积累和阶级对抗之苦的多种"特殊原因"：诸如缺少欧洲封建结构，巧妙利用奴隶经济，移民混合造成阶级意识模糊，以及西部边疆开发疏导社会压力、刺激科技与教育普及等等。

这些特殊现象，当初也曾引起马恩二导师的注意。他们还半开玩笑地批评美国人"理论混乱"的毛病。马恩过世，让老美的"例外或优越"（例外一词同时含优越之意）成为我们的悬案。如今美国人的理论混乱症愈发难治，偏偏哈佛教授讲马克思只用德文原本，引列宁论断必套俄文。

感谢帕氏证明了德国模式的危险可怕。然而他抬举美式现代化，看它是天时地利人和的济世宝鉴，却未能深入交代其中的矛盾冲突、思想进程，进而给出令人信服的辩证规律。帕森斯的美式现代化航图，标记了太多的绿色符号，难得见几处红灯黄牌，因而不堪实用。

美国的现代化理论家，后来渐有自知之明，便卷起他们的定量分析图表，约请人文学科的专家会同作战。1963年，一批经济学、社会学、政治学大腕在纽约哥伦比亚大学聚会，集中研讨丹尼尔·贝尔主编的《极右翼》一书[1]。霍夫斯塔特应邀升坛讲道、指点禅机。

这位"全能史学家"，在哥大主讲了激进与保守政治同改革运动的复杂关系[2]，博得满场臣服。贝尔也称许霍氏是"史学界罕见的社会学头脑"，并特别推崇霍氏那本总结了美国五十年改革思潮的《改革时代》。

霍氏《改革时代》[3]是当代研究美国改革史的奠基性著作。一般认为此书有两大功绩：一、首次断然将平民党抗议运动、进步主义改革、罗斯福新政三段历史，连成一条改革主线，看它是民主传统延续、现代化实践的关键时期；二、霍氏以其独树一帜的批判反思，廓清了美国史学界几代保守与进步观点论战造成的交错破碎认识，确立了目前广为接受的改革分野

---

[1] 此书的编写目的，是为了清算麦卡锡主义反改革、迫害知识界的罪行，挖掘美国右派政治的社会根源。

[2] 后来霍氏据此写成两本思想史名著：《美国生活中的反智主义》《美国政治偏执狂》。

[3] Hofstadter, *Age of Reform*, NY: Vintage, 1960, 1955年初版，1956年获普利策史学大奖。

标准,以及现代的评价角度。

我本人认为,若把此书同霍氏后来出版的《反智主义》(1963)与《政治偏执狂》(1965)联系阅读,便可以引出一系列美国改革思想冲突与转化的历史规律。而这些规律的归纳提升,恰好能用来弥补现代化抽象理论中的某些缺陷。

19世纪末,美利坚民族熬过了"十年浩劫"的内战与重建,跨入工业腾飞、资本垄断、领土扩张和都市膨胀新纪元。有人称它是"镀金年代""工业世纪",也有人叫它"强盗大亨统治期"或"帝国主义阶段"。1893年,在芝加哥轰动一时的国际博览会开幕式上,美国边疆史学派始祖、哈佛历史系主任特纳教授(F. J. Turner)向世界郑重宣告:边疆开拓时代业已结束,美国人正面临一个充满未知力量与巨大困惑的新时期。作为上帝选民、一直在伊甸园里耕耘的美国自由农夫(Yeoman,不同于欧洲封建制度下的农民概念),将被迫从田野移居城市,用机器代替手工,怀抱"四十亩地一头驴"的乡村价值和"泥土民主"(Grassroots Democracy)理想,去对付高度组织化、科学化的工业挑战,承受巴比伦式的财富诱惑。

美国民主将向何处去?这位学富五车的历史学家深感吉凶难卜,前途茫茫。

六十年后,霍夫斯塔特捡起从特纳老人手中失落的历史线索,大刀阔斧地总结半个世纪以来美国民族的成功与教训,奋斗与迷惘,并概之以改革时代(The Age of Reform)的崭新概念——此举便大有改革的胆略勇气。

霍氏改革史观,比起保守史学家贬薄民众抗议为群氓作乱、罗斯福新政是"厚脸皮投机主义",当然要显得进步。同时,它也超越了进步史学简单庸俗化了的阶级对抗观,冲破凯恩斯信徒的狭隘经济决定论。

尤其与众不同的是:霍夫斯塔特在战后美国史学界乱成一团之际,最先见出了黑白相间、左右互通的历史复杂性,细致考察政治、经济、社会与文化发展的多元交叉、互动影响。这种更加精微缜密的先进史学观,我曾在研究报告中戏称是一种"全频道彩色电视机"。

据说中国彩电如今也大量出口了。不晓得苏联学者是不是还在看黑白电视?记得1960年版、谢沃斯基扬诺夫院士主编的权威《美国史纲》,依旧无视美国的进步主义改革，唯论当时的劳工血战与反动统治。近来他或有修正也未可知。

美国改革三部曲：人间喜剧

马克思和恩格斯一贯反对把历史写成多愁善感的道德化理想剧。老黑格尔更干脆：他把历史比作屠夫上帝任意宰割生灵的一条血淋淋的"红案"。欧洲哲学大师思想的沉重，实在不合多数美国学者的口味。他们摆脱了欧洲病，又往往乐观自信、进步新潮得令人生厌。

我欣赏霍氏居中的平衡，觉得此人气质颇有些像中国学问大家朱光潜、钱锺书。他的书没有《悲惨世界》的调调儿，却善于寓谐于庄，心与脑（情感与理智）搭配合适。进步时务求踏实得体，保守中又透出经典的威严。

《改革时代》导论中，霍氏首先说明：他的改革史是喜剧开场，正剧结尾。目的不在于盖棺定性，而是要开一代研究风气，将史比新，改进史学方法论。一句话，他既要揭示美国三场改革运动的内在联系、矛盾冲突、周期反复规律，还要在总结历史经验的同时，尊重进步与保守双方的作用和功劳。

为了便于纵观全局，我试将他的五十年改革史，以春秋笔法压缩成以下梗概。

公元1891年。在那昌明隆盛之邦，民主自由之族，车水马龙不夜城，温柔富足康乐乡，平地一声春雷，数百万农夫草民揭竿而起，高举"平民党"大旗，呐喊着要政府维护庄户人利益，重税课征托拉斯，接管铁路航运银行电讯，打击圈地囤粮的恶霸奸商。其势如暴风骤雨，三年便夺得参众两院十多个席位，得票140万。继而同民主党联合竞选，公推平民首领布莱安议员，去争总统宝座。

这一轮平民起义，吓得城里的财主老板们心惊肉跳，误以为是第二场独立革命已然打响，杰弗逊大人阴魂复归。那一边，却笑倒了纽约城里的一位老辣世故的报社主笔。他轻描淡写一段评论，劝众老爷放心：乡下并无革命党放枪，那是老农开春时节敲打破旧毡毯，噼里啪啦，年年如此。内战后的绿票党、庄园运动、反垄断团体，俱是他们起哄，只不过今年声响最大而已。

农夫们年年翻晒的"破旧毡毯"，是指杰弗逊总统亲手制定的建国蓝图。这位民主革命的伟大领袖，为使自己的人民免遭欧洲腐败政治的二茬苦、不受罪恶都市的回头罪，发誓要抵制汉密尔顿的工商立国方案。

老总统苦心经营二十年，终于在中西部内陆地区，建起一个小农庄和自耕农的庞大帝国。他企望：千百万自立自足、酷爱自由的诚朴庄稼汉，将一手扶犁、一手持枪，世世代代拱卫民主制，永葆美国革命江山不变色。

然而历史十分无情。保守反动的工商主义居然全面复辟，代表势不可当的现代化潮流。而素以激进自居的乡村势力，竟然本能地反抗工业革命和都市化（Urbanization），在广阔农村发动了第一场改革运动——这实在是黑白倒错、阴阳失调、清官难断。

透过百年迷雾，霍夫斯塔特敏锐指出：建国元勋汉密尔顿虽然标榜贵族政治、污蔑民众是"野兽"，他的工业化设想（1790年写成著名的信用、税收、银行和产业报告），却为美国现代化准备好了强大引擎。老总统杰弗逊以乡村包围城市、坚持民主制下继续革命的思想，无意中也为美国现代化设置了安全阀门，扼制了垄断资本的疯狂发展。

自古希腊罗马起，文艺复兴大师、法国重农学派、英国湖畔诗人，无不以讴歌理想化的农夫牧童及其健康生活方式，来嘲笑、批判资本主义工业化造成的邪恶与沉沦。杰弗逊在历代贵族绅士咏哦的田园怀旧与梦幻之上，更增添了天赋人权、民主理想，编织出一套迷人的农业神话（Agrarian Myth）。这一套神话集中了有关农业和农夫的经济思想、道德伦理、政治哲学。它进而武装了民众，成为革命象征和政治家标准语汇，循环在美国民族的血液里。

18世纪末，有个叫克莱弗柯尔的法国人，自愿参加美国革命战争，后定居乡间当起了自由农夫。他写书赞美杰弗逊时代"既没有封建历史，没有工业化现实，没有君主、贵族和教会的压迫，也没有产业阶级的街垒战——我们是天下最完美的社会"。

天真而原始的完美，不幸被历史车轮碾碎。自由农夫们因了工业和都市的发达，日益失却传统的自尊与社会中心位置。他们一面忍受富翁大亨的盘剥压榨，另一面饱受知识分子、移民工匠的排挤侮慢。农夫们愤愤然抗议了几年之后，不想城头变幻大王旗：平民主义（Populism）的革命口号，居然被保守派首领老罗斯福总统接了过去。转眼间，城市里也闹开了改革党，人人都戴上了进步主义的（Progressivism）的银桃子——妈妈的。

进步改革若从1901年老罗斯福接替被刺杀的麦金莱总统算起，直到1919年威尔逊总统改革国际政治的国际联盟方案失败、气恼成病死去，前后共计十八年。此乃美国政治、经济和社会发生重大广泛变革的时期，又是一场内容复杂、倾向多变的全社会改革壮举。

改革急先锋，是新闻记者和现实主义作家。他们发起"黑幕揭发运动"（Muckraking Movement），扫荡社会阴暗角落。斯蒂芬斯暴露《城市的耻辱》，塔贝尔追查《美孚发迹史》，诺里斯刻画吸食农夫血汗的《章鱼》，德莱塞为无数的嘉莉妹妹、珍妮姑娘鸣冤诉苦。

德布斯和海伍德等工运领袖，为千万产业工人争取劳动保护和工作限时权利。两代女权主义斗士（露西·斯东、伊丽莎白·斯坦腾）并肩作战，终于赢得了妇女选举权（宪法第19条修正案）。简·亚当斯主持贫民救济院工作，吸引来大慈善家、救世军和社会学专家，开展节育宣传以及针对女工、童工、孤儿和残疾人的社会保护。

最有趣的故事，是大作家辛克莱在小说《屠场》里，逼真如实地描写芝加哥肉食加工厂里臭气熏天的恶劣工作条件，原想揭示移民工人的悲剧境遇、启迪大老板的良知，不料这本现实主义小说，居然引发了全民族肠胃紊乱，上下一致通过了《联邦肉食包装法》《食品药品卫生法》。

中下层人民出于道德正义感、救苦救难的自发义举，充分体现了美国改革运动的民主要求，及其慈软（Soft）一面。而千万民众的强大压力，又通过新闻媒介和亿万选票，推动改革政治家及其思想库，不断加强硬性（Hard）决策与科学管理，以期医治众多弊病，修补破旧落后的国家机器，建立现代文明秩序。

在学术领域，大量新进学说的产生，也指导、支持了改革进展。大哲学家杜威阐发实用主义工具论，提倡灵活多变的社会实践。社会学家凡勃伦，则大肆鼓吹技术工程人员掌权，一再讥讽有闲阶级（The Leisure Class）懒惰无能的寄生性。一代科学管理大师泰勒，率领众多弟子，推动各大工业企业的革新改造。赫姆士大法官的能动法学思想、萨姆纳社会达尔文主义、比尔德的新史学，乃至于贝拉米的社会福音论，都从不同角度促进了文化与意识的现代化趋势。

这一时期涌现出许多改革政治家。上层领袖最著名的有老罗斯福、威尔逊总统，还有"人民法官"布兰代斯。中间一档，可以举出底特律市长品格利，克利夫兰市长强逊，杰出的威斯康星州长、进步党领袖拉法莱特。

这些"改革派"官员相继制订通过了大批改革法案。譬如在联邦级法案中，就有著名的反托拉斯法、资源保护法、累进所得税法、消费者保护法、联邦金融储备法，参议员直接民选权（宪法第17条修正案），以及农夫们盼望良久的长期低息农业贷款制度。即便是在州市一级，也设立了保障公共福利和市政设施的诸多法令，还增设了一系列地方法规，以保障直接预选、复决投票、罢免任官、定期巡查、惩治贪污舞弊。

第一次世界大战，骤然打断进步改革的深入发展。威尔逊总统之死，象征改良哲学破产、进步派理想幻灭。20年代的美国，沉溺于纵欲享乐、歇斯底里。哈定政府纵容垄断资本抬头，又借"战后正常化"之名，向进步知识界反攻倒算。美国宣布参战后，官方大举镇压反战、反帝舆论，掀起一波波逮捕和驱逐革命人士的"红色恐慌"。民间宗教复辟，三K党肆虐。大城市里排外排犹、私刑凌迟黑人——史学家称这股恶浪为"原教旨主义"（Fundamentalism）泛滥，即乡村、外省落后愚昧意识，与宗教狂热和保守政治相结合，生成一种反对科学进步、关门排外、自命为国粹捍卫者的反动文化思潮。

原教旨主义信徒头脑昏昏，却也大喊"改革"不止。他们导演并上演了20年代美国历史严重倒退的三出重大丑剧。其一是压迫政府通过"禁酒法案"[1]，全面杜绝麻醉性饮料产销，以及由此造成的"道德精神败坏"。反

---

[1] 宪法第18条修正案，1920年实施，后因遭到激烈反对而作废。

酗酒运动的英雄，是一个叫佳丽·奈欣的文盲悍妇。她手提木棒，率大群凶悍家庭主妇，四处袭击酒店酒吧，赶走乐在其中的时髦男女，因而被保守势力封作圣女贞德。

其二是震撼朝野的"司各普斯审判"。1925年，前平民党首领布莱安议员，因出于原教旨主义义愤，亲自出任起诉律师，出庭指控田纳西州一个讲授"猴子变人"进化论的中学教员司各普斯。罪名是这位老师胆敢抵触《圣经》，糟蹋上帝形象。此案引起了各地教师的强烈公愤：他们推举大律师达罗为被告辩护，一举击败老朽布莱安，救出了"猿猴先生"。

其三是种族诬陷事件"萨柯—凡塞蒂案"。自由派和保守派争夺多年，终于在1927年最终判决，将两个无辜的意大利移民工人当成赤色分子，处极刑坐电椅，还逮捕了大批抗议示威的作家和文化人。

反动政治倒行逆施，垄断资本为所欲为，引发了以纽约股票市场崩溃为起点的资本主义经济危机总爆发。一时间，美国成为30年代西方列强中灾难最为深重的危机中心。1932年，工业产值和国民收入跌回到1913年水平。企业纷纷破产，银行成批倒闭。失业总人数高达1600万，大批老板和富翁破产，中下阶级状况急骤恶化。知识界集体向左转，阶级搏斗与暴力革命迫在眉睫。

罗斯福总统受命于危难之时，一肩挑起了振兴资本主义经济、瓦解革命运动、抵制法西斯倾向、拯救美国民主的四大重任。他为期八年的新政改革，一方面继承了进步主义未竟之业，另一方面又大大超越了历次改革的局限。这位现代史上最了不起的美国总统（肯尼迪在哈佛读书时的成绩太次，我以为他比老罗略逊于此），碰到的风险之大、难题之多、局势之乱，是历代改革家难以想象的。

也恰恰因为人人束手无策，资本主义病马医是死，不医也是死，罗斯福得以放开手脚，左右开弓，软硬兼施，坚决而大胆地随机应变，尝试一切可行方案。结果他成功避免了流血革命，将美国从自由资本主义平安引向国家资本主义与福利社会，并且扶持民主势力，压制了帝国主义、法西斯主义的发展。

这场和平革命或称机会主义改革，开创了资本主义国家主动学习借鉴社会主义思想（诸如集中计划经济、政府强制调节金融与生产、以重税剥夺大企业和富翁），运用凯恩斯学说（赤字预算、刺激发展、大规模政府救济、社会福利投资），变阶级对抗为劳资合法谈判、政府监督执行等一系列先例，在对立的思想体系与两极发展模式之间，硬是闯出了一条崭新的活路。

霍夫斯塔特关于美国改革时代的回顾到此结束。此后便是我们熟悉的麦卡锡反共反民主逆流（霍氏以反智主义和政治偏执狂为题另外做出了分析）。他未能评价肯尼迪的"新边疆"改革，也来不及指点里根的保守主义改革。然而他的《改革时代》，却给我们留下了深入研究的契机和命题。

现代化改革：三个矛盾命题

60年代中期，围绕第三世界国家的现代化图式，美国学术界开始了大量模拟研究。经济学家格森克隆提出"技术转让"原则，鼓励不发达国家借用先进技术、资金和外来经验，迅速推进本国工业化。社会学家W. J. 列文比较了现代化与非现代化国家在社会结构方面的差异，建议后进者在几个方面迎头赶上：高度专业化分工，精密科层组织，核子家庭和非自足性社会群体，感情中立的社会关系，分散而非专制的权力结构，发达的交换媒介与交换市场，等等。

与之并行的美国式现代化试验，在亚洲国家开展得却不顺利。接受美援与和平队专家指导较多的韩国、菲律宾、泰国、马来西亚等国改革艰难，发展不平衡。尤其是伊朗改革，竟触发宗教改革的严重倒退，敦促美国学者日益关注亚洲国家现代化的"受挫现象"（Breakdowns）。

现代化受挫研究，近年来在不少亚洲国家都有进展。其中领先的日本学者富永建一，便吸收改造了美国人的部分成果，提出如下三个命题：

（一）非西方、后发展国家的现代化，唯有靠杰出的改革政治家主持中央政府，在国家统一、社会安定条件下，自上而下地逐步推行。日本明治维新的成功，即在于及时制止了分裂和内战。而辛亥革命后中国军阀混战，诸侯割据，无从改革。

（二）亚洲传统型国家引入异质、外来的工业文明，难为国民和传统所容，因此必须全力打造强大的改革承担者集团，诸如工程师、实业家、熟练技工、各类专业人员，以及相应的购买市场，方可支持政府的改革政纲。

（三）现代化改革的成败，在于能否有效地缓解城乡二元冲突，逐步调和乡村保守意识与都市西化倾向，最终融二为一，稳定发展。富永特别提出：以农民为基础的日本陆军充当法西斯支柱，导致军国主义上台、战争失败。日本直到"二战"后才消除了城乡对立结构[1]。

霍夫斯塔特《改革时代》，早在二十年前已然分析了美国现代化改革的一系列矛盾对立、转化规律，并从政治、文化、哲理三个角度，深入研究了改革受挫问题。我将他的思想归纳转述，同富永意见相对照，得出这样三个命题：

一 政治命题：激进与保守

美国三场改革运动[2]基本是在和平条件下展开，或以和平改良避免了内乱危险。它们稳健地改进并延续了资本主义制度，堪称不可多得的成功改革先例，值得称道。

霍氏肯定改革的成绩，却又不放过美国改革家的自相矛盾与混乱可笑。他一再嘲讽说：这帮改革家是被逼造反、三心二意、投机取巧、弄假成真，一改再改、无法停止。同时他又抱怨美国自由派势力长期占据统治地位，压制了真正有力度、有深度的保守主义批评。于是，他便毛遂自荐，承担起自由派学术界的自我批评任务，以便公允评价激进与保守两大政治思想潮流，检讨它们作用于美国改革的交叉影响。

美国保守派的政治思想体系，植根于本土的"清教—扬基—中产阶级"传统利益与文化结构。它坚持国家政权应由殷实古老家族的绅士型领袖人物执掌（the old, good American stock should rule）。其政治理想，是以道德良知治国，发展经济、提高物质生活水平，同时强调人性净化与社会合理秩序。

与之相左，激进派的改革思潮，主要依靠知识阶层、专业技师、众多

---

1 富永观点见日本《思想》杂志1985年4月号。
2 分别被美西战争、两次世界大战打断。

移民[1]。这些人要求机会均等和广泛民主，造成强大的改革舆论压力。

上述左右两股政治势力交替统治，互为补充并相对平衡，乃是美国现代化得以顺利发展的关键秘诀。霍氏称：无论软硬或左右，改革政治的行为准则，是顺应时势、以法律为界。凡推动进步又维系了安定局面的，便属成功案例。

例如老罗斯福（Theodore Roosevelt）总统：他出身银行世家，历任警察局长、骑兵上校、铁腕纽约州长。当上总统后，他仍旧喜欢挥舞大棒，力主"将激进主义置于明智的保守统治之下"。话说回来，此公精于"公平施政"，偶尔也用"胡萝卜"拉拢人心，不愧为保守改革的典范。

再比如威尔逊总统。此人从政治学教授、普林斯顿大学校长，直至当选总统——不折不扣乃一理想型书生。他提出"新自由"政纲，以高压手段强行扼制工商巨头，又以低税、贷款扶助基层发展，由下而上地解放了广大民众的创造力与积极性。可惜他的"十四点国际和平方案"太过乌托邦：他居然劝说列强放下屠刀，吃斋念佛！国际联盟设想失败，威尔逊含恨死去，却不失为激进改革家中的先驱[2]。

第二位罗斯福总统（Franklin D. Roosevelt）最令人叫绝。霍氏举他为激进与保守混合型改革大师。极右派骂他是"化装的共党""违宪专制暴君"。原因是1932年他上台后赶制70项改革法案，最高法院作梗刁难，老罗便伺机换下九大法官中的六位，塞进自己的亲信——此举确实有些"违宪"，却又抓不住他的把柄。甚至左派也痛恨这个"华尔街工具兼准社会主义者"。这是因为罗斯福后来居上，窃取挖空了他们的激进纲领，其中有美共竞选口号、唐森神父的社会救济方案，还有朗格州长（老罗最强硬的竞选对手）的财富分享、银行国有化方案。罗斯福毫不隐瞒，公开说他以激进对付激进，目的是"保守"资本主义香火不断。

改革政治虽然余地宽大、任君周旋，但也有它自己不可逾越的危险界限。哈定总统昏聩无能，放任司法部长帕尔玛大肆迫害进步人士：1919年

1　1890—1920年新移民浪潮带来2000万外来人口，麇集在沿海和五大湖地区的工业都市。
2　"二战"后，美国主导建立了联合国，终于实现了威尔逊的夙愿。

"帕尔玛袭击"，致使改革严重受挫。1932年革命运动高涨，胡佛总统临危张皇，竟派麦克阿瑟将军镇压退伍军人请愿团，扫荡国会山下难民营地，险些激起人民暴动。幸亏麦克阿瑟对参战老兵有怜恤之心，未下毒手。

以上两起事件趋于反动，已走向改革反面，被后来的总统们引以为戒。但也有例外。例如1957年艾森豪威尔总统铤而走险，派精锐伞兵强行包围阿肯色州小石城市立中学，弹压反动州长及当地种族狂热分子的示威，护送黑人孩子每日正常上学——各地报刊非但没有亮起红灯警号，反而换来了举国叫好！可见改革政治的行为准则，值得仔细研究，中国的"李向南""乔厂长"，也该读一些外国改革史。

二 文化命题：科学与反智

富永讨论的城乡二元对立说，从文化角度看，讲的是本土文化传统有悖于大都市的西化倾向。霍氏在讨论这一对矛盾时，却采用了"中产知识阶级"与"反智主义"（Anti-Intellectualism）的矛盾概念。实际上，他俩翻来覆去都是在谈现代化受挫的文化根源及其社会结构。

中产知识阶级，是美国现代化改革的中流砥柱和脊梁骨。据霍氏统计，1870—1910年的四十年间，美国专业化教育迅速发展，知识分子队伍膨胀八倍，达560万之众，大大超过包括农工在内的劳工阶级的生长速度（三倍）。这一新阶级，若包括家属子女，可达1500万人，约占全国人口的六分之一。其成员思想开明，经济自足，富于改革精神。他们靠专业技能，博得社会尊重，又独立于垄断资本影响之外，因而能发挥重大进步作用。

中产知识阶级的改革作用，上达联邦政府及其智囊团（威尔逊与两位罗斯福都是研究院出身，著书累累），下及基层自发的改革运动。它的明显社会结构优势在于：拦腰阻断贫富对立的金字塔，造成两头尖、中间大的平衡态势。政治上，它能作为强大稳定的缓冲阶层，迅速吸收革命冲动，变其为建设性、妥协性改革能量，因此减少了震动与破坏。西方社会学家高度重视中产知识阶级的作用。美国人曾在韩国实验过人工制造中产集团，可那毕竟是小国经验，而且并未从根本上改变政局不稳问题。

科技进步、工业文明发达、知识阶级地位上升，自然引起传统与现代化的文化冲突。霍氏提出"反智主义"问题，即针对美国历史背景下生成的一种宽大而模糊的社会思潮和政治态度：它反对智性和理性，怀疑或憎恨知识界及其意识形态、行为方式。

美国的反智主义者，据称拥有以下特征。首先，他们有些常识（Intelligence），却缺乏智性（Intellect）。在霍氏看来，智性带有自娱性、虔诚性。它不像常识那样强调实利，而有忘我追求真理的使命感。反智主义者中间，既有富兰克林这样的杰出发明家，有布莱安一类热衷于宗教仁爱的糊涂善人，也有麦卡锡这样丧心病狂的反动政客、投机分子。

其次，反智主义者平时无害，常做好事。他们一旦被激怒，又同保守政治、盲从民众相汇集，则可能变成破坏性极大的反改革逆流，几乎无法控制。伊朗教徒锁死放映黄色电影的娱乐场，扔燃烧弹活活烧死观众，便是一例。我国红卫兵"破四旧"，是否也有反智倾向？

关于反智主义的研究，中国学者中起步较早的是余英时先生[1]。日本人由于战败、军管和美式宪法，稀里糊涂地度过了城乡对立的危险期，并未留下多少实在理论。说到底，反智主义思潮是消灭不了的。问题的关键，在于如何控制并克服其阻力，使之难以加害现代化进程，同时减轻外来文明对于传统的剧烈破坏。

三　哲理命题：道德与理性

霍氏《反智主义》一书，在美国学界反应热烈，意见不一。他的学生赖西提出：知识分子中也存在反智主义。不仅有激进与保守之争，更有科技专家同人文学者间的世界观差异。这就导出哲理角度、评价改革和现代化的又一命题，即如何把握传统人文理性与科技功能理性的比例关系。

反智主义容易引发、激化现代化初级阶段的文化危机。功能理性与科技至上的恶性统治，也会造成现代社会畸变和机制断裂。美国改革史上，20年代、60年代两次发生文化与道德传统的严重断裂，这与当时科技专家

---

[1] 见其《历史与思想》中的《反智论与中国政治传统》一文。

的偏激决策（譬如胡佛总统便是著名的工程师、管理行家）有关。后果是道德颓废，理想衰落，世风日下，社会动荡不止。

霍氏没有直接研究经济与科技发展对于人类道德理性的冲击（爱因斯坦率先于"二战"后代表科技界反省），但他确已提出理性与道德相互制约，保障现代社会平衡进步的观点。他认为，道德绝对主义不可取。早期改革政治家中，因此犯错误的人不在少数（例如威尔逊、布莱安）。垄断资本不讲道德，偏重效率和管理，却有推进历史的功劳。

《改革时代》结尾，霍氏向读者推荐英国保守思想家马修·阿诺德对美国改革的批判，并号召知识界在现代化进入高级阶段之后，努力保持清醒头脑，施行冷峻的文化保守主义批判。这根接力棒，如今已被丹尼尔·贝尔等人接过手，继续跑向20世纪的末端。

威尔逊的俄国之恋

兼评《日瓦戈医生》及其美国批评家

我对威尔逊的兴趣，在于把他当作现代美国文人标本和模型，跟踪他的万里思想云游，尝试把握美国知识分子半个世纪来的天路历程，或曰"思想变形记"。

我这一辈中国人，起小就爱苏联文学。幼儿园里听阿姨讲《渔夫和金鱼》的故事。当少先队员时，读《卓娅和舒拉》的故事。刚到青年近卫军的年龄，就套上军装和红袖标，要学保尔与马特洛索夫。后去农村蹉跎了一些岁月，也没忘记邀请果戈理、普希金、托尔斯泰等大作家，来伴自己寒窗的油灯、红薯和旱烟袋。等到走完苦难历程，重新上学，考研究生，居然学的是美国文学。而且爱上层楼，去了哈佛，跟人家大鼻子教授越念越玄，到了西出阳关、归梦难成的地步。

好在哈佛是出了名的俄苏研究中心。卡品特视听艺术中心经常放映苏联电影，哈佛合作商场的二楼也卖俄罗斯民歌、红军军乐唱片。波士顿调频电台定时播放的休息曲中，甚至有《日瓦戈医生》的电影主题乐变奏。每回听那清澈如流冰春水、伴着三套车铃铛、像延绵到天涯的白桦树林那样忧郁深情的"日瓦戈旋律"，我禁不住会如痴如醉，忘掉一大半刚学来的功课。

哈佛另有一层好处，是它集中了一批"超级大国研究"学者。近年来有不少青年才俊放弃了传统热门学科,来这里读挑战性更大的亚洲或苏联研究。于是我有幸结识了几位"超级同学"。节前考后,相聚闲聊,纵横东西文化,品尝各国佳酿,倒也不失为解闷消乏的乐事儿。

朋友中有一位念俄苏文学的东京大学讲师 M 君,常提醒我去读苏联作家新著。我问他何不留苏,反而负笈来美?他却反问我:福克纳、陀思妥耶夫斯基笔下的白痴有甚区别?又说看百老汇歌剧,并不耽误他读当天的《真理报》英文版。

另一位是在莫斯科上中学、牛津上大学、哈佛攻苏联政治的美国同学 B 君。他给我解说美国俄苏研究的机构分布、朝野区别。我才晓得哈佛、哥大之上,还有什么乔治登中心、布鲁金斯学会、胡佛研究所。

德国同学 R 君是咱们北大出身,现在钻研中国考古。与他谈天,自然就少不了莫扎特和孟姜女,司马迁与黑格尔。有时候怀念日耳曼的乡间啤酒节,或中关村、海淀一带的小饭铺。我们一致认为,大国研究首先应尊重并了解对方的历史文化,其本职目标,是增进人民之间的思想与情感交流。

从威尔逊大叔说起

未曾料到,在我深入了解美国文化思想史的过程中,竟会挖通地球来到俄国——突然面对操俄语的美国文豪威尔逊先生,以及他撰写和搜集的、有关苏联作家帕斯捷尔纳克与《日瓦戈医生》的多种文字材料。

究竟是什么样的神力,沟通并联系起美苏两家这一对公认的"民族良心"?我一时弄不明白,便去求教我的导师丹尼尔·艾伦教授[1]。丹只淡淡讲了一句,就算了结此题:他俩都是人,不是神祇或怪物。

埃德蒙·威尔逊(Edmund Wilson),生前曾是美国广受尊崇的现代文学与文化批评家。70 年代初病逝后,他的名字仍在全美知识精英知名度普测

---

[1] Daniel Aaron,哈佛大学终身教授,美国 30 年代左翼文学研究权威,威尔逊问题专家。

表上名列第十[1]。

用美国学究的评论来概括威尔逊,可得出相当令人敬畏的印象。据说,他掌握十种语言:英、法、德、意、西、俄、匈、拉丁、希腊和希伯来文(晚年因不识中文而后悔不已),精通"从哲学大师怀特海直到科学巨人爱因斯坦"的各种思想游戏(艾伦教授语)。

这位资本主义的叛逆、技能全面的批评家,长期"以真挚的人道精神和杰出的新闻文体",极大丰富了美国的政治、文化与社会生活,同时超越时代和地理局限向世界发言[2]。威尔逊也是20年代以来美国作家中"无人可比的不败纪录保持者","传统文化巨人中最后的莫希干人"[3]。他不仅是迷惘一代作家的"道德与心智守护神","两代美国知识分子的良心",而且正在成为"第三代、第四代青年的精神教父"[4]。

威尔逊自己却不喜欢这些把他神奇化的赞誉。他关照后事时,郑重请来埃代尔和艾伦教授,托二位整理编订他的文稿书信。遗言中,他严禁后人"美化"或"拔高"他的文字,生怕给青年造成误解或迷信。遵其遗嘱,埃代尔与艾伦在编辑《威尔逊文学与政治书信集》时,注意将这个老头儿从上界星宿的光环中解脱出来,还他为青年能理解的"大叔"形象。

在书信集1977年修订版序言中,艾伦教授还援引"潘趣与朱迪"(Punch and Judy)的故事,把威尔逊比作英国传统喜剧里的丑角,说他每回恶作剧地捉弄了神父与权贵后,便手舞足蹈,畅声傻笑,同酒店里的农夫、小市民和风流娘们儿喝得烂醉如泥,闹出发昏章第十一。

大叔也好,潘趣也好,西天佛祖也罢,我对威尔逊的兴趣,在于把他当作现代美国文人标本(Sample,植物学家、病理学家的刀下物)和模型(Model,画家或社会学家的观照对象),跟踪他的万里思想云游,尝试把握美国知识分子半个世纪来的天路历程,或曰"思想变形记"。

---

1 丹尼尔·贝尔是如今的状元魁首。霍夫斯塔特虎死不落相,保持第十二名。金榜题名的前二十名学者,我拟陆续再介绍一批。
2 见利昂·埃代尔《威尔逊画像》。
3 谢门·保罗《威尔逊研究》。
4 考利、卡赞、盖斯玛等一批文学史家的意见。

这是个非常困难却十分诱人的题目。不久，我接连写出两份研究报告，分别描述威尔逊在 20 年代的"思想流浪"，分析他在 30 年代左翼文化运动中的复杂经历。结果对他的前半生得出如下的初步认识。

早年也曾泛轻舟

威尔逊生于新泽西州红岸镇一个古老贵族世家。祖上历代都是马萨诸塞州的长老会地区教长，而且与著名清教领袖考顿·马瑟家族联姻。到他父亲这一辈，家道渐衰，却保留下传统的傲慢与偏见。老威尔逊是律师出身，一度做过州检察长。由于他为人清高，不惯苟营，晚年辞去冠带，紧闭书房读圣贤。

在严厉管教下长大的小威尔逊，自童年起就处在狄更斯式的矛盾精神状态。他聪颖好学，敏感内向，既鄙薄资产阶级暴发户，同情劳苦大众，又深深地崇敬文明与传统，怀有天真的人道主义进步理想。贵族公学的刻板势利，普林斯顿大学神圣的求知环境，纽约报馆的世俗纷扰与激动，这一切合力造就了他处于"老派托利党改良主义与下层激进主义之间"的边缘世界观。

第一次世界大战爆发，200 万美国青年远征欧洲。威尔逊听从父亲的忠告、普林斯顿老校长威尔逊总统的号召，去法国前线当了救护兵。然而他的遭遇同海明威一样：那里并没有惠特曼在内战包扎所里讴歌的悲壮与光荣，却充满《丧钟为谁而鸣》《永别了，武器》中的凄惨场景。此时的小威才思枯竭，只能胡乱涂写几句打油诗，以表达自己凄惶的幻灭：

> 死掉的尽是些青年，
> 我却活在死人中间，
> 把他们抬下冰冷的床板，
> 再扔进浅薄的木盒里面。

帝国主义强盗战争，粉碎了一代参战青年的虚幻美梦，将他们悉数推上叛逆之路。高喊着"为美国,为民主,为了哈佛和耶鲁"的学生兵,战后变成了所谓"迷惘的一代"(The Lost Generation)。海明威、肯明斯、福克纳、菲茨杰拉德和多斯·帕奈斯等人,因写反战小说、幻灭故事而名扬欧美文坛。威尔逊凭借他较高的理论素养,占据了《名利场》和《新共和》杂志的专栏。他不断地发布书评,为同龄先锋派作家鸣锣开道,成了兄弟们的"医生兼交通警"。

20年代美国文化,正处在新旧混战、传统断裂的"青春骚动期"。新文化的启蒙导师是门肯(H. L. Mencken, 1880—1956)和庞德(Ezra Pound, 1885—1972)。他俩大力引进西欧思想,猛烈抨击美国清教伦理与斯文传统。紧随其后,一代迷惘青年狂飙突进,决意要置旧文化于死地而后生。新青年变革运动,原有三位急先锋,分别是约翰·里德、V. W. 布鲁克斯和 T. S. 艾略特[1]。他们各自率领着面向苏联的《新群众》左翼集团,面向美国本土青年的民族文化重建派,以及面向西欧的现代派文艺沙龙。

处在左、中、右三派辐射下的威尔逊,先去欧洲游学,再回纽约格林威治村青年大本营,最终穿上"红衬衫",热烈倾向革命。20年代他写下大批评论、小说和剧本。其中一半,是为迷惘作家宣传成就,分析优劣。另一半,则是为"村里"苦闷又放纵的弟兄们治疗精神创伤,发布集体忏悔书与光明启示录。他自己虽然也随大溜荒唐过一阵,但没有像某些"战败英雄"那样一败涂地,哀伤终生。

威尔逊力图超越门肯、布鲁克斯的视野,平衡各派文化理论,为青年和社会寻找一条理想出路。例如,他一度称许青年诗圣艾略特的艺术造诣,却又批评他偏安英国,背弃祖国文化。他认为《荒原》精神"令青年过早地衰老",因而有必要重塑一个"在垂死时向青年哀求宽恕"的上帝形象,以便鼓励"世纪儿"去做"新世纪的鱼王"或造物主[2]。

他指控老年人顽固保守,只会强压青年反叛。而年轻一代摒弃传统,沉溺于享乐和纯艺术,要自由却不顾社会责任,也犯下大错[3]。总之,在威尔

---

1 这哥儿仨全是哈佛1907—1909届毕业生。
2 参见其评论《殡仪馆花环》。
3 参见其剧本《吹口哨房间的罪恶》,其中主人公是以老同学菲茨杰拉德为原型。

逊的笔下，美国文化就像一个俗丽粗鲁又不失淳朴的村姑：纵有百般难堪，依然让他这等"遭诅咒的一代英才"魂牵梦系，难以忘怀[1]。

30年代经济危机，把美国一代迷惘才子统统卷进了左翼文化运动。威尔逊大病初愈，便写下《告别诗人》，号召同伴向左转。不久，他又沿着约翰·里德的革命路线，前往苏联考察[2]。

这一时期，他认真钻研马列著作和欧洲现代派文艺理论，发表了不少影响广泛的重要著作，从此奠定了他在欧美左翼理论界、文学批评界的地位。其显赫程度，大致相当于英国的奥登、法国的阿拉贡、匈牙利的卢卡奇。

1931年出版的《阿克塞城堡》(*Axel's Castle: A Study in the Imaginative Literature of 1870-1930*, NY: Charles Scribner's Sons, 1931)，是"头一部缜密有力地解剖欧洲现代主义文学的专论"[3]。此书总结了象征派文学（包括普鲁斯特、马拉美、韩波、叶芝、乔伊斯与艾略特）和达达派诗歌的艺术倾向，并对他们异变的世界观持严峻批判态度。

威尔逊指出：韩波等人如同隐居在黑森林古堡里的阿克塞公爵。他们看守着无尽的文明瑰宝和绝色美女，却空虚衰弱，无病呻吟，厌恶人生。他们以"受虐"为由，去发泄针对社会的"虐待欲望"；又靠着崇拜艺术与想象，来回避残酷的社会现实。结论：这些个盛名在外的现代派大师，统统患上了精神分裂症。欧美青年作家应当引以为戒，抵制他们的不健康艺术倾向。

威尔逊主动诊断了自己和时代的疾病，坚定地走向革命阵营，却未能成为无产阶级英雄。在《马克思主义与文学》《三重思想家》等文论中，他一面赞扬列宁的革命创举，主张政治、社会与文艺紧密结合；一面指责左翼文学水准低下，反对宣传鼓动式倾向，要求保留美国传统与人道精神。如此暧昧立场，致使当时的美共文化领导人埋怨他"把马克思同爱默森、弗洛伊德搅成了一锅粥"。

1937年苏联大规模肃反，美共也相应清洗托派。威尔逊因评点过托洛茨基的《文学与革命》，受到了批判与排斥。1939年苏芬战争与苏德条约，

---

1 见《想念戴茜》，威尔逊写完这部自传性小说，就得了精神分裂症。
2 见其新闻报道《两个民主国度》《去芬兰车站》。
3 美国批评史家考利的评语。

导致欧美左翼阵营思想混乱，大批进步人士退党退盟。以《党派评论》为中心的犹太裔左翼文人集团，从此公开对抗斯大林路线，进而造成左翼内部派系恶斗，局面不堪收拾。威尔逊不愿纠缠于政治恩怨，悄然离队，当上了"独立自由左派"。

1941年，威尔逊发表《伤与弓》，表达他退出纠纷、独钓寒江的悲凉心境。书中重写希腊神话里的神弓英雄菲罗克忒忒斯（Philoctetes）的故事，称颂他在被大军遗弃在楞诺斯荒岛之后，忍受伤痛，坚韧不拔，苦苦等候了十年，终以满头银丝返回军营，重振雄风，用神弓大败特洛亚人，实现了大力神赫拉克勒斯的赠弓遗愿。威尔逊此处借用"伤与弓"，来象征左翼文人的精神磨难与艺术才华，暗示他将不负使命，坚守本职。

"二战"中，曾有大批美国左翼知识分子，像当年组建林肯支队、保卫西班牙那样，再度奔赴战场，带着他们的"伤与弓"，向法西斯报仇雪恨。威尔逊穿起军装，当上战地记者，随美军进入希腊、意大利和英国采访[1]。当海明威等一帮好汉组成"艺术家突击队"，率先攻入巴黎，解放他们心爱的大酒店与咖啡馆时，威尔逊正驾着军用吉普，在罗马和雅典凭吊古迹废墟，揣测战后的世界政治与文化发展趋向。

转向帕斯捷尔纳克

我的威尔逊报告得了好分数，一度很想趁热打铁，以他为题作博士论文。不料艾伦教授给我泼凉水，说题目太难，吃力不讨好，将来出书也不易云云。

老实说，威尔逊后半生经历丰富，兴趣广泛，委实不是我能轻易应付的局面。即使拆整为零，也能列出四五个不同方向的题目。例如他对异邦文化的纵横比较，就包括他在十几个国家的游历考察[2]。又如他对美国文化史的发掘整理，涉及印第安神话、清教传统、内战文学，以及爱默森、霍

---

[1] 见其战地报道集《没有贝迪卡导游的欧洲》。
[2] 见《红黑白黄文明研究》《死海书信》《啊，加拿大》等。

桑、坡等众多专题。单是他有关左翼文学运动的回忆思考，以及他同奥威尔（英）、马尔罗（法）、西隆尼（意）、柯埃斯特勒（匈）等人的交往书信，便可写一部分量可观的欧美左翼思想史。

威尔逊晚景凄凉，经济拮据。因为看不惯国内冷战政治、商业文化，他拒不做官，也不受金钱引诱，独自来往于马萨诸塞州的鳕鱼角住所与哈佛大学客座讲坛之间，兼任《纽约客》评论主笔[1]。

1955年，美国文学艺术院隆重授予他"评论金奖"。布鲁克斯等人盛赞他是"当代爱默森"。他从此更加两袖清风，孤立于天地人之上。晚年念念不忘的一件事，就是收编出版他倾多年心血写下的俄苏文化专集：《俄国之窗》。

自30年代起，威尔逊陆续评介了许多俄国文化名人，其中有作家屠格涅夫、契诃夫和普宁，也有音乐家斯特拉文斯基、画家列宾。50年代，他同俄裔作家纳波柯夫、哈佛斯拉夫语文专家斯图洛夫、俄苏中心的乌拉姆等人密切合作，分享资料，终令自己的研究独树一帜。

1957年底，苏联作家帕斯捷尔纳克的《日瓦戈医生》在意大利出版，立即引起威尔逊的深切关注。此后三年里，他亲自撰写评论注释，比较该书的各种文本，指导翻译印行它的美国版。在其赞助下，成立了"日瓦戈研究中心"，向各方学者征集研究信息。他还试图同帕斯捷尔纳克建立朋友式的通信联系（对方回信解答了威尔逊的部分技术问题，但不久就戛然中止了）。

对威尔逊来说，《日瓦戈医生》是"人类文学史和道德史上的重要事件"，是"与20世纪最伟大的革命相辉映的诗化小说"。不仅如此，它还"兼备了《战争与和平》《芬尼根守灵夜》的双重经典特色"。而帕斯捷尔纳克，作为现代苏联文学谜一般的巨人，正是人们"开启俄国文化宝库，及其知识分子心扉的专门钥匙"。随着他对《日瓦戈医生》日益深入的象征主义探索，威尔逊感到他逐渐进入并融合于日瓦戈和拉拉的精神世界，同他们血肉难分，情同知音。

---

[1] 见其文集《经典大家与商业文人》。

在50年代美苏尖锐对立的意识形态高压之下,很难公允平静地研讨学问。麦卡锡反共迫害狂潮尚未消退,进步作家如丽莲·海尔曼等人,仍在苦熬这"恶棍当道的岁月"。威尔逊却尽力而为,一面保护《日瓦戈医生》免遭反共政治曲解,一面引导对该书有创见的分析。

1959年2月14日情人节(又称圣瓦伦丁节)那天,年逾花甲的威尔逊匆匆赶完又一篇日瓦戈评论,提笔给研究助手写信,述说自己青春焕发的喜悦:

> 情人节给欧仁尼亚写情书,
> 咱俩都落入情网傻乎乎,
> 手忙脚乱编出一套废话,
> 就为了说明谁是帕斯捷尔纳克。

帕斯捷尔纳克到底是何许怪人?他为何能让美国文豪威尔逊心灵震颤、返老还童、忘乎所以?上面我们已知威尔逊的大半生经历,下面请比较帕氏的生活道路。

鲍利斯·帕斯捷尔纳克比威尔逊年长五岁,属于同辈人。他出生在莫斯科,父母分别是画家和钢琴家。因为从小受贵族文化熏陶,他自然继承了十二月党人介于改革与传统之间的精神矛盾。少年时代他有志于音乐,后去德国攻读哲学,同时对新康德主义、现代派诗歌萌发了兴趣。威尔逊此时在普林斯顿,也转向了文艺理论。等到帕氏写了一些诗[1],引起诸多赞扬之后,他却发现自己有分裂性格:"水泥盖的心房/长出一棵生机盎然的小树。"威尔逊深有同感地解释说:这是"艺术家气质同哲理素养的冲突"。

世界大战和十月革命激动了诗人的心灵。拉普文学与现代派诗歌的同时崛起,更加活跃了帕斯捷尔纳克的艺术想象。20世纪20年代,他写下不少歌颂列宁、表现俄国革命的诗篇[2],也受到各方政治与艺术影响。高尔基鼓

---

[1] 见《双子星座》和《在街垒上》。
[2] 如《崇高的激情》《一九〇五年》《施密特中尉》。

励他继续进步。批评家莫斯基称他是"莫斯科诗人圈中最受重视的一颗新星"。甚至布哈林，也在首届全苏作家大会上表彰他"擅长创造具有思想深度的原型意象""富有执著的艺术求索和献身精神"。

在这位诗坛新秀看来，斯格里亚宾与布洛克诗歌中的思辨求知倾向固然可贵，却较多神秘与晦涩色彩[1]。卡缅斯基、马雅可夫斯基等未来派闯将，虽然充满革命激情和形式革新，却在批判传统方面走得过远。到底走什么道路，才能发扬俄罗斯伟大文学传统呢？

帕斯捷尔纳克不同意"把列祖列宗都扔下时代的轮船"。与之相反，他打算继承普希金的"光明磊落"，托尔斯泰的"忠于事实"，还有赫尔岑、别林斯基的人道主义、平民思想、现实诗论，及其"有血有肉的语言"。

背负着历史重荷的诗人，很快就落后于时代潮流。30年代初，帕氏在作家大会上反对平庸化倾向，要求保护天才和艺术尊严。诗集《重生》，更流露出他对恐怖政策的反感。他还呼吁让诗人"不受蒙蔽地观察和认识民族的生长"[2]。遭到批评之后，帕氏竟采取了日瓦戈式的不介入方针，停止写诗。凭自己通晓多种语言的技能，他整整翻译了十年的莎士比亚悲剧、歌德的《浮士德》，还有俄国少数民族诗歌——活脱脱又是一个受伤的古希腊英雄。

1936年，苏联推行肃反扩大化，斯大林的战友奥尔忠尼启则和妻子娜佳相继非正常死亡。在这人人自危的疯狂时期，帕氏斗胆给斯大林写信（他懂格鲁吉亚文），深切哀悼娜佳的去世。有人称：帕氏写信是为保全自己性命。也有人推测，诗人想以他的仁爱心去感动斯大林。

针对此案，威尔逊力排众议，坚称帕氏为人宽厚善良[3]，又是个把自己"封闭在艺术实验室里"的政治门外汉，习惯"在外界压力下，保有内心的一点自由"。据此，苟全性命说绝难成立。唯一可能是他对斯大林丧妻产生了真诚的悲痛。

---

[1] 如布洛克长诗《索菲娅》中的智慧女神形象。
[2] 帕氏同威尔逊一样，暴露出狄更斯式的糊涂，实该用列宁批评高尔基的著名讲话，给这两位迂夫子上一堂课。
[3] 1932年巴黎作家大会上，许多美国人发现他有孩子般的怪癖。

威尔逊的理由是：小说《日瓦戈医生》中，日瓦戈和他的同父异母兄弟叶夫格拉夫[1]的亲近关系，已然象征性地证明：诗人本身也对革命领袖怀有友爱同情之心[2]。

如同帕斯捷尔纳克的自传《循规蹈矩》[3]所述，帕氏从此安分守己，不问世事。一晃到了卫国战争，他才重新振作，写出《工兵之死》《冬天的原野》等爱国主义诗篇。

1956年解冻春潮早来，帕斯捷尔纳克急切地拿出自己倾力二十年写成的日瓦戈手稿。据斯坦福大学布朗教授《苏联文学史》考证，此书梗概1938年曾在《文学报》露面，1954年《旗帜》杂志又刊登了日瓦戈的全套诗作。然而作者没有料到，他的小说竟被严厉批驳，原封退回。迂夫子一着急，就把手稿寄给意共出版商费尔特里内利，指望自己的终生劳苦的成果，能比较体面地印成文字，寄托他对拉拉（俄国母亲）的无限热爱。

结果竟引起西方的盛誉、国内的声讨。诺贝尔奖给他送来了日瓦戈式的悲剧结局。帕斯捷尔纳克像日瓦戈那样作出了最后抉择：他要苏联公民权，拒受诺贝尔奖。他最终如愿以偿，1960年春病死在生他养他的俄罗斯母亲怀中。威尔逊闻讯大恸，在6月4日给欧仁尼亚的信中哀思绵绵，语无伦次。后又明白过来，说日瓦戈为拉拉而死，死得其所，情有可原。

拉拉与戴茜

《日瓦戈医生》是一部内容庞杂、诗文合璧、充满精神矛盾和特殊意象的历史巨著。虽比不了莎学、红学的气派，它的研究者早已自成体统，遍及东西方了。威尔逊是美国人公认的日瓦戈研究权威。他写出多篇精彩评论，对此书的主题精神作出了与众不同的概括与提炼。我用四项关联命题，简要转述他的研究重点，即"革命—历史—生活哲学—文化恋母情结"。

---

1 早期革命家，后为红军将领、保安部门首长，曾多次帮助日瓦戈，并协助拉拉出版日瓦戈遗诗。
2 详见威尔逊1958年11月发表在《纽约客》上的评论：《医生的命运及其守护神》。
3 俄文原名是 *Охранная грамота*，威尔逊英译为 *Safe Conduct*。

革命 可以比喻成斯特列尼柯夫乘坐的装甲列车。它风驰电掣，轰然而至，势不可当。车上架满机枪，车顶红旗猎猎。威尔逊认为，革命一路斩妖除怪，却又把仇恨和暴力撒满人间。它是善，还是恶？兼而有之吧！复仇的革命者、出轨的火车，毕竟都很可怕。革命的伟大与过失，就像暴风雪号叫着刮过俄罗斯广阔的原野，那种举世无双的华美与凄凉难分难解。

历史 则是"沙皇、拿破仑、罗伯斯庇尔们都无法更变的自然规律"。它有如植物王国里的冬去夏来、自生自灭，在静止不动中循环往复，无视人间的一切苦难、悲情与烦恼。诗人从冬雪、春潮、死亡和复苏中，深刻体验到历史超越万化之上的神奇威力。于是痛楚消解，天目顿开，心中的困惑与煎熬，也因此转变为明智的期待 —— 他成了这"无尽运动的一个缘由和支点"。

生活哲学 日瓦戈善良又懦弱，活像哈姆雷特王子。他一生受命运的摆布捉弄：有家不能供养，有医道却救不了世人。他同拉拉可怜的爱情、无奈的分离，以及最终白茫茫大地真干净的悲剧结局 —— 难道这也叫生活？据说他们真正地生活过，就"像亚当和夏娃"。身后还留下了日瓦戈谱写的《拉拉之歌》，似乎有意要开导后人：

> 转眼即是几百年，
> 同样的云彩同样的山，
> 同样的溪流河水边，
> 悠悠岁月依然。

文化恋母情结 指的是小说里超验主义的爱情主题。威尔逊反对"泛政治化"解说，遂放开手脚，大玩人物象征、心理分析的拿手戏，指拉拉为"俄国文化女神"。他以此作全书的"眼"，分头去透视小说中的三个主要男性（科马罗夫斯基、帕沙和日瓦戈）为争夺女神归属权而发生的历史冲突。结果得出的威氏解读，既不是西方文学中惯有的多角罗曼司，也不是红楼梦式的"好了歌"和色空观，而是俄国大诗人对祖国文化的形象思维图腾。

拉拉是笼罩全书的"女神"。她在小说中头一回误入太虚幻境，只有17

岁。这个孤苦伶仃的女孩儿，遇见了科马罗夫斯基。此人却是旧俄国的统治者：商务律师、检察官、上流社会的贵宾，同时也是邪恶与魔鬼的化身。他早年侵吞日瓦戈父亲的遗产，后来假装行善，占有了拉拉母亲的身体。拉拉被他从贫困中搭救出来，送进学校，也被引诱失贞。科马罗夫斯基还要主宰姑娘的终生。不想她愤起抗暴，枪击"恩人"，逃出魔爪，嫁给了贫穷善良的大学生帕沙。

帕沙，恰是俄国革命者的典型。他的生父被沙皇流放西伯利亚，养父是铁路工人。在莫斯科的工人聚集区，他结识了女中学生拉拉，并且迅速爱上了这个女孩。帕沙起初不明白，为何"时代的全部眼泪和惊恐、它所有的觉醒和骄傲"都集中在拉拉可爱的脸庞上。

他俩结婚后，帕沙得知妻子饱受凌辱的过去。他的整个心灵，也被憎恨扭曲变了形。帕沙咬紧牙关，离家出走，去前线打仗。在日夜厮杀的前线，他负伤，失踪，然后隐姓埋名投身革命。再度出现在内战前线时，帕沙变成了红军名将斯特列尼科夫、令白军丧胆的"枪决专家"。

这位冷酷无情的革命者，一心要同历史吵架：他向整个旧俄国宣战，把生活当成打不完的战役。为了给拉拉报仇、洗清污秽，他不惜用子弹和匕首、契卡和征粮队，以及一切血与火的手段。帕沙正直坚定得如铁铸成，是个犯有过失的革命家。革命也以钢一般的无情镇压他，搜捕他，逼得他走投无路。

与前面两个男人相比，日瓦戈，小说中的男主角，既无科马罗夫斯基的奸诈精明，也不能像帕沙那样"为爱人移山倒海"。他象征着俄国知识分子中"无才补天、枉入红尘"的那一类顽石蠢物。帕斯捷尔纳克安排这位集医生、诗人和孤儿于一身的"多余的人"，与拉拉歧路同归，风雨共舟：一个是满腹经纶，柔情似水；另一个心比天高，命薄如纸。

十月革命前，二人曾在斯文季茨基家的宴会上相识。第一次世界大战中，他俩又是伤员救护所的同事。动乱离散时期，他们在乌拉尔小城邂逅同居。当日瓦戈九死一生地逃离游击队营地，一路乞讨奔回他"如画的美人、亲爱的花楸树公爵夫人"身边后，他们却面临这风雨飘摇世上的最后一次生离死别。

第 14 章《重返瓦雷金诺》是全书高潮,也是三个男人为拉拉决斗的关键一幕。在那座凋零破败的贵族庄园里,日瓦戈和拉拉找到了他们暂时的爱情避难所。四周是冬夜,皑皑白雪,瘆人的狼嚎。诗人秉烛夜书,创作拉拉之歌。他凝视着拉拉熟睡的身影,低声叫出:"主啊,为何你给我那么多赏赐,让我走进你的圣殿,匍匐在这轻率、顺从、薄命而又无比珍贵的女人脚下?"

日瓦戈正在庆幸自己得到了拉拉,不料科马罗夫斯基再次闯进他们的生活,编造谎言,逼迫拉拉随他向远方逃命(这恶棍已当上了远东共和国司法部长)。拉拉刚走,谣传已被处死的斯特列尼科夫又不期而至。他冒死穿越西伯利亚,来同拉拉诀别。日瓦戈和他一起剖白各自对拉拉的衷情,诉说千古之恨。清晨,帕沙举枪自杀。日瓦戈只能孤身去追赶爱人的身影。等拉拉挣扎出苦海,重返莫斯科,最终只见到诗人的葬礼,还有堆成山的花环。

俄国文化女神最终去了哪里?有人枉然地探究小说里"追赶不上"的结局。也有人考证:真正的拉拉已被烈火焚化(所以帕斯捷尔纳克总爱描绘拉拉身边的炊烟、劈柴炉、熨衣服的焦煳味)。威尔逊高人一筹,抓住书中反复出现的"活埋"意象,大做文章。

拉拉曾梦见自己埋在土里,"左肋、左肩和右脚露出,左乳长出一丛青草"。日瓦戈同女巫对话后,也生出奇怪的幻觉,看见一柄利剑劈开了拉拉的肩胛,"她敞开的胸腔里,一下子抖出了城市、街道、住宅和土地"。这些颇带荒诞意味的隐喻,据威尔逊解说,是指"凤凰涅槃"、死而复活一类的意思。总之,只要日瓦戈的诗还在苏联人民中间流传,拉拉也就永远活着。(曹雪芹的绛珠草,得了神瑛侍者的甘露?)

威尔逊对拉拉如此着迷,说来他也是过来之人。年轻时他写《想念戴茜》(I Thought of Daisy,1922),主题恰是文化恋母情结。那戴茜本是良家民女,憨顽可爱,不谙世事。后落入纽约风月场中,被小说中的"我"(即青年威尔逊)在鸡尾酒会上撞见。听她一曲爵士小调,竟然身不由己爱上了这个乡间姑娘。于是"我"抛离了高雅苍白的艺术女巫莉达,疏远了狂热偏激的革命偶像雨果,默默当上了戴茜的情夫和保护人。戴茜旺盛的生命力、跳荡的热血，教会小说中的青年才俊写诗作画。他一心要作美国文化的监护人、美国现代社会的编年史官。谁知戴茜又随人去。再度重逢时，她既老又病，专靠卖笑为生。这部风月宝鉴，铭刻下威尔逊对祖国文化无尽的伤逝与眷恋。这里顺手拈来，作读书解疑的一段插曲。

威尔逊到了垂暮之年，据说酷爱巫术、魔幻、木偶、心灵感应、"奇异现象学"之类的玩意儿。如何评价他和帕斯捷尔纳克这一对空空道人、渺渺大仙呢？一时我竟无了定见。只想起列宁关于涅克拉索夫几句宽容大度的批注：此等诗人难免会在时代的竖琴上拨错几个音符，但主要是看他们整个的感情和立场倒向哪一边（大意）。因此，恋母情结似乎还说得过去。

搁笔前又想起艾伦教授的教诲——他不让我研究威尔逊的后半生，本意是怕我年纪尚轻，历练不够，啃不动这顽石苦胆。我不自量力，硬拿两个难题往一起缠，到这会儿才品出其中的几分荒唐辛酸。

（《日瓦戈医生》，［苏］帕斯捷尔纳克著，蓝英年、张秉衡译，北京：外国文学出版社，1987年）

派瑞·米勒与美国文化根

  米勒先生既是加尔文教义和清教思想最出色的阐释者、名扬西方的美国文化史权威，又是个放浪无羁、嗜酒如命的哈佛名士派教授。

  五年前，我头一回去哈佛报到入学，是在大雪纷飞的冬夜。开出租车的黑人小伙子一路口哨，拉着我沿校园兜圈子（好多讨些车钱）。

  我正求之不得，贪婪四顾，看那些银装素裹中的庄严校舍、肃穆铜像、神圣教堂：当年这教堂钟声长鸣，迎接独立革命；华盛顿总司令戎装佩剑，检阅这校园里驻扎的民兵、臼炮和战马；这夜空下爱默生观星象、祈神示，发布美国文学独立宣言；这雪地里站着哲学大师詹姆斯，与同事喋喋不休，争辩"绝对精神"；这一幢幢古老校舍，住过几代总统，他们乘马车、火车和汽车去华盛顿从政，直到人们称这条世代宦途是国家一号高速公路。

  车头一转，我冲进灯光灿烂、音乐阵阵的哈佛广场。酒吧、影院、露天舞台挤满了出来夜游的青年。我印象中的"哈佛人"冷漠孤傲，满脸挂着"天才的惰性"。可眼前竟是满街寻开心的顽童，还有与之结伴相游、直冒傻气的"克莉菲"们[1]。

---

[1] 哈佛拉德克利夫女子学院本科生的通称。

冷峻与散漫携手，传统约束与现代自由并肩而行，似乎是哈佛给我这个新生的第一印象。不久我又发现，有些老教授讲课时，是要饮酒润喉的：他们口占名言，立诵拉丁，讲至神采飞扬处酒盏一举，台下鸦雀无声。我自相劝慰道，中国夫子托茶评点"窈窕淑女"，实与之相去无多。

后来照章敷衍，礼服与领带常备，幽默和玩笑渐通。到了高年级，若有老师在开讲和结束仪式上不备酒点款待弟子，心中反会抱怨功课"太干"。等我通过了博士资格大考，照例被同学拖去，浇一头一身的香槟，是谓"成人受洗仪式"——竟不可惜那套衣服了。由此发现：美国文明与酒，原本难分难解。

酒神与清教徒

希腊神话里的酒神巴克科斯，据称是宙斯和塞墨勒的私生子。他生在印度（一说埃及），由众女神以葡萄喂大。成人后四海游荡，教人民广植浆果、提取玉液。不料传教来到毒龙子孙建立的忒拜王国，被国王彭透斯绑架，硬要以蛊惑罪杀掉酒神。巴克科斯大显神威，肢解了暴君彭透斯，再以神杖敲击石壁，令美酒汩汩涌出，流遍大地。于是万众欢呼，世愁尽销。

酒神带上他的葡萄王冠、青藤神杖，跋山涉水而去。身后却留下了各国人民纪念感怀他的酒神节（Bakkhanlia），以及让学者着迷的图腾崇拜、原始狂欢。

说来奇怪，美国人竟是西方民族中拒不信奉酒神教义的一支：他们天生只爱喝那不甜不苦、既没血性又无雅趣的可口可乐。据说是因祖宗造下大孽，逃去新大陆后入了清教，假充正经百余年，害得子孙见酒就怕，一灌即醉，窝囊至极。直到他们打赢了第一场世界大战，成为天下首富之国，还念念不忘祖先遗训，要厉行赎罪家规，保持俭朴世风。

1919年，美国国会滑天下之大稽，通过宪法第18条修正案，即《全面禁酒法案》。结果激起一场持续十年之久的禁酒与反禁酒大战。禁酒时代，黑手党和走私团伙发了横财。青年人长期偷喝甲醇掺制的劣酒，受害匪浅。

联邦政府大规模稽私，花去无数冤枉钱。就连政治家竞选，也要声明自己是干派还是湿派——老百姓并不在乎他们属哪个党。一直闹到1930年，才有纽约等七州初步开禁。至今多数州仍保留了许可证售酒、重税课征酒类产销的制度。青少年饮酒和酒后开车，更是受到严格管制。

20年代美国的"酒神与清教徒大战"，打翻了祖宗牌位，肢解了传统文化躯干。当时的清教遗老呼天抢地，斥责饮酒作乐为万恶之首，唯恐祖业因此覆灭，文明在酒色中瓦解。与之相反，新文化旗手们声嘶力竭，指控旧礼教吃人，禁欲苦行压抑民族个性发育，窒息新生思想。后来的学者专家折中裁判，各打五十板，宣布那场耸人听闻的"禁酒之争"，仅仅表现了美国青春骚动期的"爆发性心理危机"。当时的两派既没有认清自由开放、自负其责的意义，又误解了自己血液中的遗传基因和行为习惯。

也多亏那场糊涂论战，学界加紧对民族文化根、早期文化思想史的研究。"二战"之后，美国学（American Studies）研究日益成熟发达。美国人终于大体上把握了本民族的历史根源、文化背景与心理结构，这才摆脱了"逃学顽童""欧洲人失落的外甥"之类有伤国体的绰号，洋洋得意地自称起"山姆大叔"，或自贬为"丑陋的美国人"。

我亲身历验的新英格兰民俗和哈佛校风，正是这成熟又年轻的美国当代文化生动的折射。它像一个笨厨子，将鱼和熊掌作了一勺烩。又像一个疯癫艺术家，硬把狂欢的酒神、阴郁的清教徒捏合一处，塑成一尊双头连体像。

当代美国思想家中，最能体现酒神气质、清教徒精神完美统一的人，大概要数派瑞·米勒先生（Perry Miller，1905—1963）。他生前既是加尔文教义和清教思想最出色的阐释者、名扬西方的美国文化史权威，又是个放浪无羁、嗜酒如命的哈佛名士派教授。我入学时，这位大牌教授早已作古。模糊听说，老先生是像李白那样仙逝而去的——不过没投扬子江，而是彻夜工作，大量饮酒后死在他那酒瓶与书籍杂陈的办公室里。

我读了他的几本书，深为其学识和文采所折服。又听到一个校园笑话，很能说明他对美国文化研究的巨大贡献。说是米勒教授死后，他系里来了个木头木脑的低班研究生，考试时答不出"美国历史、文学和文明从何处开始"[1]。该生抓耳挠腮,忽生一计,恭笔写下:"所有这些神圣玩意儿全从米勒开始。"这一句话的答案,居然压倒别人十几页的宏论。米勒究竟是何等圣贤?

米勒父母是新英格兰人,老派绅士淑女型人物。他自己在芝加哥喧闹刺激、五方杂处的文化环境中长大。18岁想去当兵打仗,未如愿,就逃学去了西部和纽约。接着当水手漂洋过海,遍游墨西哥、非洲和地中海。世界之大,启迪了他对历史学的崇拜。异邦风俗的玄妙,促使他立志研究本土文化。浪迹三年,他重返芝加哥大学。读完本科,又攻美国早期文学研究。博士论文他要写清教思想,导师劝他小心,莫要在学术荒地里毁了自家的前途。

可他执意孤行,终以《马萨诸塞正教》一文获得学位,成为该领域的后来居上者。哈佛发表他的论文,又邀他任教,放手让这个豪放热情的芝加哥青年去深挖冰冷僵硬的新英格兰思想史。直到米勒功成名就、当上终身教授,与麦提尔逊、勒文、贝伦、摩根等著名学者一起,在哈佛建成首屈一指的美国学研究中心。

米勒在哈佛执教三十余年,先后写成专著6部,论文集3卷,编撰教材和文选16本。以上基础工作,基本上填平了美国早期文化史的断沟裂谷,澄清了原始混沌中的多种民族形成要素,进而勾勒出美国文化传统、民族心理的基本格局。这些贡献不能一一列举。这里我只抽取其代表作《新英格兰意识》(两卷本,约60万字,1935—1953年),用读书笔记的简明体裁,临摹一幅美国文化起源草图,以供国内学者参考。

《新英格兰意识:17世纪》

大背景解说 现代美国文化是杂乱混合、兼收共存型的"熔炉文化"。在其形成期,却有孤立封闭、清而又纯的一个核心构造:清教思想。这一构造坚固细密,凝聚力强大,曾经是统治新英格兰地区[2]长达百年的泛宗教

---

[1] 一说"五月花"号登陆,一说1776年,任由学生狡辩。
[2] 前身为马萨诸塞海湾殖民地,即现在的波士顿地区。

意识形态。

此种清教思想，在资本主义精神与工商经济催化下，发育为北方的"扬基文化"。与此同时，美国南方的"骑士文化"，也在切萨匹克海湾殖民地[1]与黑奴农业经济的基础上长成。

扬基（Yankee）与骑士（Cavalier）合成了美国民族文化的雏形，触发独立革命，自成一国。南北战争中，扬基文化击败骑士文化，取得正统地位，又兼并吸引了残存的印第安文化、黑人文化、各种移民文化，造成开放型的文化复合体。所以，清教—扬基文化，乃是美国文化的中心和主流。作为维系一统、衔接历史、派生其他（诸如西部牛仔文化、青年楷模文化、后现代反文化）的关键机制延续至今。派瑞·米勒辛劳终生，既是为了"文化寻根"，也是要弄清楚清教思想这一核心构造的形成、发展与裂变经过。

开拓荒野的使命　清教—扬基文化是从盎格鲁—撒克逊母体文化中分离出来的一支。造成它分离的历史原因，则是16世纪宗教改革，以及1642年英国资产阶级革命。1534年，英国教会向罗马教皇宣告独立，自称国教（Anglicanism）或新教（Protestantism）。1571年，伊丽莎白一世颁发国教教义《三十九信条》，宣布宗教改革结束。却有激进派坚持改革，要求进一步清除腐败，纯洁教会组织。这一激进改革派，即所谓清教（Puritanism）。清教徒因反对英国王室的宗教专制和经济压榨，屡遭镇压迫害，无法在英国立足。于是一部分逃往北美避难，大部在国内酝酿革命（斯图亚特王朝复辟，又迫使许多清教徒赴美）。

最早定居新英格兰的清教徒有两支。一支由威廉·布拉福德（William Bradford）牧师率领，1620年底乘"五月花"号抵达。这批难民（Pilgrims）冒险横渡大洋，来这荒蛮之地挣扎求生，其痛苦磨难，并不亚于以色列人出埃及。他们在海上签订生死与共的《五月花号公约》，立誓远离旧世界，继续清教试验，还要把北美大陆变成新的耶路撒冷。这寥寥一百余人，驻扎在普利茅斯殖民村，号称"分离派"，被后人看作美国信仰自由、政治民

---

[1] 现在的弗吉尼亚州。

主的原始偶像。

米勒更重视另一支,即"非分离派"。它是约翰·温斯洛普[1]领导的大规模移民团体。这帮人的移民背景与众不同:詹姆斯一世1629年解散议会,引起平民抗议,他索性改用较体面的方式放逐叛逆。所以,温斯洛普顺水推舟,从国王手中争得了"敕封殖民公司"的名义。

只因有了"敕封"名义,温斯洛普等人便有幻想,自以为殖民成功即可争回脸面,不负祖国派遣。这一神圣使命感,驱使老温及其信徒吃苦耐劳,顽强奋斗。不料英国革命几起几落,海外殖民地逐渐被人遗忘。清教徒力图以北美为榜样,改造全世界的计划,落得个"傻瓜表演、观众跑光"的结局:整个试验失掉了意义,任务完成也无人验收。于是他们的身份发生疑问,自我性格难以确立,前进方向一再迷失。

荒茫大地,神圣使命。荒野与使命,就像两根巨大无形的绳索,从一开始就限定了美国人世代繁衍成长的格局。特纳教授著名的边疆学说,一再强调"荒野"之于美利坚民族重大的造型影响。米勒偏偏另树一帜,声言"使命"因素更加要紧。在我看来,这两家各有其长:孤独绝望中形成的神圣思想,必然强悍执著,从旷野上披荆斩棘开出的道路,方可谓得天独厚。

历史的玩笑　历史拿清教徒开的头一个大玩笑,即所谓"荒野使命"[2]。造成他们世代争辩和困窘的另一个玩笑,史学家通称清教悖论(The Puritan Paradox),即如何在纷纭尘世、凡夫俗子之间,建立起近乎完美的圣徒教会[3]。而且,建立教会后,又该如何摆平圣徒与庶民、自由与约束之间的矛盾关系。谁曾想到:清教徒的可笑悖论与严酷实践,几经历史的嘲弄折磨,最终演变成了民主与法制、权力与服从的辩证思想。

身为欧洲宗教改革的激进派,清教徒在新大陆立足未稳,就急着创办举世无双的纯净教会,实施政教合一的高压统治。他们身为资产阶级革命

1　John Winthrop,剑桥毕业的伦敦律师,因清教信仰被褫夺公职,1630年率17艘船移民赴美,连任殖民总监12年。
2　见米勒论文集《开拓荒野的使命》(*Mission in the Wilderness*)。
3　古罗马基督教神学奠基人奥古斯丁《神国论》认定:理想教会属于天国,世俗教会则不能严拒邪恶充盈的迷途羔羊于门外。

先驱，靠反叛和分裂树立起崭新权威。谁知刚找到一片自由乐土，他们便身不由己地排斥异己、捍卫正统，容不得他人侈谈改革或分离。

这些混乱现象，米勒认为是历史规律的无情所致。正如法国新教思想家加尔文，他以抗拒罗马教皇成名，历尽艰辛创立日内瓦神权共和国之后，他本人却也成了新教教皇——此人不但敌视平民教派，而且滥施压迫，处死西班牙科学家塞尔维特等 50 多名异端分子。殖民地百年开发史上，三代清教领袖秉承中世纪的宗教统治术，设计出一整套政教关联的清教教义，米勒称之为具有"质朴风格"的"新英格兰规范"（The New England Way）。

这也是孤立无援、自生自灭的险恶环境下唯一明智的出路。否则，美国民主在它成型之前就早已失去自我保护能力，美国文化更不会有今天的开放与自由。

圣徒与契约　清教社会的组织，用米勒原话说，是以教会（Congregation）为内涵，以契约（Covenant）为形式。请留意：这也是清教—扬基文化的核心构造。清教徒的"圣徒教堂"，要比欧洲中世纪的腐败教会干净得多。他们按照天国模式（The Invisible Church）竭力仿造，从严控制，造出新世界拯救军的核心。

每个教堂（不像欧洲教会那样按教区分治），先由 5—7 名圣徒（Saints）串联认同，组成教堂支柱。再经由"支柱们"的审核，逐步吸收居民中的合格者入教。每一教堂内部，都设有牧师、教师、助祭、俗务和神婆职位。一句话，这些清教教堂杜绝奢华，简化仪式，主动以通俗生动的布道词宣讲教义。

入教的苛刻标准和严格程序，更是令人咋舌。欧洲教会一般仅要求信徒为人老实、作风正派、初步了解信仰内容。清教教规则重视"应选证明"，即思想真正皈依的神圣经验[1]。申请入教者，首先由老教徒认真考察，确认无疑后交教会审议。然后他还得当堂答辩，经全体教徒投票表决，最后诚恳悔过，庄重起誓。

当然，圣徒们深知：他们伟大艰巨的事业，不能单靠少数"上帝的选

---

[1] 如梦见神示、目睹圣光之类。理论上说，每一个人都要历经应选、实践、正名、核准、赞美五个梯次阶段。

民"。教会庞杂了，有损清名，难以控制。教会置大群非教徒于不顾，那些人又会另立神坛，供奉邪说。必得有一种无所不包、政教兼顾的宽大理论，明白规定每个移民的责任与自由范围，协调社会管理与个人权益的关系——这便催生了米勒命名为"联邦神学"的清教契约思想（Covenant Thought）。

所谓"契约说"，源出于上帝与亚当之约。上帝造人，允其幸福，人则以服从天意为回报。中世纪基督教强调赎罪契约（Covenant of Redemption），即亚当毁约，犯下原罪，人类因此苦海无边，世代忏悔，以赎其罪。宗教改革中，加尔文的"基督教原理"偏重抨击天主教的集权和教阶制度，揭露它骄奢淫逸、繁文缛节等腐败现象，并呼吁新教徒反省自身的劣根性和堕落本能。

另一著名神学家拉莫斯则引进新柏拉图主义人道观，在加尔文的"因信得救说"基础上，着重宣扬人的主观能动性，即"万物皆表天意"，人能通过上帝造物安排（Technologia）理解神旨，争取获救。由此生成的恩惠契约（Covenant of Grace），便认为耶稣牺牲，表达了上帝拯救人类的仁慈意愿。尽管人性邪恶，天意仍会引导少数选民超越俗念，精神至上。

清教徒受加尔文和拉莫斯理论影响至深。他们渡海逃生，鬼哭神泣，无疑是"同上帝大吵一架"。老天会如何处置他们呢？也许降灾惩罚，也许容其将功折罪。于是选民们在恶风狂浪的大海上纷纷下跪祈祷。圣徒们趁机抛出比"恩惠契约"更进一步的"公众契约"。船上的男女老幼，为图得救，全体向上苍起誓立合同：苦我心智，劳我筋骨，不谋私利，共赴大难；成功是因天恩浩荡，神明保佑；失败则甘愿受诛，上刀山下油锅[1]。

此风一开，人人服从集体，事事公议表决。圣徒与庶民骈胁并肩，"同是契约中人"。接着村镇自治，推选代表，拥戴温斯洛普组建马萨诸塞殖民法院（不久又健全了英式两院制度），总揽神俗万务。山顶之城（City on the Hill）在波士顿海岸上巍然竖起——为它奠基的不是石块或木料，而是作为清教统治和日后美国文明牢固基石的公众契约思想。

---

1 参见《五月花号公约》与温斯洛普布道演说《基督慈爱之举》。

清教契约理论具有综合包容性，它将神权政治、洛克社会契约论、基督教恩惠约合成一体，又汇集了从柏拉图、加尔文到近代启蒙主义的民主自由思想。虽有内在矛盾（如原罪与人道，理性与蒙昧），毕竟幅度宽大，情感强烈，因而鼓舞斗志，启发积极，给移民以庄重责任心与心理安全感。另外，清教契约通俗易懂，商人、水手、工匠和农夫无师自明，奉其为敬业守法之本。清教领袖运用它处理各种行政事务，百试不爽，理直气壮如同上帝附体。对此，米勒开玩笑地总结道："讲话的圣徒"领导了"沉默的民主"。他预言，一旦沉默的民主开口说话，清教圣徒就要让位给富兰克林这样的扬基佬了。

《新英格兰意识：从殖民地到行省》

《新英格兰意识：17 世纪》出版后，米勒花了十四年时间才完成了它的续篇《新英格兰意识：从殖民地至行省》。其间因为第二次世界大战，教授去战略服务中心当了几年差。下卷因此愈见锤炼功夫和大家风度，被学术界誉为"新型思想史的榜样"。它有力地促进了美国文化总体研究的学术运动，至今仍有广泛影响。

主题与发展趋向　下卷的历史覆盖面约九十年，即从 1650 年前后早期清教领袖相继过世，一直写到 1740 年新英格兰宗教复兴运动，及其反映的清教思想危机与资本主义精神萌芽。该书主题是宗教统治的衰落异变（Declension），以及美国文化自我意识的逐渐苏醒。

发展趋向：清教思想作为新英格兰规范意识与封闭自足系统，日益被信仰宽容、政教分离、物质丰裕和多民族混杂的浪潮冲动溶解，不断朝着世俗宗教、民主政体、开放社会方向，改变自身的结构。结果是传统神权与宗法统治，让位给近代资本主义的理性、法制和经济制导，扬基文化在母体的阵痛血泊中呱呱坠地。

分离与镇压　清教史上对分离主义的镇压贯穿始终。1636 年罗杰·威廉姆因反对殖民法院裁决教堂事务被递送出境。1638 年安·哈钦森女士宣扬自信自悟，组织妇女秘密结社而遭驱逐。以上两位著名分离领袖逃去罗得岛，建立纽黑文殖民地（City of New Haven，意为信仰自由避难所）。1635年，托马斯·霍克牧师因不满分派的驻节地，遂无视当局权威，带领会众大举南迁，在富庶的康纳狄克境内另立门户。

为防止分离主义扩散，统一新英格兰各殖民地的管理，马萨诸塞当局遂于1646年在剑桥镇（哈佛校址）召集普利茅斯、罗得岛、康纳狄克四方首脑会议。会上通过了具有历史意义的"剑桥纲领"。此纲领调解了长老教派（坚持教阶制度和长老领导）与分离教派（包括洗礼派、教友派等独立组织，他们主张信仰自由、教堂自治、不受制约）之间的矛盾，进而推举公理教派的组织方式（Congregationalism）为折中的统一标准。在此纲领的规定下，各教堂平等相处，加强协作，以宗教联席会议形式裁决分歧，实行相对宽松又统筹兼顾的全局治理（当然啦，清教教会的权威中心，仍归属马萨诸塞殖民地）。

然而分裂活动有增无减。尤其是教友派（Quakers，又称兄弟会）温和质朴、好善乐施的独立传教行径，严重威胁了清教正统地位。1656年，马萨诸塞当局宣布驱逐教友派出境。1659年又绞死玛丽·达尔等六名教友，悬尸示众。遭难的教友派，被迫南逃宾夕法尼亚和新泽西，在当地殖民首领威廉·潘爵士[1]庇护下，同印第安人和平共处。致使费城（兄弟城邦）一度成为新英格兰百姓的仰慕之地。

与之对比，新英格兰联邦的清教统治日趋多疑残暴，唯恐人心思变、想入非非。1692年，清教领袖英克利斯·马瑟[2]及其儿子考顿·马瑟[3]支持对塞拉姆女巫案的审理，严厉处死19名"巫婆"，演变成空前迫害惨剧。

半契约制与哀诉布道 1650年后，清教领袖面临的重大难题，不是镇压分离，而是延长统治，确保第二代、第三代继续大业。经济发展，城镇兴起，造成人们对物质财富的普遍重视。殖民地人口总数已经超过20万，并以每代四倍的速度递增。男女比例也趋于平衡，造成清教社会生育机制旺盛，并急剧年轻化。然而，第二代移民既少宗教热情，又缺革命体

---

1 英国海军上将之子，后皈依教友派，是一具有强烈自由倾向的传奇人物。
2 Increase Mather，哈佛校长。
3 Cotton Mather，波士顿主教，北美殖民地编年史家。

验，只一心向往自由天地、美满生活。大批未受洗礼的婴儿相继长大，无尽的哭喊吵闹，更促使圣徒长辈们忧虑重重。在此严重的压迫局面下，1662年全区宗教联席会议通过了著名的妥协让步政策：半契约制（Half-Way Covenant）。

半契约制规定：可以给第二代成年移民以"半教徒地位"，即允许其入教、行使教徒义务，却不得领受圣餐。半契约制批准不合标准的青年入教，部分参与契约，实指望他们支撑教会统治，完成清教革命向和平时期的过渡。它暂时稳定了人心。不久，各教堂为了争取较多会众的赞助，不得不进一步放宽节制，鼓动半教徒直接继承教堂所有权，并保证他们的子女无条件受洗。

眼看半契约制难以奏效，清教当局就辅以全区斋戒活动，下令集中忏悔，谴责腐败。维戈渥斯牧师于1662年开创的哀诉式布道大会（Jeremiad）于是迅速流行开来，成为清教衰落期的重要整肃仪式。哀诉布道沿用了欧洲教会绝望呼吁、恐吓人心的风格，即哀叹世风日下，礼崩乐坏；列数天灾人祸，上帝震怒的种种迹象；描绘阴曹地府的万劫之苦，以此慑服民心。可它毕竟与欧式哀诉布道不同，有一种先抑后扬、痛悔中隐藏着乐观的美国味儿。牧师们严厉警戒完毕，就转而提醒教徒们回顾父辈的丰功伟绩，鼓励他们苦行致富，虔诚发家，兢兢业业地履行天职，以实际收获来证明赎罪之心。

米勒发现：早在韦伯论证的富兰克林式资本主义精神形成之前，清教徒已经大肆宣扬约翰·考顿牧师的"发财为公说"，并推崇约翰·霍尔[1]式的得救楷模。

针对哀诉布道仪式的虚伪可笑，米勒写下一段广为引用的经典论断："霍尔一类的商人圣徒，以钱财买得拯救。他们越向往天堂，就越能腐蚀教会和公众道德。上帝之城免不了阶级分化，哀诉布道只帮助它容纳了肮脏污秽。这个社会明知故犯，欲罢不能，因为它做的错事，恰是正确的事。发财与得救难分彼此。通过哀诉，清教徒宣泄了心中的痛苦与病态，满怀

---

[1] 波士顿富商，因向教堂捐献了全部财产，被封为圣徒。

信心地回商店作坊卖力工作。他们深知自己在背弃祖先，而且越走越远，因此要以自我责罚来求得精神平衡。于是乎，富贵奢华竟成为勤恳敬业的象征，聚敛成堆的财产，意味着对神祇的供奉。于是下一轮布道，将使他们蒙受更凶狠的挞伐，因为人人清楚：自己已不可救药。"

爱德华兹与宗教复兴 1670年之后的三十年间，新英格兰清教社会日趋动荡不安。与印第安首领菲利浦五世的残酷战争持续多年。1684年，复辟的英国君主又废除了殖民地宪章，设置直接统领移民的"新英格兰自治领"，由安德鲁斯总督府，取代了原有的清教统治。下野的圣徒们分裂成独立、保皇、中立三派，争吵不休，犹如散沙。1715年后，自治领经济繁荣，岁收丰厚，愈发刺激宗主国加紧推行重商主义政策，以便把清教试验场改造成大英帝国的摇钱树。

与此同时，海外贸易和生产技术大量输入，传播了欧洲启蒙思想。科学、自由与理性之光驱散了迷信、专制和精神至上的阴霾。物质匮乏的中世纪，随同它那清贫寡欲的斯多葛式价值观念一道退却。而追求物质丰裕、注重客观求实、以劳动能力和财富积累来衡量人的社会地位的美学意识，逐渐占据上风。清教思想因而面临历史的危机：教徒锐减，人心思变。处于分裂状态下的清教领袖束手无策，听天由命，被迫接受了神权政治"柔性瓦解"的结果。

1740年前后，由爱德华兹（Jonathan Edwards，1703—1758）、怀特菲尔德为首的一批年轻牧师，自下而上地发动了一场声势浩大的宗教复兴运动，力图以激烈手段拯救颓势，为失势的清教意识形态招魂。

爱德华兹是清教史上最后一位思想巨人。他17岁从耶鲁毕业，随父亲传教。不久，为克服阿米涅斯教派的异端倾向，他悉心钻研洛克和牛顿的科学著作与清教经典，并以高超的逻辑推理，批驳"自信得救"说，鼓吹上帝的绝对权威，强调人的被动无助、完全堕落[1]。爱德华兹击败了异端挑战，便以清教正统卫道士身份，领导宗教复兴运动。他四方布道，宣扬"上帝愤怒的巨手"将如何惩治万恶。所到之处，百姓们山呼地动，伏地战

---

[1] 见其《论意志自由》。

栗，捶胸揪发，痛不欲生。教堂则洞门大开，遍地赏赐圣餐，将那些个罪人全数纳入教会。

爱德华兹的疯癫举动，引起哈佛派清教遗老的极大惶恐。他们惊呼：这种完全开放型的复兴狂潮，将断送清教的严密组织。米勒却高度评价爱德华兹的见识与决断：唯有这个疯子真正理解正在发生的历史逆转，并知道清教衣钵已不能单由圣徒垄断，必须尽一切手段鼓动沉默的民众，点燃将要熄灭的宗教火焰。至于这把通天大火会烧掉些什么，爱德华兹并不关心——只要清教意识及其传统延续下去便好。

爱德华兹毁了正统清教，也一举摧垮了它的封闭专制。爱德华兹同时又救活了清教文化，使它以完全异化的世俗形态幸存于世，从而避免了传统的"脆性崩溃"。

历来西方各国的文艺大师，都偏爱酒神的欢快放纵形象。米勒却为爱德华兹这样严肃冷峻、坚忍不拔、貌似古板、实则热血沸腾的清教徒画了一幅肖像。此事干得漂亮。这个世上怎能只有酒神，而没有清教徒呢？

（Perry Miller, *The New England Mind: the Seventeenth Century*, *The New England Mind: from Colony to Province*, Harvard University Press, 1935, 1953）

屈瑞林与纽约文人的时代

> 作为犹太移民后裔,纽约文人一直自认是社会弃儿和局外人。然而这些人奇迹般地进入中心、走向世界,皈依了历来排犹的西方文化传统。

当霍夫斯塔特在60年代初对美国知识分子的传统与现状进行考察时,他审慎却不含糊地提出了"权势集团"概念[1]。这类集团,在他心目中,无疑首推当时处于鼎盛期的自由派学术圈,战后一直代表着美国文化思想主流的纽约文人集群(the New York Intellectuals)。

1972年,霍夫斯塔特生前的同事、哥伦比亚大学卡杜辛教授,领导一个调研组,针对全美知识精英人物开展了一次大型普测。入选的前三十名精英中,属于纽约文人系统的人就占去了三分之二。其中有七位,都被称作《党派评论》与纽约文人的元老级成员,他们是屈瑞林夫妇、菲利普·拉夫、德怀特·麦克唐纳、哈罗德·罗森堡、玛丽·麦卡锡、西德尼·霍克。

同时进入名人行列的,还有第二代、第三代纽约文人。他们多为第一代的学生和追随者,但已构成当代美国自由派思想界的主力阵容。其名望

---

[1] 见其《美国生活中的反智主义》(*Anti-Intellectualism in American Life*)。

影响,甚至超过了长辈。例如社会学界领袖丹尼尔·贝尔,S. M. 李普塞与保罗·古德曼。又如著名政论家诺曼·波德莱茨、欧文·克里斯托、贾森·爱泼斯坦。再如身为大作家的索尔·贝娄、诺曼·梅勒、菲利普·罗思。还有文学批评家中的佼佼者欧文·豪、艾尔弗雷德·卡赞、苏珊·桑塔格、莱斯利·菲德勒。

被列为精英的思想家里,有一些人虽不属于纽约文人集群,却与之关系密切,相互辅佐。譬如埃德蒙·威尔逊与霍夫斯塔特,哲学家汉娜·阿伦特,语言学家诺姆·乔姆斯基,史学家小阿瑟·施莱辛格,以及外交学家丹尼尔·莫伊尼汉。

这一次普测结果还表明,当代美国最能左右舆论的知识分子刊物中,直接由纽约文人控制或主编的便有五家,它们分别是《纽约书评》《评论》《异议》《党派评论》和《公众利益》。

纽约文人作为一个政治派别和知识分子权势集团,在美国文化舞台上叱咤风云、激扬文字,前后已有四十年历史。70年代以来,虽说因自身的衰老和分化,失去了主宰沉浮的气势,但它余威尚在,影响深远。80年代,有关这批传奇人物的评传和研究专著不断出现。最引人注目的一部,是牛津大学1986年4月隆重推出的集体传记《宠儿们:纽约文人及其世界》。

此书作者亚历山大·布洛姆,本是麻省维顿学院一位不起眼的年轻助教。他从研究生阶段开始做这个专题。可怜他寒窗、破车近十年,一朝书成功就,竟得牛津赏识,让人看了牙根发酸——此兄真真挑了个命当"得宠"的题目。《宠儿们》按思想史规格设计,分量厚重,材料翔实。只是眼光局限,归纳提升的功力不够,称它是纽约文人的"家族兴衰史",或许更合适些。

然而,牛津破例抬举小人物写出的大书,自有一些令人琢磨的道理。《宠儿们》的出版试图表明:以莱昂乃尔·屈瑞林(Lionell Trilling)1975年逝世为界,纽约文人的时代已基本结束。而当代美国文化,从较为激进的自由主义形态,趋向新保守主义的势头不可逆转。

在此形势下,年轻学者急着为长辈树碑立传,虽有轻妄之嫌,倒也反映出后生可畏的一面。因此牛津便不甘落后,做出一些擢拔新进、呼应改朝换代的举动。对于关心美国文化动向的中国知识界来说，多少了解一些纽约文人的情况，此刻亦属必要。

从雾都孤儿到左翼文人

说来荒唐，作为头号资本主义强国，美国在"二战"后居然由一代靠革命起家的知识分子统治了它的文化思想领域。他们作为叛逆，长期在这个国家的神经中枢筑巢建窝、繁衍后代，直到成为社会宠儿，赢得举足轻重的优越地位，势力遍及新闻出版、高教科研、政府机构。

把历史倒拨回20年代，纽约文人可没有如今的显赫与光彩。那阵子，他们还是些穷学生或苦孩子，就像狄更斯笔下的"雾都孤儿"，在纽约外围的贫民窟里饥肠辘辘，奔走谋生。他们几乎全都是东欧犹太移民的子弟，有的本人就是小移民——例如菲利普·拉夫[1]，8岁随家逃离俄国，穿一袭黑袍走进美国学堂，呆板深沉得像个百岁矮人。为了适应新文化，许多孩子改掉了祖先姓氏，例如威廉·菲利普斯原姓李特文斯基。另一个波洛斯基家的少年，换了美国姓氏，变成了丹尼尔·贝尔。

那时的纽约贫富悬殊，地狱与天堂对应。比起狄更斯时代的伦敦，只多出一座自由女神像。这些贫寒子弟常聚在布朗克斯、布鲁克林、纽瓦克通往市区的公路桥边，艳羡地眺望，暗地里起誓，要奋发读书上进，尽早脱离愁云惨雾的犹太社区，进入摩天大楼林立的曼哈顿，那财富与文明的中心，自由神指示的方向。

"就这样，装备着贫穷、骄傲和才智的外省青年（the Young Man from the Provinces）伫立在生活的边陲，渴望着踏入门槛的机遇。"屈瑞林回顾道。"这位当代英雄的故事"，早已由福楼拜、狄更斯、托尔斯泰和詹姆斯在小说里反复讲述了多遍。可在屈瑞林看来，它"依旧充满着现代的含义"。

西方文学传统里的外省青年与灰姑娘一样，出身微贱，一文莫名。他离家探险，寻找自我——不管这故事发生在哪个国度，也不论这个穷孩子

---

[1] 后来成为名倾一国的《党派评论》主编。

名叫皮普、于连、比尔或海辛斯,"命中总有一只强有力的手托举他超越尘世,穿过复杂险恶的莽林,最终成为巴黎、伦敦、圣彼得堡的名流"[1]。

皮普与海辛斯之类的发迹故事,毕竟是欧洲式的:他们或暗中受豪门庇护,或突然间得了遗产封号,发现自己的血原是蓝色。20世纪初的美国,不再时兴这种神话。(盖茨比那穷小子硬充牛津公子不是毁了自己吗?)

这个暴发户国家当时迫切需要的,并非破落贵族及其私生子,而是真正能同欧洲人并驾齐驱的文化精英、知识权贵。屈瑞林及其同伴们在此背景下,改写了外省青年的成功故事:他们当上了文化沙漠里的踏勘者,精神废墟上的建筑工,忍辱负重,不屈不挠,终于得到历史巨手的扶助托举。

用屈瑞林自己的话总结:他这一辈人碰巧得益于两场"大地震"。首先,他们赶上了30年代横扫美国的经济危机、社会动乱、左翼文化运动,"是激进运动造就了今天拥有如此规模与影响的美国知识阶级"。其次,席卷世界的革命和战争导致了"欧洲文化中心的衰败"——从彼得堡到维也纳,从柏林到巴黎,传统的文明堡垒相继陷落,难民像潮水一般涌向美国,而纽约文人正处在"适于建造灯塔的地方"[2]。

20年代末,纽约文人多已入大学读书。犹太血统,移民双语环境,以及都市贫民特有的精明泼辣,造就了这批天资过人、学业进取心极强的青年。当时的哥大和纽约大学(NYU)成了他们博取功名的哈佛耶鲁。屈瑞林、霍克等人因成绩优异,当上这两所大学最年轻的犹太助教。而在学费全免的市立学院(City College),犹太学生比例高达九成。与卡赞同班的20人中,就有3人后来得了诺贝尔奖。

经济危机的突然袭来,惊破了青年们的象牙塔之梦。骤然高涨的革命浪潮,又推动他们走向社会。家庭破产、父亲暴死的惨剧,驱使其中一些人停学打工,如麦克唐纳和施瓦茨两家。学术界严重的经济困难与排犹倾向,又堵塞了另一些人的晋升渠道,如犹太神童艾略特·柯恩被迫转向出版业,屈瑞林两次丢掉大学教职。其他人毕业即失业,纷纷另谋出路——

---

[1] 见屈瑞林为詹姆斯小说《卡萨玛西玛公主》1948年版作序。
[2] 见屈瑞林《三十年代青年》,载《评论》1966年5月号。

卡赞教夜校，克利斯托当了船厂铆工，而玛丽·麦卡锡这样孤苦无依的弱女子，只好选择了嫁人。

读书不成，家里又无隔夜粮，知青们只好革命了。15岁的丹尼尔·贝尔经过深思熟虑，向拉比宣告他不再信奉上帝，而要进社会主义青年团（YPSL）。这个少年叛教者出了教堂，就去十字街头发表革命演说。另一位贫困孤独的马路天使欧文·豪，15岁便"以运动为家"。他以高尔基为榜样，去工厂组织罢工，直到被资本家撵出来。

在犹太学生运动最激烈的市立学院，以李普塞（这位著名社会学家当时担任社青团全国主席）为领袖的进步组织，在餐厅和咖啡馆里没日没夜地讨论哲学与政治，培养出一批杰出的思想斗士和办报才子。他们糅合了犹太思想传统、俄式论战技巧，发展出以凶狠、精确和深邃为特色的纽约文人风格。

仅靠游兵散勇成不了气候。要在战火硝烟中杀出路来，就必须集团冲锋。为纽约文人建立据点、招兵买马的设想，最初是由拉夫和菲利普斯两人提出的。拉夫因写了一篇普列汉诺夫论文，深得《新群众》副主编弗里曼的赏识。菲利普斯则靠着非凡组织才能，当上约翰·里德俱乐部纽约支部的负责人。这两个毛头青年四处义卖募捐，攒得800块钱，于1934年3月出版了《党派评论》创刊号。

从此上有美共领导支持，下有大批左翼青年赞助。纽约文人在革命阵营里独树一帜，声望日增，俨然是一支无产阶级文学的青年突击队。

向中心移动

从30年代中期《党派评论》集团初步形成，到1963年《纽约书评》创刊[1]，纽约文人在不到二十年内，营造并牢牢占据了一个新兴文化中枢。此一巨变，除了得益于"美国世纪"的政治与经济背景，也相应体现出美国

---

[1] 霍夫斯塔特戏称它是"纽约文人相互书评"，但这份高档知识刊物确实标志着美国文化的发达成熟，并足以倾倒巴黎文艺沙龙，折服《泰晤士报》倨傲一世的读者。

知识分子在立场、地位和学术思想诸方面的"重新定位与向心移动",即所谓"从反叛到顺应,从边缘到中心",从街垒意识或象牙塔偏见,转向对社会和文化的综合思考。

首先是政治立场的复杂曲折移动。30 年代后期,美国左翼运动几遭厄运,陷于分裂,纽约文人也在内讧中逐渐趋向游离和独立。1935 年,美共依据共产国际七大纲领扩大统战,团结文化名人。在建立全美作家联盟同时,却冷落了工人作家和文学青年,不久又解散了约翰·里德俱乐部和基层左翼刊物。《党派评论》为撤裁事件愤愤不平,自动停刊。

1937 年底,它重新复刊,宣告仍以革命文学和马克思主义学术研究为己任,但已别具面目。时值莫斯科审判和西班牙抗战失败。进步知识界迷惘苦闷,纷纷向《党派评论》聚拢,形成群星灿灿、别具格调的思想论坛。1939 年苏联与德国签订互不侵犯条约,加之托洛茨基流亡墨西哥,激起大批左翼文人对苏联政策怀疑失望,转而同情托洛茨基。

《党派评论》虽与第四国际无组织联系,但它站在中间派(Centralists)立场,批评美共政策和《新群众》集团的"左派幼稚病",发表过托洛茨基一篇题为《艺术与政治》的署名来稿,又呼吁同路人组成什么"争取文化自由与社会主义同盟",因此被集体打成了"托派",复以"叛徒"罪名加以讨伐。这帮犹太文人偏偏不服,同高尔德、希克斯为首的《新群众》展开论战,指责后者歪曲革命、贻误运动。论战打到战争爆发,左翼阵营已经分崩离析,去者如流。《党派评论》却尽领风骚,收容欧美知识名流于一堂,成为"独立左翼"大本营。

战后美苏对抗,冷战渐起。麦卡锡主义猖獗一时,大肆迫害前左翼知识分子。在这场摧残进步知识界的反动围剿中,纽约文人非但未因左翼背景遭受株连,反而以攻为守,于万马齐喑之际,领唱民主自由之歌。从此当上了自由派喉舌、美国民主的捍卫者、既反左又反右的社会中坚。

他们从造反革命走向妥协顺应,不仅出于理想幻灭、对共产主义失望,还因为资本主义起死回生,知识分子招安后境遇改观、地位日高。罗斯福新政的成功,抽去了社会革命的物质前提。战后经济繁荣、生活丰裕,又滋长了苟安心理与成功梦想。杜鲁门与艾森豪威尔时代,美国的教育科研机构迅猛发展，为文人学者提供了优厚待遇和发展基地。肯尼迪和约翰逊政府，进而大开礼贤下士之风，同自由派知识界思想默契，互为倚重。

至60年代，纽约文人中的年长者，几乎都成了学术权威。屈瑞林、夏皮罗和杜皮，当上了哥大讲座教授。霍克主持纽约大学哲学系。菲利普斯连同由他主编的《党派评论》，一道加入了罗特格斯大学。拉夫也受聘于布兰代斯大学英文系，主办《当代事件》。

年纪稍轻的纽约文人，几乎刚成年就崭露头角，跻身名流。例如欧文·豪身兼纽约市立大学教授、左倾文化刊物《异议》主编。贝尔一面在哥大执教，一面协助克利斯托创办社会科学家议论国策的《公众利益》。波德莱茨继柯恩之后，升任犹太知识圈声望最高的《评论》总编。卡赞、桑塔格、菲德勒等人，一跃而为60年代领先的文学批评家。贝娄和梅勒也成为家族的骄傲，盼望多年的犹太文学的"白孔雀"。

肯尼迪时代，知识与权势结合，文化名人同学院派汇流，学术思想借助发达的大众传播，直接左右社会。纽约文人比其他派系[1]更为实力雄厚，位居要津。他们凭借大学和舆论界的双重影响，日益逼近权势中心。除去著书立说、收徒讲学外，他们还大力办刊，顾问于各种文化机构，又常常应邀参议朝政，或赴白宫宴会。结果不仅联络带动《民族》《新共和》等前左翼喉舌，形成自由派大一统舆论圈，就连《纽约客》《哈泼斯》《老爷》等上流保守派刊物，也逐渐被他们渗透同化。

政治立场、社会地位变动的同时，纽约文人相应调整了学术思想与自我意识：

重新确定犹太民族性与美国文化的关系　作为犹太移民后裔，纽约文人一直自认是社会弃儿和局外人。然而这些人奇迹般地进入中心、走向世界，皈依了历来排犹的西方文化传统。为解开自身的心理纠结，纽约文人在50年代全面回顾探讨了自己的民族特性，得出较一致的看法。

他们一致认为：犹太人身为无家可归的精神漂泊者，兼有欧美双重文化背景，以及一种"身在其中又置之度外"的批判眼光，因此处于衔接传

---

[1] 例如南方《肯庸》集团，北方芝加哥学派，东部以布鲁克斯、芒福德为首的民族文化派。

统与现实、旧世界与新大陆文明的最佳位置，易于超脱僵硬的欧化观点、褊狭的本土 WASP 意识。[1]

再者，由于人性异化，文化根断裂，现代人孤独焦虑，在精神上逐渐雷同于世代流浪、归宿不明的犹太人。既然全人类早晚都会犹太化（异化），那么纽约文人与社会分享自己独有的忧患与警惧，担当现代人的精神向导，也就成为合法且荣耀的工作。

知识阶级的功能与职责　与犹太意识优越说平行的另一理论，则是知识分子中心论。30 年代末，纽约文人同无产阶级文化派论战时已经提出：革命知识分子应站在运动前列，倡导先锋艺术（Avantgarde），而不是尾随大众趣味、盲目颂扬赝品文化（Kitsch）。他们又抱怨民族文化长期猥琐平庸、排斥精英，原因正在于"知识界未能获得独立自主的群体地位"，人们对物质财富的狂热追求，阻挠了精神殖民地的开拓。

50 年代，纽约文人由"流民无产者"变为"流民资产者"之后，他们不再以"当代悲剧英雄"自居，转而强调自己对平衡社会、建设文明应起的作用。1952 年《党派评论》举办专题研讨会"我们的国家、我们的文化"。屈瑞林发言并肯定了知识阶级应有的自主意识和社会责任，问题不在于直接治国参政，而是要为社会提供长久价值与思想方向。克利斯托把知识分子比作中世纪神父，因为二者都是社会准则和思想合法化的象征。贝尔明确提出，现代社会为发展文化、延续传统，必须、也只能靠知识阶级作释谜者、监护人。

开放思想方式与综合知识结构　既然要当好民族文化监护人，就得有一套与现代复杂现实相应的学术思想。在此历史转折时期，纽约文人既不像多数左翼老兵那样对政治耿耿于怀，也没有学新批评派文人缩回象牙塔。对他们来说，"天真时代"业已过去。单凭救世理想参与变革，难免会从马克思折回到卡夫卡所谓的"人生圈套"。但"意识形态的终结"，并非意味知识分子将从此弃绝五恶浊世，唯求六根清净。他们退到政治与文化、学

---

[1] WASP 是 White Anglo-Saxon Protestant 的缩写，指美国传统的"盎格鲁—撒克逊—清教—白人"意识。

术与社会的交界处,即小阿瑟·施莱辛格称之为"生命中枢"(Vital Center)的地方,安营扎寨,重建起"新自由主义"学术思想体系。

新体系的特征,是松散开放,讲究实际。它承认人性险恶,世道艰难,万事皆难定论。因此要突破绝对主义和单一决定论,打通融会新老学科,以立体知识结构、比较先进精确的科学手段,来武装知识界,应付复杂现实。为克服思想危机,促进学术理论更新换代,纽约文人一面组织对重大现实问题的大范围综合讨论,一面加快培养和吸收社会科学新秀,以弥补老辈人文学者的非专业缺陷。

短短十余年内,从贝尔挑动"意识形态终结"论战,霍夫斯塔特引导"新史学"上路,派瑞·米勒、路易·哈兹等人倡举美国学研究,直到战后社会学、经济学、心理学、政治学领域的修正改造运动,几乎都在他们的鼓动扶持下开展起来。即便是吵吵闹闹、论争不断,终归扩大了纽约文人的撰稿圈和集体声望,有助于实现屈瑞林关于美国文化朝着民主与开放方向平衡发展的设想。

屈瑞林的文化均衡观

屈瑞林在纽约文人集群中享有崇高威望。这不仅由于他年岁居长,学问精深,更因为他天性超脱,目光悠远,善于平抑本集群偏激倾向。尤其在战后重建新自由主义过程中,他为美国知识界提供了重要精神指导,成为继布鲁克斯、柏克和威尔逊之后,又一位文学与文化批评大师。

屈瑞林1905年生于纽约一个犹太裁缝家庭。他在哥大英文系顺利读完硕士班,却因"犹太血统和马克思""弗洛伊德倾向",突然被剥夺了教职。落难后,他迁居格林威治村,同埃德蒙·威尔逊作了隔窗之邻。后者以长兄身份鼓动他参加左翼,继续学术研究。他便坚持写完《马修·阿诺德研究》[1],又与一批左翼学者联合发起《美国文化:马克思主义研究》大型项目(未完成)。

---

[1] 此书1939年出版,为屈瑞林奠定了名声。

进入《党派评论》集团后，屈瑞林表现稳重，气质高贵。每遇激变，总能心平气和，为众望所归。1949年渥尔多夫会议期间，纽约文人的元老之一西德尼·霍克[1]，同亲苏派大开论战，随后发起并领导国际"文化自由代表大会"。屈瑞林对此"文化冷战"不感兴趣，拒与同谋。又如1953年麦卡锡反共浪潮冲击大学，要清洗教师中的共产党员和同路人。屈瑞林在哥大主持"教授资格评委会"，以学术自由原则保护同事。

屈瑞林的思想结构很有趣，像是埃德蒙·威尔逊所说的那种"三重思想家"。他早年在大学受到严格的学院派训练，熟知19世纪人文传统。后进入左翼阵营作文艺理论研究，边读马列，边攻欧洲现代派经典，逐渐将自由主义、现代主义和马克思熔于一炉，并达至奇妙平衡。学术方法上，他同威尔逊一样，既精于心理分析与形式研究，又受历史唯物主义影响。因此在政治上回到自由主义立场之后，他依然反对"教授阶级"（Professoriat）的专业局限，重视发挥知识的社会作用，倡导综合性文化批评。

屈瑞林在战后学术论著主要有：《自由主义想象》（1950）、《对立的自我》（1955）、《超越文化》（1965）与《诚挚与真实》（1972）。其中以《自由主义想象》（Liberal Imagination）最为重要，因它集中反映了作者有关现代文化的均衡观念，启发开导了一代新进文人。

屈瑞林的文化均衡观，起源于英国19世纪思想家阿诺德（Mathew Arnold，1822—1888）。阿诺德是英美文学现代传统的开创者，又是美国文化的"精神教父"[2]，对世纪末美国高雅文学传统、新人文主义学派产生过巨大影响。艾略特分析这位"现代派的亚里士多德"说：他"既非革命者，又非反革命，而是力图保留传统中最好的部分，使欧洲的过去和将来一道前进"。

屈瑞林在其青年时代，曾专心研究阿诺德思想。后经革命起落、文明盛衰，他深感阿诺德的学识和道德力量，正是美国人所缺所需。阿诺德身为贵族诗人、自由派批评家和教育家，努力调解过渡时期的思想冲突，宣扬宗教意识与现代精神合一，"罗盘与星座"并用，以承受现代生活巨变中

---

[1] 前马列哲学权威，后转右倾。
[2] 晚年两次访美讲学，著有《美国的文明》。

的压力，维护文明的秩序与统一[1]。

屈瑞林的自由主义想象（Liberal Imagination），发展并引申了阿诺德有关"想象理性"（Imaginative Reason）的思想。在阿诺德看来，人类从高度统一专制的封建时代，陡然进入"民主世纪"，难免有得有失，即获得思想自由、失去秩序与和谐。为此，民主文化健康平衡的发展，"有赖于最优秀思想的发现和保留"。而文学及其对生活的批评（即诗人和艺术家的"想象理性"），恰是发掘闪光思想、鉴定良莠的最佳工具[2]。屈瑞林将新自由主义思想体系与文学批评的"想象"功能相加，形成了他关于现代文化的均衡构想。

《自由主义想象》开宗明义：保守主义的怀疑与悲观，有益于自由派知识界反省历史，批判自身的浅薄与乐观。美国传统的自由主义，因长期缺少保守思想的压迫性挑战，逐步丧失了批评与鉴别功能，结果导致文化思想领域内乌托邦和过激倾向蔓延。为扭转虚弱与被动局面，屈瑞林精选他在30—40年代写下的16篇批评文章，全部重新修改，串联成有机整体，以此作为新式文化批评的范例，向人们展示如何批判性地继承传统、纠正偏激，进而运用熟练而矜持的想象理性，在美国文化沙漠里淘金，修补人类"情感与理智间的现代创伤"。

《自由主义想象》题材广泛。从文艺批评标准、弗洛伊德精神分析学、作家与社会革命关系、艺术与财富的瓜葛，一直到英国文学传统、古罗马史学思想和现代性行为科学的发展，均有出色独到的评论。其中以《美国的现实》《弗洛伊德与文学》两篇振聋发聩，传为经典。这里受篇幅限制，不能详细介绍，单把其中要紧论点提取出来，作为屈瑞林思想的两点归纳：

一、美国文化出路何在？ 传统自由主义崇尚理性进步，习惯对光明黑暗、秩序混乱，作截然区分和肯定判断。殊不知，人类任何一种绝对意志（宗教的、政治的、科学的或心理的），都能因其强烈的要解释万物、拥抱世界的冲动，造成对文明的伤害。自由主义进步理想是这样，弗洛伊德学说也是这样。但从文化均衡观出发，糅合这些称雄一时、互不相让的意识

1　见阿诺德《文化与无政府》。
2　见阿诺德《当代批评的职能》。

形态，合成其中珍贵有益的思想精粹，大约才是美国文化的真正出路。

二、什么是美国的现实？怎样才能把握现代文明的生命脉搏，去引导它的发展？20年代美国文化思想史的进步代表帕灵顿在其名著《美国思想主潮》中，推崇德莱塞的现实主义，贬抑詹姆斯的高雅趣味与思辨倾向，并以此作为区分进步与保守、现实与虚无两大思想主流的标志。针对这一简单化对立文化观，屈瑞林严加批判，指出文化本身不是泾渭分明的潮流，而是"充满内在矛盾和时代冲突的复合体"。詹姆斯的心智洞见、精微感觉和怀疑批判精神，正代表艺术家"想象理性"的高度成熟——它克服了理想冲动，倾向于体验和表达现代生活的多样化与复杂矛盾。美国文学和文化批评应尽早接过詹姆斯的遗产，沿着这条"现实大师"之路，在原有基础上更加深入地开挖意识的"秘密深井"（弗洛伊德语），提高对人类处境的认识和预见能力。

屈瑞林的文化均衡观，及其高额头严肃批评的标准，在50年代后的相当一段时间内，确实促进了自由派学术思想的繁荣发达，有助于美国文化的沉稳局面。然而到了60年代中期，特别是新左派兴起后，他那"高贵苍白的绅士意识"却遭到猛烈攻击。他自己的学生和信徒中，也有揭竿而起、分道扬镳的，例如欧文·豪嫌他太右，波德莱茨怪他过左，桑塔格和菲德勒转向"反文化"阵营。更有一个不成器的脱班学生艾伦·金斯堡，居然当上"垮掉一代"的头领。

屈瑞林稳如泰山，端坐在哥大校级终身教授宝座上，目睹新左派和反文化潮涨潮落。直到天下复归一统，文化均衡论与批评高标准卷土重来。1975年3月，他以七十高寿病逝纽约（刚刚谢绝牛津大学的高格聘书），却不愁后继无人。因为丹尼尔·贝尔已经接替他的首席文化批评家位置，以其"经济社会主义、政治自由主义、文化保守主义"的新型组合式文化均衡论，发展了屈瑞林的思想，监护美国文化向着后工业化、后现代化阶段艰难转变。

（Lionel Trilling, *The Liberal Imagination: Essays on Literature and Society*, Penguin, 1970）

钱德勒与管理革命理论

　　作为企业发展史方面的专家,钱德勒力图扭转以往重视"人"而忽略"机构"的倾向,尽可能详尽而清晰地展示美国经济体制在大发展阶段的变革过程。

　　美国历史虽短,却有诸多神话,供学者专家长年地拆解穿凿。神话之一,是资本家与工商巨头的发家传奇,以及天方夜谭一般的经济奇迹。由于奇迹集中发生在美国内战到一次大战间的半个多世纪里,这一段神话故事,因而就显得尤其扑朔迷离了。

　　翻开美国文学史,与此相应的便有霍雷肖·阿尔杰[1]大量的从褴褛贫儿到百万富翁(from Rags to Riches)的动人传说。追寻下去,还有卡内基、洛克菲勒、范德比尔特之类的大老板现身说法的传记文学。这些个老板传记,无不吹嘘他们白手起家、勤俭致富的经历。其中最有名的是卡内基的《财富福音书》:它除了宣扬社会达尔文主义的生存竞争,还煞有介事地表述了资产者的虔诚心迹、慈善动机。

　　却有现实主义作家不信此说,偏要矫枉过正、重写历史。于是从马克·吐温的《镀金时代》开始,历经诺里斯的《章鱼》、辛克莱的《煤炭

---

[1] Horatio Alger,哈佛神学院毕业的牧师,因写通俗劝善小说闻名。

大王》、刘易斯的《巴比特》,直到德莱塞经营半生的浩瀚巨制"欲望三部曲",美国企业家的英雄形象,惨遭文人墨士的亵渎诋毁。他们自我奋斗、改天换地的光辉业绩,也就此沦为邪恶与罪孽的记录。

非但是文学,其他学科也加入了"反神话"阵营。美国史学界盛行强盗大亨(Robber Barons)说。社会学家长期推崇凡勃伦"寄生的有闲阶级"论。法学和政治学专家,也不断受到霍姆士、布兰代斯、罗斯福的提醒,要对托拉斯加镣上铐,驯服野性,严防"垄断怪兽"吞噬民主传统。

几经撕撸和篡改,有关美国资本家的自我造就神话(the Myth of Self-Made Man),结果变成一堆扯不断、理还乱的破网烂絮。直到"二战"结束,人们心目中的资本主义创世英雄形象,依然环绕着一团阴森鬼气,或是神秘光环。而美国学术界对这一问题的认识,也未能超过德莱塞塑造超级金融巨头柯柏乌时的水平。

可惜德莱塞1945年去世时,未能写完"欲望三部曲"的最后一部:《斯多葛》。根据其手稿,小说中的主人公柯柏乌,到晚年已聚敛了亿万资产,并征服了英国工业界强手如林的伦敦地铁部门。更可惜的是,德莱塞精心刻画的这位美国强盗大亨,一生贪恋美色,身后竟未留下半个子嗣来承接他建立的庞大经济帝国。只有一个情妇得了他若干财产,却跑去印度向东方僧人学什么瑜伽梵文了。

从此再无高手续写这一类"经济大侠演义",以致专家们一度断了线索,无法从文学经典中了解现代资产阶级的演变过程——从前他们可是从莎士比亚、笛福、巴尔扎克、狄更斯和高尔斯华绥的书里大段引证、如数家珍的。

美国当代生活中,柯柏乌果真断子绝孙了吗?当然没有,只不过他们变化太大,难以辨认了。据说这批人眼下都改了称呼,不叫"强盗大亨",而名曰什么经理阶级,或技术官僚(Technocrats)。非但称呼变了,他们的形象与气质也同从前判若两类:不仅举止斯文,精明强干,而且怀里往往揣着几个学位,又趣味高雅,不乏人情。

初到哈佛,我便留心考察柯柏乌的后代。每年秋季开学,校园里总要为新生放映类似于入学教育专场的电影《爱情故事》。连着看了两年,从中琢磨出一些味道来。譬如那电影里的富翁之子巴雷特三世，他身上难得见到祖先的穷凶极恶、贪得无厌，也没有八旗子弟式的骄悍与腐败。

与他思想僵化的父亲相比，这小子自由化得厉害。为了同一个穷姑娘相爱，阔少爷居然"粪土当年万户侯"，自食其力地念完哈佛法学院，并以他家传的独立创业精神（而不是族荫与遗产）竞争制胜，出人头地。

这部当代文学经典似乎要表明，大资产阶级的后代，尽管与长辈冲突矛盾、形同叛逆，但只要他们能以自己的学识和奋斗能力立足于世，就不愧为本阶级合格的继承人——毕竟时代早已大变，这个阶级本身也今非昔比了。

然而这变化（从强盗大亨到经理阶级）是怎样发生的？看来单靠文学作品解不开这套神话——反过来说，解不开它也就无从再做现代美国文学研究（我的专业）。于是我渐渐向经济系和商学院的几位大教授转移兴趣。其中一位便是"柯柏乌神话"的当代释谜者，小艾尔弗雷德·D.钱德勒（Alfred D. Chandler, Jr.）教授。

钱德勒：从富家子到名教授

这位教授的经历有点像《爱情故事》在现实生活里的改写本，或者说是他的学术著作的实例注解。

钱德勒 1918 年生于特拉华州威明顿一个企业世家。曾祖父亨利·瓦纳姆·波尔曾是美国铁路营造史上的重要人物。因为家族居住的威明顿，同时又是杜邦财团的创业根据地，钱家谱系里后来增添了杜系亲属（钱教授姓名里缩写的 D 便指杜邦）。作为富家子弟，钱德勒由埃克斯特公学直升哈佛，1940 年刚毕业就参加了美国海军。战后他返回母校念研究生，1952 年获经济史博士学位。

至此，小钱的身世并无多少稀罕之处。世世代代有多少少公子爷，像他一样来哈佛镀金，被先生强按牛颈，读些仕途经济。好不容易碰上开仗，便一溜烟去当海军（只因老罗斯福总统当年是由那条水路进白宫的）。仗打完，人也变得现实多了，知道要往学业上进取，靠祖业不如靠功名。

"二战"后的哈佛，群英济济，权威云集——哪怕再愚钝顽劣的学生，也能被教导得出息一些。据钱德勒回忆说，当时他同一批穿着旧军装的大龄青年，在校园里东游西荡，偶然撞进社会学大师帕森斯的研究班，跟着念了一气涂尔干和韦伯的结构功能学说，模糊得知工业经济体系是一块"奇迹"领域，又是社会制度学派全力猛攻的突破方向，却又不知自己该从何处下手。

直到写毕业论文，他才急中生智，从家里抄捡出曾祖父的创业史料，又对杜邦系统的亲戚邻居展开调查，获得丰富一手资料。其中有关美国工业化先行部门——铁路行业的原始记录，更是珍贵异常。钱德勒为好奇心与成功欲所驱使，从此奋发读书，渐入妙境。他的曾祖父大约未曾料及，后辈居然会以这般别致的方式，来延续钱家的事业。

然而真正为钱德勒的学术成就奠立基础的，却是另外几起事件。那都是知识界和专业领域里的难得机遇了。其一是钱德勒毕业前，正逢著名经济学家熊彼得和柯尔在哈佛商学院开办一个闻名遐迩的"企业史研究中心"，招徕各学科优秀青年、组织综合性理论攻关。钱德勒有幸入圈，在名师指引下步入正途（可叹熊彼得转眼去世，在哈佛断了嫡传）。

正是在研究中心工作期间，钱德勒弄懂了一项关键性的原则：对现代资本主义经济发展史的研究，必须从两翼同时着手：既注重企业家本人的变化，又要考察大企业的机构改造，及其对企业领袖的反向影响。

钱德勒毕业后，辗转执教于麻省理工学院、约翰·霍普金斯大学，相继写出杜邦家庭史、美国铁路发展史，以及一部研究大公司决策功能的重要专著：《战略与结构》。同时他参加了美国总统文献编订工作（负责罗斯福与艾森豪威尔专档）。这些经历大大扩展了他的学术视野，磨炼出难能可贵的把握庞杂历史全貌的能力。1971 年，他荣耀万分地被哈佛商学院召回研究中心，升任斯特劳斯经济史讲座教授（对哈佛学生来说，此乃百里挑一的反跳龙门）。

当年的导师柯尔与考契伦教授，邀他合写一部三卷本美国经济史。导师去世后，他便独当重任，在斯隆基金会资助下，历尽艰辛，终于在 1977 年推出了他最出名的著作《看得见的手：美国经济的管理革命》（*The Visible*

Hand: *The Managerial Revolution in American Business*)。

从自由资本主义到管理资本主义

美国垄断资本的爆发性生长及其现代改组，一直是西方社会学与政治学领域的突出课题，同时也是马克思与韦伯之后有关"发达资本主义研究"争议较多的薄弱环节之一，因为它变革激烈，形态复杂，现代人再难以 19 世纪大师那样的恢宏气势，一举作出深邃完美的系统概括了。

在这"由侏儒学者承当巨人课题"的学术战乱年代，钱德勒自然不能凭区区一部美国经济结构发展史就高出众矮之上。甚至，有关美国经济的管理革命（Managerial Revolution，一译"经理革命"）命题，也不全是钱教授的个人独创，而是起源于从 40 年代起就在欧美展开讨论的一项针对资本主义"现代性"进行研究的宏泛理论构思。

这方面较早的著作，如 J. 本纳姆的《管理革命》（1942）与 A. 伯利的《20 世纪资本主义革命》（1954），分别依据美国社会学始祖凡勃伦的"有闲阶级与工程师对立"论，提出有关"仆人夺权、资本家从大企业消失"的著名设想[1]。50 年代美国经济高度繁荣，推动了"现代资本主义论"的兴起。哈佛教授加尔布雷思[2]等人都对"管理革命"说进行了增补说明，强调因科技管理人员地位上升造成的经济结构改组，乃至于社会制度质变。

由于它的空泛与矛盾性质，管理革命说发展颇不顺利。60 年代新左派造反，引起更多争议。各家意见相持难下，因而有人在小结这一命题时，特意使用引号，以示慎重[3]。70 年代中期，有关现代资本主义研究再度出现高峰[4]，管理革命说也相应地越出理论虚拟、宏观争辩阶段，开始转向专业领域内较深入的实证分析。

1　钱德勒自认深受伯利教授的启示。
2　见加尔布雷思 1958 年版《新工业国》。
3　见 R. 马里斯《"管理资本主义"的经济理论》。
4　其中丹尼尔·贝尔《后工业化社会的来临》是为代表著作。

作为企业发展史方面的专家，钱德勒力图扭转以往重视"人"而忽略"机构"的倾向，在《看得见的手》一书里，尽可能详尽而清晰地展示美国经济体制在大发展阶段的变革过程。为此，他汇集了前所未有的充分史料，深入剖析各地区、各工业部门与大公司的实例，在此基础上力求得出谨慎而准确的归纳。苦心积虑的结果据说是：一、填补了美国经济史上有关企业机构演变的大片空白；二、不由得他人分说，钱德勒这部重头论著已为"管理革命"去掉了引号。

此书目的在于证明：现代美国经济结构、运转方式，确实发生了划时代的深刻变革。一度以自由竞争、市场调节为特征的古典式资本主义经济（即亚当·斯密称为"看不见的手"所操纵的一统天下），已经翻转成由大公司经理阶层（钱德勒称之为"看得见的手"）主宰协调下稳定发展的"管理资本主义"。

依照钱教授所说，这场将美国从自由资本主义（Laissez-faire Capitalism）推向管理资本主义（Managerial Capitalism）的"静悄悄的革命"，主要包含如下两方面的内容。

首先，在经济企业的规模与功能方面，美国内战前占统治地位的传统小型企业（它在组织、产品、厂址、生产线设置诸方面，均采取单一简陋形态），到第一次世界大战为止，已基本上被跨行业、跨地区（以至于跨国）的超大型公司所取代。这些功能发达（产销、原料与科研并举）的现代复合经济企业，一经拥有与大规模生产销售相匹配的科层机构（Managerial Hierachy），它们便如同德国社会学家维纳·巴特所说，"开始获得自主的生命"，即不再像传统小型企业那样听命于市场规律摆布，而是蠢蠢欲动，要以自身的科学预见、调节能力，去主动有效地干预经济发展的全局了。

其次，现代大企业的内部权力结构方面，由于生成了一个介于雇主与劳工之间的管理阶层，资本家对企业的控制权日益丧失。随着企业发展、分工深化，这些拿薪水的管理人员，不断提高自己的专业技术能力，成为企业赖以生存扩大的"灵魂"。不但如此，被雇用的管理人员，因谋求终身职业，或加入公司股份利益集团，越来越以公司的稳定发展为己任，并在决策过程中形成制约企业主或与之抗衡的强大影响。简言之，大企业已逐步被具有专门经验、科学见解的管理者接管，而难得由投机冒险成性的强盗大亨来左右了。

经理阶层对大企业的接管，是在不过两三代人的时间里转眼而成的。美国资本主义经济机构的迅猛发展，令人难以洞察其中的变化，但钱德勒仍然勾勒出这一过程的细致轮廓。

内战前后三四十年里，首先因交通、市场革命、大规模产销汇合趋势，促成一批大型经济企业，以及与之相应的中层管理（Middle Management）。这方面最早的典范，便是战前铁路与电报公司：由于庞大布局和严格的安全技术要求，它们率先建立起统一分层管理体系。战后的著名强盗大亨，如钢铁大王卡内基和石油大王洛克菲勒（这两人分别在战时主持电报联络、军需调运），便是利用通信行业的管理经验，在战后投机发家，成功创造出巨型公司，并且培植了现代企业管理的先驱：中层管理人员。

这一时期由于群雄并起、多头垄断[1]，资本家若想获胜，只有挑选并重用能干雇员，与对手展开全面较量。企业间的残酷竞争，因而变成管理人员在重赏严罚下的同行斗智。这些中下层职员，起初人微言轻，但随着企业规模扩大，他们逐渐担负起为大企业开拓道路的重任。

例如在市场销售方面，最早的推销人员挨户兜售、建点结网，调运货物、反馈信息——是他们发明了诸如分期付款、广告宣传、售后服务等一系列竞争方式。而在企业生产领域，担任中层管理的监工、稽查、财会、技师等，不但直接掌管着流水作业、设备维修和产品质量定额，而且也在企业内部成为行政事务的真正主管。然而中层管理也有它的缺陷，即以协调产销为中心功能，而在资金、任免和发展方向上，仍要听命于企业主的个人独断。

1880年之后，美国企业通过大规模兼并改造，逐渐由"水平联合"（同行业联合的卡特尔阶段），转向"垂直联合"（即生产、销售、原料、运输、设备与科研一条龙的托拉斯阶段）。

---

[1] Oligopoly，即几家公司在同一行业内拼死格斗或瓜分利益。

合并（Merger）后的"共有公司"垄断能力大大增强，但也面临尖锐矛盾：一方面股东成群，控股权分散；另一方面因管理中心转移（由简单的协调核算，升级为对金融、科技、资源和市场的全面科学评价与战略规划），业务面过于宽大，急需集中行政权力，实行严密的多层经理责任制。此时的资本家，再也无法靠个人独断、中层协调来驾驭全局了，他们必须以高酬重权聘用各方面专家，利用他们的终生职业经验和组合性学识。高级管理（Top Managrment）机制就此发端。它经过通用电器、标准石油、美国橡胶三大公司逐步试验，最终在杜邦化学公司获得了定型。

如果说1917年标志着美国企业管理体制的成熟线，那么"二战"前夕，"管理型公司"已成为美国经济的主导力量。如此迅猛激烈的改造势头，是西欧与日本难相比拟的。钱德勒因而结论，美国是"管理资本主义的国际苗圃"，也是最具典型意义的研究对象。

这一时期管理人员升迁之快、影响之大确属罕见。举世闻名的泰勒科学管理方法，正是高级管理的产物。而泰勒本人从哈佛辍学，去费城米德维尔钢铁厂做工，仅用六年时间便升任总工程师，继而当上全美机械工程师协会主席。他在哈佛讲课的地点，很快也盖起了商学院。而另一颗"经理明星"李·亚科卡，顺着同一轨道，从见习工程师变为福特汽车公司总裁，接着又另起炉灶，同福特对垒。

看得见的手：一只还是两只？

钱德勒的书，好比一幅工笔写真画，以大量案例分析和具体数据，向读者展现出一只日显强大而自信的"管理巨手"（目前由2500万白领和职业经理组成）——不管人们如何称呼或判断它的性质——正以自己的独特面貌和意志，改变着柯柏乌们创立的世界。这恐怕是难以否认的一个方面的事实。否则为何有这么多专家学者，连续几十年喋喋不休地奢谈"管理革命"呢？

另一方面，身为中国留学生（我既奉守列宁"向资产阶级有学问的帮办求教"的教导，又不敢忘了不可不信、不可全信的祖训），我对西方管理革命论中有关"资本家消亡、技术官僚夺权"之类的大胆推断，只能采取东方人大智若愚式的态度——由他们去嚷嚷。

然而有一项争议最多的关键问题，不能不在此略作交代（以便中国读者在静候分晓时心中有数——这并不妨碍我们遵照列宁教导，大力引进泰勒式科学管理经验）。这就是哈佛人称"一只手还是两只手"的理论死结。所谓一只手、两只手问题，指的是资本所有权、企业管理权之间的分裂对立或协调统一。

在此概念上，经典经济学家留下了"分离说"的原始依据。马克思曾经指出，在资本主义成熟阶段，"实际执行职能的资本家转化为单纯的经理，即别人资本的管理人，而资本所有者则转化为单纯的所有者，即单纯的货币资本家"[1]。

列宁据此推导，到了垄断资本主义时期，所有权与管理权的分离，已成为资本主义的特性，即"全靠货币资本的收入为生的食利者，同企业家与其他一切参与运用资本的人极大程度的分离"[2]。

正当列宁试以"分离论"，证明资产阶级的腐朽没落及其同"工程无产者"不可调和的阶级矛盾时，美国社会学家凡勃伦也开始宣扬"工业首领与工程师对立""鼓励挥霍浪费的社会制度与讲求理性节俭的生产工艺相冲突"的论调。此人不去号召无产阶级革命，却建议成立"技术人员委员会"，以便接管寄生阶级的无能统治[3]。

后来的管理革命论者，在此背景下分裂成两支：分离说、统一说。分离说以二元方法论，着重研究资本家与管理人员的对立分裂与实力对比，揭示他们在"生意与工业、私人财产与社会福利、寡头独裁与集体决策、近期牟利与计划发展"等重大问题上的立场分歧，描述他们在现代企业内部错综复杂的角逐与争夺方式。得出的结论却相互矛盾：不少人认为资本家这只垄断之手，已被经济危机和工人运动砸伤致残，或在醉生梦死的悠

---

[1]《马恩全集》中文版25卷，493页。
[2]《列宁全集》2卷，780页。
[3] 见凡勃伦1921年版《工程师与价格制度》（Thorstein Veblen, *The Engineers and the Price System*, Viking Press, 1921）。

闲环境中逐渐萎缩，变成健康社会肌体上多余的"赘瘤"，其功能也由"技术专家组合"的万能之手取代了[1]。

但也有人从管理因素、资本因素的对立角度出发，探讨两者间的平行性与相互依赖性，并且据此提出，股东与经理之间的关系，不过是吵闹气氛中一种"权衡的婚姻"。双方虽因分工不同而冲突不断，却不得不继续合作、委曲求全[2]。

统一说则反对"分离论"者强调对立冲突的倾向，主张从资产阶级统治的连续一致性大前提出发，按照"资本第一、管理第二"的顺序考察主仆关系。其中以保守持重出名的英国学者 S. 弗洛伦斯认为，管理者由仆役升级为管家或主妇，只表明资产阶级屋顶下发生的一种"进化过程"，谈不上什么"夺权革命"[3]。

美国企业管理专家 R. 拉纳在《经理控制与大公司》(1970)一书中也声称，经理阶层作为股东的"附属部分"，正由于交叉经理制、企业共股、巨额奖金、股票专售等特权措施变得同股东们"利益一致"。大公司内部的控制权，也因此而趋于统一。苏联学者则坚定地反对"资产阶级形而上的分离论"(大约是指凡勃伦，而不是列宁的分离论)，并援引马克思有关"货币资本家与实际执行职能的资本家"的概念，认定高级经理就是资本家，管理机构与资本一样"执行剥削职能"[4]。

概括上述各家意见，似乎有三种程度的解释：巨变论（经理代替资本家）、并存论（经理与资本家合作共荣）、不变或微变论（强盗大亨的魔爪，新近戴上了体面的白手套和电子表）。再加上分离与统一之争，确实像打开了潘多拉的盒子，无法收拢合并；又像研究班上走了主持讨论的教授，学生们争不出头绪，只好静候上苍显灵（等待戈多？）。

钱德勒不是戈多。他的书也容纳不下几十年来层出不穷的纷纭理论。作为一个拘谨仔细的现代学者，他很少超出本题，去发现超现代或浪漫的

---

[1] 本纳姆、伯利、加尔布雷思等人意见。
[2] 见英国学者 T. 尼柯尔斯 1969 年版《所有权、控制与意识》。
[3] 见其 1972 年版《产业组织的逻辑》。
[4] 见梅尼希柯夫 1965 年版《百万富翁与经理》。

想象。学术倾向上，他颇受萨缪尔森[1]的"混合经济思想"影响，善于兼容并蓄，采众家之长加以贯通。

方法论上，钱氏既讲"分离"，又讲"统一"，既从人与机构的对应角度出发，考察资本与管理的双向作用，又以分久必合观点，追溯美国经济由盲目竞争的无政府状态，经由垄断资本与中层管理的过渡，最终走向一种较为均衡的"管理资本主义"。请注意"管理"与"资本"合成之后的新词含义。

这种温和却肯定的"巨变"观，回避了有关"夺权"的偏激言论，也没去触动"一只或两只手"的马蜂窝。钱德勒似乎有意表现一种资本与管理、企业改造与人的变化交相促进、克服矛盾的运动规律。他一面断定"经理"是主宰目前美国经济的一种"新型经济人"，一面引人深思地指出，当今美国最大的200家企业里，"管理型企业"已作为标准模式占据绝对优势。而少数几家"家族型公司"之所以能历经三次合并浪潮（最近一次在20世纪70年代）而幸存至今[2]，恰恰是因为这些家族有意识地培养子弟，使他们变成了胜任的专职经理。

资本主义本是一种无情竞争制度。资产者既剥削成性，又是人类历史上极善经营的经济动物。生存本能迫使它不断进取，而非坐以待毙。出于竞争需要，资本家不得不改造自己的企业机构。而机构的进化，也必然引起对资本家自身严酷的淘汰更新——这就形成资本家知识化、经理人员资本化的特殊现象[3]。从这个角度去认识钱德勒的管理革命理论，是否能够免于混乱、得出一些于我们有益的启示呢？

最后回到柯柏乌神话，就较容易鉴别取舍了。德莱塞把这个强盗大亨，置于宽大历史背景下，令其发迹经过，吻合于美国经济大发展步调——从费城、芝加哥，到海外扩张（地点），从内战到一次大战前（时间），从投机批发到工业资本家，转而勾结金融资本与政客（发展规律）。这些都是颇有见地的安排（反映出德莱塞的社会批判立场，及其对马克思主义的初步

---

1 Paul Samuelson，1915—2009，调和古典经济学与凯恩斯主义的大师。
2 一般两代之后，便交由经理主管或被迫改为共有股份公司。
3 在美国，这种现象又因社会流动、管理发达、传统的守成意识薄弱，表现得尤其明显。

认识）。

然而德莱塞并不懂得什么经济机构史，也缺乏有关企业管理与运营的知识。他只把柯柏乌当作垄断资本的拟人化怪物，象征性地揭示"巨人"的超凡精力、邪恶本性。在塑造这位栩栩如生的"船长"形象时，他却很少表现船上的操作机制和船员们的忙碌活动。小说结尾，作家以他固有的感伤主义与道德说教，宣告柯柏乌之船的沉没，以及船长面对死神时的忏悔。

在《看得见的手》序言里，钱教授感叹说："史学家长久地为企业巨头所吸引，却难得想起去认真地了解巨头创建的新型机构，去弄清这些企业的管理与功能形式，以及当创业者退出之后，企业是如何竞争并发展的。相反，他们吵个不休，争辩企业元老究竟是强盗大亨还是工业领袖，是好人还是坏蛋。"

这段话，不啻是对柯柏乌神话的中肯批判。

（Alfred D. Chandler, Jr., *The Visible Hand: The Managerial Revolution in American Business*, Harvard University Press, 1983）

白领·权力精英·新阶级

> 就其实际收入和生活水准而言，白领并不低于传统中产标准，甚至在物质享受上大大优先。失去的，却是他们一向引以自豪的私人资产、独立地位，以及根深蒂固的自由安全感。

米尔斯（C. Wright Mills，1916—1962）是美国著名批判社会学家。他早年求学于"进步党思想摇篮"威斯康星大学，广泛涉猎社会与政治理论，兼修史学和人类学，25 岁获博士学位。

20 世纪 50 年代初，米尔斯因《白领：美国的中产阶级》一书成名，从马里兰大学转至哥伦比亚大学社会学系任教，同时受聘于哥大应用研究所，专攻科层组织与权力结构。相继发表的著作有《品格与社会结构》《权力精英》《社会学的想象力》等。1962 年他在编撰历史文献《马克思主义者》时病逝纽约，年仅 46 岁。

米尔斯生前在美国的声望稍有折扣：一则因他思想激进，声援过古巴革命和新左派学生运动；二来由于他在理论上秉承法兰克福学派批判精神（该学派旅美期间曾以哥大社会学系为基础，培植了欧式左倾学风），率先冲破保守舆论，开启了政治权力社会学和新阶级研究的风尚。由此产生的反应，既有振奋和欢呼，亦不乏贬斥与疑惧。

这位有争议又像流星般倏忽陨落的学者，却得到英国及欧洲学术界的庄重推荐。牛津大学出版社抢先包揽了米尔斯主要作品的版权，不断以多种文本再版重印，并称作者是"当代美国文明最重要的批评家之一，极善于揭示美国社会冲突的本质"。

盛誉之下，美国人对这位已故的"新左派思想先驱"，也不免刮目相看。于是他生前鲜为人知的文论，被重新编订成书，如《社会学与实用主义》《权力、政治与人民》。米尔斯与人合编的《韦伯社会学文集》，也被追认为权威译本。如今的美国大学校园里，大凡攻读社会学和美国学的研究生，恐怕都不敢怠慢了米尔斯龛前的那炷香火。

米尔斯的身后荣耀，还透露出一些历史信息。众所周知，美国自诞生起便是世上最少等级观念、因袭特权的国度。而美国学者因天生缺乏固定阶级意识及相应的思想深刻性，更饱受欧洲人的揶揄教训。然而任凭旁人如何白眼，这些民族熔炉和思想搅拌器里炮制过的孺子，仍然习惯于改造旧大陆一应的社会界限和阶级区划，变森严对立为松散含混，以开放流动代替封闭切割。诸如杰弗逊的自由农夫和天然贵族思想，特纳关于移民同化、边疆安全阀门的解释，萨姆纳的社会达尔文主义，凡勃伦的有闲阶级论、"工程师苏维埃"说——它们多被当成是野狐参禅，或海外奇谈。

待第二次世界大战烟尘落定，废墟堆上的欧洲学究，方才收拢诲人之心，开始关注并裁判起美国后生的种种理论杂交试验。在此背景下当选的米尔斯，恰似一块翻转的记分牌，不仅标明美国社会学地位的上升，还暗示以美国为首的西方社会与阶级研究新动向，即从传统的两极分化、冲突模式，过渡到中间阶层职业分析，以及对官僚机构和新阶级的预测。

白领：新中产阶级崛起

依据欧美战后社会结构的显著变动，米尔斯推出的第一本轰动性著作，就是《白领》（1951）。该书宣告，一个新生中产阶级已然悄无声息地降临世界。它的人数倍增、职能广泛，无所不在地充盈着所有的现代机构：大公司、政府部门、军队、学校、文化传播、商业交通和各类服务行业。

据统计，1940年美国各种专业雇员总数已达1250万。其中增长最快的四种类别,分别是经理、推销员、技术专家、办公室助手。他们的共同点,是领取薪水、具备专业素养、依附庞大机构、专事非直接生产性的行政管理工作。白领(White Collar)乃其突出象征。

米尔斯认为"白领"是一崭新而特殊的社会学类型:他无固定私产,亦不对服务机构拥有财产支配权,难以资产者论。他靠知识谋生,领取比较稳定的年俸月薪(Salary)。与着蓝领工装、并按周日支取工钱(Wage)的体力劳动者相比,他自然又高出一个社会等级。

从上俯瞰,白领是微不足道的小人物;从下仰望,他们毕竟是普通劳动者艳羡追求的成功楷模。随着战后经济繁荣,科技发达,职业科层组织膨胀,白领的社会意义和影响力日趋突出。米尔斯预见:他们将逐步引导价值观念与生活方式变革,进而改造欧美社会的整体结构。

米尔斯将白领定义为"新中产阶级",意在区别于传统中产概念及相关激进阶级理论,为自己的判断确立文化、历史、心理的前提。

美国历史上,所谓中产阶级,原是泛指占人口多数的小农场主和小商人。他们在19世纪后期的农业资本主义化过程中,演变为经营加工、地产、运销和金融的乡镇企业家(Rural Entrepreneurs)。其政治影响和组织规模,在平民党和进步改革时期达到顶峰,以致当时的社会结构"像是由中产个人堆积而成的大沙堆"。

然而在米尔斯看来,传统中产道路已被垄断资本的发展堵死,自由农夫与小企业主的世界,也与自由市场经济体制一去不返。衔尾而来的,却并非绝对的分化:罗斯福新政居间调停、兜转危机,聚合起一个广泛中层联盟。战后白领迅速崛起,逐渐顶替了老中产阶级遗下的地位空缺。

但作为现代条件下再生的中产阶级,白领的社会成因、文化含义,早已超出以往不同观念的限定,只能以多元方法,对其阶级特征进行交叉论证(Cross-Classification)。他的解释纵横捭阖,倒也自成一说。

首先米尔斯依据马克思的异化思想,着重指出白领与传统文化的断裂关系:它是人类历史上彻底脱离自然生存条件并猛裂加以现代改造的现代人群。他们置身都市,囿于文牍与技术工作,生活机械单调,经历着人格与劳动的双重异化,实乃现代人不情愿而又缺少思想准备的先驱。

就其实际收入和生活水准而言，白领并不低于传统中产标准，甚至在物质享受上大大优先。失去的，却是他们一向引以自豪的私人资产、独立地位，以及根深蒂固的自由安全感。他们沦为附庸，受外力操纵，谨小慎微，痛感精神上的无根无援。从卡夫卡笔下变形为甲虫的小职员开始，直到阿瑟·米勒剧本中无法适应世态的老推销员之死，白领作为资本主义高度异化的典型产物，理应也势必得到现代社会学与人类学的单列检验。

其次，从职业结构角度观察，白领广泛密集地占领了大型官僚机构的绝大多数部门，越来越具有韦伯所强调的由其人数和专业技能合成的"不可或缺性"[1]。米尔斯对白领职业特性的重视，部分来自韦伯，即认为在"高资本主义"阶段，现代官僚体制及其正规化理性管理，终将取代市场调节功能和阶级争夺关系，形成一种理性权威之下、由官僚机器维持的合法统治秩序[2]。

在此历史大趋势下，私有财产便不再作为决定阶级地位的唯一因素，而将同职业、技能、权力、科层分布交相影响。既然历史演变已使多数人由有产转为无产，并进入新型雇佣事业结构，米尔斯认为，新阶级的划分也应注重"无资产者的内部区别与职能差异"。

正是在这层意义上，白领已初具阶级轮廓，即居于社会运转的控制部门，行使管理职能，在联结与协调上下层关系方面，具有无可替代的中介力量。尽管地位暧昧，性格分裂，他们仍在默默无闻中，建立自己的职业优势，发展起"小马基雅维里"式的权力观。

至于白领的政治倾向，米尔斯觉得他们处于复杂的职业分割下，较难获得明确的自我意识和团结感。文化断根造就了这批无信仰、无历史的非英雄。私有财产与地位的脱节，又促进了他们有关个人与社会关系的"虚假意识"。与以往阶级不同，新中产白领以没有统一方向和政治冷漠（Political Apathy）自成一类。

这些人从旧的社会组织、思想模式中游离出来，被抛入新的存在形式，

1　马克思曾在《资本论》中论证过工人阶级的不可缺少性及其组织优势。
2　参见 Max Weber, *The Theory of Social and Economic Organization, 1927*。

却找不到思想归宿，只能将就地"在失去意义的世界里不带信仰地生活"（韦伯语），即专注于技术完善、个人升迁、业余消遣，以此补偿精神懈怠与政治消极，犹如徘徊于美梦与梦魇之间的梦游人。

另外，白领们入世过晚，因而不能像工会那样拥有强大组织并自觉行动。同时他们又因面目过新、潜力莫测，尚未进入"历史招标"阶段。似乎命中注定，这个最先进入现代社会的阶级，还得浑浑噩噩地当一阵"政治后卫"。

权力精英与现代权力机构

米尔斯不仅是位富于想象的实用型社会学家，他还像巴尔扎克那样怀有覆盖整个社会的宏伟愿望。继劳工与白领考察之后，他又于1959年发表了《权力精英》，构成了自己关于美国现代社会结构研究的系列三部曲。

米尔斯的《权力精英》，是一本专门分析上层统治阶级的专著，作者却不愿直呼其名。理由是，"统治"本属政治学术语，"阶级"则出自经济范畴；二者联用，意指"由某一经济上占主导地位的阶级实行政治统治"。米尔斯嫌这概念简单过时、易招误解，因此他改用权力精英（Power Elite）一词，以突出体现现代权力机构及其主宰者的真实面目。

战后美国舆论和理论界，在国家统治问题上分成两派：其一是赞同派（Consensus School），他们颂扬民主传统、多元政治，相信美国没有单一的统治阶级，也不存在支配一切的统治集团。美国政治家庸庸碌碌、变更不断，以至于有学者称为"无定型政治"。另一派是新左派，他们惊呼权力高度集中、决策程序日趋神秘、少数人举手投足震撼世界，公众早已成为独断和阴谋者的玩偶，无法掌握自身的命运，只好在冥冥想象中，揣度那个高踞社会顶端的万能决策集团——它拥有的声望和财富无与伦比，它把持的权势和毁灭力量，足以使恺撒、拿破仑、希特勒望尘莫及。

兼顾了无为而治论、精英意志论双方的长处，米尔斯指出它们共有的局限：忽略中间环节，即把人与社会联结或阻断的官僚机构。目前，一座由政府、经济企业与军事系统组成的三角形金字塔，已成为美国国家权力的集结枢纽。正是它给予少数上层精英以莫大的权势影响，得以调节整个民族以至世界的活动。

要了解美国当代统治模式，就必须从权力精英及其仰赖的官僚体制入手，弄清它们的演变过程及其相互关系。米尔斯认为，美国权力机构的发展，素以缓慢渐变为主，少有沉疴宿疾般的定式。但其中的政治、经济与军事三大系统，各自发育顺序不同，其内部力量组合，也依时代要求而变。概括而言，这三大系统分别经历了如下五个阶段：

一、第一阶段是建国之初的天然贵族统治时期。所谓贵族，实为殖民地资深望重的乡绅。他们世代书香，长期经商、执法并署理地方事务。后领兵抗英，参与立宪治国，自然而然地凭借其稀有的学识、经验和高贵气质，成为魅力权威。这同欧洲世袭贵族统治有所不同。早期的美国政府简陋异常，少许领袖彼此易职，轮掌政治军事外交，无所谓固定分工。

从华盛顿到老亚当斯，国家事务皆由这一小群 O. W. 霍姆士称作"霸主"（Autocrats）的绅士政治家决断。1789年，约翰·杰伊开列的一份社交名单，便囊括了所有早期的美国权贵。

二、第二阶段即19世纪上半叶。由于杰克逊"地位革命"，平民政治家和民主势力冲破了元老政治格局，形成两党制下的多集团竞争和松散联盟。此时的联邦政府，作为各派势力角逐与谈判场所，仍无像样的经济与军事设施（国家银行与常备军几经废立争端，趋于消亡）。

以区域为基地的党派领袖，既已失掉以往的权威与决策习惯（1824年国会仲裁委员会撤除），又没有相应的官僚机器辅助，谁也控制不了全局。结果虽然发挥了民族生长活力、弘扬了民主气氛，却因政治离心力过强而危机四起，最终引发了南北分裂的大动乱。

三、第三阶段指内战至本世纪初，这是美国经济起飞阶段，也是垄断资本、百万富翁的黄金时代。自1886年议会改选并通过宪法第14修正案后，企业界作为社会发展的主导力量，大大加强了它在国家权力结构中的比重与影响。财产的高度集中，使得经济巨头有能力渗透或侵蚀政治领域，及其附属的军事机构（1903年建立了总参谋部）。

与暴发户相比，美国政界领袖处境尴尬，相形见绌。他们虽屡屡倡举改革，立法限制垄断，却难以摆脱对财阀的依赖。暴发的大亨们，纷纷挤入上层社会，组成纽约、费城、芝加哥等地的"都市四百家"名门望族。新老显贵逐渐合流，在新英格兰和东海岸建成了较集中的权势基地。其子弟后裔分享诸如私立中学、常青藤联校、专用俱乐部、名流沙龙等固定进身渠道，广结社交网与合作关系。这种财富、教育和人缘的结合，便是产生当代权力精英的渊薮。

四、第四阶段指罗斯福新政时期，特点是政治家重新掌握主动，大力营造国家机器，集中权力于联邦政府与总统行政班子，形成了全国范围内首次统一完整的现代决策网络。罗斯福"未发一枪便夺取了国家金融大权"，进而承担起监督经济生产、保障国民最低收入水准的职责。政府作为调节平衡各利益集团的杠杆和仲裁机关，一面将企业金融首领纳入行政管理系统，实行强制干预下的合作，一面又立法确定工会与基层民众的权益，扩大政治参与圈。

与此同时，美国军队的现代化改造也在马歇尔等人主持下起步，并随战争步伐的加快，迅速发展为大规模战争机器。经济危机与世界大战极大推动了美国权力中枢的健全强化。以集体行动和现代传播工具为特征的大众社会（Mass Society），也促使美国权力结构由中层竞争转向上层集中调节。

五、等到"二战"结束，美国已不可逆转地进入了所谓"国家决策""重大事件"的第五阶段。这个历来视野狭窄、秉性孤立的民族，一下子被历史巨手推入国际事务中心，扮演起世界领袖角色。为此，它不得不维持一个史无前例的庞大官僚体系——该体系已经四倍于战前规模，雇佣人员翻了两番，并支配着国民生产总值40%的使用。由于国家决策从内政大幅度转向军事外交，涉及巨额经济预算与国债，美国政府已变成政、军、经三足鼎立、相互渗透、荣损相关的权力中枢。

其中，米尔斯认为获益最大的是军事集团。它的权力象征是五角大楼及其控制下的军工系统。经济界在战后政府决策机关里的地位也明显巩固。损失最大的则是职业政治家：他们的传统职能严重削弱，日益被具有专业素养的政治将军（如艾森豪威尔）和经济管理专家所代替。

与高效集权、专家决策的现代官僚体系相适应，美国新一代权力精英的概念也有所变化。这帮人不再单纯依赖财富、声望或特殊生活方式,获得突出的社会地位——米尔斯称那种人是知名度高但不参与高层决策的名流(Celebrities),他们只是权力精英的外围——而主要通过对官僚机构的实际控制,进入权力中枢,并依据其专门经验、领导能力,聚集个人的财富与权势。因此,判断权力精英的首要条件,是他们在官僚体系中所处的战略位置、结构功能,其次是这批人对于决策过程所拥有的影响以及实现个人意志的能力。

作为各大企业、军事机构和政府部门的职业性首脑,权力精英并不固定地代表某个阶级或利益集团。他们更多地关注系统内部运转,或超出个人立场,为整体发言。对他们来说,个人的荣辱、权限和职业庇护,与机构的强大稳定紧密相关。他们的自我意识,也随机构的扩展相应延伸。这种心理和职责上的认同感,促使权力精英逐渐与官僚机构同化,他们的个性被罩上冰冷坚硬的制度外壳,并以非人的工具执行人的意志。

在官僚体系内部,处于要害位置的权力精英利益重叠,彼此协作,形成较为一致的团体意识。由于背景和学历相仿,同属于一个社交层次,精英们出于相互吸引和倾慕,易于理解或同情本集团的成员。又因为管理与决策程序交错渗透,牵涉广泛,他们需要一套配合联络机制,并通过互设顾问和联席交流来增强他们共同的统治能力。他们的派系争端和分歧一般也在圈内进行磋商调解。

大型官僚机构的制度化以及权力精英的产生,虽说是历史发展的必然趋势,标志着美国政治体制的发达完善,其中却藏有令人不安的弊端与矛盾。对此米尔斯采取了批判从严、防患未然的态度。他认为最主要的危险,是国家权力过于集中而缺少相应的约束。

三大权力机构效益高超、手段充足、组织严密,既支配着统一行政管理机器和毁灭性武力,又可利用标准化传播工具,施行舆论控制、心理统治。在其压迫改造下,家庭、教会、学校和社团日趋软弱涣散,丧失了原有维系作用。这种"上层集约,中层板结,下面几乎是空白"的权力结构,已经妨害了思想竞争、社会对话和民众监督,无疑是对美国民主传统的挑战,亟须提醒人们警惕。

另外，从美国权力精英自身来看，他们的权力观念甚强，精英意识太少。与欧洲权贵相比较，他们仅仅是"时代的天赐"或个人成功哲学的产物：这些人大多轻薄传统，欠缺文化修养，甚至没有固定的思想体系可言。更有甚者，他们多半属于经济、政治或军事部门培养的专家，因管理、财务和科技方面的特长，得以在新型机构中获得权威。虽然这个精英集团变更不断、充满活力，却依然是二流人物掌权，不足以综合决策、思想领导。

由于美国权力精英偏重功利和技术，很容易导致权力中枢的非道德化倾向、结构性腐败。对此，米尔斯告诫美国公众：他们头顶上的权力精英，尚未达到理想的德行与才智标准，也不是爱默森设想的那种能行动、善思考的代表人物（Representative Man）。这就难怪英国的蒙哥马利元帅提出建议，要美国加强对精英人才的全过程多面培训，以造就与其国力相当的政治领袖。

知识分子与新阶级理论

自从米尔斯有关白领和权力精英的理论问世以来，美国社会科学界兴起综合研究之风，紧追时代发展，不断推出有影响的研究成果。其中托马斯·戴伊主持的《谁掌管美国》大型规划，采用计算机储存分析约 7000 名权力精英的资料，从卡特时期续编至里根年代，堪称是米尔斯方法的制度化发展。

新阶级理论方面，也相继涌现出帕森斯的职业阶级概念（Professionalism），加尔布雷思的技术官僚统治说，舒尔兹的人力资本与智力投资论，贝尔对知识社会（Knowledge Society）的远景描绘，以及在此基础上综合而成的古德纳（Alvin W. Gouldner）名噪一时的专论：《知识分子的未来与新阶级的兴起》（1979）。

古德纳的新阶级论，距离米尔斯的"白领"命题不过三十年，其间却呈现一道鲜明的思想升腾轨迹，即美国学者业已越过白领阶段的政治冷漠与精神恍惚，日益从知识精英立场加强对当今权力结构的挑剔抨击，热衷于做那理想国里千年难醒的圣哲国王之梦。作为留学生，我自不便讥讽人家是野狐参禅——这里谨将古德纳教授的理论要点摘录如下，当它是一段休闲解闷的海外奇谈。

构成"知识分子新阶级"设想的支撑理论，主要有两项：文化资本说，语言集团说。

文化资本（或人力资本），是指知识、技术、思想和科学所代表的社会生产潜力。它与财产沟通互变，通过教育与工资制度转换为收入，遂成为知识分子的经济基础。马克思当年区分阶级，主要着眼于一群人在生产关系中所处的共同地位及其对生产资料和产品的掌握。古德纳则从"文化的政治经济学"角度提出：知识分子虽不像资本家那样占有物质财产，却控制支配着可以转化为资本的人类大部分知识与技术，进而运用专利、版权、文凭、专业许可等特殊方式，使之"文化资本化"。

在古德纳目中，依靠私有财产和商品经济统治社会的传统型资本家，不过是资本主义生产方式较原始的产物。随着私人占有形式的深化蔓延，以及现代社会对科技管理与统治合法性的要求提高，终将兴起一个在道德和才智上都更具优势的"文化资产阶级"，或"知识新阶级"。

语言集团一说，源自语言学家伯恩斯坦、乔姆斯基有关知识分子表达交流符号的研究。他们证明有一种可称为 CCD（Careful Critical Discourse）的语言与思维模式。这种模式注重怀疑批判，服从科学规则，能够在不受外界环境压制、主观情绪束缚的前提下，无所不至地探讨和追索真理，因而在日常工作和学术辩论中，发展出一套精致严谨的形而上密码体系，以此有别于其他"世俗"语言集团[1]。

古德纳声称 CCD 系统不仅是知识分子标准而理想的语言工具，而且作为他们分享的思想深层结构（Infrastructure），已成为新阶级的特殊标记、联系纽带。如此一来，知识阶级不但在数量上垄断了现代社会必不可少的文化资本，而且在质量上也具有不容混淆的精粹性。

西方思想史上，知识分子的原型可以追溯到古希腊，即柏拉图《理想

---

1 见巴塞尔·伯恩斯坦 1971 年版《阶级、密码与控制》。

国》里的"诗人"。从此就有所谓的"柏拉图情结"（Platonic Complex）世代相传，呼之欲出——可它总是像个漂泊不定的幽灵，在欧洲徘徊数百年，仍不具形体。

所谓"新阶级"概念的创始人，最早是巴枯宁，他以此表述无政府主义革命力量及其反传统决心。空想社会主义者圣西门，也曾设想未来社会将由一群才能等级最高的实业者（Industriels）实行合理统治。上述两人，因而被视为"新阶级"理论的古典大师。

1860年前后，俄国民粹党人最先使用"知识阶层"（Intelligenty）作为集团行动口号。紧随其后，法国作家罗曼·罗兰于1919年发表《知识分子独立宣言》，号召各国知识界联合反战。然而除去个别例外（如反法西斯、抗议越战），欧美知识分子在政治活动中，基本是个"隐形阶级"。他们虽然具有持续的革命性质，却一直因自身分裂异化，迟迟未获统一与自立。

尽管如此，古德纳相信：这只是阶级发育不可缺少的历史进程——资产阶级登台前，不也当过贵族的仆役和佣人吗？自文艺复兴起，知识分子作为资产阶级的伴生物与同路人，先是靠着商品经济摆脱教会和王室庇护，得以独自谋生，并在多国政治间隙中，争取学术思想自由。他们进而利用公共教育体系，建设半独立知识领地，一面通过发展科技文化，来要求相应的利益报酬，一面经由学校，培养具有超阶级、超地域意识的知识新人。

随着分工进步，知识分子内部生成了不同类别：人文学者（Intellectuals）注重精神、理想与社会责任，科技专家（Intelligentsia）则偏向务实、理念与技术改进[1]。

由于西方知识分子的文化成因，较其他阶级更为复杂。据爱德华·希尔斯《知识分子与权力》称，知识分子的思想结构，是由四项相互矛盾的因素合成：科技理性、浪漫倾向、平民主义、革命精神。为此，他们对待政治革命的态度，自然也显得混乱分歧。其中较激进的一翼，便以无产阶级先锋面目出现，尝试先进政党的组织与暴力革命。在古德纳看来，他们

---

[1] 丹尼尔·贝尔对知识分子采用了更加精细的四分法，即科学理论研究者、技术专家、管理人员、文化工作者。

是知识新阶级的思想先驱与助产士,反映了集体的现代化意向。其他成员则满足于传统制度下的既得利益和工作环境,或倾向于资本主义内部的批判改造。

20世纪以来的社会革命,虽未促成西方知识分子的统一,却大大有助于他们思想的成熟聚合。韦伯率先预言:革命运动的结果,不一定是工人专政,而主要是"官僚的进军"。奥威尔指出:管理革命反映出知识分子的"秘密心声":既然俄国实验不尽人意,那就寄厚望于美国人的运气。

而在古德纳看来,美国知识分子尽管有最好的机遇,却未及时作出理论归纳。他批评帕森斯的职业阶级概念,说它过于妥协恋旧[1];他又嫌乔姆斯基的《知识分子与国家》对新阶级的道德要求超出历史条件[2]。究其根源,古德纳认为这些议论恰恰反映了现代知识分子迫于现实又受柏拉图情结驱动的矛盾心态。

古德纳最后重申他的新黑格尔主义立场,即视知识系统、知识分子为改变社会、摆脱异化和阶级偏见的主要动力。他不否认知识分子仍有深刻的思想与结构缺陷(诸如自我优越、特权观念、道德模糊),同时,他也强调:知识分子(无论在东方或西方)正因其实力地位和讨价能力的增强,而日趋自治自省,终有可能成为一种世界性的新型阶级,并以其强大文化释谜能力、广泛社会责任感,为人类历史打出最有希望的一张王牌。

古德纳教授的书,并未忘记提到中国未来的"历史选择"。对此我不敢妄作评语——只觉得西方人的柏拉图情结与自身秉性难合。也许是中国知识分子受"孙悟空情结"影响过久,除了在梦中回花果山当一会儿齐天大圣,平时总是清心寡欲,专心扶助师父与众徒僧往西天赶路。或许功成之后也能受封成正果,可那毕竟是远不可及的事。

(C. Wright Mills, *White Collar: the American Middle Class*, 1951; *Power Elite*, 1956; Alvin W. Gouldner, *Future of Intellectuals and the Rise of the New Class*, 1971)

---

1 帕氏认为新阶级只能在现有社会经济结构中,与传统资产阶级混合过渡,并以其专业优势和集体意识,协助后者克服合法统治危机,因而驯良无害。
2 乔氏指知识精英追求权势而又软弱狡诈,继承了老统治阶级的诸多陋习。

耶鲁批评家及其学术天地

我去哈佛读书时,正逢耶鲁批评家再度兴起,风靡欧美大陆。这是韦勒克之后迅速崛起的又一批理论怪杰。

耶鲁与哈佛,乃是几百年的冤家对头。大凡了解美国学术史的人,都这么说。起因是宗教歧义与教派矛盾,后来演变为学术竞争,以至于有关正统地位的角逐。

耶鲁筹建于 1701 年,本意是要同哈佛的清教正宗分庭抗礼,却因财力师资不逮,难产 16 年之久。多亏有位哈佛校董考顿·马瑟[1],他以亲任耶鲁校长为条件,将那可怜的婴儿强施了洗礼,胡乱养大[2]。

客观地讲,耶鲁要比哈佛年轻 60 余岁,又兼有教子身份,这个长幼尊卑的关系是明摆着的。不料耶鲁成年后毫不谦让,大有中国人斥为犯上的忤逆心理。美国史家别有见地,指这两校的逐渐离异,充分反映了清教文化最初的机构裂变。而这种由一统主宰转向多头鼎立的权威崩解过程(Denominationalism),实乃从宗教波及政治、经济、文化的美国民主化定式。

民主竞争的历史久了,就生成一套独特的规则与传统。其中最富象征

---

[1] Cotton Mather,波士顿主教,北美殖民地编年史家。
[2] 见埃德温·奥维阿特《耶鲁的开端》。

意味的仪式，便是两校之间的橄榄球赛。头一回亲眼看到那种男女学生倾校出动、高龄师长随超短裙拉拉队雀跃呐喊的情景，着实令我吃惊不小。直到客队败北（1984年记录），几千人挥舞哈佛红幡、倒拖耶鲁蓝白校旗绕城游行——我始有悟于美国扬基式的竞争精神。

据说两校例赛，原本遵守的是英国绅士的文雅踢法。不料很快就玩出了美国人打群架的新花样。当时的总统西奥多·罗斯福（哈佛拳击队宿将）十分欣赏这种激烈对抗，即所有上场的队员，人人戴头盔，个个披肩甲，还要精选校花，在一旁跳跃舞蹈，呐喊助阵。经过这样一闹腾，美式足球才逐步发展成美国校园文化的新教弥撒[1]。

学术赛场上，两强争雄的传统也保留下来，而且日益现代化了。以文学为例，耶鲁自"二战"后，便成为新批评与形式主义文论中心，先后麇集了沃伦（R. P. Warren）、布鲁克斯（Cleanth Brooks）、W. K. 维姆萨特（William K. Wimsatt）、韦勒克（René Wellek）等名教授。1961年，韦勒克当选国际比较文学协会主席，他那套八卷本《现代批评史》的庞大工程，也成了耶鲁学术史上的殊荣。相形见绌的是：哈佛比较文学系大牌教授、"活着的莎士比亚"哈利·勒文（Harry Levin），只不过是该会一个副主席兼美国分会主席。

我去哈佛读书时，正逢耶鲁批评家（Yale Critics）再度兴起，风靡欧美大陆。这是韦勒克之后迅速崛起的又一批理论怪杰。他们分别是米勒（J. Hillis Miller）、德曼（Paul de Man）、哈特曼（Geoffrey Hartman）、布鲁姆（Harold Bloom）。这个所谓的"耶鲁四人帮"，由于深受法国后结构主义影响，大肆标榜解构理论（Deconstruction）与"回归式批评"，一度被世人称作"后现代主义的带头羊"、劫持美国学术航班的"哲学恐怖分子"。

当时我连什么是结构主义（Structuralism）都闹不清，猛然一下子又吞进这些个反胃药，简直头晕目眩、昏天黑地。免不了像个初进城的乡下孩子，一有机会就向老师傻问。有时听高班同学阴阳怪气地谈论 Ecole de

---

[1] 参见 M. A. 比尔《哈佛足球史》。

Yale[1]，我亦不辨其中暗含的嘲讽之意。后见一耶鲁大教授来哈佛讲演，满场听众举止如仪，竟无一人起立提问。[2] 个中利害，岂知不足以导致小学徒被革出教门？

从此按捺住好奇，缓缓依照林语堂先生的留学经，去接受所谓的"熏陶"，即不必死抠书本——要紧的是融进书香、烛光、金像，以及教授的烟斗云雾中去。几年下来，似乎对"耶鲁四人帮"的那一派玄学有了些体验，也暗中比较了它同其他学派的异同长短。这篇札记从主观印象着手，以体育记者的手法，摘要报道些花絮，不知各方专家将如何裁判。我的本意，是让自家观众在国际比赛的喝彩喧哗声中，多得些世故与兴味。

赛场风云之一：新批评 VS 社会历史批评

介绍耶鲁批评家的后结构主义，不得不追根溯源，从新批评与社会历史批评之争讲起。

美国文论的现代分界线是 20 世纪 30 年代。那时节天下大乱，造反的左翼文学运动，首先拿中庸陈腐的新人文主义（New Humanism）文学教规（以哈佛英文系教授白璧德、摩尔为代表）祭刀盟誓，继而公开批判王尔德、艾略特逃避现实的唯心史观，全盘清理美国文学及其价值标准。

这场轰轰烈烈的学术革命持续了二十年之久，深刻改造了美国文学批评的内容与方法，培育起一整代具有民族自觉感与批判精神的现代学者。当时左翼占据国内文化中心，盛行于东部和北方的社会历史批评（Social-Historical Criticism），拥有三大基地，分别是芝加哥大学（以芝加哥社会学派、芝加哥左翼作家群为基础）、纽约哥伦比亚大学（纽约文人的根据地）和哈佛大学。

哈佛对待革命与传统，素有兼容衔接的奇妙能力。约翰·里德（John Reed，美共创始人）象征着它在政治上的激进锋芒。帕灵顿（V. L. Parrington）

---

1 法文"耶鲁学派"。
2 在素称国际讲坛的哈佛，如此礼遇大约是最伤人的。

与麦迪尔逊（V. L. Matthiesen）等民族文化派学者，则全力以赴承担起学术传统的更新改造。他们气宇轩昂的全景研究，诸如《伟大的传统》《美国文学复兴》等，率先考察美国文学的社会历史背景，竭力发掘民族传统、进步规律，成为社会历史批评和现代美国文论的奠基作品。

作为左翼运动影响下的学术产物，这批哈佛学者的论著，由粗放式概括（如帕灵顿、希克斯带有经济决定论和机械倾向），逐渐达至文学与思想研究的精致和谐（布鲁克斯与麦迪尔逊至今仍列为大师级楷模）。在麦迪尔逊等人推动下，哈佛改变了原有英文系的单一配置，添设比较文学、美国文明史两科新学，倡举文史哲综合治理下的"美国研究"。"二战"后，由麦迪尔逊、米勒、勒文——这三位教授合称哈佛文科三巨头——领导下的美国文学史、文化思想史、比较文论齐头并进，牢牢保持了哈佛的传统中心地位。

对于夹在哈佛、哥大之间的耶鲁来说，它既无力在现代文学评论和社会舆论方面，同实力雄厚的纽约文人较量，又痛失于大乱中掌握美国文学史领先权的机会。然而它拥有历史悠久的《耶鲁文学杂志》以及语言学、文字学研究的基础。40年代末，格雷斯渥德校长决意加强人文学科，相继延请南方新批评干将沃伦、布鲁克斯入主英文系和比较文学系，努力发扬形式主义文论优势，要同社会历史批评决一雌雄。

耶鲁转向新批评的决策，后来证明是极有历史远见的。所谓"新批评"原指兰色姆（J. C. Ransom）、泰特（Allen Tate）为首的一群南方文论家。他们早年在田纳西州范得比尔特大学结社谈诗，号称逃亡者集团（The Fugitives）。

30年代初，他们感伤怀旧的田园牧歌，开始同北方左翼文化阵营发生冲撞，曾经集体发布过一部题名《我表明立场》的"反动宣言"。[1]

该宣言严厉谴责"北方工业区的激进教条"，对于文明秩序和诗人情感的亵渎。在得到艾略特发自伦敦的声援后，兰色姆与泰特分头创办《肯庸评论》《西瓦尼评论》，发展艾略特与瑞恰慈（I. A. Richards）现代诗论所开

---

[1] 参见 J. C. Ransom et., *I'll Take My Stand: The South And the Agrarian Tradition*。

创的文学本体论（Poetic Ontology）研究，从此同左翼形成南北对峙的局面。

从政治角度看，新批评食古不化的农业主义（Agrarianism）立场，实在是逆流而动、不合时宜，至今有专家称其为"时代胁迫下登场的唐吉诃德"。然而这些远离尘嚣的"逃亡贵族"，孜孜不倦地探索文学内部的秘密，倒也开拓出大片学术荒地。而他们与左翼相敌对、相抵牾的批判眼光，也有助于揭示社会历史批评的严重局限：

由于强调文学的社会功用、人为价值判断，社会历史批评家一般视文学作品为现实的直接模仿或简单反映。但在倾力调查作品背景、作者传记时，他们往往忽略了"文学之所以成为文学"的内在逻辑、语言技巧，结果"使身为特殊评判对象的诗趋于消亡"。

反其道行之，新批评主张放弃作家，将目光投向作品本身，而且要斩断导致人们"意向迷误"和"感受迷误"的一应外在评判准绳，专门从事文体细读，深入开展构成"文学本质"的文本分解、修辞考辨。

作为修正社会历史批评的重要学派，新批评理应循序渐进，稳步引导文学观念的变革。可是历史爱同它开玩笑，不是压迫它太甚，就是抬举它上天。战后左翼运动退潮，社会历史批评失掉了政治运动依托，声势急转直下。

新批评一俟遇到政治不再当饭吃的时代转机，它鼓吹的纯文学理论便成为人们争相果腹的救灾粮。原先的南方一隅之说迅速北上，进占东部学术重镇耶鲁和普林斯顿（泰特和布莱克默应聘后者）。哥大纽约文人则采取绥靖政策，在"二战"后同新批评达成政治妥协，建立起一个《党派评论》和《肯庸评论》轴心，以便在美国学术思想领域，实行自由派的联合统治。

于是乎，自柏拉图和亚里士多德以来，有关"诗与历史"的高低之争，又一次被推向了极端。50年代，新批评"以诗的审美意识，去平衡历史与科学"的初衷，终于被世人接受。他们接过马拉美的名言，"诗不是用思想，而是用语言塑成"，却陷于一种对文体的盲目崇拜，从中生出"艺术必须以某种主体覆盖世界"的霸权观念，将自己推入绝对化困境。[1]

左翼批评难道就此一败涂地、烟消云散了吗？这是个极易迷惑中国学

---

[1] 见兰色姆《世界的主体》。

者的问题。撇开大起大落的政治风云，我以为双方实际打成平局，并产生学术思想上的化合反应。

"二战"后，美国学术界的非意识形态化趋势，并未根除社会历史批评的深厚影响。相反，它卸去了坚硬的政治铠甲，扩变成一种开放吸收型的批评体系，集马克思、弗洛伊德、韦伯、萨特、克罗齐[1]、奥尔巴赫[2]等人理论于一身，进而作为批评实践中广泛依赖的基础学术方法，欣欣向荣、绵延至今。

50年代的威尔逊（Edmund Wilson）、肯尼斯·柏克（Kenneth Burke），正是它改造更新的典范。60年代的卡赞（Alfred Kazan）、考利（Malcolm Cowley）、欧文·豪（Irving Howe）等人，继续丰富发展这一传统，显示它在挖掘文学潜在思想方面所具有的多重卓越功能。其中柏克的理论贡献尤为突出：他将政治学说、心理分析和象征主义汇拢成庞大体系的努力，虽不尽成功，毕竟反映出社会历史批评的多元化、现代化发展趋势。

新批评自身的消解则快得惊人。它气势汹汹地北伐，首先遭到芝加哥大学"新亚里士多德派"的顽强抗击，论战多年而胜负难决。继而内讧四起（布莱克默、克里格等人倒向多元论），怨声载道（艾略特撤回援助，耶鲁《文论简史》激起批评界强烈不满）。

哈佛处变不惊，姿态十分有趣：它一面邀请英国新批评宗师瑞恰慈（I. A. Richards）、俄裔布拉格语言学派首领雅各布森（Roman Jakobson）来校执教十余年，仰仗大佛镇守神器，一面又加强科际整合，做持久战准备。

赛场风云之二：结构主义前后

新批评之后的混乱时代，既蕴含着一场"文学科学"革命[3]，又促成各学科交叉渗透、批评理论纵横派生的多神教统治（有一千个批评家，便有一千个莎士比亚）。

韦勒克后来回顾说：参与颠覆新批评统治的各路人马中，"最成功的取

---

[1] Bendetto Croce，意大利文艺批评家。
[2] Erich Auerbach，德国犹太裔文字学家。
[3] 即文论日益脱离批评实践、自成体统，这就好比"伊甸园中的蛇，爬上了亚当的头顶"。

代者"，便有神话原形批评、结构主义批评、现象学批评、存在主义批评等不下半打的纷杂流派。[1]

假如我们把新批评与社会历史批评的对抗看作一场大学足球赛，那么，在这之后的美国文论发展，似可比喻为一场越野赛跑：两派为夺得领先权而竞相出奇制胜、不断超越传统跑道——结果却发现整个比赛像一轮大循环，终点线上仍然悬挂着起跑的旧标，"是历史还是文学？"

首先从新批评那里抢走接力棒的是神话原型批评。50 年代末，加拿大学者弗莱《批评的解剖》(Northrop Frye, *Anatomy of Criticism: Four Essays*) 和法国学者列维-斯特劳斯的《结构人类学》(Levi-Strauss, *Structural Anthropology*)，双双轰动美国学术界。

借助原始思维与神话仪式研究，欧美批评家们突然发现：文学乃是一种"神话的移位"，诸神构成了文学原型。而原始部落的各种祷神仪式，居然暗含着叙事语法与文学体裁的潜在演变规律！这一路将古老文学经典置于西方文明系统之内的宏观整体研究，一举打破了新批评囿于文体诠释的狭窄视界，推动了小说理论、童话形态、文本原型分析等方面的重要进展。

继之而起的，还有存在主义、结构主义批评。50 年代末，萨特的存在主义理论捷足先登，对美国知识界产生了弥漫性影响（此一激进理论，与改造中的社会历史批评一拍即合）。60 年代末，垮掉文学、嬉皮士、反文化一哄而起，闹过了头，引起文学理论家们的疑惧不安。结构主义思潮乘虚而入、后来居上，从几个方向竞相入主高校科研中心：其一，帕森斯的结构功能理论，由社会学波及人文学科，开创了方法论变革的"帕森斯时代"；其二，索绪尔 (Ferdinand de Saussure) 的音位学、符号学理论，随着结构人类学的流行（实际上，列维-斯特劳斯是受索绪尔的启发），从语言结构研究角度，大举渗入美国文论，建立起文学和语言学之间的联结点，进而为破译文化结构的"无意识基础"，提供了先进的科学手段；其三，出

---

[1] 参见 René Wellek, *A History of Modern Criticism: 1750–1950, English Criticism, 1900–1950*, Yale University Press, 1986。

于历史误会，美国人无意中卷入他们法国理论亲戚的家庭纠纷，促使反萨特哲学的巴黎结构主义，在美国升级为一种学术时髦。

萨特与梅洛－庞蒂（Maurice Merleau-Ponty）之后，从左翼愤怒青年分化出来的学院才子，厌倦了长辈的人道与历史主义说教。他们要求抛弃浪漫批判传统，改以科学立场及先进方法，最大限度地消除主观因素，将人为存在的世界，描述成秩序与结构高于一切的"音乐总谱或符号阵列"。

受其鼓舞，美国中青年学者普遍转向假设演绎、结构分析、共时研究，期望这些方法也能对文学批评起到"核子物理学对精密科学所产生的革命作用"（列维－斯特劳斯语）。犹如保守人士讽刺的那样：一时间"所有社会和文化现象，所有形式可变的事物，顿时都有了自己的一套结构"。

不曾料及，这股结构热在1968年巴黎5月风暴之后迅速降温。法兰西学院的结构主义明星（拉康、福柯、巴特、德里达等），因无力动摇资本主义制度结构，被迫转向后结构主义的冷漠虚无与思想解构。这个弯未免转得太急，美国人正忙着高屋建瓴，突然发现别人已开始"自毁巢穴"——因此落伍者甚多，左右派学者全都气急败坏，大骂法国人带来了一场瘟疫。

韦勒克之后的耶鲁批评家，从这场大动乱中脱颖而出，主要得助于法国后结构主义。他们倒也并非先知先觉，只不过善于利用时势病急乱投医罢了。60年代，耶鲁的这四位文学教授（米勒、德曼、哈特曼、布鲁姆），目睹维姆萨特（William K. Wimsatt）孤军奋战，捍卫新批评最后的防线，早已离心离德，分别投向存在主义、现象学、意识批评等常规文论，并公开反对形式主义研究。

1970年，法国批评家巴特（Roland Barthe）的名著《S/Z》，首先向结构主义文论发难，嘲笑这种"从一粒蚕豆里见出世界、经单一结构概括普天下作品的工作实在令人生厌"。1974年德里达的《论文字学》（Jacques Derrida, *Of Grammatology*），又正式批判"逻各斯中心论"，挑战索绪尔的共时性语言分析法，强调文字互文性与符号游动特征，从而为否定作品恒定结构及其终极意义提供了破坏性强大的工具。

由于德里达对耶鲁频繁的造访，也由于米勒、德曼等人在法文和比较文论方面的专长，可能还出于他们对形式结构的共同反感，耶鲁批评家在70年代后期逐渐向着解构理论靠拢，决意以一个学术集团的名义，出面拯救美国文论的思想与机构危机。

当时美国文学批评正处在"机器人宰割莎士比亚"的阴冷时期。一整代经过科学辐射的年轻学者，一面走投无路、深感窒息，一面又舍不得丢弃业已习惯成自然的学术方法。耶鲁批评传统本能地感到，重建反结构主义体系，可能会毁了整个批评传统[1]——但又不得不打破从新批评到结构主义所不断加固的语言囚笼。

较为明智的做法，是以黑格尔式的哲学否定，来保留现代批评的科学尊严与批判活力，即在以往形成的结构研究基础上，以形式分析的专门术语与工具，去瓦解传统的作家与文本权威，努力揭示符号的差异本质、语言的含混歧义，以便把细致入微的文学研究，变成一种无休止的逆向消解运动，变成一种不重目的、但求循环过程的魔术表演。

这种无拘束又充满享乐情趣的游戏，兼有一大堆重要意义。

首先，它能以震慑人心的技巧，吸引大批热切的学术模仿者（尤其是计算机一代与女权批评家），活跃学术气氛。就像巴特炫耀的那样，作品可以当葱头，层层剥露出"数不清的包膜"。或者一如米勒所说，一旦掌握解构方法，即能有效"破坏西方形而上学机制"，展现一个拆卸父亲手表的"坏儿子的才能"。

其次，它为新进学者提供了砸偶像、立异说的宝贵机遇。德里达打开了逻各斯中心之锁。巴特则宣告"作家—上帝"已死、文本崇拜过时。德曼彻底驳斥了新批评寻求诗的有机形式的幻想[2]。布鲁姆则声称：自莎士比亚以来的文学史，整个就是"一幅误读图"。

在这学术机构密如蛛网、竞争白热化的时代，有谁能发明比这更高超的谋生之道、更堂皇的革命口号呢？

解构批评最后、也是最关键的意义，在于它空前突出地体现了当代文

---

1 且不论福柯、拉康如何告诫他们，要坚持反对任何意义上的整体论哲学体系。
2 见其《美国新批评的形式与意图》。

论的神圣与玄妙,以及伟大批评家驱赶或呼唤伟大诗人的权力意志。的确,他们对虚无之后的价值追求本身,早已远远"超越了形式主义"(哈特曼语),进入高度发达的语言哲学与认识论阶段。

他们所拥有的"批评的批评的批评"武器,足以让一切作品无地自容、脆弱不堪、虚伪到透明。然而奇怪得很,他们近年来的热门著作,偏又每每回到诸如"什么是文学?文学史何用?"这样根本性问题上来。有冷静的旁观者锐利指出:耶鲁批评家至今最头痛的事情,是"从语言学一端奋勇掘进的隧道,尚难找到历史哲学的出口"。[1]

从巴特《是文学还是历史》,到哈特曼《超越形式主义》、德曼《文学史与现代性》,乃至布鲁姆有关"文学史悖论"的单向探讨,至今已耗费了十多年时间。然而,从尼采手里移交下来的著名难题:"历史反思与艺术创造"二律背反关系,却依然紧张如故。有关艺术价值(超历史)与批评标准(短暂性)、方法论上的共时态与历时态、文学特质与史学归纳等问题,反而变得日益尖锐醒目。

耶鲁批评家中思路最宽的布鲁姆教授,靠着接受美学的提示,朝着历史意识迈进一大步,提出所谓"对比批判"观点,认为"真正诗的历史,是作为诗人心中的诗人如何去容忍其他诗人的故事"。可惜他的这一进步,同伽达默尔、尧斯、费希等人的阐释学最新理论相比,已经不再具有领先意义。

我离开哈佛回国前风闻两桩大事。一是耶鲁批评家之首米勒教授,荣任了美国现代语言协会主席(布鲁姆后对报界宣称:耶鲁英文系堪称美国当代文论的圣地麦加)。二是哈佛教授勃克维奇(Sacvan Bercovitch),受命主编五卷本新剑桥美国文学史。与此同时,新历史主义(New Historicism)的呼声渐高——人们重新谈论起历史、思想、意识形态等久已淡忘的批评语汇,会不会再发生激动人心的理论突破或方向转变呢?哈佛教授爱用玩笑打发认真的问题:一位先生说解构(Deconstruction)批评颇招人喜爱,要改也只需变动一个字母,曰重建(Reconstruction)。另一位先生十分关心韦

---

[1] 参见 Johnathan Arac ed., *The Yale Critics: Deconstruction in America*, University of Minnesota Press, 1983。

勒克教授的《现代批评史》最后一卷（当代部分），因为耶鲁若不能及时拿出令人满意的批评史评价，哈佛的美国文学史就要重掌生杀之权了。

（Johnathan Arac et. ed., *The Yale Critics: Deconstruction in America*, University of Minnesota Press, 1983）

法兰克福学派旅美文化批评

> 以往那些人们如得不到便会导致抗议的生存需求,如今已经趋于基本满足。古典式工资奴役所造成的活生生的阶级对抗,也随之化为一种"舒适体面、悦目赏心的新剥削关系"。

马克思生前非常关心美国。除了评论南北战争,预言美国经济大发展,为《纽约每日论坛报》撰稿达十年之久,他还在 1850 年前后,认真考虑过移居那个"最现代的资本主义社会",亲身考察并验证自己在《路易·波拿巴的雾月十八日》中提出的著名设想:那个国度里"朝气蓬勃而又狂热的物质生产运动,必然将造就一个它自己特有的新世界"。

马克思未能成行及未留下系统专论,这对众多敬重他的美国学者来说,委实是一桩历史大憾。而在他之后相继旅美并写出经典论著的德国思想家里,像韦伯和桑巴特[1]这样的一流大师,偏又无意在这思想空气稀薄的国家定居。直到本世纪 30 年代希特勒排犹反智,才鬼使神差地给美国人送来了他们以往可望而不可即的大批欧洲思想精英,以及伴随而来的真正有深度和广度的现代美国文明研究。

---

[1] 分别见 Max Weber, *The Protestant Ethic and the Spirit of Capitalism*; Werner Sombart, *Why is there No Socialism in the United States*?

这场改变欧美学术格局的"伟大知识移民浪潮"非但让美国人一朝拥有了爱因斯坦、费米这样的科学家与原子弹，更重要的是教会这个年轻强壮的巨人民族，均衡有效地使用它的左右两半大脑，了解和正视自己成长中的衰败、财富中的贫困、力量中的虚弱[1]。

移民中堪称是马克思隔代弟子的，是一群来自法兰克福大学社会研究所的著名学者。其中如霍克海默、阿多诺、洛文塔尔、拉扎菲尔德、马尔库塞等人，因其犹太血统（至少在党卫军眼里，他们全是雅利安人该清除的对象）及其对马克思学说的继承关系，被迫流亡美国纽约。

1936年，在哥伦比亚大学巴特勒校长的庇护下，他们重建起一个享誉美国的社会研究所，该所后被人们用来对比爱因斯坦、奥本海默主持的普林斯顿大学高等科学研究院。

作为遭受纳粹迫害的难民学者，法兰克福学派从德国美茵河畔出发，经日内瓦、巴黎一路奔命，好容易在美国觅得最后一块落脚之地。惊魂甫定、书案斜支之际，最紧迫而切身的课题，自然选中了法西斯极权研究。

以此为基点，他们进而展开了针对"美国与全人类物质与精神文化"的综合反省。法兰克福学派的学院式研究，虽含偏颇与悲观色彩，可它毕竟打破了美国学术专门化所造成的软弱局面，给战后发达资本主义研究提供了强大刺激性动力。故此，有论者声称：他们实质上做了一些马克思、列宁未竟的批判工作。

设想马克思活到第二次世界大战，目睹人间空前惨祸，孰知他老人家不会在弟子簇拥下出走美国，埋头著书，直到"把国会图书馆的地毯，踩出又一条足迹磨光的小路"？[2]

霍克海默与阿多诺：《启蒙辩证法》

从1936年至大战结束，法兰克福学派旅美集团主要的研究成果集中于

---

[1] 参阅 Donald Fleming & Bernard Bailyn, *The Intellectual Migration: Europe and America, 1930-1960*, Harvard University. Press, 1969。

[2] 见《新左派评论》编《西方马克思主义》, 1977。

《启蒙辩证法》《权威人格》这两部论文集里。当时他们离乡背井，深受美国文化刺激。因此，多数人坚持以德文写作发表，这未免大大拘束了自己。

据阿多诺回忆，他最初看到纽约人不听音乐会却酷爱好莱坞大众电影、百老汇歌舞闹剧，不由得痛感美国工业文明丰裕外表下的"野蛮俗鄙"，更担心自己所受的古典教养、日耳曼思辨习惯，是否会就此"断根绝迹"。[1]

研究所所长霍克海默为大局计，则要求部属加强对上层建筑与精神文化现象的研究，以弥补恩格斯晚年承认的局限："我们起初都把重点放在作为基础的经济事实上，从中探索政治、法权等思想观念以及受其制约的行动。当时的做法是必要的，但我们这样做时，却为内容忽略了形式，即这些观念是以何种方式形态产生的。"[2]

《社会研究学刊》1937年6卷2期刊载了一篇名为《传统理论与批判理论》的纲领性论文。霍克海默在其中进一步明确学派的研究方向，即以人道主义为认识论基础，以独立思维、多向批判为原则。一面克服传统社会哲学强调科学性而忽略变化、价值分离的特征，一面努力匡正马克思主义，并恢复其"批判本质"。

以此为指导，霍克海默与阿多诺1944年以德文出版的《启蒙辩证法》[3]，便率先审查自工业革命以降、西方思想史上的灾祸内因与自我逆变。其中一篇《文化工业：作为大众欺骗的启蒙》最受美国学专家重视，后被举为研究当代大众文化（Mass Culture）的开山之作。

该书问世时，爱因斯坦正遭受由广义相对论向统一场论推进的痛苦挫折。直至1955年去世前，这位科学魁首才无奈地宣告：他以极简方程建立包罗万象整体论的探索，业已光荣地失败了。当时西方文学界的精神领袖T. S. 艾略特，也夹熬于荒原意识与传统眷念之间，并在伦敦空袭警报声中，记下他有关西方文明前景的执拗看法[4]。作为社会科学权威的法兰克福学派，此刻会发布何种现代启示录呢？——仅此一念，就足以让整个美国思

---

[1] 见 D. 弗莱明编《欧美知识移民》，1969。
[2] 恩格斯致梅林的信，《马恩通信集》，459 页。
[3] 下引 1969 年纽约 Continuum 英文版，*Dialectic of Enlightenment*。
[4] 见其《有关文化定义的札记》，*Notes Toward a Definition of Culture*, 1948。

想界屏息敛声了。

《启蒙辩证法》限定的主题，是对18世纪欧洲启蒙运动以来的哲学传统施行再检验，并考察一个"天启式"的悖论："启蒙总是致力于将人们从恐惧中拯救出来并建立他们自己的权威，然而经过启蒙的地球，无处不散发着得意扬扬的灾难。"就是说，要看清楚人类追求进步自由的理想，何以变成一场现代噩梦？

以法国百科全书派、英国实证主义哲学为发端，霍克海默与阿多诺提出有关两种启蒙精神的比较：其一是致力于改变人类被奴役状态的人文理性，其二是用以度量、驯服自然的工具理性。

早期资产阶级启蒙思想家同时要求天赋人权与科学进步。在他们那里，自由、理性、社会公正与自然秩序和谐一致，基本上是一码事。然而工业文明的发展打破了这种和谐统一。自由主义短暂的、相对平衡的统治，不得不让位给一种以科技理性为主导的发展模式——它以定量定性、数学化、标准化、操作主义、整体控制的"科学态度"，判断、衡量并榨取一切，扬言它能以精确有效的手段研究并处理人类一应事务，从个人生活、社会福利，直到国际争端、种族优化。

这种"启蒙意识形态"不顾一切地推进，"将其遇到的每一种精神都转化为自身的力量"。当它在资本主义经济与科技发展过程中赢得压倒性的统治地位后，就造成了这样一种社会制度：在其中"技术统治及操纵它的社会群体，能以极大的优势去管理人口的其他部分"。

至此，作者对弗兰肯斯坦博士[1]的分析，令人觉得他们并未远离从罗斯金、卡莱尔那里延绵下来的对资本主义非人化倾向进行浪漫批判的传统。这一传统到了艾略特那里，仍表现为一种现代保守文化观，即认为整个西方文明正以资产阶级价值观为楷模，实现自己世俗而功利至上的"资产阶级化"（Embourgeoisement）。在此问题上，法兰克福学派是否如一些论者所说，对人类进步持"前资本主义文化怀旧病者"的落后立场？[2]

---

[1] Dr. Frankenstein，玛丽·雪莱科幻小说中的人物。

[2] 见 Fredric Jameson, *Marxism and Form*, Princeton University Press, 1971。

怀旧情绪确实存在，立场却相应现代化、复杂化了，甚至影响到当今最先锋派的欧美思想家，例如阿尔都塞、拉康、福柯、德里达。原因是：首先这两位作者并不反对经济与科技发展，也承认它们为建立一个更公正自由的社会创造了宽阔远景。他们所极力争辩并要引起人们警觉的，是这种启蒙精神内在的蒙骗与危险性质，即"人能将他从自然中学到的东西，用来完全控制自然及其他人"；或在启蒙过程中"将人的灵魂从愚昧中解脱出来，却置于新的奴役之下"。

其次，依照对德国法西斯暴政的亲身历险（这历险是以往西方哲人所有乌托邦或反乌托邦想象都未曾达及的），作者在现代背景下延伸马克思的异化理论，从古至今地剖析工具理性的辩证发展规律，并从中诱发一项当代尖端研究课题：知识与权力整合说。这亦是浪漫批判家功力不到的地方。

据作者考证，古希腊神话中俄底修斯驾船回国，途经塞壬女妖（Sirens）居住的海岛。因担心水手受女妖歌声的诱惑，他便以蜜蜡塞住所有部众的耳朵，并把自己用铁镣锁在船桅上——这正是工具理性最原始本能的蒙骗范例。

随着人类对自然的征服、对机械技能日趋完善的掌握，导致社会将一切归结为数量、功利的概念。人们开始以此摒除不能照章计算的思想，并将整个知识文化系统简缩至一个共同尺度的倾向。这样，启蒙由于其自身逻辑而走向它的反面，即不断以内在精神的丧失去换取外在物质的成就，更以开明进步的理由，要求人们对秩序权威与日俱增地服从，甚至"打着解放的旗号，完成暴政的建立"。在纳粹德国的奥斯维辛集中营里，高度发达的理性管理与技术效率，被用来实现最大规模、最惨无人道的非理性目的。

至于一向自诩为民主典范的美国，法兰克福学派运用现代社会学统计技术与综合分析方法，对其严加检查的结果，也令众人大吃一惊。

"二战"结束前，阿多诺亲自率领一队伯克利的社会心理学家，在西海岸进行了大型民意调查。被抽查询问的二千余人，多为中产、白种、美国土生、成年公民。按照九个层次递增的个性类别排列，属于"潜在的法西斯原型性格"或"权威人格"者竟然超过半数。所谓权威人格（Authoritarian Personality），最早由法兰克福学派心理学家弗洛姆（Erich

Fromm）在《权威与家庭研究》一文中提出，意指"从俄狄浦斯情结（痛恨父亲权威）转换而出的一种偏好强权的虐待与受虐综合征"。

根据霍克海默定义，此种人格"机械地向传统价值投降，盲目顺从权威，憎恶所有反对者和外人，反对自省，思想僵化，酷爱迷信，并习惯于半说教、半讥讽地蔑视人类本性"。[1]

在另一篇题为《大众偶像的胜利》论文中，洛文塔尔追溯了美国畅销杂志封面人物的历史演变。他发现20世纪初的公众崇拜对象（成功企业家），早已让位给娱乐明星和体育健将。而以往的生产创业模范，如今纷纷披上了消费广告的花哨外衣。这一变化，显然同经济领域内由私营竞争转向合资管理的趋势相吻合。

在作者看来，面目冷酷而无形的垄断资本，已经意识到一种新式英雄崇拜的历史需要，因而竭力推行以"虚假个性"为特征的文化明星制度。结果"乍看起来无甚大害的娱乐消费气氛，一经仔细观察，立即呈现出一种心理恐怖统治。在其掩护下，早已削弱的个人存在，遭受到极端虚假个性的沉重打击"。

《文化工业》一文，总结了法兰克福学派对于现代美国文化的深刻批判。其中提示的重点，是大众传播在商业科技指导下形成的极权文化现象，即通过政治与广告术语，"创造并利用个人需求，日益取消私人与公共生活间的差异，进而有效地支持资本主义制度"。

这方面尤具代表性的分析对象，便是好莱坞电影工业。霍克海默与阿多诺指出：在极度个人主义与私营外表背后，美国最大的几家电影公司，同电力工业、华尔街金融集团，荣损相关地结为一体，并在生产、广告、推销全过程中，贯穿利润原则与控制程序，以期在最大限度地榨取收益的同时，针对大众要求（以颜色域和统计指数，针对观众趣味与经济能力详尽分级）实现对观众的"精神催眠"，并达到预先规划好的社会效果。

资本对电影及其他休闲产业的成功渗透和制约，表明它已有能力把握并塑造大众社会的心理特征。在其调节操纵下，个性才华沦为商品，艺术

---

[1] 见其1950年版《权威人格》。

实验蜕变成标定模式，假饰的平庸顶替了自然清越，反叛与抗议得以周密地驯良或收买。从卓别林天才的创新，嘉宝独特的风采，黑人爵士乐骚动的颠覆本性，直到奥森·威尔斯倔强的反传统导演思想，无不被消解融汇进一个巨大而炫目的幻影世界。

在那里，人们的欲望和梦想，被巧妙地控制在"挑逗与压抑、宣泄与约束"的水准之间。在那里，人们只需花上几角钱，即可尽饮孟婆茶，饱食忘忧果。这种"文化与工业二者合一"的大众文化，之于现代美国的意义，正好比荷马史诗之于古希腊罗马，文艺复兴之于意大利——实乃西方工业文明的登峰之举。

当然，法兰克福学派在此并非要提倡一种文化精英统治论。他们也反对那种导致艺术与物质需求相离异的文化禁欲主义。问题是美国大众文化并不真正为了大众利益。相反，如果不加批判地被社会接受，它倒很有可能引来灾祸。

马尔库塞：《单面人》

"二战"后，法兰克福旅美学者除霍克海默、阿多诺重返故园、创办新所之外，多数人在美国高校科研机构中定居下来。按照传统的同化规律，他们与熊彼得、哈耶克、索洛金、阿伦特、埃里克森等大批欧裔社会学家一起，给美国学术思想打上了永久性的国际印记。

关于阿多诺等人的前驱性研究，美国学界虽然指出一些偏激误差（例如忽略美德两国的政治经济结构差异，过分强调自由国家向极权过渡的规律。另外，他们在引入心理分析学时，稍嫌武断），基本上持一种恭敬求教态度。包括爱因斯坦在内的科学界也诚恳反省，强调自律——似乎很少有人怪罪他们的警钟刺耳吓人，也并没有因敲钟的不是马克思本人就干脆堵上耳朵。

总之，尽管深奥难懂，法兰克福学派的文化批判（Cultural Critique）仍透过多重媒介，有力推动了美国学界有关50年代民主与法西斯的对应研究，进而刺激自由主义与民权运动的兴起。民众的警觉意识，说来好笑，一部分竟然是随《怪爱博士》这一类大众化恐怖电影得以提高的。如是说来，拿到绿卡的德国学究，也该对留居国稍存情面，少拆一些个烂污了。

然而情况并非如此。定居者中被誉为学派美国支系代表的马尔库塞，"二战"后脱颖而出，锲而不舍地坚持系统批判。直到1979年他赴西德讲学时不幸逝世，马尔库塞已经著作等身名扬天下，成为发达资本主义研究领域无可置疑的左派理论巨擘。《单面人：发达工业社会意识形态研究》[1]，即为他有关思想的集中表述。

《单面人》1964年在波士顿出版之际，正值欧美工业社会与现代派文艺哲学朝着后工业化、后现代主义方向迅猛重组并竭力调整应变能力的关键时期。马尔库塞再度以学派特有的敏锐目光转移重心，抢夺主动，搏击时代大潮。结果他一方面应时而变，成为西方马克思主义、新左派的精神向导；另一方面又不可避免地拉开他与东方马克思学者的差距。

值得点明的是：马尔库塞置身发达工业国内部所做的批判，与列宁早年预测资本主义最高阶段的历史背景大不相同——而他得以跨越历史地理壕堑的摆渡舟，恰是马克思的《1857—1858年经济学手稿》。

《单面人》开篇引证马克思早年的重要思想："随着大工业的发展，现实财富的创造较少取决于劳动时间已耗劳动量，相反它却取决于一般科学水平与技术进步。现今财富的基础，是盗窃他人的劳动时间。这同新发展起来的由大工业本身创造的基础相比，就显得太可怜了。一旦直接形式的劳动不再是财富的尺度，以交换价值为基础的生产便会崩溃。直接的物质生产过程本身，也就摆脱了贫困的对抗性形式。"[2]

以马翁此说为出发点，马尔库塞针对发达资本主义现状（以美国为典型）提出一系列大有影响与争议的理论概念如下：

一、生存缓和与历史替代：马克思百年前展望"劳动废除之后"的人类解放美景时，曾经设想过一种生存缓和（Pacification of Existence）的准备阶段。这在马尔库塞看来，却已部分实现于当代资本主义的福利国家、丰

---

1 *One-Dimensional Man: Studies in the Ideology of Advanced Industrial Society*, Beacon Press, 1964, 该书中译本省掉了副标题，再版时建议补上。
2 《马恩全集》第46卷下，217—218页。

裕社会中了。

"二战"后的美利坚合众国，由于科技水平显著提高、经济生产日益进步，蓝白领工人的劳动数量与强度大幅度降低。马尔库塞指出：以往那些人们如得不到便会导致抗议的生存需求，如今已经趋于基本满足。古典式工资奴役所造成的活生生的阶级对抗，也随之化为一种"舒适体面、悦目赏心的新剥削关系"。

简单说，以美国为代表的发达资本主义，巧妙地运用科技管理，成功地组织并开发工业文明大力夸耀的先进生产力，以其巨大而辉煌的物质成就保全了自己，进而证明资本主义现状的合理、合法。非但如此，资本主义在克服了传统的异化与冲突特征之后，还促成了一种新文明的历史飞跃。

什么样的历史飞跃呢？马尔库塞发现：当工业社会发展到"能以技术而非恐怖征服社会离心力，并把机器变成组织社会最有效的政治工具"这样一个特定阶段时，资本主义制度本身的实在含义，便导致历史替代的新需求。这是因为：它的迅猛发展，已迫使传统批判理论及其超越方式，相应沦为一种虚无神话。且看那些自19世纪初诞生并适应当时低下生产力的批判观念与替代理论（例如自由、平等、博爱），就像"被吸尘器抽空了内涵，或随时代进步被制度化为社会结构的一部分，从而被取消了存在前提，剥夺了替代功能"。

对于这番显著变化（具体指标与程度可以争辩，但大趋势难以否认），马尔库塞诙谐地补充道：这并不是因为传统替代"变得无意义了，而是因为它们太有意义了"。换言之，发达资本主义依靠科技与管理的催化剂，已经把要命的枪刺与利刃，当作滋补品、强壮药吃下肚了。

二、整合包容与单面社会：发达工业社会的结构改变，给马尔库塞这样的西方马克思主义学者，提出了全新的批判任务与目标。本着道高一尺、魔高一丈的原则，他继续揭示社会矛盾、弘扬人道精神，声言"技术创造出的缓和条件愈多，人的精神肉体就愈受严格控制；统治者以富足与自由的名义，扩展到全部个人与社会生存领域，并将所有对立面整合为一，造成对离心力流水般的包容前景"。

举例说明：蓝白领同化、职业科层制，意味着对立政治力量的衰落。

不同阶层生活方式与闲暇活动雷同，导致了虚假意识的盛行。压力集团与舆论监督被导入平等宽容气氛中的清谈。学术研究日益呈现一种与国家利益前定的和谐。社会因此在稳定进步的动态外表下，强化了它静止不动的调控系统。

资产阶级将权柄托付给专家管理这一更有效合理的力量之后，传统的技术中介概念已不复存在。围绕这一中介形成的新权力体系，得以迅速将政治经济文化生活融为一体。技术理性也因此变为政治理性：它的巨大潜力，迅速膨胀为兼并一切思想的意识形态。资本主义的当代"美好生活方式"抗拒质变、吸收革命、同化异己，结果将造就一个完全丧失批判、想象与否定的单面社会。

三、传统文化的物质化崩解： 与众多自由派思想家不同，马尔库塞针对发达工业社会技术与权力整合趋势，坚持强调其单面性、肯定性，及其摒除"不幸意识"总体化思想特征。他据此悲观认定：该社会非但没有"非意识形态化"，反而比前身"更加意识形态化"了。这一认识，导致他后来著名的造反哲学，乃至新左派学生的"大拒绝"运动。而他有关当代西方文化"物质化崩解"，或曰理想沉沦（Desublimation）的解释，仍为学界高度重视。

在马尔库塞看来，当代（或后现代）文化业已背叛遗忘了大量保存于传统文化中的希望与真理。剧烈异常的社会变迁，促使植根于前技术社会的高级文化——从道德伦理、美学意识、语言逻辑、价值标准，直到现代派文艺——纷纷归于无效，并丧失它们以往同社会对抗的批判与超越力量。长期为少数精英垄断的高级文化，一面因时过境迁而变得低级，一面又被迫降解为畅销商品式的大众文化。于是乎，发达资本主义社会在面临理想现实化的同时，却将它的缪斯女神，从希腊圣殿转移到超市、酒吧、计算机实验室，并以技术概念重新标名、另行分工。如此物质化崩解，使得传统哲学、逻辑、语言和艺术，在科技主宰下逆变为物质文化的组成部分，其前景黯淡无光，令一切思想家担忧。

马尔库塞的功过，一时尚难予以评说。有趣的是，他直到去世前不久在接受英国电视采访时，仍表示他不会抛弃马克思主义和他自己有缺陷的理论——除非他谴责、抨击的问题能在资本主义体制内获得解决,抑或技术进步能真正造福人类自由的那一天到来。

记得我在哈佛跟从弗莱明教授学习欧美思想史时,一年课程中就有两个月专门攻读马克思与法兰克福学派。苦读稍歇,我发现班上同学轻快圆润的美式英语,多少都染上了德文的涩重语调,因此照例做一小段思想平衡操。

我向同学讲了中国五四运动请"德""赛"二先生的一些逸闻,却有人惊奇发问:为何将"德摩柯勒西"称作先生(西方语言多定为阴性),为何又只邀男士,不顾太太小姐(譬如自由人道诸女士)?是否中国人接待程序向来如此"单面"?大有要整合我思想的势头。

我一时说不清"五四"先驱为何犯了这个颇有讲究的错误,只好以夷治夷,举出马尔库塞有关不发达国家在达到生存缓和之前必定要经历一个"整体管制阶段"的理论。复又声明:中国人同西方列强打交道上百年,早已得出了宝贵经验,这就是:我们先得有他妈的原子弹、核潜艇,其次方能考虑属于女权范畴的问题。

如此一番,我才自觉平衡一些。

(Herbert Marcuse, *One-Dimensional Man: Studies in the Ideology of Advanced Industrial Society*, Beacon Press, 1964)

何谓新历史主义？

> 新历史学派吃百家饭、说千家话，祭拜各路菩萨、活佛、神仙。它的启蒙导师、思想之父、理论渊源，遍及欧美和苏联。

哈佛校旗的颜色，是一种稀罕的绛紫绯红，人称 Crimson。新生进校，难免要琢磨这校色的由来。于是便有油滑老生一本正经侃侃注释道：它原先底色，乃纯正之"贵族蓝"，后因掺入过多"左派红"，方有如今之怪异变色。

拿母校的尊贵象征编笑话，是新左派学生幻灭期的一大发明。一届届传到我入学时，那些酷极帅呆的校园段子，依然一一令人捧腹，过耳不忘。

上面那项分析的精彩之处，在它一语切中学术殿堂中的流行症候，即传统庄严与激进时髦的中和混淆。其实何止哈佛，那些欧美名校，谁家不靠左派教授或借课堂马克思主义，大批吸引有志青年，维护其不朽声望？

问题是，中国学生初入这号大观园，见课表上密匝匝的绛红色选题，难保不丢了起小爱红的毛病，心中惴惴不定。譬如文理研究院通讲大课，自然列出马克思经济思想、社会主义革命、中国现代化改革。

一千号以上的博士研究班，更多以左派名家主持，专题切磋诸如欧美共运、西马文论、马克思与第三世界、晚期资本主义文化批判，一大堆尖端课题，令新生激动莫名。

因为拿不准其中的货色路数，我便先向导师丹尼尔·艾伦教授讨教。

艾伦是哈佛大学美国文明史系奠基元老,也是美国左翼文化思想史的开山师祖。我入学时,老先生年近古稀,正打算进入半退休期。身为哈佛名师,他德高望重,经历却十分潇洒传奇。

据我所知,20世纪30年代初,我老师在哈佛读博期间便开始亲身体验、大批交往、系统研究红色、粉红与脱红知识分子。不仅如此,我师母因参加"美共",还受过麦卡锡主义多年迫害。

1961年,艾伦教授发表名著《左翼作家》[1],公然为30年代革命义士洗冤平反,也为他们的少年意气、荒唐过失大方埋单、慨然打包。从此,我老师享誉欧美学术界,晋封左翼一等公。我师母却备感失落,常在厨房里与我念叨,抱怨老头子如何被人"招安"。

到了烽火四起的60年代,我老师因其公正、专业,又兼文思卓越,泱泱大度,被当时打得不可开交的新老左派同时引为知己,一致视为同路。在那一段动乱岁月里,老头最忙碌也最得意的外差,据说是在两派纠纷、相争不下时,仙风道骨地翩然而至,出任各种左派大案的仲裁法官。

有这样积年老辣、高瞻远瞩的导师指点,可想而知,我当时心中得意,几乎到了内伤地步。于是大模大样,罗列出一页纸的各种问题,一一向老师求教。老师静静听完我的如麻乱问,掰开指头,先向我讲了新老左派的主要差别,继而交代当代西方激进思潮的生发大势,最后又嘱咐我悉心体察新左派同学的生存感受,及其社会学层面的反叛动因。

见我听得懵懂,目光呆滞,老师欣然返转,耐心启发我说:发达资本主义这东西,对你这样新来的中国学生而言,恐怕不亚于一头科幻小说里的怪兽。若想认识它,须将调查与批判并举,否则容易出错,犯那种唐吉诃德式的错误。

说到这里,我总算来了勇气,大声抢答曰:那位唐官人我晓得,不就是望见奇怪转动的风车,就忍不住挺枪硬撞的呆子吗?

老师仰身大笑,高举双手夸道:You got it! 时隔二十多年,老师教我的样子,依旧历历在目,令我感动、内疚,乃至流泪不止。可是在当时,

---

[1] *Writers on the Left*,牛津大学出版社,1977年。

我私下里仅仅想道：这与毛主席的实事求是大致相符，至少老头儿劝学的本意是好的。

于是选课，读书，交朋友。

所谓新左派同学，无非与红卫兵同龄。我插队时，他们嬉皮。我上大学，他们开始雅皮，西服革履杀奔名牌大学的研究院，扬言要接管（Take over）象牙塔。不同之处是：这帮美国哥们儿，至今还相信造反有理。每逢我笑其认真，他们反怪我缺乏革命同情。

研究班上，雅皮同学玩命攻读，发疯提问。他们的经典功底，丝毫也不让人。逼得我重温家教，复读六书，又自悔德、俄文太差，不能亲近原著，亟须从马克思开始，一路恶补，直至西马各路新学。

一晃八年，悠悠过去。我平安回家，既未被风车撞晕，也未落下一凡·赵之类的毛病。为感念艾伦老师的施教雅量，这篇札记特写成老人家喜欢的活泼样式，又名"风车探访一录"。

幽灵袭扰美国文论界

20世纪80年代末，美国文学与文化研究最显著活跃的一大动向，是所谓新历史主义（New Historicism）的崛起。在学术领域，这一"新兴马克思主义批评"径直向踞守正统的解构学派挑战，迫其承认：美国学界已面临60年代语言学转向以来最重大突兀的一场历史文化换轨。

社会舆论方面，新历史主义的激进意识，已触发保守派的惊恐指责。从联邦教育部长，到《华尔街报》《哈泼斯》杂志，各色右翼喉舌，竞相警报"红色恐怖""幽灵回归"。此辈因智商有限，难究其里。不过我们从其中可以看出：新历史主义号召批判，促动反叛，威胁到美国文化传统。

作为一路激进批评方法，这种强调对文学文本实施政治、经济、社会综合治理的新历史主义，早于70年代末初露锋芒。其先驱者，多为古典英文专家，例如美国加州大学的英文教授格林布莱特（Stephen Greenblatt）、蒙特鲁斯（Louis Montrose）、英国渥尔伯格—考脱德研究所成员，等等。

80年代初，他们引领英美两国文艺复兴研究的突破改造。其代表作品有：论文集《文艺复兴历史主义》(Renaissance Historicism)、《政治莎士比亚》(Political Shakespere)，格林布莱特的奠基之著《文艺复兴中的自我造型》(Renaissance Self-Fashioning: From More to Shakespeare, 1980)。

只不过，该派当时并无确切称谓，经常混同于美国文化符号学(Cultural Semiotics)、英国文化唯物主义(Cultural Materialism)，乃至法、意新历史学派。1982年，格教授应邀为美国著名学刊《文学类型》(Literary Genres)撰写集体宣言，定称新历史主义。此后，新历史方法便在美、英、加、澳、新流行起来。

至1987年保守派鸣笛预警时，新历史已养成跨国气候。它的幽灵所向披靡，直入哈佛、哥大等七级浮屠。甚至在占据早期美国文学、英国浪漫主义、拉美文学研究等毗邻学科之后，它依然呼风邀雨，战旗猎猎，攻势汹汹。

扩变过程中，新历史不免变得庞杂含混：一方面，它的号召力渐增，追附者日众。另一方面，又从内部滋生出歧见派系，形成与解构派、左派、女权主义交相融会之下的自身转义、中心裂解。

在首部推出的新历史文集里，20名专家各陈己见，或喜或忧。喜者报告曰：各路英雄，会战中原，进袭世袭城堡，斩获济济可观。得意忘形者称：自家营盘，蔚为大观，现已成四方义军，争相入主的中心。忧者却抱怨说：运动一无理论基础，更少支配性力量，前景犹如累卵之戏。

身为义军盟主的格教授，苦于左右夹击，不得不申辩道：他既不是红色党徒，也非保皇党。他甚至公开声明：放弃新历史专利，自己已经改习什么"文化诗学"了[1]。

见过格教授的中国学人多会同意：他真的没有一丝斯巴达克斯式的骁勇，更未继承新左派思想领袖的冷峻刚毅。回想二十年前，马尔库塞、阿尔都塞，风华正茂，英气逼人，令欧美青年由衷敬仰，倾城倾国。

相比之下，格教授不过是一位书香染人的美国学究。70年代初，他一度任教伯克利加大，主讲"马克思主义美学"，算得上一段革命经历。后因

---

[1] 参见 Harold Veeser ed., *The New Historicism*, Routledge, 1989。

学生悲观烦躁、当堂起哄，他只好自惭形秽，改授比较温和典雅的巴赫金文化诗学。

谁想到，他于绝望之中遇到了希望：由西方知识抵抗中心巴黎，突然飞来一尊名唤福柯的大佛。格教授与其不得志的左派同仁们，在福柯几番来访讲学期间，亲聆真谛，参悟大乘，遂得以越过泥沼，走上辉煌再举之路。

可这毕竟是一些经院深处举动，中国人美其名曰"大雅小雅"的，何以说成是"赤祸横流"？甚至神经过敏，指责它煽动学生、倾覆书院？由此可见，惊恐者的内心，原本是迷信某种古老教规（Canon）的。而这森严教规的名称，用英文讲，便是"Canon, the Great One that Canonizes All！"若用中国话翻译，则可以写成："如珪如璋，四方之纲"。

再看一位名叫凯瑟琳·伽勒尔（Catherine Gallery）的学界女强梁。她是地道的新左派老兵、女权斗士，主编新历史理论刊《表征》（*Representations*）。在《马克思主义与新历史主义》文中，伽勒尔教授从新左派学者的集体角度，缕述其漫长的内部思想调整经过如下：

首先是新左派高峰期。年轻如彼的他们，苦读卢卡奇、布莱希特、法兰克福学派，借此增进分离意识，推行反叛性文化实践。新左派高峰期，他们祭出了自己的"三大法宝"，分别是精神解放、文艺自治、现代主义艺术形式，口号则是"大力开展针对发达资本主义的革命批判"。

70年代末，美英新保守派卷土重来。左派的乐观自傲，陡然变成了沉痛反省。告别阿多诺的文艺自治观，他们转向本雅明、马歇雷的文学生产论，以便深入探索资本主义的文化与经济交换律。随后又请出葛兰西、阿尔都塞等西马大师，帮助他们掘发当代资本社会的物化隐秘，及其罗网状的意识形态控制技术。

及至80年代，已臻成熟的美国新左派理论界，在西马与后结构思潮的双向牵引下，开始艰难走出低谷，去追寻早年鼓舞过他们的那种宏大改造理想。新历史主义，因而既是一种"左倾理论的幻灭"，又从中"获得了启示和延续动力"。

新历史主义的特点，首先是不拘一格、随机应变，积极拼合欧陆新学，同时关注文艺的意识形态属性，及其文化工业的生产规律，依此去发展抵抗战略，合并使用文本分析、历史研究这两件批判武器。

然而新左派自己亦未料到：诸多的欧陆新学，在美国大熔炉内遇热增温、激荡变形。继而凭着远程杂交优势，聚集起大批受压抑的边缘学者，汇成强大的学术反教规潮流。他们不仅要补正"美国文学研究长期遗忘历史"的滔天大罪，而且很有可能造成又一轮波及整个人文教研制度的范式革命。

尽管历史已经证明：新左派们没有能力挑起西方政治革命，可这场号称"新历史"的学术变局，也够让大老板们莫名慌张几日了。

新历史主义的理论谱系

说到思想渊源与生发背景，专家们列举三大因素：西马理论、后结构思潮以及针对这两股欧陆超级理论势力，必须有所反应的英国实证主义（Positivism）、美国实用主义（Pragmatism）哲学传统。

以地缘观念论，新历史主义在美英兴起，首先是呼应德法思想的冲突演进。因而有评家视为"马克思主义的福柯式移位"，或为"马克思和福柯在美国的奇特结合"[1]。

该公式有助于我们粗略设定新历史的思想史坐标，但它不足以说明其间复杂的血缘关系。关于思想谱系，西马理论家阿尔都塞曾有一段名论。他说，所有被认可的科学理论，都是"从其晦暗难辨的史前期脱胎而出的产儿"。其降生过程，也是一持续痛楚的认识论断裂。史学家对这"没爹的孩子"，通常图省事地"编造一份正式家谱"，为安抚孤儿，或据为己有。然而先进的发生学谱系分析表明：孩子的父亲基本上无法认定。[2]

据此，我们似可预设，新历史主义虽然受到欧陆理论争夺的影响，但它终归还是美国本地土产（母系确认）。外来观念经由反复的场地更换、断裂延异，早已难察其宗（父系悬置）。所以我们切忌大而化之，直呼它为

---

[1] 见兰特里夏《水精灵与警察》，威斯康星大学，1988。
[2] 见 Louis Althusser, *Pour Marx*, Paris, 1973。

"马克思主义学派"（颂扬之后再据为己有？根本没有这个必要），或者咬死它是后结构孽种（挞伐过度，岂不将屁股坐去资本家一边？那也犯不着）。

凭借中国人五千年的文明通达，我们满可以不变应万变，对人家事笑作槛外观。至于这孩子如何得风雨熏染、长成簇新变种，下面点出几处关节：

第一关节，涉及"新历史"的生发前提，即历史主义危机。"历史主义"一词来自德文 Historismus。美英左翼早年矫枉过正，硬译作历史化（Historicize）的转义名词。而在革命高潮时期匆忙输入的马恩唯物史观，也较多染上了机械论、经济决定论的色彩。"二战"后，欧美左翼运动失败，上述这些附加的弊端，反过来又加剧了知识界对于马克思主义哲学的片面质疑、无理指责。

由于战后欧美社会畸变，同源于德国哲学的黑格尔理性史观，亦遭到广泛的抨击与诘难。这两方面的舆论形成合力，不断推动结构/后结构主义针对传统历史哲学的持续改造。此一理论危机线索，从海德格尔的形而上学批判，经列维-斯特劳斯的《野性思维》（向萨特唯物史观挑战）、德里达的《论文字学》（粉碎逻各斯中心），直到美国解构批评家德曼、海顿·怀特等人深入考辨历史叙事及其转义规律——致使"反历史化"的趋势愈演愈烈。

上述学术批判，不仅严重动摇了历史主义的基石，诸如目的论、因果律、阶段说、理性进步史观，而且把矛头指向了一系列元哲学命题，例如思辨、意义、价值、人文主体等，严重危及人类历史知识的合法存在。

结构与解构派的历史批判，一度富有变革启发性，即在肯定历史库藏可供发掘意义、参鉴古今的前提下，尖锐指出其人为虚饰，强力扭曲，是杜撰与修辞构成的共时体，饱受形而上学思辨的整合支配，因而须予以剔解澄明。

然而，作为一种针对"历史化世界"的深重幻灭，后结构批判日趋悲观，很快失掉了自身平衡。在解构派眼里，历史早就被其叙事陋习剥除了合法性。而所谓的人文主体，既无本体论真实，又不能归约、再现散乱世界的意义。用德里达的名言概括，这便是"文本之外，一无所有"了。

至此，后结构历史批判，开始分裂成两大支系。其一是由德里达执首的"语言中心派"。它以文本为疆域，以文字为对象，耽迷于符号的差异分析，一方面否定历史叙事，一方面又暗中利用它为自己服务。其二为福柯领导的"文化批评派"，它致力于历史差异研究、话语权力分析，逐渐展示出比较宽宏、深邃的政治文化阐释前景。

目睹福柯的战略突围，美英新左派大呼响应，纷纷跟进。他们一再重复福柯对德里达的揶揄（"小德子玩的是一种非历史化游戏"），群起攻击解构批评，痛斥这一派学者遗忘社会责任、漠视历史变革，结果导致人文学术"思想文学化"的严重蜕变。[1]

新历史主义批评家，由此喜获反攻机遇：他们重提历史化（Historicize）的激进纲领，大力刷新意识形态化（Ideologize）的政治诉求，以此来制衡英美批评界根深蒂固的"文学化"偏向。当然，这种重建历史的动机，并非只是新历史学派一家独有。历经三十年大拆解，也实该有某种先进的左派新史学西山再起。譬如美国哲学家威廉·肖的《马克思的历史理论》[2]，英国社会学家吉登斯《当代历史唯物主义批判》[3]，便可视为文论之外的创新努力。

第二关节，事关新历史主义与福柯的密切关联。如上述，后结构两强（德里达与福柯）相争、各领东西。德里达的时髦理论，与美国耶鲁大学的学院派方法杂交，形成了先声夺人的解构批评。福柯在美国西海岸加州大学传教，吸引大批激进势力，促发了新历史文论。

然而不可忘记，以上双方都与后结构思潮有染。其历史改造观，也都始于尼采的"创造性破坏"精神，以及海德格尔"人的思想受语言制约"这一著名知识局限定理。福柯在哪些方面给予美国人重大影响呢？

主要是他的知识考古学，以及相关的话语分析、文化档案、知识场、权力知识复合观。因为我在《福柯的知识考古学》[4]一文中已作介绍，此处只讲美式接受。

福柯宣告：为了发掘西方文化的深层构造，"我将使我们宁静不变的大

---

[1] 参见 J. G. Merquior, *From Prague to Paris: A Critique of Structuralist and Post-Structuralist Thought*, Verso Books, 1987。

[2] William H. Shaw, *Marx's Theory of History*, Stanford University Press, 1980.

[3] Anthony Giddens, *Contemporary Critique of Historical Materialism*, Polity Press, 1985.

[4] 见《读书》杂志1990年第9期。

地，重现出无尽的裂豁、动荡与缺陷"。新历史学派以此为纲，辅以差异、断裂法则，展开对传统史学整体模式的奋勇冲击：首先打乱其目的演进程序，继而瓦解由大事与伟人拼合的宏伟叙事，以便消除人们对历史起源及合法性的迷信，最后重现它们被人为掩饰的冷酷血腥、荒诞不经的历史原貌。

新历史方法蔓延期间，福柯的话语分析技术，无疑具有突出的示范作用。它帮助左派学者，深入调查西方社会组织"由观念向制度衍变"的潜在规律。福柯的档案与知识场概念，进而指引追随者，一一锁定各种杂异状态下的话语冲突，仔细筛选其知识与权力形成模式。他们通过针对大量"社会文本"的综合考察，逐渐获得了一种新式文化批评的开阔视野。

至于福柯晚年对于知识权力整合的强调，以及他有关知识进步、完善社会控制技术的思想，美国左派似乎仍不甚理解。或许他们真的懂了，却受不了那份欧洲式的凝重悲观。他们像一群游戏中的儿童，竞相搬用福柯考古工具箱，大肆拆解破坏，乐此不疲。又将它同西马武器混合试验，令其批判火力成倍加强。

第三关节，指向西马理论。它内含"意识形态""文化生产"这两类新说。所谓"意识形态批判说"，是指卢卡奇、葛兰西以降的西马研究新模式。鉴于西方文化工业发达、商品化日益主宰社会生活，左派诸家在总结革命挫败的基础上，纷纷延展或改写马恩意识形态学说，借以批判、对抗资产阶级当代意识形态霸权的物化、制度化、日常化、合法化，以及语言异化等"窒息性压迫性质"。

与保守派的意识形态终结论（End of Ideology）相悖，上述西马新说，重在揭露抨击资本的渗透型精神统治，强调其发达管理的软硬兼施、自愿与强制双重原则。尤其指出其中由家庭、学校、文化传播等软性非政治机制所合成的意识形态国家机器，具有暗中支撑资本主义国家政权的特殊功用。

对于上述目标，新历史主义者逐一视为攻击批判的优先任务，即运用西马与后结构的复合型"意识形态话语分析"手段，深入拆解各类学术教规（Canons），以期从资本主义文化机器的内部策动改造。

西马批判理论分两路挺进。意识形态研究之外，还有一路专攻资本主义基础部分。它由本雅明、马歇雷，到戈德曼、布迪厄诸子。目标是根据资本主义生产方式的支配原理，贯通阐释当代经济再生产（Reproduction）与文化表征（Representation）两大范畴间的交换互动，考察发达资本生产规律，及其在精神思想领域的变形、转义与再造功能。

这一路西马文化生产说，高举恩格斯的思想旗帜："历史过程中的决定因素，归根结底是现实生活的生产与再生产。"他们坚持经济先决条件，要求对所有文学、文化产品及其生产过程，都做出"与社会和经济生活相关联的通盘考察"。

受其启示，新历史派学者倡导自我批评，重视艺术的生产交换，及其在后现代条件下的表征危机症状，呼吁推进左倾综合性文化批判，以抵御资本对精神思想的空前扭曲与致命腐蚀。

批评实践中的特色与问题

吸收、借用了以上新进理论（还有巴赫金、吉尔茨等人的学术影响），新历史主义足以在美英批评界独树一帜，显现它较为进步的政治社会色彩。它在批评实践中的特色与问题，目前似可以初步归纳如下。

恰如美国左倾学术领袖杰姆逊的赞许评价：新历史文论"重返历史与意识形态阵地，直面权力、控制、社会压迫与种族歧视问题，促使人们更主动地从历史的残酷血腥对抗中把握文化"。它的首要特色，就是一反自由派的中庸、形式派的冷漠，主动透析文本中的意识形态话语矛盾，着重提示"正史"掩压之下的另一性质，刻意破除人文学术传统教规（Canon）。

请注意：欧洲人口中硬邦邦的"资产阶级文化霸权""意识形态国家机器"，经由美国学界重新包装，已然有了一个新颖而温和的别称：Canon。

因为装备了西马与后结构的混成分析利器，新历史批评家的批判意识显著提高，方法多变的拆解手法层出不穷。他们笔锋所向，震动频起，墙倒屋塌，满目疮痍。云消雾散后，赫然暴露出累累的历史骸骨。

例如关于英国古典特务政治与大剧作家马洛[1]之死的调查，美国西部垦

---

[1] Christopher Marlowe, 1564—1593，与莎士比亚同期的天才英国戏剧家。

殖文化中的暴力传统,以及印第安情结的再分析,还有寓言、童话、教育小说、儿童读物中,针对幼稚心灵的桎梏规约及其社会塑型功能,乃至传记、科幻、通俗文学的政治性释读,不一而足。

由于大批年轻专家改用新历史眼光,重新看待文化思想史课题,致使正在修编的五卷本《剑桥美国文学史》,一举成为学术重建运动的中心。这套《剑桥文学史》的主编人哈佛教授勃克维奇(Sacvan Bercovitch)宣称:由传统通史所代表的成套文学理论教规,以及与之配套的美国文化合法化概念,已经从大一统局面瓦解崩溃。这一"向历史的幸运跌落",好处是揭发了众多矛盾,拓展了研究纵深。但新历史方法一旦铺开,局面则难以收拢。新文学史,有可能沦为一种"既非美国,又非文学或历史"的批评杂拌。[1]

勃教授言及的修史困难,指向新历史批评的第二特征:泛杂多样性。在其成员组合方面,它印证了巴赫金的杂语对话观,即空前激发美国混溶文化中的各种矛盾,鼓动次文化代表,群起蚕食正统学术独白主义,各自体现局部认知、群属利益,从而组成了色彩斑驳、嗓音各异的文化狂欢。

然而大量而多样化的理论拼集,无疑也加剧了运动的多向泛滥与裂解张力。纷纭实践中,新历史主义批评越来越熔文学、历史、政治、经济与符号研究于一炉,带有鲜明的"后理论"难以通约性质。

换句话说,新历史学派吃百家饭、说千家话,祭拜各路菩萨、活佛、神仙。它的启蒙导师、思想之父、理论渊源,遍及欧美和苏联。到底主次何分、从谁而进?是以文学文化研究为本,还是建立新史学或新政治经济学?究竟是反叛到底、走向社会,还是退入文本研究,变成又一轮的新式教规?用中国成语比附它的困境:新历史批评固然打破了"成者王侯败者贼"的传统史学合法律,但却面临"山中无老虎、群猴乱称王"的可笑局面。

新历史批评主导不明的理论泛杂性,导致另外两项次要的学术混淆变形(Blurred Refiguration)。

其一为文化生产论引入文学批评后,派生出一个所谓的经济变种。它

---

[1] 见 Bercovitch, *Ideology and Classic American Literature*, Cambridge University Press, 1986。

兼备文论与经济科技史的两重性，专门致力于市场、工艺、出版、传播等边缘地带的开拓，有效促进了针对现当代文艺历史语境（Historical Context）的通盘考察，并且提供了一整套经济学工作语汇，尝试解答文学艺术的社会生产、流通、交换、广告、促销规律。譬如格林布莱特在《莎士比亚讨价还价》（*Shakespearean Negotiations*）一书中所示：他们的交换律研究，并不仅仅止于生产资料、知识产权及其产品，它更涉及作家自身在社会影响、政治权利、阶级角色等象征资本方面的流通与买卖，以及文艺作为一门产业或商行所发生的制度沿革。

其二为文化人类学变种。在这方面，新历史学派颇受普林斯顿大学人类学教授吉尔茨（Clifford Geertz）的指教。吉尔茨将艺术、意识、符号、话语行为并入文化系统，施以突出事件的临床式深描（Thick Description）释义。群起效法之下，新历史批评家推出大量类似吉尔茨《巴厘岛斗鸡调查》的文学案例分析。这种本土化的文化多元论及其暗藏的经验乐观主义，在实践中部分抵消了欧洲左派文化批判（德文 Kulturkritik）的严峻色泽，有可能成为美国新历史学派退隐求安的未来方向。

总而论之，新历史主义作为左派学术重建之举，既非旧历史主义的原样回归，也不是马克思史学的单纯复兴。准确说，它是一种解构后世界中的历史主义。其新颖处，若以符号变异来显示，即由大写单数 Historicism（含元话语及哲学整体论），变成了小写复数 hsitoricisms（多项混拼与差异方法）。

我老师见此评语，可能会说我对新历史太少同情。其实早在 1986 年，我已目睹了新左派老生大批返回母校，隆重举行校园起义廿周年祭典。我见他们衣冠楚楚，从头顶雅皮到脚趾，居然整齐列队于哈佛铜像前，齐声朗诵《资本论》中的语录，自比当年巴黎公社最后捐躯的烈士。那天最著名的结束语，引发了上千名围观者轰然喝彩，采访记者大灯齐闪：

> 今天改造哈佛！明天改造世界！

我当场可一点儿也不敢有窃笑的心情。天晓得，我晓得，他们毕竟生在那一边。对了，最后还要补充几句：我老师艾伦，处乱不惊，从容治学，兴趣盎然。最了不起的是，他一直以"不知招安为何物"的超然态度，激扬文字，潇洒讲演，东西穿梭，漫天来去，一步步走完他那堪比康熙爷的十全知识生涯。

1995年夏天，我最后一次远赴哈佛，参拜恩师。那天清晨，我提前来到老师日日7点即到的办公小楼前。只见朝霞灿烂，繁花似锦，露珠流动，湿我鞋袜。坐在木台阶上，我双手托腮，呆呆回想老师与我交往十五年的温馨旧梦。

突然间，一位步履轻盈的女秘书欣然而至，初见乍喜，细语问好后，她像往年一样，嗓音甜美，神秘兮兮地往楼上一指："他在那儿。"于是，我又坐在老师堆满书籍的大书桌前了。

整整一上午，我向老师敬献新文、新书、新译，继而诉说思念，闲话家常，交换笑话。不期中，我复述了哈佛铜像前，那难忘的历史一幕。老师笑容可掬，轻轻一句：You've got it.

我老师今年高龄92岁，真令学生我汗颜、艳羡。复而得知：何谓思想常青，老而不朽矣。愿我老师精神永在，灿若朝霞，艳如繁花，灵动似水，沾我鞋袜。他以生命撰写的美国文化思想史，当是一部真正的新历史。

Ever Fresh, Ever Green, Ever Lasting.

（Harold Veeser ed., *The New Historicism*, Routledge, 1989; *The New Historicism Reader*, Routledge, 1993）

附录一
《围城》的讽喻与掌故

连日看《围城》电视剧,兴味盎然。尤喜其中包孕丰富的讽刺性隐喻及各类有趣掌故。当然啦,电视剧不等于原著。虽说同行作品里它已属上乘,毕竟不可能把小说中精心营造的意象和寓蕴,全都配上旁白字幕,一一钩玄发隐。

这里头导演的难处,一半似如钱锺书先生在《读〈拉奥孔〉》文中所论:"诗不入画,绘画亦难复制诗中比喻"(电视这类活画,自然会好一些)。另一半,恐已由《围城》英译本茅国权导言指出:"此书是学者小说,专对某一部分社会、某一部分人,做特殊的描摹透析。"

《围城》确是一本奇特之书。要说"难进难出",它不啻是座用璇玑碎锦巧构而成的中外学术迷宫。那里头层峦叠嶂,径幽路险,仅仅是方鸿渐、赵辛楣、唐晓芙、孙柔嘉等主角人物的起名用典,就足以让我这不通汉学的二毛子遍搜《周易》《诗经》《楚辞》《山海经》。钱先生随手拈玩的西洋神话寓言,又岂是吾辈留学生乱掘古墓、一时可以考明之理?

然而,若论其雅俗对话、深浅轮回、西中化合,《围城》又颇似当今欧美流行的知识文本,或后小说(Post-Novel)。昆德拉畅销,艾柯周游列国,博尔赫斯到处受欢迎,同《围城》上银幕、通译各种文字是一个道理。

钱先生曾在《七缀集》里讲:文史哲学宗教等,皆由民俗叙事生出(比较列维-斯特劳斯);人文各科彼此系连,交互映发(巴赫金另名曰对话哲学)。因而我们无须拘泥于学术大道理,尽可自由穿越界限(德里达称作 Debordement)，采集古今谣谚和寓言掌故（艾柯小说于是被唤作 Pastiche ），辅以戏谑模仿、觑巧通变（这是否西方文论穷究的 Parody 与 Trope？），便可由识而知，鉴古概今（福柯知识考古学，何曾简明如此）。

以先生此说为指南，学生我贸然欲从"洋门"入围城一游。方法上，我把钱氏各类文体，从《管锥编》《谈艺录》，直到《人、兽、鬼》《写在人生边上》，都当成我"稽查"的档案库。《围城》虽以小说面目单独出现，我却以为它与整个钱氏档案是种互文（Intertextual）关系——它从中来，又返回其中，从而大大丰富了钱锺书的思想库藏。

因此，我们似不宜套用文学模式，对《围城》作生硬的剥解。当它是寓言故事，或哲理思辨、历史考古，参禅占卦、猜谜释梦，似无不可。我读它时，感觉很像是听钱先生居家闲谈。

为什么不可以呢？先生曾对人讲，学问是什么？它大抵是"荒江野老屋中，二三素心人商量培养之事"。若弄成朝市显学，八股文章，岂不俗陋？下面谨将我读《围城》的笔录索引所得，仿电视剧样式，也辑作十段。目的嘛，只想为素心爱好者添一点观剧后的余味。

第一集：警幻仙子

列位看官，此时为民国二十六年夏。法国邮船子爵号，由印度洋入南中国海。船上归国留学生，多在舱内作"筑城之战"。最先亮相者，却是苏鲍二小姐。热风里，甲板上，她俩"一个冷艳如冰箱取出的桃李，一个黑甜似半融朱古力"。风韵各异，都戴黑眼镜。注意，隐喻出现，请随我追索。

钱氏《窗》文曾悠闲提及：歌德素恶戴眼镜者。孟子曰相人莫过于眸。同戴黑眼镜之人说话，难免要眼花缭乱（《写在人生边上》18页，下作《人生》）。

问题是：苏鲍率先出场、竞相动人，且有黑镜（李梅亭也有）。她们究竟是何等角色？无非守株待兔、静候那风流唐璜上钩入围。《围城》故事一开局，即暗点全书是"引诱与追求"型的戏仿罗曼史。

不止于此。钱氏习惯把"似是而非，似非而是"当作他的用喻原则（《钱锺书论学文选》卷六72页，下称《文选》），尤善"以博依繁喻之法，铺张交响，渐成贯通大喻"。看官若逢喻当真，立究其特指，便显迂浅。

既然小说中言不孤立，托境方生，我们不妨再寻两处佯谬之语，稍加串想：方鸿渐在船上吃了鲍小姐的亏，曾在23页处（《围城》，人民文学出版社，1989年第六次印本）自叹："女人是最可怕的。"

抵达上海后，137页又比喻此埠为"希腊神话里的魔女岛"。赵按：那个荒岛上住着塞壬女妖，专以曼歌妙颜，劫持过往船只，令水手白骨布满沙滩。而希腊第一英雄俄底修斯功满回国，是靠了神仙指点，自己堵耳朵、捆手脚，才侥幸冲过难关的。方鸿渐自然不够英雄。在这一半《聊斋》、一半但丁地狱的语言天地中，他为鲍苏所动，不但得见妖女、狐仙，而且也被勾引浮士德卖身求知的那个魔鬼缠住了。

《魔鬼夜访钱锺书先生》文中，那鬼坦供曰：实心眼好人受我引诱时，只当我是可爱女子、可信朋友、可追求之理想。更可惧者，那鬼还在但丁《地狱篇》里自吹："敝魔生平最好讲理。"（《人生》1—5页）

由此可见，地狱之设，不单为西洋求知英雄，也向方鸿渐这一路中国知识分子开放。回头再看苏鲍之秀色可餐，怪哉，怎么竟有几分相似那《红楼梦》中的警幻仙子？

第二集：名利场中

话说鸿渐那"蠢物"，自情天孽海中爬上岸，立即又被抛入人欲横流的名利场。只见那场子里人、兽、鬼气味交混、脸谱杂陈、变化多端。

譬如他在丈人家，发现淑英闺房中鬼气森森。漫步租界，又见法国巡捕兽相凶横。张买办的客厅中，供佛香火与西洋铜臭共缭绕。苏公馆的花园里，花香居然如葱蒜，甚至含有"荤腥的肉感"——更别提贵宾沈太太身上袭人的愠羝。

在这基督、观音共管下的山顶之城（City on the Hill），方鸿渐由乌烟瘴气中，逐渐生出许多烦恼。关于"克莱顿大学假博士"一案，作者转弯抹角、反复曝光，特写方鸿渐的内外窘态。先是有《沪报》上的占坛鬼魂之象，再衬以小偷被擒式的家乡名人照相。

"癞人"无奈,戏言文凭不过是"遮羞树叶,出洋如出痧,出了不怕传染"云云。《围城》中还有一系列涉及照相、照镜、画像的讽喻笔法。例如241页,汪处厚在他太太的镜子里现出"人都吃得下似的"铁青脸。孙柔嘉261页为汪娴氏巧作速写:一抹朱唇、十指血红。

这是否草蛇灰线,婉转提醒看官置身何处?所遇何物?

钱氏《读伊索寓言》,讲过一个"狗看水中影子"的故事。此文横出旁伸,延展这一古寓道:"人需一镜,时常照看,以知己为何物。而那些不自知的家伙,照也无益,反害他像寓言里的狗那样叫闹。"(《人生》44页)

《围城》中,作者向西洋动物寓言借喻的痕迹不少。譬如280页写机关上司驭下属之技,尽学洋人赶驴,于驴头挂胡萝卜诱其奔命——似乎便是翻改法文《列那狐》中"贝尔纳驴"之生花妙笔。

须说明:钱锺书在作类似穿越时空的国际借喻时,讲究挪移随采,又不显言直道。他的众多曲喻罕譬,貌似荒诞而又合理浑成,而且往往一喻多柄,作多边刺谏之用(《文选》卷四156页)。

入书细看,李梅亭那家伙可谓糟糕。苏州寡妇一句"倷是好人",他即刻便忘掉"向尿缸照照影子",反而与阿福辈作猪猡相骂跳闹。方鸿渐呢?虽然他也时露癞状,比较而论,总算是一只"能照镜之狗"。他被唐晓芙痛责,尚能表示"不再讨厌",遂从暴雨落汤中"抖毛"而去(《文选》卷四,110页)。其后他又同赵辛楣苦中作乐,以"狗追影子丢骨头"这一母题变喻做相互调侃(《文选》卷四142页)。

钱氏论证:此种既可讥世讽人,也能反身自嘲的"照镜式幽默",实乃对世事达观洞悉的高卓机智表现。它超越一般的戏谑滑稽,以其心力活跃、突破时空与文化疆界(《文选》卷二208页)。这令我联想到当今西方哲学所追求的知识批判意识,以及它所强调的针对人性与主体的反省自察。

第三集:交错求情

方鸿渐和赵辛楣,不打不相识。围绕"酥糖小姐",大闹错中错,反为同情兄。这一出多角恋爱戏,由小说的第三、四章垫底,逐渐伸展为一个全书贯通大喻（Controling Metaphor）。论类型，它锻炼集约了多种西式小说特征，却又恣意破体，做成了一种罕见的戏仿（Parody）范例。

各位请细看：戏中的两对男女主角，首尾相接、错位追逐，误会不断、喜悲流变。其中既有莎士比亚《皆大欢喜》剧里的捉对笑闹迷误之技，也含简·奥斯汀《傲慢与偏见》式"沙龙闺秀小说"的遗风，更兼掠萨克雷《名利场》中的丫叉布局之美（赵按：其间蓓姬与艾米丽娅、奥斯本和多宾，也因错位求偶，引出了悲剧箴言）。此外，一如海外学者夏志清、林海的研究所示，方鸿渐的浪漫经历，与菲尔丁笔下汤姆·琼斯苦追苏菲娅式好女子的经典讽刺套式多有吻合。

然而，文学比较并非比较文学。钱氏奇特的"混纺出新"方法，原本来历不凡：它是以诗学理论的辨析抽髓为基本。例如，钱锺书在《王荆公改诗》一文中称赞道：（荆公）巧取豪夺，脱胎换骨，百计临摹，以为己有。或袭其名，或改其字，或反其意。集中做贼，唐宋大家无如公之明目张胆者（《文选》卷三 292 页）。

在我看来，《围城》匠心，恐出其上。仅"同情争风"一出戏，即已技压中西翰墨，占足新诡之意。论效果，亦可谓情理双胜，一戏数训也。

看官不信，且容我试点几处关节。首先，作者将西洋爱情故事中的"交错求情"格式，巧妙嫁接于中国之"外心"说：所谓"吕洞宾肚里有仙姑，仙姑肚里更有一人"。又取其反仿形式，自称是一种"连锁变幻交错单相思"（《文选》卷二 302 页）。更利用华夏兵法，遣词调章，曲写情场对阵。使书中人物依甲乙乙甲、甲乙丙丁之序逆接遥应，交相制动，阴错阳差。

其次，钱氏引入明清小说的人物分身正副法，把男女二人已经足够的主角，暗拆作四个矛盾反衬的"自我与异我"（赵按：德国哲学家费希特，苦苦论证"自我非我同一"，至今未决）。试想，我们若将学者鸿渐，合于政治家辛楣，再把文纨的学识风度，派给纯真天然的晓芙，岂非速成皆大欢喜式姻缘？但此术第一未脱旧文桎梏，第二也不合现代人的情理：男子之于学、政，只能此长彼短；女孩儿修成了博士才俊，岂可仍葆烂漫稚气？

个中离合之道，钱氏深析曰：凡人事皆有两面三刀，理依"真谛、俗谛"并行而立。康德等西洋哲人，曾为本体论弄到了"不知我何在"的发昏地步，倒不如取《周易》"噬嗑嗑合"之说为辩证精辟，以显人事分合，相反相成(《文选》卷一 218 页)。

于是乎,鸿渐与辛楣你长我短,互为盈缺,一明一暗,角度转换中令人洞悉双方。文纨和晓芙前呼后应(假设文纨出国前、晓芙留学后),左右掣肘,福祸相倚,虚实咬合。这大约是钱氏论述的现代人喜悲剧主题:自我分裂,知行歧出(《人生》73 页)。

就像是故意要同"理想与主体"开玩笑,小说偏不许五四传人轻易圆梦。鸿渐教书启蒙,辛楣从政救亡,二人理念歧争多化作人情俗谛,叫人只看到:他俩为女孩子杀得你死我活、笑话百出,反因情敌离间之计,终又同病相怜,化作手足之情。(赵按:鸿渐文纨都善文学,辛楣晓芙并修政治,他们竟不同道相求,反作彼岸之恋,看官你道是荒唐、抑或合理?)

再索戏中真谛,一如钱锺书所言:"理想与现实为两码事,女朋友和情人绝然不同。"英国哲人休谟,曾用英文列出一个著名公式:是这样(Is)和应该怎样(Ought)两者老合不拢(《文选》卷六 191 页)。

据此铁律,方鸿渐只配娶不理想的孙柔嘉,忍耐中为唐晓芙的虚幻消逝痛彻心肝。他那另一半(赵辛楣)执迷不悟,小说便续写他惨遭汪娴氏(文纨幻影)诱惑的悲剧副本。

至此,教训加重,"平行线不相交"的残酷定理,一再被确证无误。请注意:这一则现代中国的人生贯通大喻,若按俗语讲,正是鸿渐饿昏了头才道出的戏言:"私情男女,不过像烤山薯,吃进嘴不及闻着香甜。"(184 页)

第四集:女权主义

上一段多说哲理,亦有男人独白之嫌,待我说两段神怪故事,再从女权角度解释《围城》书中暗设的一副西洋对联。那上联道,丈夫从来是"女人的职业"(46 页);下联说,男子难免做"道义上的懦夫"(86 页)。横批是"有情无情哉?"(学生乱加的)

先看上联"女人以丈夫为职业"。这句洋话颇有来历。请看 Jimmy 张家的那位"我你他"(Anita)小姐:她即便不读书,也晓得昼夜捧诵《谋夫守夫》(*How to Find a Husband and Keep Him*)一类美国女儿经。

再看苏文纨这般高层知识女性,任她空有苏小妹的才名及法国博士帽,一旦她失落理想丈夫,竟如失业——急急下嫁,不避俗套。原因恰似西洋《圣经》所说——亚当偷食禁果后,上帝出谕惩罚夏娃道:"吾必使汝受孕娩之苦,更教你世代傍夫,奉其为主。"

钱锺书先以社会学眼光加以解读,谓此天经地义的男女不平等观念,实为中西父权宗法制度之产物。"因男人制礼设规,故有双重性道德。"(《文选》卷二247—265页)他又细察曰:"男女爱情心理因此而异,即士耽不如女耽。"

法国女作家、女权主义先驱斯达尔夫人曾有名言道:爱之于男,只是人生插曲,而于女,则是生命全书。拜伦也以艳诗陈述此说,颇类似中国俗谚"男子痴,一时迷;女子痴,没药医。"(《文选》卷二313页)

由此可见,中外偏见,根源深重。现代女性解放说,当返回原始话语。

英国文祖乔叟的《坎特布雷故事集》里,有一粗泼巴斯妇人,巧说女人新生之道,近年来颇受欧美女权理论家重视。故事大意是:亚瑟王麾下一骑士,因性乱罪被处死刑。王缓刑一年,命犯人将功折罪,去查明女人们的愿望。那倒霉骑士为活命计,咬牙去访一可怕女巫。

巫诱其娶己为妻,并于洞房之夜暗告之曰,女子最重大隐秘之欲,是追求"自决权"。巫遂擅用此权,教骑士自选一生活方式:要么她将丑怪如常,却忠贞不贰;要么她将变天仙娱夫,但会自由放荡,不守妇道。那骑士走投无路,只好舍弃了男人私心,择丑为安。不料此举竟令老巫大恸,真情流泄中,变作理想美貌贤妻。(赵按:此乃数种版本之一。)

虽说是一笑话,却也警醒众人。例如女人在进入现代社会之前,早存自决之意,只因缺少条件,才被迫以守夫为业。一旦她们喜获解放,心中意气难平,岂不也会重蹈男人的旧辙?

小说《围城》中,最先出场的鲍小姐,就像是取了女巫的第二假设。沈太太之类上层贵妇,趾高气扬,满口大话,却丝毫未能觉察:其私心如浊男腐儒。苏文纨固然是留洋女,亦难摆脱"职业病"。相比之下,她的花样百出、弄巧成拙,反不如鲍女只求痛快。

唐晓芙呢?真真是一朵"红玫瑰变成了蔚蓝花"——她太理想、太偏激了。比如她与鸿渐摊牌,竟要求"占领爱人整个生命",不准他有任何过去！此番自决之心，不仅冷酷，且毫不宽容——这同鸿渐窥破她"不化妆便是心中没有男人"的私心偏见，究竟有何差别？

可怜这一对进步恋人，竟然双双为理想所耽，更将那有情变作无情，却无那女巫和骑士之福。

下联"懦夫"说，自是挖苦方鸿渐、赵辛楣一类洋派现代骑士。此典出自欧洲中世纪骑士传奇。法文本稍早，英文本随之。因为孙柔嘉（357页）骂鸿渐时，说的英文 Coward，我便胡乱以14世纪英国无名诗作《高文爵士与绿衣骑士》为例，略释其意如下。

又是亚瑟王（King Arthur）大宴群雄。席间一绿衣者挑战，请勇者砍其头。高文悍猛，拔剑立剁之。但见绿尸提头大笑出门，约好汉复见明年，引颈挨刀。高文依约寻战，黑森林中遇一城堡，为主人殷留。又接连三番遭贵妇引诱，俱以铁石之态坚拒。次日出战，遍身铠甲，竟被敌手一刀伤其腰。

原来绿衣者，正是城堡之主。他按照骑士圣规，反复考验高文：先当众试验其勇，无误。复串通妻子，千方百计勾引他失足。高文虽然几次加以拒绝，最终却未能通过道德纯洁考验：他私藏贵妇一绿腰带出战，原以为刀枪不入，结果被绿衣骑士乘虚杀翻，大损骑士荣誉（Knight's Honor）。

循此线索，便可多见小说之趣。方鸿渐为城堡贵妇（苏文纨）所困扰，软弱难断，反遭重伤。这已应和道义懦夫之名。"副骑士"赵辛楣，在三闾大学堕入情网，私恋汪娴氏。案发后，他竟不敢承担责任，真真如那厉害女子所骂："胆子只有芥菜子那么大。"（274页）

鸿渐旅途中，只敢随柔嘉裙后混过奈何桥。辛楣为试自己勇气，硬挺着去赴文纨婚礼。再比如他俩去汪家相亲那折戏，明明见了人家就没胆气，却彼此以留学的骑士风度自重，为荣誉计合伙捣鬼、送二女回家。

小说终局，作者借孙柔嘉之口，痛骂天下如此男人，倒也蕴含几分真理。毕竟现代人比不得中古骑士，苛求之下，岂有完男！

第五集：唐吉诃德

前一段讨论了中古骑士传奇。按理说，我们若把《围城》当成那一类传奇的戏仿（Parody），或中国现代的《唐吉诃德》，也并非没有依据。

据美国加州大学教授胡志德（Theodore Huters）的《钱锺书传》（1983年英文版）称，钱氏在牛津与索邦留学时，曾博习西文多种，涉猎文学百家。其中如薄伽丘、塞万提斯、赫胥黎、伊夫林·沃等讽刺名家，他是素喜且多心得的。再者，钱先生自己也回忆说：他在清华求学期间，有志趣于中西文化的打通与比较工作[1]。

那么，《围城》在哪些方面近似于《唐吉诃德》呢？一般海外研究者，往往注重外观。他们或以唐骑士"由史诗英雄沦为世俗丑角"的可笑漫游，来映照方博士"先骄后挫"的巴洛克式天路历程；或是察看文本结构，谓两书都以上部作纸上谈兵，下部写出征笑料，以求"正反扣合"的讽谏效果。

窃以为，唐、方二位作为"亦喜亦悲"典型形象的真实意义，主要来源于他们置身其中、却又不明的重大历史转型与文化变迁背景。在中世纪向启蒙过渡的欧洲，如同由闭关自守、转入门户开放的中国，时代换轨的历史语境（Historical Context）必定导致知识错位，以及文本的内在矛盾。

用知识考古的术语讲，此种转型时期，无疑充满了所谓的话语断裂、差异、颠倒与冲撞。如同福柯在其《词与物》里解说的那样：唐吉诃德就像一个滑稽的类同符号，他在西方史上首次知识转换之后，贸然且无知地闯入一个"压根不认他的世界"。结果是"严重混淆两套表征系统，错将彼在（Autrui）当作此在（Autre），并造成彼此之间的可笑误读"。

这一节讲得太玄，我怕钱先生骂我故作"鸟语啁啾"，赶紧举个大实话例子。且说有个北京胡同女孩，爱打扮且洋味十足，引得一老外留学生上前套近乎，京腔捧场道："您呐真够拔份！"（西方绅士礼貌用语）不料回答竟是反身一骂："好不要脸。"（中国规矩女孩不吃这一套）

这便是话语的差异导致颠倒会意了。回头再看《围城》里的例子，最通俗、概括的一条，就是67页效成那孩子挨老师骂，因为他在堂上把清朝国姓爱新觉罗，错记成了亲爱保罗！这个连小学生都会大笑的错误，就是

---

[1] 见《天下月刊》1937年四卷427页钱氏书信。

上海当时的转轨教育造成的知识错位了。

常替效成补功课的鸿渐，也犯同一类毛病。经典一幕，便是他回家乡县中讲演《西洋文化在中国历史上之影响及其检讨》。这一段故事，堪称是妙极的唐吉诃德式话语冲撞。请看那个留洋博士事先大翻线装书、准备演讲提纲。上台后发现他竟然丢了讲稿，只好满口"亲爱保罗"胡诌下去。谁承想，那些家乡的"爱新觉罗们"是怎样可笑、可怕地误会他！于是仿效成挨骂，外加满城污言秽语，硬说方鸿渐抽烟狎妓、斯人有斯疾也！（34—39页）

钱锺书在《林纾的翻译》一文中，曾借说译技风格，提出一系列至关重大的文化交流命题，诸如引进目标是欧化或汉化、翻译中的化与讹标准，以及译者自身的媒介作用——究竟是"传四夷及鸟兽之语"以作诱导、反逆，还是移橘为枳、借体寄生、指鹿为马？

更为那些文化联络员或职业媒人设一妙譬，称其在出发语言与到达语言之间，自有一段艰辛历程，免不了一路颠顿风尘，遭灾遇险（《文选》卷六107页）。若从这一特定角度透析《围城》，看官安能不识其中之趣，细细体味方鸿渐的漂泊历险及其可歌可泣的职业使命？

中国语言及文化，作为一种强大自足的社会交流与制约体系，自古就是出入不易的。一如方鸿渐所感慨：海通之后、洋务兴办以来，有几桩舶来货色能原样扎根、长存不灭？鸿渐学成回国，刚下船就发现人事尽如常，希望变泡影。

面对方遯翁这样的遗老传统以及乡下小镇的摩登作派，鸿渐尚能装聋作哑，动辄"向上海溜之大吉"。可是到了那文明开化的首善之区，他岂能躲开天天见到的各式文化混淆事件？

小说上半部集中描画20世纪30年代大上海的"新生活"场景。仅从放洋归来的"毛子们"嘴边，我们即能拾到无数话语矛盾，或曰"化与讹"的掌故。比如褚家宝学西哲斯宾诺莎改名，却用中国"慎思明辨"之典（88页）。董斜川英年洋派，竟习古成性，像遗少般言必称"老世伯""同光体"（91页）。苏文纨如同"租界里的政治犯，躲在洋文里命人吻她"，一旦得知人家另有所爱，反被激出一句国骂："浑蛋！"（105页）

赵辛楣是个美国通，他学足了洋人政治、情场功夫。临到宴客，这位少爷也只敢模仿酸儒，"仗着酒勇，涎脸看苏小姐"（99页）。再配上席间诸如"外国人煮汤加胡椒吃茶叶""满清大员将西洋咖啡当鼻烟"之类的文化交流历史掌故，看官自然不难理解小说下半部接续发生的其他笑话，例如223页所写牛津、剑桥导师制，如何在中国的三间大学安家落户。

堂吉诃德有句名言，说他读翻译书就像"从反面看花毯"。钱锺书就此题在《汉译第一首英语诗……》文中，还谈过一则发人深思的趣闻：西洋诸多大诗人，最早被国人相中的，却是美国人朗费罗。此人好诗也足够选，首译成中文的，偏偏是他不怎么样的《人生颂》。

原来，"纱帽底下好题诗"。翻译、介绍、吹捧此诗的人，碰巧全都是中外高官。而他们之间的"选择亲和势"，往往支配风雅交通，左右知识运转。此类交流史上的恶作剧，时常捉弄教授与批评家，将其"严密理论系统，掤上大大小小的窟窿"（《文选》卷六167页）。

此文原大约写于四十年前，后由张隆溪发现，并劝钱先生改作中文，复于1982年发表。文中要旨，我以为恰好呼应美国哥伦比亚大学萨义德教授轰动欧美学界的"旅行理论"[1]。

此处我未及与隆溪、夏志清教授等人磋商。但我确实感到，钱先生的有关论述，是非常要紧而又未为海外悉知的。例如他早于萨义德之先强调指明：任何文本或理论，一旦离家外出游荡，必定遇劫变形、投胎转世（Transmigration of Souls），在异域外邦被翻转领会出另一种或多种虚涵之意（Polysemy）。

这在布鲁姆笔下是"误读的地图"，萨义德书里叫作"误读合法化"。福柯探讨的权力知识孪生论，哈贝马斯的"交流活动理论"，也与之瓜葛相连。然而他们皆不如钱氏灵动精巧，竟把这一复杂多变的文化交流运动，简明概括为"艰辛历程，一路颠顿"。

夏志清教授在《现代中国小说史》中所论《围城》之"流浪汉风险小说"特征，是否也可在此理论基础上加以拓展？

1　Traveling Theory，见 Edward Said, *The World, the Text, and the Critic*, 1983 年哈佛版。

学生乱谈至此，突然醒悟到：我自己也是在误读《围城》。且如脱缰野马，与先生本意相差"不可以道里计"了。

到底方鸿渐像不像唐吉诃德？其实不必认真。钱先生曾说：是雨亦无奇，如雨乃可乐。绘画高手只画片刻，不描顶点。怀孕手法，含前生后。戏仿大师只需撮出那"一半或四分之一相似"，笔墨停处乃我得意之时。

妙处不可传，单独传其妙。用字如用兵，虚实讲调度。模糊铜镜，半间不架。通变胜复古，求同更立异。狐狸多才艺，刺猬仅一招。长歌当哭，蚌病成珠。

以上俱是脱空之经，信不信由看官自便。或姑妄听之。或觉得有味，再看我与鸿渐、辛楣一路翻山越岭、游荡下去。毕竟那一对和尚同我说出甚故事来，且听下回分解。

附录二
《围城》的隐喻及主题

刚给《读书》写了一篇《围城》杂感,我就见到日本学者中岛长文的有趣评论。这位《围城》的日文译者眼光敏锐,专从此书与众不同的现代主题,来反证它饱受冷遇和误会的漫长经历。

中岛发现,如今《围城》虽然流行了,却遭受到各式各样的待遇,以至"在北京站的书摊上,混杂于武侠小说中出售"。中岛于是长叹息:"懂事明理的(中国)知识分子,大概不会(把《围城》)作为纯然的娱乐作品而读……虽说贵国评论家的文章常常令人觉得不对镜头,又令人感到不小的不安。"[1]

一如中岛所说,"不对镜头"的例子确实存在。就连那些知书明理的知识分子,一旦放下《围城》,接着看50集流行电视剧《渴望》,恐怕也要头晕一阵,辨不清方鸿渐与王沪生了。

为此中岛引用了赵辛楣的感慨:中国真厉害,天下无敌手!话虽这么说,我却相信《围城》自有一种超越品格,不至于应和鲁迅的名言:"什么东西进中国就完了,如浸入染缸,面目全非。"

一路想去,我又得了几段杂感——既是为了结上篇未尽之兴,也算是与中岛先生唱和吧。尽管我有些与之相左的看法,却很赞赏他的研究态度,即希望《围城》的主旨意蕴,不要在如今的喧闹声中,继续被冷落下去。

---

[1] 详见中岛《〈围城〉论》,载《钱锺书研究》第二辑。

第六集：人名用典

这一段专门考察《围城》中的人名用典。中岛文章提及：1987年他造访钱府时，曾蒙主人当面赐教，得知"围城"一词，最早出自《战国策》，后经司马迁征引，入《史记·鲁仲连传》。文中之"城"，原来是指赵都邯郸。但钱先生又说，"围城"作为词语入书，并没有什么特别的意思。

中岛于是想到其他一些古例，诸如《左传》中记载的"围固城"，还有蔡文姬《悲愤诗》里"猎野围城邑，所向悉破亡"等句。因为钱锺书写作《围城》时，正值日本军国主义侵略中国，中岛便揣度《悲愤诗》中描述的景况（"平土人脆弱，来兵皆胡羌"）可能更符合小说的寓意。偏偏小说自身罕有这方面的象征意味。他在钱府晤谈时，钱氏也未论及《悲愤诗》一节。苦思不得其解，中岛只好认为：那是先生对于"胡羌来的东夷人"特别地加以关照了！

我喜欢这段参禅般的对话。钱先生手执古本《史记》，提醒客人别忘了《围城》与中国古典的可能联系，随即又指出索引工作中"未可貌取皮相的问题"。窃以为，这恰是以言破言、非道说道了。

联想钱锺书一贯的治学作风：他一方面要求参印、比较各类知识现象，此所谓"网罗理董，俾求全征献"（《管锥编》854页）；另一方面，他又坚持对个案的"不可遽信态度"，强调以循环阐释的方法，达至"意解圆足而免于偏枯"（《管锥编》171页）。

眼下，我尚不敢说我能解答中岛的难题。但我确受先生启迪，对《围城》里主要人物的起名用典发生了不可遏止的浓厚兴趣。既然先生讲过：做学问要"不耻于支离事业"，下面，我便把自己见到却又无法圆解的一些例子，简要托出如下，只当是与中岛先生及广大读者共参。

首先，书中赵辛楣与唐晓芙的名字，似乎双双来自《楚辞·九歌》。歌中"湘夫人"一节有句云："桂栋兮兰橑，辛夷楣兮药房。"此处的辛楣，指香草作了户楣，寓高贵堂正之意。回看《围城》中的辛楣：他幼年曾得女相士夸赞，说他有"南方贵宦之相"（56页），即暗合其名。（赵按：清代名儒、嘉定人氏钱大昕，亦号辛楣。）

《九歌》"湘君"一节又唱道："采薜荔兮水中，搴芙蓉兮木末。"说的是古代理想主义者干傻事：他下河去寻旱地薜荔，爬树为摘水生芙蓉，原本是"固不得矣"的徒劳追求！依据此典，方鸿渐与唐小姐这朵"初日芙蓉"命当无缘。难怪书中的晓芙，一朝分手，再无音信，连梦也不给鸿渐托一个。

苏文纨之名，意在示其文采昭然、品质洁白。虽然缺乏古典用例，却有钱锺书评点"洁白"的一段文字。其中仔细比较了歌德的伪洁论、墨子的所染论，又引谢惠连《雪赋》道：凭云升降，从风飘零，素因遇立，污随染成，纵心皓然，何虑何营（《管锥编》1296页）。

若将此诗注释苏文纨在小说中的际遇，岂不像她的十二金钗正榜判词？方鸿渐之所以姓方，《管锥编》里亦有"圆方论"作根据："西方古称人之有定力而不退转者为方人（huomo cubiculare），后称骨多触杵者为棱角汉，现代俚语则呼古板不合时宜为方人（Square）。"

钱氏又举王充、相宽、淮南子等中国名家例证，备说"贤儒乃世之方物""孔子能方不能圆""智圆行方"，以及"头方命薄，不足以扇知己"等等道理——足见方鸿渐这乖戾之人，天生不会随世轮转，比不得那些"脚跟无线"的书剑飘零之士，更学不来"左旋右转不知疲，千周万匝无已时"的所谓琉璃蛋子胡旋之术（《管锥编》921—930页）。

方家父子，遯翁与鸿渐的取名，均与《易经》大有瓜葛，颇值得《围城》研究诸家注意。可惜学生不谙此道。唯见钱氏著作里频繁引证《周易正义》，尤其多处涉指"渐卦"。卦中含有六项变象，即鸿渐于干，鸿渐于磐，鸿渐于陆，鸿渐于木，鸿渐于陵，鸿渐于阿。

卦中之鸿，是为一只水鸟。它由海上飞来，逐次栖临滩头、岩石、陆地、林木、山陵与水边，仿佛经历了一场犹豫不定的寻觅游戏。其中"九三：鸿渐于陆，夫征不复，妇孕不育"（《管锥编》35页），像是隐含了"夫婿离家出走"的小说结局。请看第八章方鸿渐与孙柔嘉至香港成婚，忙乱中确有一段"妇孕不育"的虚惊插曲，令人猜测它与占卜的隐秘联系。

第七集：小说布局

与之相关，产生了一个涉及全书的有趣问题：作为小说的主角与制动者,方鸿渐,或那只由海上飞返大陆的孤鸟,一路寻觅,辗转求安,终不能得。他的凶吉祸福,与渐卦所含的变象,有无一种潜在的关联?他的个人经历,又怎样影响到小说的构思布局?

海外研究者多把《围城》九章内容划作四五个部分。例如茅国权英译本序言,称方鸿渐的命运模式为"春夏秋冬"四单元,或四个罗兰·巴特所谓的"功能序列"。中岛则列出五个部分,依次名为:舟楫归来,上海之恋,内地旅程,教书,结婚并破局。但他觉得这自然形成的五段落并非"缜密计划"的结果——因为他"无论怎样分段,与传统的起承转合模式,以及戏曲的序、破、急三分法都不相吻合"。而且各部之间缺乏平衡,最后一章"大半是多余的"。

与茅先生的西式小说分段法相比,中岛的中式裁节便显困难。这里恕我冒昧提议:何不抛开因袭的文学析读眼光,试以《易经》这种更原始古朴的中国思维方式,来释读《围城》的深层意义结构呢?至少我以为依照渐卦的六爻,将《围城》分作六段,显然也是可行的:

鸿渐于干——第一章,印度洋至香港。

鸿渐于磐——第二章,香港至上海。

鸿渐于陆——第三、四章,上海。

鸿渐于木——第五章,闽赣路入湘。

鸿渐于陵——第六、七章,湘西背山小镇。

鸿渐于阿——第八、九章,经港返沪。

剩下的问题,是如何使分段与分章的逻辑相合。一如中岛所见,《围城》各章长短随意,用笔收放不一,很难套入中国传统模式。既如此,且容我再大胆妄度一回,指《围城》的九章之分,是虚应商周文化的九鼎、九歌之说。(赵按:哈佛人类学教授张光直先生曾论证:九鼎向为我国古人通天符号,也是对通天之术进行独占的象征;九歌则代表了巫觋仪式中一应法器与艺术形式。)[1]

无独有偶。钱氏围绕《楚辞·九章》及通天之术亦有专门讨论。《管锥

---

1 见张光直《中国青铜时代》二集。

编》200 页,针对古代"诗之道"的发轫谈道:以文辞贯系如珠,以音乐纺梦如锦,以回文织情与恨,犹如西方古人把笔组结文章,纠卷而成"思结""情网""忧茧"——斯意在吾国始酣畅于《九章》。

《谈艺录》60 页,钱锺书提出有关艺术与自然关系的"法天与通天"观念。他精研西洋艺术理论(摹仿论与唯美论),将它们对比中国的"笔补造化""文字觑天巧"之说。从而断定,所谓"道术之大原,艺事之极本",乃追求天艺合一(自然与人工相融汇)的最高境界,此即通天。夫"学与术者,人事之法天,人定之胜天,人心之通天者也"。

以学生我的愚见,《围城》当初的设计思想,便是要成为一部集合精粹的"通天之书":它不单包容、体现了钱氏的文艺观及创作手法,而且在章法设计方面,也暗中呼应、沟通着中国古典传统。

第八集:柔嘉之名

前两段大讲人名用典,却漏掉了一个要紧角色:孙柔嘉。这里特为此女大书一节,因为她是小说里最重要的女性角色。中岛说:《围城》写活了孙柔嘉的精明、柔韧与生活的本能,其笔力之老辣,谋划之工细,堪当今日之《红楼梦》。

美国哥伦比亚大学教授夏志清则称孙柔嘉是中国现代小说史上"最细致的女性造像""中国文化的典型产品"。理由是,她那种"从羞缩缄默外表下逐渐露出的专横与善妒个性,是中国妇女为应付一辈子陷身家庭纠纷与苦难所培养出来的"。[1]

我同意二位意见,但还想补充几句。

虽然孙柔嘉中途登台,才貌平淡,了无鲍、苏、唐三人的光彩,她竟后来居上,成为小说下半部的支配角色——这似乎反映出作者将她有别于他人的特殊创作动机。纵观书中与方鸿渐有染的女性,以及钱氏短篇小说中的其他女角(如爱默、曼倩),似无一人能得作者如此的用心良苦、刻意

---

1 见夏志清《中国现代小说史》中译本 449 页。

巧画。

首先，钱氏为之取名，不惜搬用重典（这令我为苏文纨大大抱屈）。请看《诗经》中的《大雅·抑》篇卫武公讥刺暴政的上古名句："质尔人民，谨尔侯度。用戒不虞，慎尔出话。敬尔威仪，无不柔嘉。"《大雅·烝民》一篇又说："仲山甫之德，柔嘉维则。令仪令色，小心翼翼。古训是式，威仪是力。天子是若，明命使赋。"

请留意：上面两次提及的"柔嘉"，讽颂交替，着力千钧，说透华夏文明自古夸耀的统治驾驭之道。

结合《围城》中孙柔嘉的威仪颜色，实在令人不寒而栗，更为自负轻率的鸿渐捏一把虚汗。那读洋书的呆子，何曾省得半点齐家、治国、平天下的道理？他居然碰上了如此煞费苦心的对手！

比之《红楼梦》里的宝钗、探春，孙柔嘉毫不逊色。若将她同《围城》中众多洋装小姐相映，她们也不免都变成了陪衬——那些大家闺秀合起来还不及这个小家碧玉一半厉害！

不仅如此，作者还借洋典之功，唯恐轻薄了柔嘉的分量。例如她初次在船上亮相，明写着女学生的胆怯幼稚，暗中却一气插入两条西洋掌故。

其一是把她惊异的眼睛，比作"吉沃吐画的圆圈"。这 Giotto's Cycle，原指意大利文艺复兴画师，加在圣像头顶的光环。挪到孙柔嘉身上，当是揶揄她心机深沉又假充圣洁。

其二是柔嘉在船上盘诘鸿渐时，引出一段大鲸鱼童话。此典来自英国讽刺大师斯威夫特《一只桶子的故事》（1704）。原说古代水手有个习俗，每当他们在海上望见鲸鱼，总要扔一只空货桶，逗那大鱼游开，以免伤害船只。斯氏将它牵扯上霍布斯的政治学经典《利维坦》（1651），讪笑他的同胞在对付国家这个庞然怪兽时，也像水手扔桶那样"玩弄一切宗教和政治手腕"。

《围城》巧用此典，喻方鸿渐为笨拙水手，孙柔嘉为可怕大鱼——因为鸿渐"刚吃过女人的亏"，惊魂未定又遇上个同船女孩，不免学水手惯伎，吹一段"巨鲸吞船"的荒唐牛皮。他自以为能逗柔嘉转向，偏又识不破她"借书核查"的圈套。若非辛楣及时出手解救，鸿渐即刻便做了钻进鱼嘴的那条糊涂船（145—146页）。

船上对话,虽富有喜剧气氛,却因"鲸鱼与巨兽"典故而隐含某种政治寓意。随同这一阴森的伴奏音由弱变强,小说的围困主调逐渐显露。

到达三闾大学后,鸿渐看柔嘉仍是个"事事要请教自己"的毛丫头。由于惧怕"黑夜孤行",他萌生靠拢之意,却发现她"不但有主见,而且很牢固。"(281页)一俟与之订婚,他"仿佛有了个女主人",开始佩服她的驯服技巧(283页)。

待到辛楣唤醒他朦胧的警觉时,鸿渐已经陷身鱼腹,再不能"称心傻干任何事了"。(292页)回想归国途中的海阔天空,困守斗室的方鸿渐怎能不嗟叹他每况愈下的命运及不断紧缩的生存呢?

中岛称此"窘迫的深入渐进过程,代表了传统中国对现代中国的围困"。中岛判得精当。问题是作者为何要以一位温良女性来表现围困的极致与彻底,好像他对婚姻生活"抱有遗恨"?

而我却以为:《围城》中的那桩婚姻,早已超出了一般爱情故事的局限。而孙柔嘉的形象,是应以斯威夫特或卫武公的眼光,予以认真解读的。换言之,作者强调的围困,并非仅仅来自社会制度及其机构(例如方鸿渐赖以谋生的银行、大学、报馆)。它倒是更着重地落实在世俗层面,尤其是家庭与婚姻关系上。在那些僵硬冷酷的职业机关里,鸿渐孤单孱弱,饱受排斥。当他退回私生活中,却发现传统束缚因其琐碎缠绕的日常性质显得更为顽强持久。所以马克思早年论及的市民社会,西方新左派探讨的意识形态国家机器,均突出了传统习俗经由国家所发挥的强大规约作用。

在此含义上,孙柔嘉便不只是个"会过日子的女人"。她可以一无政治倾向,却具有统治习惯与权力功能。虽说教过英文,倒不妨碍她在日常生活领域守护传统,钳制异议。而她越是拥有为市民道德所称颂的贤惠才干,她对于丈夫就越像一个暴虐君主或囚禁他精神的樊笼。如此悲剧性矛盾,早就暗藏了婚姻破裂的必然逻辑。中岛先生说第九章"多余",恐怕言有偏失了。

第九集:现代绝响

再看小说中的现代性(Modernity)问题。中岛文章的精彩处,是他确认《围城》的现代性主题，即出色地继续了鲁迅、巴金的尝试，写成一部关于"中国现代自我挣扎与确立"的问题小说。

在中岛看来，这一"现代性"特殊主题，早在其萌芽阶段就曾惨遭黑暗势力的掩压，继而又被革命时代所吸收。《围城》问世时，恰逢"革命与抗战"的政治题材盛行，但此书"既没有抗战，也没有革命，既没有正面人物，也没有反面人物，只有一个不中用的知识分子，走来走去一大圈儿，最后连婚姻大事也失败了"。如此不合时宜，致使《围城》一露面即成绝响。而它的现代主题，也长期被人忽视，并加以各种曲解，当它是戏弄文字，或是所谓的贵种流离谭。

《围城》的传统色彩与现代特征相互交织，中国文学与西洋文学的多种因素高度混融——这大约是影响人们判断其主题的另一重要原因。譬如海内外评论，至今纷纭莫是众口难调：有人说它是《儒林外史》《子夜》的翻版，有人认定它是卡夫卡、乔伊斯、萨特、加缪、贝克特的荒诞作品，甚至有人发现它是福克纳式"南方病态文明"的写照。

依我陋见，《围城》确有西方现代派文学的品格气韵，而这恰是为国人长期不熟悉的一面。但要精确描述其来由、脉络，及其在《围城》中的改造与再现，却远非易事。这里，我谨就中岛设想，提出一个深入调查方案。若求周全，须得另作一文，细细追究。

我以为，《围城》创作的一个重要特征，就是塑造了方鸿渐这个近似西方现代作品里"反英雄"的人物。所谓反英雄（Anti-Hero），并不是某种反派角色，而是指那些从西洋传统正面英雄的高度跌落下来，成为嘲弄或反衬前者的一类"哭笑不得变种"。这些反英雄既非君子又非恶棍。他们矮小滑稽，孤僻困惑，四处漂泊，无家可归，却能在乱世中自行其道，不甘堕落。

就英国文学史而言，这类人物本是由汤姆·琼斯式的贵族子弟飘零故事（即 Picaresque Novel 或中岛所说的贵种流离谭）中延续下来，经历20世纪初的信仰崩塌、价值颠倒，逐步蜕变为"二战"后"愤怒的青年"笔下的反英雄典型形象。其中最著名一例，便是艾米斯（Kingsley Amis）的代表作《幸运的吉姆》（*Lucky Jim*，London：Victor Gollancz，1954）。

说来有趣，这个晚生十余年的"幸运吉姆"，竟与方鸿渐颇多相似：

两人都恃才清高，蔑视权威；都荒诞不经，又时常尴尬受欺。同为大学青年教师，他俩在校园内外多遭挫折，还双双闹过忘带讲稿上台胡侃的笑话。当然，杰姆·狄克逊这位英国反英雄的结局，要远远胜过倒霉的方博士。然而远隔重洋，相距多年，这两部名著何以巧合至此？

我的解答，简单到鲁莽地步，即钱氏与艾米斯同为牛津出身，他俩在学业与艺术倾向上，不免都受到赫胥黎（Thomas Henry Huxley，1825—1895）、伊夫林·沃（Evelyn Waugh，1903—1966）这一路学院才子（University Talents）的文风熏染。（赵按：钱锺书 20 世纪 30 年代赴英国牛津大学攻习文学，据说文笔上留有当时流行的 Virtuoso Play［贵族情趣的艺术游戏］印记。而艾米斯虽于"二战"后入学英文，他对战前才子的仰慕，也不乏记载。）

撮要言之，由赫胥黎的"反乌托邦"怀疑论及其"书香对话"体裁开始，经由伊夫林·沃的讽刺文体、校园公子落难描写（见其代表作《衰败》，1928 年）直到戴维·洛奇近年轰动欧美的《小世界》（David Lodge, *Small World*, Penguin, 1995）——这一脉牛津风格的现代贵种流离谭，在反映社会异化、知识分子盲目求索方面，已形成一支极具特色的讽刺文学流派。

如果试将《围城》置于这条发展线索上考察，它与《幸运的吉姆》等书的相似或巧合，便不难解释了。

第十集：何谓围城？

最后回到《围城》的书名上来。我得承认：古今中外转了一圈，我还是无法确定"围城"的象征意义。倒像是在上海饭馆里被辛楣灌醉，依稀记得一连串的碎言片语。譬如褚慎明引罗素的英国古话，谓"结婚仿佛是金漆的鸟笼"，又看见苏文纨搬来法国谚语，说它是"被围困的城堡"（96页）；接着听到鸿渐嘟嘟囔囔："他们讲的什么'围城'，我近来对人生万事都有这个感想"（141页），然后又抱怨道："那个破门倒是个好象征。好像个进口，背后藏着深宫大厦，引得人进去了，原来什么没有，一无可进的进口，一无可去的去处。"（192页）最后是杨绛先生注释："对婚姻也罢，职业也罢,人生的愿望大都如此。"

还有更多的解释吗?当然有。诸如夏志清教授的"人生孤立与隔膜"说,中岛先生的"现代中国被围困"说,陈平原的"梦想局限"说,愈钻研愈多。倒有几分合了鸿渐醉酒戏慎明的玩笑:"反正你会摆空城计!"

《围城》是否真是一座没有主题的空城呢?此念令我倏然惊醒。

回想《围城》开篇便写一群留学生在船上玩麻将牌,一路雀战频仍,逶迤至上海张吉民家、鹰潭王美玉处、三闾汪处厚府上(就连校长高松年也明禁暗打),真乃国技风行,举国爱作筑城与攻城之战——如此一想,《围城》岂不又多一解,成了嘲弄书呆子的另一座百年老钟?

看来《围城》确是一座难解,甚至无解的语言之城。

《圣经》说,洪水劫后,诺亚子孙向东方迁移,在示拿地方开始筑造人类第一座古城——巴比伦,又在城中设计建一通天之塔。不料此事惊动了上帝。老天爷心中不悦,便施法变乱众人语言,令其各说一套。最终人心涣散,工程中断,只留下一个巴比伦的虚名(希伯来语变乱)。

其实,钱先生早已说过:诗无正解,作者亦不能断。理由嘛,是因为"浑沌为道,道本无名"。惟无名,故可遍得天下之名名之。以一名而不能尽其意,遂繁称多名,更端以示。

托物寓旨,拟象不即,无极而太极。殊途同归,百虑一指,一切解便是一解。形同太虚,无欠无余,相消不留,亦可相持并存。

禅机颠倒倒颠,文字皆解脱相。忧喜齐门,欲哭反笑。百合花心,瓣剥殆尽。长远之悲,眼前为乐。枯槐聚蚁,秋水鸣蛙。寂寂之极,变为浩浩。莫守典要,唯变所适——这《围城》本是从无中来,我只能在此还它一个无中去!

My Notes from Harvard

欧美新学赏析集

哈佛读书札记

前 记

从1986年起,我在《读书》杂志上连续写了近十年专栏文章,总名"哈佛读书札记"。1993年,承蒙三联书店"读书文丛"的关爱,将其中十二篇收编成一本,题为《美国文化批评集》(三联书店,1994年)。在那个集子的前记里,我曾说明我会继续把这套札记写下去,以便完成《欧美新学赏析集》,作为前一集的姊妹篇。

光阴如水,转眼又是三年。三年来,我在《读书》上相继发表一批有关欧美新学的札记,数目已经超过十篇。原想等候一两年再结集出版。今年春,适逢中央编译出版社的同志来约稿,我经过考虑,就整理出已发表的札记,加上一些内容相关的讲稿,稍加改动,编成这个集子。

赵一凡
1997年4月3日于北京

尼采与西方文论的发生

  尼采最能代表危机思想的典型品性。此公不像别人那样畏惧退缩，或假装无所谓，相反，他乘机转入一种"积极的虚无心态"：他为危机叫好，与魔鬼同乐，在混沌时刻翩然起舞，于空虚之中游戏人生。

  关于西方哲学，老黑格尔曾做过一个睿智的比喻。他说，哲学从不轻易向世人昭示真谛——它就像智慧女神米涅瓦的猫头鹰，总爱等到一个时代完结之后，才肯在暮色中悄然出现，抖动它那灵活的双翼。
  目前，20世纪正在接近尾声。对于西方学术界而言，又一个"百鸟乱投林"的黄昏时分已经到来。那头神奇的"智慧鸟"为什么迟迟不愿露面？人们举目四望，殷切地等待，只听见悲鸣声声，只看见残羽纷纷。
  守在旁观者的立场，我们一一查看这些盘旋鸣叫不愿离去的鸟类，却很难发现一只纯粹的"哲学之鸟"：它们之中有阐释学、叙事学、接受美学，也有解构批评、新历史主义、西方马克思主义等等。这批飞禽的色彩斑斓，声音嘈杂，形态各异，但都长着一顶"文论"的凤冠。
  假如米涅瓦的猫头鹰已经死去，西方人希望何在？当前，依据众多西方文论家的意见，那只神奇的猫头鹰确已死去。尽管这些人的意见一致，他们各自的说法大相径庭：有人声称"西洋哲学分裂"，有人宣告"形而上学终结"，有人论述"主体的消解"，有人证实"理性的自戕"，有人强调逻各斯中心的虚妄特性,有人抱怨历史运动的紊乱无序,有人讥讽资本主义文化陷入"精神分裂",有人笑谓"上帝死后,人亦随之死去"。有人表明,启蒙运动所建立的"宏伟叙事及其合法性神话"俱已破灭。还有人断定,西方现代化蓝图仅是"一纸乌托邦"而已。

凝听上述令人震惊的种种高见,我们作为东方人,不能不对邻居们的学术思想状况发出一些疑问:西方人怎么啦?西方学术怎么啦?他们为何走到眼下这样痛苦的一步?西方人所谓的"后现代文化",究竟因何而来?这一系列围绕"危机"而产生的文论,又是怎么一回事?

危机思想的由来

自柏拉图以降,绵延两千年的欧洲形而上学传统,以及在此基础上建立起来的西方人文学术,大约还从未遭此剧变。

其实,关于这场"两千年未有之剧变",以及由此而来的西方文化危机,马克思和恩格斯早在1847年写成的《共产党宣言》里,就做过一段精湛描述:

> 生产的不断变革,一切社会状况不停地动荡,永远的不安定和变动,这就是资产阶级时代不同于过去一切时代的地方。一切固定的僵化的关系以及与之相适应的素被尊崇的观念和见解都被消除了,一切新形成的关系等不到固定下来就陈旧了,一切等级的和固定的东西都烟消云散了,一切神圣的东西都被亵渎了。(《马克思恩格斯选集》1卷,275页,人民出版社,1995年)

回顾20世纪资本主义的迅猛变革,历数由它带来的蓬勃发展、残酷破坏,以及因此派生的种种强烈震荡与复杂效应,我们必须承认:马恩论断极富预见性,亦能吻合发达资本主义的文化现状。受其启发,一些西方批判社会学家和左派学者,近年来开始研究上述变革效应,例如贝尔抨击"文化渎神现象"蔓延,哈贝马斯指责"社会交往关系"扭曲,吉登斯透视现代人"风险意识与知识不确定性"的后果，布迪厄分析"文化生产场"机制，等等。

撇开这些不谈，单说现代西方学者所遭受的精神压力与思想挑战，也是空前绝后旷古未有。依照基督教的传统看法，这简直是一种"千年盛世与世界末日"同时降临的奇妙经验。它既可激起人们有关"天谴之灾"的深深恐惧，也能触发他们无穷无尽的狂热想象。正是在此历史背景下，我们得以目击一场接一场涉及西方学术的持续危机，以及因此形成的一条色彩鲜明的"危机思想"线索。

所谓危机思想（Crisis Thought），是美国教授埃伦·麦吉尔（Allan Megill）创造的概念，专指20世纪围绕西方文明灾变现象而产生的各类学术批判理论。需要说明的是：此种危机与西方思想史上的传统危机不同。过去的危机，通常是圣徒和先哲们围绕"《圣经》阐释权"发生争斗的一种托词。争斗的结果，无非是"《圣经》里的上帝"让位给"哲学家上帝"。

自尼采宣告"上帝已死"，西方学者突然面临了极大的空虚：他们非但被剥夺了一切阐释的权威标准，同时也相应丧失了捍卫或反抗任何学说的理论基础。资本主义持续变革的疯狂逻辑，驱赶他们不断向前，冲决罗网，逐渐变得无家可归、无根可攀，甚至无所谓什么理想主义、超验前景了。

在其名著《极端预言家》里，麦吉尔专门考察上述"危机思想"的现代特征与沿革线索。他断言：尼采最能代表危机思想的典型品性。此公不像别人那样畏惧退缩或假装无所谓，相反，他乘机转入一种"积极的虚无心态"：他为危机叫好，与魔鬼同乐，在混沌时刻翩然起舞，于空虚之中游戏人生。既然诸神俱已离去，那就不妨自己动手，随意创造自己偏爱的神灵。[1]

麦吉尔还认为：从尼采开始，经由海德格尔与福柯，直到德里达，这一危机思想逐步扩张，反复深化，彼此交织，现已发育成"一个相对完整的体系"。

上述四位极端预言家的集体特征，既在于他们一脉相承的怀疑与批判精神，也涉及他们分享的一种"天启圣哲"式的魅力。若将这四人依序排

1　参阅 Megill, *Prophets of Extremity: Nietzsche, Heidegger, Foucault, Derrida*, University of California Press, 1987。

列，分别看作是危机思想贯穿于20世纪不同时期的纽带，我们便可在西方思想史图谱上，发现一条贯穿始终的"危机传统"。

依据此图，现代危机思想，是由尼采牵头，始发于1880至1920年间的欧洲科学高涨时期。"二战"后，这一危机传统突破哲学界限，开始引发人文学术各学科的语言学转向（Linguistic Turn）。在福柯、德里达的带动下，巴黎结构主义革命相继分裂出种种后结构文论，从而刺激了70年代以来有关后现代主义的广泛论战，并将这一危机思想，推向了全新高度。

再者，如果我们把尼采看作是危机思想的发轫，又把福柯、德里达当成是当代文论与后现代主义的巅峰，那么，夹在这两头之间的重要连接人物，自然非海德格尔莫属了。

从危机图谱看，海德格尔及其德国现象学运动，横跨两次世界大战，承上启下，恰好是虚无主义通向后现代主义的一座必经桥梁。同时它也是西方新学的一个"理论中转站"。鉴于此情，我们在正式切入当代文论之前，有必要回到20世纪初叶，去看一看尼采的情况，以及由他引起的绵延不绝的反响。

尼采发疯之后

1900年，尼采病故于德国魏玛，死因被确认为精神病。如今，距他死去之日已然将近百年。可在许多欧美学者看来，尼采至今阴魂未散，张牙舞爪，喋喋不休，诉说着咒语般的遗言：

> 迄今为止，理想这一谎言完全变成了降临在现实头上的灾祸，人类本身为理想所蒙蔽，并且变得虚伪。终有一天，我的哲学将以此为标志征服天下。最平静的话语乃是狂飙的先声，悄然而至的思想将会左右世界——就像无花果那样，我的这些学说为你们而落。现在请你们汲取它的汁液，品尝它甜美的果实吧！（尼采《权力意志》，张念东译，商务印书馆，1991年，5—6页）

尼采，一个离经叛道的哲学狂人，一个独具魅力的灾难预言家，一个风格奇特的文学天才。无论如何评价此人，他都给西方社会留下了绵延不绝的痛苦影响。近二十年来，研究尼采的欧美专家日益倾向于一种共识，即把他看作是20世纪西方文化危机的"先兆人物"。有人称，尼采之死预示了西方文明的"精神分裂"。有人说，他那些充满破坏力和蛊惑性的疯话，恰好为后现代主义确定了一种文化批判基础。还有人断定，尼采"打碎偶像"的努力，不仅制造出一堆哲学难题，还给后人留下一个"危机日程表"，令他们难以回避、无法超越。

这个所谓的"危机日程表"，埋藏在尼采晚年一批散乱手稿中。当时的尼采濒临精神崩溃，可他的创作力异常旺盛，竭力要完成他"重估一切价值"的代表作。在痉挛与狂热推动下，他以格言方式，凌乱写下多达400页、总数为1067节的片段文字。

这些近乎癫狂的思想独白，经后人整理，定名为《权力意志》，其中反复出现的"危机命题"，大致是指尼采针对传统观念的质疑批判，它们分别涉及历史、理性、语言、科学、真理、知识合法性、主体、艺术等哲学命题。下面我集中挑出西方学者引用较多的一些段落，重新编排，以供读者了解尼采"危机意识"的症结所在：

> 我们的前提：没有上帝，没有目的，力量有限。<595>
>
> 人类从未进步。历史就像一座大型实验厂，它有时成功，有时失败，其中没有任何秩序或逻辑可言。<90>
>
> 衰竭理论。现代社会并非健康社会机体，而是由废物组成的病态胶合物。……现代道德、现代精神、我们的科学，全都是疾病的形式。<50>
>
> 我要描述的是行将到来的唯一事物，即虚无主义。请大家洗耳恭听这未来派音乐吧。长久以来，整个欧洲文明每十年就要令人惊悸地跃升一次，而我们随之紧张地运动，如同扑向灾难。人心动荡，祸患频仍，猝不及防，就像一股急于奔向尽头的洪流，它不再沉思，它害怕沉思。<序言2>

一位中国古代哲人说：列国将亡，其法愈多。<745>

我们信仰理性，可它却是灰色的概念哲学。这一语言大厦是按照无比幼稚的偏见建造起来的。<522>

反形而上学的世界观，我承认。不过它可是一种精妙之极的东西。<1048>

笛卡尔说，"人们可以准确理解一切真实"。机械论的世界假说，因此成了可信之说。然而，它难道不是因为受到理性最多的偏爱与重视，才被奉为真理的吗？<533>

假如世界真有一个目的，真能达到某种永远固定的存在程度，那么一切变化早就结束了。就是说，终结一切思维与精神。实际上，精神乃是一种不断生成的事实，它表明世界既无目的，也无终极状态。<1062>

人们寻求真理，即寻求一个没有矛盾、也不哄骗人的世界，一个超越苦难的世界。显然，人的真理意志，只是一种对于凝滞世界的要求。而虚构一个合乎人意的世界，就成了心理学的诀窍，其目的是把我们向往的一切都想象成真实。<585a>

我认为世界的价值，就在于我们的阐释。<616>

真理比谬误和无知更加不祥，因为它使启蒙与认知能力变为无用。<452>

所谓知识欲望，应该归结于占有和征服的欲望，因为人的感官、记忆、本能等等，都是遵循这一欲望发展起来的，即为了掌握世界，并对它加以利用。<423>

科学，迄今为止，是通过要阐释一切的假说，来达到完全消除事物复杂性的方法。<594>

科学的发展，一再使已知消融在未知当中：科学正在准备一种独立的无知，即一种否认一切认知的信念，它认为我们无须保留任何知识合法化的概念。<608>

科学世界观：它向往理解一切事物，向往把世上万物都变得实际、有用、可资剥削。它具有反美学的本质，其价值观念，仅仅重视

那些可以衡量、测定和算计的东西。<677>

自然科学的发展,已导致自我瓦解、自我对立。从哥白尼开始,人由中心位置滑向未知数 X。<19>

有关自我的教条是错误的,因为这一说法来自原子论。所谓实体,也是在宗教道德压力之下形成的虚构。<786>

假如人们认识到,主体是根本不起作用的东西,而是一种虚构,那么各种问题就会接踵而来。<52>

人为了获得自由,而努力成为自身的暴君。<770>

我痛恨老是呆在一种世界观里面。相反的思维方式具有魅力,因为它努力保持自身所有的神秘特征。<470>

与科学家相比,艺术家对于现实和功利的漠视,反倒成了一种生命力的标志。他们的非理性,他们对自我的嘲弄,他们对永恒价值的冷漠,他们对游戏的郑重其事……方兴未艾的艺术家,日薄西山的艺术家,他们是否代表一种即将兴起的普遍现象呢?我确信如此。<816>

尼采的上述遗言,伴随西方人一步步进入充满混乱、困窘与诱惑的20世纪。在他身后,留下一部支离破碎的哲学史,一波接一波骚动不安的思想潮流,以及一个性质日趋混杂、方向难以把握的学术变革时代。

令人惊奇的是,尼采当初写下的那些符咒般的遗言,已经陆续转化成为西方文论家的日常话题。而他胡乱拟出的所谓"危机日程表",居然相当集中地预告了20世纪西方人文学界一系列重大争议进程。从30年代现象学运动、50年代语言学转向、60年代新左派革命、70年代解构批评,直到80年代后现代主义论战,似乎无一不涉及尼采提出的那些危机命题。

论战迄今仍在继续,危机尚无化解迹象。一批欧美学界领袖人物,为了概括本世纪尤其是"二战"后的西方文化思想趋势,纷纷采用"后现代""后形而上学""后启蒙""后哲学"等断代概念,以便凸显变革中的危机色彩,并强调"尼采发疯后"的传统断裂后果。尼采的历史地位,因而变得越发重要起来。无论褒贬,他都可能被看作是西方思想巨变的前驱与先导,一场漫长文化危机的预言家、批判者。

当今西方哲学界，尼采的幽灵几乎随处可见。譬如法国哲学家福柯声称：尼采不仅是有关现代性研究、后现代争论的始作俑者，他还通过自己独特的风格，"倡发了我们时代的一种新型阐释方式"。

作为一个蔑视传统的思想家，福柯承认，他的知识考古学方法及其解构主义历史观，无疑在很大程度上受到尼采的启示，尤其是尼采为了重估价值而采用的"逆反式"批判眼光。与此同时，福柯赖以成名的著作如《精神病史》和《词与物》，往往被评论家看作是尼采《道德谱系学》的现代摹本。

另一位法国后结构代表人物利奥塔，在其《后现代状态》中指出：当代知识格局的巨变，实起源于尼采式的虚无主义"远景观"。自那以后，西方后现代主义的发育过程，反复印证了尼采的悖论，即"欧洲科学的发展势头，在科学意志驱动下，将遵循一条逆反逻辑，逐步诱发科学危机，并从内部瓦解一切知识合法性"[1]。

又如德国哲学家哈贝马斯。后现代论战中，哈氏作为利奥塔的对手，开始注意到尼采的作用。90年代初，他写出《后形而上学思维》，试图追溯当代西方哲学的分裂源头、裂变谱系。在他看来，所谓后思维（Post-Thinking），是以海德格尔、福柯、德里达为主要进攻锋芒：他们激烈批判传统哲学，克服逻各斯中心，并要求矫正有关理性、意识和历史的偏颇观念。然而"自尼采以来，这一系列问题早已作为批判的靶子，进而包容了整个生活的现代条件，演变为一种针对控制性思想或工具理性的全面批判"[2]。

在文化领域，我们遇到美国哲学家罗蒂。罗蒂把当代西方文化称为一种"后哲学文化"。理由是：由于尼采"鼓吹超越柏拉图主义，并建议我们放弃那种作为一切基础的哲学理想"，如今"大写的哲学"已经悄然死去。作为文化的簇新变种，"小写的哲学"却被保留下来，成为盛行于世的洋洋大观。

与此同时，当代哲学家大多转化成一种实用主义的万能工匠。他们"骑上文学、历史、人类学、政治学的旋转木马"，自由自在地评论一切，

---

[1] 参阅 Jean-François Lyotard, *The Postmodern Condition: A Report on Knowledge*, University of Minnesota Press, 1984。

[2] 参阅 Jürgen Habermas, *Postmetaphysical Thinking*, The MIT Press, 1994, p.44。

任意比较和利用人类迄今发明的各种话语方式,结果把哲学改造成一种类似于"文化批评"的东西。[1]

罗蒂的发现,并非一家之见。越来越多的西方学者倾向于这一看法,并把尼采视为一种"新型阐释文风"的原始楷模。这种集哲学思辨与文学想象为一体的奇异文风,说穿了,正是当今西方文论的时髦风格。

尼玛斯教授,一位美国的尼采专家,也曾发人深省地揭示说:过去人们难以理解尼采的哲学,却又长期为他奇妙的文风所迷惑。个中隐藏原因,在于他刻意混淆哲学与文学性质,从中发展出哲学史上独树一帜的"美学主义"(Aetheticism),或称"哲学的美学化倾向"。

在《尼采的文学生涯》里,尼玛斯论证说:尼采作为一个"成功的哲学家",完全背离了传统哲学轨道。他的真正目标是毁坏哲学。为此,他需要做一个"举世难忘的个性作家",并利用其特殊风格来打碎哲学的形式,扭曲它的内容,最终达到改头换面、偷梁换柱的效果。

与传统哲学家不同,尼采把世界看作艺术品,把学术理论看作文字游戏,甚至把所有的文化现象,都当成可供他随意阅读、拆解、阐释的文本。根据尼玛斯的细致分析,尼采以文学批评的眼光来治理哲学,调动诸如"象征""反讽""隐喻""寓言""神秘主义"等各种文体手段,并因此获得极大的哲学影响。

这一典型成功模式,反过来又倡发一种学术自由精神。如今,此种精神得以广泛地蔓延传播,并且一再证明尼采当年所说的一个简单道理:"一切都是阐释。而认识这一点,并不妨碍人们产生新的思想与价值观,它只会刺激更多更新的阐释。"[2]

关于西方文论的两点看法

首先,当代欧美文论的演变之所以给我们带来相当的困惑,根本原因

---

[1] 见 Rorty, *Philosophical Papers Set*, Cambridge University Press, 2007。
[2] 参阅 Alexander Nehamas, *Nietzsche: Life as Literature*, Harvard University Press, 1987。

在于它自身专业性质的"混淆变形"。换言之，它已不是我们原先熟悉的那种批评理论，也不再局限于传统的西方人文学术观念。

"二战"以来，西方文学批评经历了反复革命，从阐释学到接受美学，从后结构主义到后现代文化批评，浪头不断地涌来，旋转激荡，变化多端。这给西方人文学术，究竟带来了何种影响？

我们看到，作为人文学术的中心领域，文学学科反复地遭到众多外来理论的入侵和挑战。其中既有哲学、语言学、社会学、文化人类学等近邻，也有像计算机、系统论、科学哲学、信息传播这样的陌生对手。细数这些入侵理论的背景，我们可以不夸张地说："二战"后的西方人文各学科，共同举办了一场"理论狂欢"。作为狂欢会的客人之一，文学被迫戴上假面，频繁与他人对话，不断更换舞伴，致使它脚步踉跄、嗓音遗失、面目全非。

高压下的文学批评，被迫打破疆界，模糊它同其他学科的分野。它原有的认识论与方法论基础，也出现了深刻的断裂。它的中心地位和传统功能，在屡经裂解之后，也从狭义"文学批评"扩展为泛杂的"文化批评"。

换言之，这一交叉改造趋势，已将传统文学批评变成一种无所不包的批评理论。西方学术界莫名以对，大多简称它为理论（Theories）。鉴于中国习惯，我借用"文论"一词，统称上述新潮理论。这一简称固然含混，却含有"文学与文化理论的混合变种"之意，同时也符合西方人文学术的多元变革趋势。

要梳理这种"狂欢状态"下的西方文论，单靠一两项专业技能，显然不敷应用。针对它的泛杂性质，我试用一种跨越式比较方法，以便适当区分不同学科与流派的倾向，又顾及彼此的互动关系。这种方法操作不易，很容易会出现一些专业漏洞。但我仍坚持这种以文论为中心、兼顾西方人文学术发展趋向的观察角度。因为唯有保持这一整体观，才有我们独立研究的可能。

其次，我对于欧美文论的新近变化，还有一个立足全局的看法，即认为这是受到后现代文化矛盾驱动，体现在学术领域的一场持久危机。战后西方人文学术，就像骑上一匹"科学意志"的野马，学者们控制不了它，又欲罢不能。受到索绪尔的鼓舞，他们大胆发动"人文科学革命"。几经周折,革命非但难以收功,反而触发新的矛盾,导致危机愈发深重。

当然,就学术自身发展而言,这场危机也有它的进步意义。首先它打破封闭,推动各学科交流,形成通盘改造的积极势头。其次它逼迫欧美学者四出拓展、寻求出路,从而深化认知观念,丰富研究手段,开辟出更广阔的学术前景。近年来,当某些欧美学者预测21世纪远景并讨论"新人文科学"诞生的可能性时,他们并不是完全没有根据的。

危机的进步意义,却难以掩饰它的灾变性质。把握其中"祸福相倚"的辩证关系,才是我们认识西方文论的关键。为此,我既不赞同漠视新学的保守心态,也反对不顾国情的盲目跟进。事实上,这种文论并非什么西洋福音,而是一种畸变文化的产物。畸变之原因,恰如马克思所论,来自资本主义变革逻辑。

众所周知,战后资本主义依赖科技进步,暂时渡过难关,进入相对稳定时期。同时它的上层建筑饱受挤压,严重变形。与以往经济危机不同,如今危机主要凝聚在精神文化方面:它病入膏肓,侵蚀到西方文明的骨髓与神经部位。而它触发的矛盾,较多涉及西方人生存方式的根本问题,诸如理性的权威、主体的作用、历史的目的、语言的再现功能,等等。

围绕上述命题的争论,集中到人文学术这一主管部门,就形成绵延多年的剧烈改造局面。一方面,人文学术远远落后于高科技。为生存计,它必须强使自己科学化,即不断革命;另一方面,作为承担意义阐释、文化解码任务的"人学",它又要从精神与道义立场出发,与科学相冲突,与时尚相抵牾,甚至全力对抗物质至上的资本主义文化霸权。如此矛盾久结不散、递次深化,结果就激发出学术界的叙事危机、表征危机、合法化危机,以及种种涉及"研究范式"的危机。

西方的危机,应当引起中国警觉。值此中国现代化高歌猛进之际,尤其需要我们提前了解并防止那种导致西方文明困境的后现代文化矛盾。

(Allan Megill, *Prophets of Extremity: Nietzsche, Heidegger, Foucault, Derrida*, University of California Press, 1987)

胡塞尔与现象学的初衷

在胡塞尔看来,现代科学与哲学的最大错误,莫过于它们对事实的迷信。这种挥之不去的忧虑,说白了,就是他认为西方人犯下大错,而病根就在他们心中。有人将老胡锲而不舍的"还原意志",戏称为西方人文学术"注定要瓦解"的咒语。

说到现象学,欧美学者往往提起"三H",即黑格尔、胡塞尔、海德格尔(三人姓氏都以H为首字母)。大致原因是:黑格尔以《精神现象学》著称于世,感召新学各派,包括现象学。而胡塞尔和海德格尔并称现象学大师,影响波及欧美,声名几乎与黑格尔相当。

三H之说,除了能表现三者思想血缘关系,亦可体现德国现象学之于欧美新学的强大影响。而我们若要把握新学框架,理当从德国现象学理论入手,循序渐进,以求顺藤摸瓜之便。但是,老黑格尔的精神现象学,并不等于现代德国现象学。接触它之前,最好弄清这一特定名称的由来。

根据贺麟先生考证,现象学(Phanomenologie)一词,始见于德国哲学家朗贝尔特的《新工具》(1764)。后经康德、费希特借用,又在黑格尔《精神现象学》里得到充分阐发,遂成为流行词语。

粗略说来,朗贝尔特的"现象"就是"假象"。他提出现象学,是为寻找一种鉴别假象的系统方法。随后康德也在《自然科学的形而上学基础》

（1875）中大讲现象学。为了区分感性与理性，老康建议设定一个"现象学一般"的先验范畴，同时将人的经验知识限于现象界。费希特在《伦理学说》（1812）中则声辩说，现象学实乃"自我现象学"，因为它从"自我意识"这一本源出发，向外推演出整个现象世界。

在此基础上，黑格尔得以奠定精神现象学的研究目标。首先与康德相悖，黑格尔坚持理性和感性、本质与现象的统一。其次，他虽同情费希特观点，却把他"由自我到世界"的过程反转过来，提出一个"从现象到本质"的经典公式。

这样一来，黑格尔就给精神现象学明确了性质和定义：它是进入本体论的预设阶梯，其任务是"揭示精神的自我显现过程"。于是黑格尔声称：精神现象学的宏伟目标，即通过现象认识本质，或由普通意识达到绝对理念。他所谓的"绝对理念"，实为理性主义代名词。对此黑格尔做出乐观预言："意识在趋向它的真实存在的过程中，将摆脱异化，最终达到一个现象即本质的阶段。"

黑格尔的说法，大体相当于中国人的"体用"关系。"用"乃现象，"体"为本质。从客观事物或现象出发，孜孜探寻其中的客观规律，最终抵达真理或本质，这也符合中国人"格物穷理""实事求是"的原则。麻烦的是，从现象到本质并非轻易之举，它本是一个充满矛盾的辩证过程。反映到学术史上，则有可能演成一种大起大落的反思与改造局面。

老黑格尔的毛病出在哪里？19世纪初，当他满腔热血鼓吹现象学时，正值欧洲资本主义气势如虹的上升阶段。作为那个时代精神的体现，他的思想不免受到唯心论的局限，还染上了浓重的理想色彩。这导致他过分肯定主观意志，片面宣扬绝对理念，以致给后世学者留下一连串拆解的借口。

当代西方社会病态严重、乱象丛生，人的精神惶惑忧郁，甚至分裂。哪里有什么现象与本质的一致？按照尼采的刻薄说法，黑格尔预告的历史进程，压根儿就没有发生。而他所谓的绝对理念，也已沦为"理想的谎言"。在本世纪初的动荡局势下，胡塞尔所创立的德国现象学，因此不可能成为黑格尔学说的翻版，而只会是它在现代条件下的痛苦延伸与矫枉过正。

欧洲危机的产物

1938年，胡塞尔悄然病逝于德国弗莱堡家中，享年79岁。此公笔耕终生，难得发表，留下大量未付梓的文稿。为防备纳粹查抄，他的遗孀委托一个青年教士，将手稿仓促转移，妥加秘藏。就这样，一位犹太哲人的幽灵于暗中出逃，躲过了盖世太保的焚毁令。

"二战"后，在西德巴登州卢汶市建起一座胡塞尔档案馆，内藏作者骨灰和四万页手稿。遗稿经专家编选，现已出版28卷《胡塞尔全集》，另外还陆续推出上百种"现象学研究丛书"，汇集欧美学者的重要研究成果。

以此为基础的现象学研究，"二战"后由德国辐射至欧美诸国。专家们普遍认为：作为一种哲学思潮，现象学的持久生命力，实属学术史上罕见。美国专家施皮格伯格在《现象学运动》导言里，试将这一运动不断派生的状况，比喻为"更像一棵树，而非一条河"。我国学者倪梁康也在《现象学及其效应》中表示：时至今日，胡塞尔现象学已成历史，可他的思想仍保留一种"当下可及的理论效应"。

胡氏影响何以蔓延不绝？究其原因，恐怕主要有两点。

其一，他从一开始就瞄准根本，触及灵魂，围绕危机疑症，深入剖析形而上学核心，诸如意识、观念、主体、意义等。如他在《哲学与现象学年鉴》中所宣示，"本刊编辑部并不分享同一思想体系。促使我们结合的共同信念是：唯有返回直觉本源及有关它们原初结构的洞见，才能利用我们伟大的哲学传统，反思它的观念与问题"。

其二，像一切追寻本源和结构的哲学家那样，胡氏赋予现象学运动一种变革冲动、重建目标。专家认为，这标示西方哲学的一次现代转折，其意义堪与哥白尼革命或路德开创新教相比。

归纳起来讲，胡塞尔变革思想特征是：拒绝传统哲学的合法性，要求以科学标准批判现存观念；为突破形而上学传统，他不惜开创新的阐释系统；由于胡氏变革方向频繁变化，导致运动分化，终将矛盾带出了哲学领域，形成变革意识的广泛外溢。

既如此，胡氏变革意识是如何产生并发展的呢？这方面各家意见不一。

我以为，根本原因来自他对于现代危机趋势的深刻洞察，也来自危机对他个人造成的思想压迫。

1935年，胡塞尔被纳粹剥夺德国公民权。就在他晚年境况窘迫、心境忧郁之际，这位年过七旬的老人，毅然发表《欧洲科学危机与先验现象学》。此书收集了作者在布拉格、维也纳的系列讲演，后加入一些手稿，合成他的愤世之作。

其中有大段关于"欧洲衰败命运"的痛苦分析："我肯定地认为，欧洲危机起源于一种误导的理性主义。"理性误入歧途，主要表现于实证主义泛滥，以及一种任由自然主义者扮演"真善美导师"的错误倾向。结果是人性苍白、虚无泛滥、纳粹兴起，理智也随之变成了疯狂。

针对这种可悲现状，老人大声疾呼：欧洲如何摆脱危机？哲学怎样获得新生？我们为何再也不能像古希腊人那样以哲学理想来支配生活？何时方可看到"一只不死的精神之鸟，从那疲惫厌倦的思想灰烬中冉冉升起"？

据说胡氏早在1910年已经看出：与危机密切相关，"出现了某种针对人类认知能力的绝望，以及一种围绕世界观的非理性突变"。为此，他较早提出了有关科学危机、哲学危机的问题。

关于科学危机，西方公认的发难者，是德国社会学家韦伯。1923年，韦伯著文批评自然科学发展带来的负面效应。他声称：从人类发展总体趋势看，"科学既不适合处理价值观念，也无法回答个人生存意义问题。"

紧随其后，美国哲学家怀特海也公然宣告："物理学的稳固基础已遭瓦解，科学思想的传统基础，正变得无法辨认。时空、物质及其构造、形式和功能等等，全都需要重新加以阐释。假如科学不想变成一堆纷乱假说的杂烩，它就必须变成真正的哲学，并对其基础加以彻底批判。"

与韦伯立场相似，胡塞尔在他1910年发表的论文《作为严格科学的哲学》中，即已形成一种忧虑情结与批判冲动。在他看来，当时的紧迫问题，既有科学领域里的实证主义泛滥，也有哲学内部的虚无主义猖獗。面对科学与哲学双双陷入困境、两种危机交替上升的态势，胡塞尔辗转难安，盼望能以严格科学标准，重建西方哲学，以此克服分裂、恢复哲学的统领地位。同时他又表示：他的目标不同于狄尔泰的世界观，因为他着眼于人类未来，而狄氏只关心"当下人生处境"。

此处有必要说明德国哲学家狄尔泰与哲学危机的关系。狄氏提出所谓的精神科学（Geistwissenschaften），此乃一种与尼采同时代出现的德国"理想学派"。19世纪末，由于数学和物理学的巨大进步，自然科学进入范式革命时期。糟糕的是，革命也带来严重哲学危机。

一反启蒙运动以来的乐观主义，欧洲哲学家痛感自己的落后软弱。他们奉为圭臬的形而上学体系，如今面临科学挑战，也开始显得岌岌可危。在新兴社会科学领域，诸如经济、法律等科的学者，纷纷转向实证主义。而在传统顽固的人文学科，随着救亡情结加重，反倒萌发出一种针对自然科学的分离情绪。

在此局势下，狄尔泰的精神科学应运而生，成为颇为诱人的拯救方案。狄氏在《人文科学引论》中宣布：作为新型人文科学，精神科学将与自然科学并肩而立、各司其职。换言之，它既要体现科学精神，又不沦为科学附庸。为延续人文传统，它将坚持以人为中心，重视文明研究。同时它会检验传统真伪、弃绝浪漫积习，以建立独立的精神科学体系。

夹在尼采与狄尔泰这两股"哲学应变势力"之间，胡塞尔处境尴尬，被迫采取双向批判姿态。一方面，针对尼采鼓吹的极端怀疑论，胡氏突出理性"确定性"及其科学依据；另一方面，他又批评狄尔泰，说他的历史主义阐释只能导致哲学相对论，以及一种平庸世界观。

与狄氏的分治计划不同，胡氏要继承康德理性批判精神，廓清形而上学观念，推进哲学科学化，以此保证自然与人文科学和谐发展。

上述正是胡塞尔创立现象学的初衷。我们知道，从世纪初到"二战"前，欧洲的社会与政治危机频仍升级，一度掩盖了人们对于哲学危机的关注。作为专心致志的哲学家，胡氏不关心时事，也反对学生的务实倾向。在他看来，那些纷纭多变的现实考虑，极易干扰现象学的崇高目标。但这种目不斜视的圣贤形象，并不意味他忘却严峻现实。

德国学者德布尔在《胡塞尔思想的发展》中指出：胡氏早先提出警告，担心"科学的贫困"会促使各种世界观蔓延。然而世界大战"令一切都发生了根本变化"。战后，他被迫两面作战，"既反对历史相对主义，又反对自然主义兼并企图"。他的批判也相对集中，即理性误入歧途，科学再也"不能回答人类生存的问题"。

在《欧洲科学危机与先验现象学》这部总结性著作里，胡氏明确提出他对现代科学的指控：

（一）科学业已堕落为实证主义。就是说，它抛弃了高尚的哲学思考与伦理目标，只关心事实、数据、操作和应用。这导致它背离使命，沦为一种伪科学或"真正科学的残余"。

（二）科学只回答关于事实的问题，却无意面对价值规范，因此它将失掉对于人类生活的总体把握。恰恰因为取消精神探索，断绝它与心灵的联系，实证科学正变成一种"被砍掉脑袋的科学"。而这种没头脑的科学，终将威胁社会，加害于人类。

当然，胡氏的科学批判，并非单纯反对科学。他的着眼点，依然落在哲学的科学化重建上。可以说，从1910年发表《作为严格科学的哲学》，直到他晚年的《欧洲科学危机与先验现象学》为止，无论如何转换方向，其目标始终未变，即以现象学批判并重组西方哲学，尤其要克服"伽利略客观主义与笛卡尔主观主义"分道扬镳的局面。

说到底，胡氏确信：唯有提供一个完整的现象学哲学基础，才有可能扭转欧洲哲学从中心撕裂、濒于瓦解的历史危机。

通向心物统一之路

如同施皮格伯格所评，胡塞尔"在猖獗的非理性主义包围中，恪守信念与人性的力量，为重建西方哲学进行了真正开创者的工作"。可是，胡氏的努力并未达至他所期望的结果。他的理想主义，不仅无法挽回西方哲学的裂解趋势，更不可能改变资本主义文化的畸变逻辑。下面，让我们沿着胡氏思想发展线索，概述他在三个阶段的理论要点：

一　**哈雷大学阶段**（1886—1990）　这是胡塞尔思想的发端时期，也是所谓的"描述现象学"阶段。胡塞尔早年是一个来自摩拉维亚（今属捷克）的犹太青年。他先后在莱比锡大学、柏林大学攻读数理逻辑，并于1883年在维也纳结识布伦塔诺教授。在这位著名哲学家的鼓励下，小胡决心以哲学为业，继而在哈雷大学担任私人讲师，写出早期名著《逻辑研究》两卷本。

《逻辑研究》的主攻方向，是将心理研究与逻辑方法结合起来，建立一门"关于纯粹意识的科学"，即现象学。按照胡氏补充定义，既然现象学是以"意识研究"为目标，它就不仅仅是一门能够"联系诸学科"的科学，它更应该是一种"特殊的方法与哲学思维态度"。

何谓意识科学？当时的实验心理学派认为：人的意识是一种通过感官收集印象的容器，其中的内容，与人所遭遇的外界事物，呈现一种机械反应关系。遵照洛克的经验主义传统，他们把心理活动当作物理现象，企图归纳出某种机械操作规律。可在胡氏看来，如此冷酷操作，不啻是用乱刀切割人心，造成哲学这一万学之尊的痛苦分裂。

从大学起，小胡就为此陷入苦恼。他不赞同叔本华的生命哲学，却摆脱不了笛卡尔式沉思。面对"主体的奇妙"，他赞叹不已，流连忘返。意识的真理，究竟藏在何处？他相信圣徒奥古斯汀的名言："无须寻找，真理原在你心中。"在导师影响下，胡塞尔立志要发现意识的本质，将它变成"严密的逻辑科学"。

意识作为心物统一体 一如施皮格伯格所评：胡氏像黑格尔那样重视主体，并把意识研究当成了哲学基础。但与之不同，胡氏更多一层直观方法、结构分析。另外，他所致力的现象学，也不等于精神现象。我们已知，黑格尔的"现象"，就是一种表象：它经由历史进程显露本质，最终完成对立统一。

如今两元论裂解，如何恢复统一？胡氏解救方案，是将意识重新定义为"心物统一体"：它既非物理学实在，亦非心理学现象，而是一种先验本质。打个比方说，胡氏的"意识"就像一个包裹，其中自有三套独特的心物关联构造（Zuamennhung）。我们不妨把它看作是莱布尼茨所说的那种"单子"，或是一个独立存在、心物交流、密不可分的完整结构。

为了摆脱主观与客观的双重偏见，胡塞尔刻意描述意识的整体构造，把它当作第一性目标。唯此他才能建立一种新哲学本体，弥合心物分裂。诚如贺麟先生所见：现象学作为一种本体论，并不重视历史、经验和存在，它只关心"某种抽象本质的直观"。由于胡氏称现象为事物（Sachen），有人误以为他要回到客观世界。殊不知现象学理论的"眼"，恰是意识与观念本质，以及上述能够导致意义的"意向发生结构"。

意向结构分析　依照布伦塔诺的意向论，世间的一切现象都可分为物理与心理两种，后者自有一种意向性。对此布氏提出两项原则：

（一）作为事物在人心理上的对应项，意向可以单独存在，不必依附外界。换言之，真理不在客观世界，也不在主观意识，而在于内在自明判断。

（二）既然真理涉及一种内在逻辑，我们应了解意识活动的结构。拉丁文"意向"（Intentio）一词，原指追求型心理行为。布氏发现意向有两个端点：一是意向，二是意向对象。简单说，人的一切意识活动，都在这两极中展开。另外，人的意向具主动性，它能产生创造性思维。与此同时，它又指谓对象，并与之相应，两者缺一不可。

受布氏启发，胡塞尔在《逻辑研究》中努力发掘意识王国的领地，充分展示意识活动的丰富性。方法上，他出于对布氏静态描述的不满，主动引入逻辑规则、复合构成观念，细致分解意识行为的各种类型与内容。这不仅涉及行为质料与质性的区别，还包括内容的差异辨析，诸如表象与判断、命名与陈述、感知与想象、反思与统觉等。

其中突出的创见，是有关意向活动（Noeses）与意向对象（Noemata）的一条平行规律。从逻辑学角度看，这一平行律恰好对应于"真理陈述与参指事物"的双层结构。反过来说，只有作为逻辑学的正当存在项，上述意向结构才能被胡塞尔抽取出来，加以本质直观的研究。

意向—对象平行律　我们已知，自然主义者不加区分，误把"意识"当成一个被动容器。笛卡尔因强调"我思"，反而造成了主体封闭。与之不同，胡塞尔首先将"意识"分解成两半或具有不同功能的两层，复加以逻辑焊接，得出一个心物吻合、自行运转的精巧结构。

简言之，胡氏认为意识的前一半，是具有综合功能的"统觉"，后一半则属于观念或内在体验。针对后一半，他着重表明：观念本是一种替代性表象。作为反映事物的心理替代，它也是由某个词语或符号承载的意向。

为了打破笛卡尔的封闭主体，胡塞尔又突出意向的"超越功能"，认为它不仅能指示、瞄准和替代对象,而且具有一定的飘逸、逃脱、变形可能。胡氏的这一重要见解,后来影响了语言学转向。譬如德里达就公开承认:他受到胡氏"意向飘逸""替代缺憾"的启发。

既然"意向性的弓箭指向世界",我们如何才能控制它那散漫的游戏兴趣呢?此后的研究中,胡氏不断返回意识的前一半,即"统觉"的构成领域。多亏他的精细考察,我们发现在此高阶活动中,意向受到复杂的转换处理。套用现象学术语,它们必须经过立义、充盈、反思和变更,方可形成特定条件下的生动意义,进而产生丰富的人类意识。

具体说,意象平行律是这样发生作用的:日常生活中,我听见别人说话声音,立即意识到这是含有一定意义的词语。此时我听见的声音,作为物理现象发生变形。于是,我同时进行两种平行的心理活动:一方面经由符号,唤醒我心中储存的观念;另一方面又通过反思、变更与综合,形成某种超越对象的认识。而我原有的观念,也在此过程中,相应得到了充盈,或被赋予新的意义。

总之,依照德国专家德布尔的解说,胡氏在此力图证明:人的意识活动本是一种基于身体知觉,又能诱发心理变化的综合过程。为了把握它的运作方式,我们最好把它视为一个独立的意向功能系统。而每个人的感觉内容,只是它"用以编织一个超验世界模式的原材料"。

二 哥廷根大学阶段(1900—1916) 执教哥廷根大学后,胡氏开始宣讲现象学。他的讲稿包括《逻辑研究》《纯粹现象学与现象学哲学的观念》第一卷(简称《观念Ⅰ》)等。在这一段平静的教书岁月里,胡氏安然论道,吸引了大批青年。对他们而言,现象学不仅是一场哲学革命,也是乱世中重建个人信仰的希望。

20世纪20年代,胡塞尔的追随者在哥廷根和慕尼黑两地先后组成研究团体,其思想活跃,声势夺人,史称"现象学的春天"。然而,多数人一直难以理解胡氏旨意。1907年,他在哥大讲演《现象学的观念》,企图澄清观点。不料弟子们误以为老师立场倒退,因而怨声四起。现象学究竟难在何处?

依照专家意见,胡氏在描述意向结构的过程中,注定要不断"向内挖掘"，直到无人追随的地步。再者，由于胡氏执意摆脱自然主义，又缺乏语言手段，他必定会感到捉襟见肘。例如，他一方面不断借用他人术语，另一方面又屡屡改变方向，结果给人造成出尔反尔的印象。而这一时期胡氏的中心任务，偏偏是要针对自然主义假设进行还原，以克服"世纪偏见"。

  自然主义假设 此乃胡塞尔长期与之搏斗的一股强大观念。可以说，它既是受到形而上学传统支配的世界图景，也是基于经验知识的科学世界观。这种自然观，本是西方人发明的一种假设，其中不乏真知灼见。由于自然主义误导，它在 20 世纪受到空前的夸大扭曲，竟成为西方人不假思索的绝对真理。对此，胡氏在《观念Ⅰ》中尖锐地指出：我们面临的并非什么真实世界，而是一个充满混乱的非世界（Unwelt）。

  换言之，假设的"意向与对象"不对称，二者严重缺乏和谐。同时他又坚信：意识是存在之母，是一切可能世界的诞生地。先验意识更是世界赖以形成的先决条件。不妨说，当人的意识表现出某种内在秩序时，一个世界便会应运而生。自然主义假设，恰是这样一种先验意识。它的毛病不在于无力造就理想世界，而在于它强使欧洲人自负自信，却又无视灵魂深处的危险。

  在《观念Ⅰ》和其后发表的《观念Ⅱ》中，胡氏殚精竭虑，揭露出一条事关全局的重大隐秘：欧洲人的现有意识，非但不能指向、替代真实世界，相反，它只是自然主义"掩盖意识力量的结果"。这种错将意识当作世界的虚假观念，实乃一种遮蔽意识的"自我统觉"。

  还原与悬置 为了扫荡偏见，胡氏反复探索还原通道。他在《逻辑研究》中规定：现象学的任务是揭示意识行为，将其还原为意向。为此他提出"现象学还原"，即要求人们放弃成见，关注主观经验的显现，因为"显现即现象"。

  此后他又强调"本质还原"。这关系到知觉、想象、回忆等过程描述，它们都与意向分析有关。这方面的典型例证是：我从不同角度观察一个立方体，可以看到几个侧面。可当它们在我心目中显现时，却能合成一个完整形象。这说明意识具有综合能力。如此显现在意识中的直观对象，胡氏称为"本质"。

走到"本质还原"这一步,胡氏已经遭到学生诘难。他们质问:所谓本质只是一些主观要素,它们能有多少现实意义?针对疑虑,胡氏在《观念Ⅰ》中辩解说:"我们并非否定现实存在,而是要摆脱关于它的荒谬解释。"

于是他进一步提出"先验还原"法,试将客观实在存而不论,"加上括号"。或者说,他要"排除独立存在的世界,代之以经验、感觉、回忆、判断等"意识构成。胡氏将这一处理办法称作悬置(Epoche)。他说置入括号的,并不是世界的存在,而是自然主必假设。一旦我们揭穿了它的虚伪,悬置就成为多余。此外,悬置并未放弃对象。它把物质从谬见中解救出来,承认其"如其所是"的含义。

破镜难圆的事业

迄今为止,胡塞尔一直奉行两项根本原则:第一,坚持先验唯心立场,全力研究意识结构,从中寻找意义根源;第二,为批判传统假设,他在方法上配合以反思与还原,以期获得透视现象的锐利目光。

在胡塞尔看来,现代科学与哲学的最大错误,莫过于它们对事实的迷信。这种挥之不去的忧虑,说白了,就是他认为西方人犯下大错,而病根就在他们心中。有人将老胡锲而不舍的"还原意志",戏称为西方人文学术"注定要瓦解"的咒语。

实际上,由于条件所限,胡氏未能实现心物统一,反而于不期之中掀翻了"自我论"这只潘多拉的盒子。或者说,他一举撬动了西方现代思想的闸门:在他死后,欧美思想界波涛汹涌,骚动不止,毕竟与此不无关系。

围绕胡塞尔与当代思想的关系,德国学者图尼森在其名著《他人》中表示了如下看法:(一)欧洲现代思想一向以笛卡尔的"我思"为支柱,20世纪欧美哲学反其道行之,逐步走向主体消解的格局。(二)以此为线索,胡塞尔的不懈努力,便可看作是一种"反笛卡尔趋势"的痛苦萌发:它一面批判笛卡尔遗产,将其推至极端,一面因应形势,主动开创某种"进步改造"工程。图尼森的这一辩证见解,有助于我们了解胡氏动机与效果的复杂关系。

三　弗莱堡大学阶段（1916—1938）　当了近二十年的私人讲师和编外教授，胡塞尔终于在 1916 年升任弗莱堡大学哲学教授。然而第二次世界大战爆发，致使他的研究受挫，学生离散，两个儿子参军后一死一伤。祸不单行。他的学生海德格尔，竟也与他分道扬镳，反目为仇。

1933 年，海德格尔升任弗莱堡大学校长，胡氏却两次被赶出校门。这位追求理想的命薄之士，在两次大战间度过漫长的暮年，一面饱受命运嘲弄，一面呕心沥血，陆继写下《观念Ⅱ》《笛卡尔沉思》《欧洲科学危机与先验现象学》《互主性现象学》等大批手稿。在他身后，我们很难找到如此献身的哲学家。继之而起的，大多是一些怀疑成性甚至以拆解为乐的当代学者。

1922 年，胡塞尔在英国讲演时宣称：人间万物奇异者，莫过于自我意识。存在并不神秘，神秘的是作为存在者的我：我知道自己存在，并能借助我思去了解其他。他强调："这是一个我必须面对的原初事实。哲学新手可能觉得这是一个充满唯我论鬼魂的黑洞。真正的哲学家不会逃离，反要尽力把它照亮。"请留意：这一激进唯我论，正是导致胡氏痛苦的根源。

需要提醒大家，胡塞尔早在《观念Ⅰ》中已形成一个有关"意识构成"公式。此举敲开了笛卡尔的"我思"硬核，将其延展为一个三段相联式，即我（Ego）、我思（Cogito）与我思对象（Cogitata）。不难看出，此处"我"作为中心，集中控制一个主客体复合结构。只有以"我"为出发点，才能指向客体或他人。

另外，撇开"生物自我""心理自我"，胡塞尔真正看重的是"先验自我"。通过先验还原，老胡盼望能够发现一些"最后残余"，而这便是一个纯粹的自我意识领域，也是现象学可以抵达的"绝对主体"。可惜他的天真设想始终难以确立。

非但如此。老胡拼命攻击自然假设，却又无法推翻它。这是因为：他不得不把人视为一种双重存在。我们知道，人首先是一种自然产物，并具备物理品性。但他又兼有心理构造与精神独立性，并与物质世界保持经验联系。胡氏在此妥协，承认这两种存在虽有差异，却都是人性。由于自然主义的绝对化，致使心物裂解，难以统一。根据当时科学水平，胡氏无法证实心物统一，可他又不甘心坐待科学发达之后。为摆脱自然假设，他只好假设"现象学统一"。

据他在《观念Ⅰ》中论证：心与物二者差异，在于"所予方式"，即心理存在是内在充分所予的；物理存在则是在三维空间中被给予的，因而不能被人充分知觉。二者各有不同，却又彼此协调、不可分离。假定科学发展将证明两者同一，他便能彻底地瓦解自然假设。

看来，胡塞尔是陷入双重认识论而难以自拔。《笛卡尔沉思》中，他结合前人教训，深刻反省自己的骑墙立场：笛卡尔曾以"我思"作为测度世界的阿基米德点。可他不能免俗，最终走上了肯定自然科学的迂回之路。如今令老胡辗转难安的问题是：人的意识岂可一面依赖世界而存在，一面又把世界当成自我意识的产物？

介于鱼与熊掌之间，他只好"先通过悬置失去世界，然后再靠自我审视来重新赢回它"。悬置方法有利于质疑，可它分离出来的显象领域，犹如自然主义大海中一个意识孤岛，依然不着边际。为了摆脱窘境，胡塞尔在《观念Ⅱ》和《欧洲科学危机与先验现象学》中，接连提出"物质关联项""生活世界""互主性"三个相关命题。

物质作为意识关联项 这一命题认为：人的意识不仅具有先验本质，它还是世界上一切物质的根基。据此，人的意识无疑对世界具有绝对支配力。而物质世界，则因此沦为一种相对可变的"副现象"。作为"与意识并存的伴随性事实"，物质的缺席，影响不了意识的独立存在。它的到场，却能帮助意识构成某种意义统一体。

胡氏断言：一切实在的统一，都是意义统一体。而统一来自"意识的意义赋予"。反过来说，由于意识不以任何因果方式依赖于自然，自然存在就"不是意识存在的条件，而是作为意识的一个关联项而产生的。它存在，仅仅由于它能在意识的有序联系中构成自身"。假若世界真是依存于人类意识的某种关联项，那么，自然主义解释将会不攻自破。

生活世界 《观念Ⅱ》表明：当人的意识指向一个物质世界时，这世界必定会沾染主体性，并具有视域结构。由主体性支配并构成的这个世界，胡氏称作"周围世界"。这个世界不可解释，只能被人描述，因为它与我的

关系并非是因果性的,而是意向性的。换言之,我可以主动顺应世界,亦可抵抗它,这完全取决于个人意愿。

《欧洲科学危机》中,老胡又将周围世界,改称生活世界(Lebenswelt),以便指示不言自明的日常环境。胡氏说:生活世界覆盖不了自然科学的客观世界,它本身却被置于自然观念笼罩之下。潜在的自然观念,令我们茫然面世,以为一切理当如此,从不提出疑问。这便是生活世界的"非课题性"。另外,生活世界又具有主观相对性,它能伴随个人视域移动而发生变化。生活世界代表了胡氏又一还原通道。在此基础上,我们便可区分自然态度与反思态度,进而追问生活世界:你何以如此?

互主性原则 互主性概念与生活世界相关,这也是胡氏后期思想的矛盾焦点。众所周知,主客体原则一直是哲学史上的经典命题。它不仅涉及主／客、我／他关系,而且牵扯到我与他、我们与他们等有关主体间关系。

从笛卡尔到康德、黑格尔,西方人讨论主体,大致是从自我出发,或以欧洲文化为中心,由近及远地推展开去。而他们所说的客体性,无非是指"物自体及其针对主体而言的有效性"。不难看出,西方人的传统主体观,狭隘自闭、陈旧不堪,早已构成他们思想上的严重制约。

胡塞尔提出互主性(Intersubjektivitaet)概念,首先是要告别唯我论,将它由单数扩张为复数,以便走向一种互主性现象学。通过大量分析,他发现每一自我都隐含着许多异我(Alter-ego):正是由于这种隐含,世界的先验意义才得以构成。对于互主性的把握,因而涉及自我对他人的各种复杂经验。

其次,胡氏把互主性视为一切精神现象的基础,认为我们可以借助它,来把握世界的原初构造。互主性表明:各主体间存在中介性。在它上面,耸立着"作为互主性构造结果"的生活世界。再往上,才是那个所谓的客观世界。由于受到自然观念支配,客观世界看上去充满理性,可它片面追求实证有效性,亟须加以道德伦理的鉴别调整。

说来好笑,胡塞尔从我出发,持续多年探讨自我与异我的关系,居然抵达不了区区一个他人(Andere)目标。可见西洋哲学的改造工程或称心脏手术是何等艰巨!话说回来,我们也应看到,胡氏较其前辈要开明得多。

首先,他的"我思对象",不再混淆物自体与其他人,而是细致区分"他物"与"他人"这两类对象。再者,他有意贬低"他物",突出"他人"构造的复杂性,而且乐于承认"他人"的存在:"我经验他人,他们现实地存在着。一方面他们作为客体被我经验,而不仅仅作为自然物体。另一方面,他们又作为相对独立的主体,被我经验。这些主体经验这个世界,同时也经验着我,就像我经验他们一样。"

图尼森教授指出:胡氏接受他人,可这个"他",并非我的孪生伙伴,也不具有与我平等的第一性。"他"只是"我"的派生、异化或统摄对象。夸张一些讲,胡氏的"我",好比荒岛上的鲁滨逊,其优越本质凌驾于一切野人或化外之人。只有在"我"(西方中心)的先验视域展开后,其他主体才能被我发现、经验,加以主动把握。而"我绝不会因为遭遇他人而感到惊讶,或轻易被他改变"。这样一来,即便"我"能构造他人,或通过想象进入他人意识,多少感悟出他类似于"我"的人性,可他在本质上还是陌生人,是一个毕竟不同于"我"的"异我"。

对此结果,当代西方哲学家多持批评态度。例如德国专家海尔德扬言:"不回答互主性问题,就无法阻止现象学的失败。"哈贝马斯不无同情地表示:胡塞尔试图"从单子论推演出互主性关系,以构造一个共享的世界视域,但这个尝试失败了"。卢曼干脆抱怨道:互主性是"一尴尬用语,它表明人们再也无法坚持主体,也无法规定主体"。

辩证地看,胡氏失败并不意味西方哲学从此无所作为。正因为老胡留下一个繁难问题,后人才可能围绕"我/他"关系,继续在哲学及其毗邻领域开拓出一系列相关理论。其中有海德格尔填补空缺的"共在观念",有布伯另辟蹊径的"对话主义",有福柯当作批判利器的"话语理论",也有哈贝马斯赖以重建一切的"交往理性"。

时至今日,争论已使互主性问题冲破哲学藩篱,具有语言学、政治学、社会学与文化研究的多重意义。现在,让我们暂时悬置胡塞尔的难题,转向他的学生海德格尔。

1996年3月在中央美术学院的讲演

海德格尔与存在问题

面对危机,老胡像一个虔诚的清教徒,迸发出悲壮绝伦的拯救意识。与之相比,海德格尔便少了几分传统型的盲从笃信,多出一些现代派的怀疑冷诮。

1927年,当胡塞尔陷入意识迷宫,苦于寻找还原通道时,他的弟子海德格尔(Martin Heidegger)发表了《存在与时间》。不料,这本为晋升教授而匆忙付梓的早产新书,竟会不胫而走,成为"20世纪欧洲哲学的划时代著作"。海德格尔也因此一夜成名,跻身德国大哲学家之列。先是与胡塞尔鼎足而立,渐渐却养成一种取代之势。

关于《存在与时间》,德国专家洛威特在《海德格尔:贫困时代的思想家》中评论说,它不仅规定了战后思想的批判基调,也反映出西方文化的"当代色彩"。洛威特称:与胡塞尔的重建目标相悖,海德格尔公开倡扬危机意识,并开始有步骤地瓦解形而上学神话,祛除其合法性,使之沦为世人普遍反思的目标。

另据美国专家克赖尔称,作为"反传统哲学的典范,此书扭转了新康德主义崇拜理论的时尚,促使现象学走出困境,并得到完全意想不到的重新表述"。而它针对西方哲学史的通盘批判,暴露出大量深层矛盾,打破传统连续性,进而宣告了"哲学的终结"。

如此惊世骇俗、声名显赫，海德格尔出自何样背景？

事实上，此人出身寒微，经历简单。加上他晚年深居简出，讳言家世，后人几乎找不着多少话来渲染他的身世。只知道他父亲是德国巴登州乡下的教堂杂工，盼望儿子长大后当个黑衣教士。可是这个名叫马丁的孩子，读神学时迷上了哲学。1914年，他在弗莱堡大学通过博士答辩。1916年成为编外讲师。

那一年，刚巧胡塞尔来弗大主持哲学讲座。乡下娃有幸遇见名师，不但学术上饱受教益，而且有了职业保障。1920年，小海成为胡氏助手。1923年又升任马堡大学教授。《存在与时间》问世后，年届退休的胡塞尔又于1928年举荐海德格尔继承自己的讲座。

从此海氏便在弗大教书，并在纳粹时期当过校长——"二战"后他一度被禁止授课。1952年退休后，他隐居山中小屋，直至1976年故去，终年87岁。

专家们公认，《存在与时间》出版前后，恰是师生反目的开始。于是在讨论海氏学说之初，我们就面对一个有关"胡海歧异"的复杂现象。其中问题是：对于现象学运动而言，海德格尔是信徒还是叛逆？比较他与胡氏的思想异同，究竟孰轻孰重？而他对胡氏后来居上的超越，又具有何等意义？

此事说来话长。身为老师，胡塞尔原本器重自己的学生。他常说："所谓现象学，海德格尔和我而已。"《存在与时间》的出版，也经老胡亲手安排。然而老胡又声称："我无法将此书纳入现象学范围。很遗憾，我不仅必须在方法上完全拒绝这本书，而且要在本质与事实上加以拒绝。"自1930年起，胡塞尔在《哲学现象学年鉴》和多次讲演中，反复批评海氏的哲学立场，认为他奢谈存在、厌弃还原、误入人类学歧途，也背叛了现象学的崇高目标。

而在弟子这边，犹如亚里士多德对待柏拉图，海德格尔也摆出"吾爱吾师，吾更爱真理"的架势，宣称胡塞尔好比"传统哲学的摩西"：他既是解放者，又是牺牲品；老海虽为大家指出一条走出"意识沙漠"之路，"可这苦命人自己，却一直不能进入存在的绿洲"。上述比喻，或可帮助我们粗略把握他们二人既衔接又冲突的微妙关系。据此，美国的达斯托洛姆教授

详尽整理海氏对胡氏的批评意见,归纳出以下三条:

一、胡氏虽然打通意向之路,可他未能清除西方哲学的致命偏见,也没有回答"意识是什么,存在又是什么"这一根本问题。

二、胡氏通过还原,企图区分存在本质与存在者,可他又说两者有天壤之别,"中间横着意义的鸿沟"。既然意识如此远离实际,它们如何统一?可见老胡自相矛盾。

三、胡氏有关存在的描述,仅仅限于意识范畴。在他的书里,这位现象学大师从不考虑"意识与经验的混合存在"。由于漠视"常青之树",老海的意识科学只能是一种"灰色理论"。

单从学理上了解歧异,很难明了问题实质。海氏离经叛道,也不意味他在思想上同胡氏一无相同之处。事实上,师生二人都是革新哲学家。由于感受同样危机,才先后走上现象学道路。只不过他们应对危机的态度不同。

德国文化史家缪赛尔在《无定性之人》中提醒我们:从世纪初到德国战败这段历史,本是形成胡海思想共性的大背景。自从尼采发疯死去,欧洲思想进入一个剧烈异化时期:"从19世纪末腐败的文化死水中突然升起一股狂热。无人知道发生了什么,谁也说不清将会出现什么:某种新艺术、新人、新道德,还是一场社会革命?"尼采的咒语也由此开始应验。偶像倒塌,信仰破碎,观念错乱,历史连续性纷纷断裂。

呼应尼采的癫狂,一批半疯半痴的现代思想家,诸如克尔凯格尔、荷尔德林、陀思妥耶夫斯基等,相继成为"末世精神"的表率。他们或飘然若仙,或装神弄鬼,写下许多让人心魂不定的哲理文字。在缪赛尔看来,这批狂人泛滥于"上帝死后",其中不乏叛逆与创新的精神领袖,也有不少虚无绝望之徒。由于难以界定,他通称其为现代危机造就的"无定性之人"。

随之而来的20年代,史称"波希米亚黄金岁月"或"现代主义高潮期",更是一个新旧交错的多变时代。据美国学者瓦尔德的《歧异地平线》所论,爱因斯坦《相对论》的发表,标志着危机意识达到顶峰,并从思想界漫越而出,混杂于各种文艺现代主义思潮。交融态势下,那些新派人物却因对待危机的反应不一而大相异趣,很难统称为"现代派"。

细分下来,其中有一些属于眷念传统的"正人君子",例如警示西方没落的斯宾格勒,悲歌精神荒原的艾略特,追忆似水年华的普鲁斯特。而在达达派绘画中,在《尤利西斯》的荒诞叙事里,在庞德等颓废诗人身上,我们屡屡发现一种玩世不恭的嘲讽想象。瓦氏称此特征为现代派母体中蕴含的"后现代胚胎",只不过它要等到"二战"后才会发育成形。参照瓦氏分类,似可窥见胡海二人的深层思想差异。

存在与存在者

胡海二人相差 30 岁。他俩对于危机的认识与态度,自然显出某种"代沟"悬殊。比较上述现代派文人,胡氏无疑属于革新哲学家中的"老派人物",一如伤逝怀旧的斯宾格勒或艾略特。

面对危机,老胡像一个虔诚的清教徒,迸发出悲壮绝伦的拯救意识。可他在坚持批判与重建目标的同时,不能忘情于传统哲学的理想境界。大致说来,这理想要求哲学具有第一性、绝对性、纯粹性,以及一整套完美无缺的理论体系。

与之相比,海德格尔便少了几分传统型的盲从笃信,多出一些现代派的怀疑冷诮。例如他质疑哲学理想,放弃绝对真理,否认科学标准,也不追求严整体系。对于西方哲学的正统,他动辄嗤之以鼻,不是笑它"弥天大错",就是批评它"惯于遗忘"。结论只有轻快的一句话:"西方哲学业已终结。"

我们记得,当庞德代表文艺界宣告传统文明崩溃时,也曾采取了轻蔑戏谑的口气。请看他那"划时代诗篇"《毛伯利》中的名句:"从牙缝中挤出一声老婊子,那文明便已完蛋。"二人叙事方式迥异,倒不乏异曲同工之妙。

当然,身为大哲学家,海氏生性严肃迂阔,就连他固执的程度,也几乎不让老师。譬如他熟谙现代危机的严重性,也感佩老师的拯救精神。可他只承认现象学早期目标,即返回本原,寻求意识的真理。与胡氏酷似,海德格尔也迷恋哲学的玄妙,并扬言"终生只想一个问题"。他思考的天大问题虽因胡氏而起,偏又脱离他的思路,与之同床异梦。

概括地讲，胡氏的问题是意识，海氏的问题是存在。他俩都对自家的问题赞不绝口。胡氏称"一切奇迹中最奇妙者，莫非纯粹自我与纯粹意识"。海氏却说："天下万物，唯有人能经验一切奇迹的奇迹，即现实存在。"像他俩这样各持己见，也算得上是有其师必有其徒了。

海德格尔何以如此迷恋存在问题（Seinsvergessenheit）？说来可笑又感人。他上中学时，读了布伦塔诺的一本书《论亚里士多德关于存在的多种意义》。这个17岁男孩从中发现：早在古希腊人那里，存在问题就是西方哲学的本体论，或第一哲学。古人眼中的万物，无论实体或理念，都是存在的体现。存在因而是个绝大题目。自古哲学家研究存在，就是为了解释人生和宇宙的奥秘。然而，此书又让小海困惑：亚氏比较了各种存在，可他并未给出存在的统一定义。假如存在拥有多重意思，什么才是它首要而基本的含义呢？

存在/存在者　带着疑虑，青年海德格尔开始上下求索，接着在《存在与时间》中宣布：西方哲学严重混淆存在与存在者，并因此遗忘存在问题。此说等于指控西方哲学犯下原罪。证据何在？

原来"存在"一词在古希腊文中写作on，它是系词"是"（Einai）的现在分词。依据文法，任何描述事物（存在者）的句子都须与"是"相连。同理，一切哲理陈述都含有"是"，并分享存在之意。麻烦在于on既可表达某物存在，又能指示存在者本身。两者混淆，引出亚里士多德关于"存在多义"的讨论。

亚氏从修辞学入手，发现指示存在者的词多可相互修饰，譬如生命是运动，运动即生命。但也有例外。我们说"苏格拉底善辩"，却不好说"善辩者即苏老先生"。鉴于此情，亚氏将"被修饰存在者"称为本体，而把那些修饰本体的存在者细加区别，依次定名为数、性、状、时、地等范畴。他相信本体是独立的存在本质，而其他存在者必须依附本体。

依此推论，苏格拉底不也成了本体？海氏大为不满。他说这种本体仍是存在者，而非什么"存在本质"。可见海氏瞩目的存在就是on。但是，抽象的on本无意义，唯有将它置于特定上下文中，它才显出存在的具体含义。

什么是存在的上下文？海德格尔从现象学中找到了出路：意识乃一种显现过程，人通过判断与反思来促使对象显露。换言之，意识对象就是存在者，而存在的真义就在于显现。

如此，海氏便能利用胡氏成果，为自己的学说另辟蹊径。他承认，"如果不是胡塞尔《逻辑研究》奠定了现象学基础，此后的研究绝无可能"。

存在的名词化 古希腊人一时糊涂情有可原，但谬种何以流传、并导致西方哲学的致命大错？为揭开谜案，海氏使出侦探手段，在《形而上学导论》中专辟一章，详尽考据 on 的词源。他发现 on 在现代德文里，写作动名词 das Sein（英译 being），而不是动词不定式意义上的 Sein（相当于英文 to be）。此事看似微小，却从根本上歪曲原义。我们已知，on 作为"是"的现在分词，兼有动词与名词双重性质。可它却在德文中莫名其妙地名词化，去除了天生变化功能。

是谁阉割了 on？据海氏考察，这一变化牵涉到语言史上的动词/名词分野过程。印欧语言中的动词不定式出现很晚，它表达的意义也较空泛。为此人们给一些动词加上冠词，造成普遍名词化。德文 Sein 加上冠词，便有动名词 da Sein。粗看两者都是存在，海氏却说，"通过从不定式到动名词的转变，不定式原有的空泛被限死。存在成了严格的对象，存在本身也蜕变成存在者"。

Sein 的名词化损失了 on 的许多原始含义。古希腊人惯称"存在"为"在场"，所以 on 可以兼顾在场与在场者。如今 das Sein 留下个空名，仅仅针对存在者。非但如此，古人有关"存在者"的观念，也遭到大肆删减。譬如他们曾把"存在"领会为"直立不动"，存在的特性因而也相应写作 to telos。现代人却把 telos 译成"目的"或"意图"。海氏说这是错译，正译应该是"完满终结"。

海德格尔发现：对于古人而言，终结才是存在者赖以醒悟存在的界限。亚里士多德之所以敬畏交加，称存在为 Entelecheia，意思是说人类应该、也只能"自持于终结与界限之中"。看来 on 所代表的存在，本可凭借历史上下文或时间框架，派生出无比丰富的含义。倘若将它理解为抽象的动名词，它便紧缩为存在者，丧失"生成变动"之本义。

海氏又说：西方哲学讲不清存在问题，主要是因它提问的方式不对。它反复追问存在者是什么，却忘记另有一个更大的问题，即存在者为何存在？由于它误把存在当成实在，便导致有关存在者的狭隘认识。出于同样缘故，古人未曾弄清楚的存在问题一路混淆下来，终被欧洲人篡改成本体论（Ontologie），意即"有关存在者（onta）而非存在（to on）的学问"。

苍天在上，亚里士多德在《形而上学》中追问的问题，原本是"存在者之为存在者"，而非其他！

亲在：存在于世中

为了追索存在，海氏逐渐背离胡塞尔现象学的目标。比方说，他扬言要"返回根本"，实为回到存在过程，而不是将存在还原为意识。他关心存在者的命运，而非胡氏念念不忘的主体。他反对注重先验意识，却要去解释人的存在方式如何规定人的本质。为此，他批评胡氏现象学是一种哲学倒退。胡氏则埋怨他滑入了人类学陷阱。此话的确有道理，因为海氏将"人"引入现象学，突出生存问题，这一偏向体现出尼采、叔本华、克尔凯郭尔的人生哲学色彩。

海德格尔宣称人是存在研究的出发点，也是所有存在者中"最奇特的一类"。为此他将人称作亲在（Dasein）。字面上讲，Da可译作"这里或那里"。为了超越物我之分，海氏解释说，一个我这里的"这里"，总是从一个上手事物的"那里"来领会自身，而"我这里"要比"事物那里"对Da的关系更亲密。

与其他存在者不同，人能在茫茫世界中意识到自身存在，此种方式又叫作生存（Existenz）。这样海氏就以"亲在"代替主体，开创一种新的存在论。他断言，人之所以成为人，是依据他本身采取的生存方式。所以唯有选择亲在角度，方可理解人的本质。

海氏又将"亲在研究"定义为基本本体论，以此区别于讨论抽象范畴的传统本体论。据他说明，亲在有两大特征：一、它具有丰富可能性，即对存在不断有所领会，并能通过行动改变或使之展开新的含义；二、亲在总是我的存在：它一向属于自我，却又不能脱离世界。

亲在公式 据此海氏提出一个著名公式，即存在于世中（Sein-in-der-Welt）。该公式有三个环节。

第一环是世界。世界既非万物聚集，亦非观念框架。它永远是真切而又难以驾驭的。人于冥冥中被抛入世，挣扎求生，"无论我们采纳它或抛弃它，误解它或询问它，世界总在那里漠然耸立"。

第二环是"于世中"。人生在世，须与其他存在者打交道。出于世界一统的考虑，海氏说亲在并非与世隔绝，而是依靠我与他人的共在得以维持。世界也只在人的存在过程中成为世界。一块石头无所谓世界，动植物也没有世界。但他人却和我一样拥有世界。为了克服主体性弊端，海氏强调"亲在的世界是共同世界，在世就是与他人共在"。

最后一环是"存在于"。它不仅决定世界的面目，也规定人的本质。例如哲学家描述观念世界，科学家探索物理世界。人处于何种生存状态，就有一种与之相应的世界。总之，人和世界处于密切关联之中。存在于世中，正是对此关联做出的结构描述。

共在、众人与沉沦 海氏提出共在概念，是想回避西方哲学中由"我"引起的麻烦。但他仍未解决这一问题。从形式上看，他把我换成亲在，试以共在来限定亲在的本质，这算是个进步。可他同胡氏一样，也将亲在置于他人之前，甚至对他人和器物一视同仁。

对此我国学者陈嘉映批评说：海氏的"共在"诚然要比胡氏的封闭主体通融一些，可他未能解释"他人怎样变成亲在"。《存在与时间》全书中，也没有关于他人的共在如何积极建树亲在的论述。

另外，海德格尔借用众人（das Man）概念来描述共在，无意中却引发了一些左派理论，著名者如"大众社会"理论，以及他的学生马尔库塞有关"单面人"的尖锐批判。其实，海氏虽然对众人有所针砭，可他的口气相当含蓄。他说众人无形，亲在消散在人群中，"个人从属他人并巩固他人的权力。这样的他人，就是众人"。

于是乎，现代社会的众人即可代表某种"独裁"：它造成日常生活方式的"平均状态"，规定亲在的可能，把守例外的门槛，压制一切优越，并能以公众意见来调整"有关世界和存在的解释,以保持它一贯的正确性"。

亲在的可悲状况,海德格尔定义为沉沦(Verfall)。从理论上讲,沉沦对应于本真状态(Eigentlichkeit)。人之初,性本善。伊甸园里的亚当夏娃,大致是享受本真的。自从人失落本真,他就陷入沉沦,无法立足自身,而以众人的身份碌碌在世,烦神不已。

据说,沉沦本是一种从高贵原始状态向腐朽现实的堕落:"亲在从它本身跌入日常生活的无根基与虚无之中。"此外,沉沦中的亲在,通常采取"闲谈、好奇、两可"的方式,鹦鹉学舌,贪新猎奇,不求甚解,最终回到麻木不仁。

如此看来,海德格尔虽然区分了亲在与众人,可他无法跳出一个宿命怪圈:既然亲在完全被众人吞噬,或者说,众人就是大写的亲在,亲在如何才能返回本真、面对光明?

海德格尔在《存在与时间》中表示,他的沉沦说不含道德批评,也无意改变众人意见。可是他的存在论还是散发出广泛影响,进而演变成"二战"后流行的存在主义。说来可笑,当芸芸之众推举海氏为存在主义宗师时,他却敬谢不敏。

据专家称,海德格尔于20世纪30至40年代经历过一次思想转折,早已改弦易辙,放弃了他在《存在与时间》中的许多看法。果真如此吗?恐怕这还有待于下一步研究。

(海德格尔《存在与时间》,陈嘉映译,北京:生活·读书·新知三联书店,1998年)

海德格尔与后现代知识兴趣

19世纪工业革命推动欧洲步入现代社会，一时间天地摇撼，神灵逃遁，万物失色，诗人的歌喉也随之变得喑哑刺耳。老海明确指出：荷尔德林的时代恰是一个"众神已逝，新神未到"的时代。诸神的消失，既令世界失掉尺度，也模糊了人的生存意义。此乃西方危机的根本缘由。

如前文所述，海德格尔在20世纪30年代后经历过一次思想转折。这次转折的意义是如此深远，以致有人将它郑重表述为一次"从现代到后现代的思想断裂"。

关于海氏后期思想，各家评论大多看重他所代表的"人文学术范式变革"倾向，以及他晚年著作中体现出来的种种"后现代知识兴趣"。这里我试举几例，加以概要说明。

其一，据汉娜·阿伦特（Hannah Arendt）在《海德格尔八十寿辰》中说，老先生晚年思绪活跃，热衷开辟新"道"，可他缺少明确的方向与界限。这表明他注重的只是"思想运动本身"；而非它的体系或目的。他那不停息的思想探索，又"特别具有破坏与批判的效用"。

譬如说，他的许多文集看似质朴无华，如《路标集》与《林中路》，简直就像漫游随笔。然而这些貌不惊人之作，竟会触动库恩、费雅拉本德这样的一流科学家，亦能感染当今最有才华的艺术家、文学批评家。

作为海氏亲近的女弟子和著名哲学家，汉娜的评价值得考虑。至少她向我们提示一个问题：老海晚年的魅力来自何处？

其二，美国教授麦吉尔称：海德格尔是他研究的"四位极端预言家"（其他三位是分别尼采、德里达与福柯）中最可敬畏的一位。大致原因是：

一、与同代哲学家相比，海氏擅长深思，技巧娴熟，理论高超。

二、他一向不计琐碎，"只爱提大问题"。而他目光所顾之处，几乎都成了西方科学与人文学术共同关注的中心命题。

三、老海晚年既不解释他的构想，也不辩白自卫。这种自拉自唱、无人应对的局面，说明老海坚持"反分析精神"，决意跳出逻辑思维的圈套。

麦吉尔发现：在海氏目中，唯有摒弃理性自身的缺陷，才能真正开始他所谓的"思"。此乃老海晚年孤寂生涯的又一生动画像。

其三，在一篇题名为《海德格尔针对西方知识传统的本体论破坏》的论文里，美国学者巴拉什细致考察他的晚年倾向。他发现：老海自转折后，拒绝再做传统哲学的例行工作，尤其反感那种围绕"主体意识与精神传统"的历史主义阐释。与之相背，他转过身去挖掘那些"未被思考过的超历史境界"及其潜在意义。在此批判基础上，他进而提倡针对西方知识传统的解构（Abbau）与破坏（Destruktion），这就给"二战"后的欧美人文学术带来一股"持续的危机感"。

巴拉什的意见颇有分量。但在我看来，海氏针对西方知识"传统"的无情批判，并不意味他完全弃绝这一传统。原因是他长期浸淫其中、实难自拔。不错，他一度曾与中国台湾学者肖师毅试译《道德经》，又经日本人铃木大拙介绍，涉猎过禅宗学说。可他毕竟年老力衰，无法再学东方吹鼓手。

半开玩笑地打个比方，我们可以说他看破红尘，寻不见归宿。晚年烦闷中遥望空门，一时间神态痴迷，大有厌世渴望出家的嫌疑。可在实际上，老海是不可能脱离生他养他的西方知识传统的。剃度不成，尚可带发修行。于是他借助东方智慧之光，掉转头来对他所熟悉的西学大加翻修。在这一冲一返的猛烈运动中，海氏不仅打破西学封闭传统，建立起与东方对话的基点，而且相应扭转西学发展方向，毁坏了它的部分基础构造。

说了半天，老海的奇特魅力，仍然是一难解之谜。众所周知，1945年德国战败，法军进驻弗莱堡大学。由于海氏在纳粹统治时期犯有言论错误，他被禁教五年。此后他搬进黑森林里的一座木屋，隐居达三十年。对此，传记作家考克曼评论说：长年的沉思让老海"获得高度集中的注意力、深刻的洞见，以及进行创造性表达的机会"。

此外，我们还可以从海氏晚年从事的纷纭课题中有所窥察。它们包括《论人道主义》《尼采》《荷尔德林诗析》《通向语言之路》《艺术作品起源》《技术与转折》等众多文集。这些论题亦可分作两组：其一为艺术、诗与语言；其二为历史、形而上学与现代科技。

关于上述课题的研究，眼下方兴未艾。此处我只能择要评述一部分。

自30年代起，海氏特意挑选一些特殊领域，诸如艺术、诗和语言，耐心搜寻其中残存的原始本真。在这一段传为奇谈的"知识考古"生涯中，海氏性情乖僻，如同一个朝圣香客。他孤身出门，不走大路，尽挑荒山野岭蜿蜒而行。旅途漫漫，凄风苦雨，可他乐此不疲，终有所得。

后人考察他的思想游历路线，往往闹不清他在这三十年里究竟去过哪些地方。据说他上路后的第一站，便是坍塌已久的艺术圣殿。他在那儿盘桓良久，手舞足蹈。接着经过诗的废墟，不免又哼哼唧唧，念念有词。有人称，老头儿最后闯进了神秘的语言王国。他看见了什么？让我们顺着他的足迹一路看去。

艺术之礼赞

《艺术作品起源》里，海氏选择一座希腊神殿开始他对艺术的反思。这是一座建在山崖上的神殿，高耸的圆柱，呈环状排列，构成一个敞厅，中央供奉神像。神像面向大海，俯瞰陆地。神殿的安然屹立，反衬出世界的喧嚣与生动：海浪轰鸣，山风呼啸，人畜之声一阵阵掠过神殿，形成和谐交响。

再看山下草原，那里有树木婆娑，有山鹰翱翔。就连草丛中爬行的蛇、石缝里低吟的蟋蟀，也不甘寂寞。它们各自以其独特的形态，在这世界上得到显现。请注意：此处神殿是作为一件艺术作品进入老海的视界的。

我们已知，海氏早期思想偏向描述亲在的沉沦或超越。他在《存在与时间》中基本没有提及艺术。如今他试图解释真理与艺术的关系，尤其是真理如何通过艺术作品而显现或演历的方式，这分明是另辟蹊径了。

艺术开启世界　面对这座巍峨的神殿，老海感慨道：它"作为艺术作品开启了一个世界，同时又反置这一世界于土地"。这件作品"首次把各种生命及其关联方式聚拢起来，合成一体。在这潜在的关联中，生死、祸福、荣辱等，俱以命运的形态展现在人类面前"。而这一关联体系包容的范围，即是这一历史民族的世界。

希腊神殿太古老。若是现代派作品，老海又该作何评价？他在《艺术作品起源》中，也谈到梵高所绘的《农妇的鞋》。如此凡俗之物，就像《红楼梦》里刘姥姥的贫贱家什，实属土巴物儿。可它居然入画，在梵高的笔下绽开一个真实无比的世界。

透过那双鞋上的湿润泥土和黝黑破洞，老海窥到19世纪欧洲农民的真理："它渗透农妇渴求温饱的惆怅，战胜困苦的喜悦，它也隐含着她分娩时的颤抖，死亡威胁下的恐惧。"这双鞋属于大地，它在农妇的世界里得以保存。

从上述实例分析中，老海得出两项重要观念。第一有关艺术作品与一般用具的差异，第二涉及作品的葆真功能。

作品、用具与物　老海说艺术作品（Werk）不同于一般用具（Zeug）。当然，人类创作艺术或打造用具，都须使用物质材料。用具成型后，它的材料特性被效用掩盖。艺术作品却非如此。艺术品自身没有多少实际用途，可它能让材料在作品中闪光："岩石只是在它支撑神殿时才得以成为岩石。"换言之，艺术作品并非寻常之物，也不是人类日常生活中随手搬弄的器物。然而艺术作品作为一种物，它又受到人类的长期误解。这是为什么？

老海分析道，德文里的物（das Ding）几乎等于任何东西。它既可指示有生命之物，也能代表一切自然物质。他又说，由于西方人偏重物质，"物"已变成一个不幸字眼。换言之，西方科学有关物的认识，似乎带有某种根本性的缺陷。

老海的理由很简单：既然西方人主张一切都是物质运动，并习惯强调物的效用，他们很可能从一开始就夸大了物的含义。受此谬见支配，物的统治渐渐扩张至人类整个精神领域,而这种"对物的性质的解释,始终领导着西方思想的历程"。这样一来,艺术作品、用具与物质便混为一团,难分彼此了。

艺术作品的葆真 作品之所以不可混同于用具或物质,原因在于它的葆真(Bewahren)特性。老海在此表现出他与传统艺术观的明显分歧。自亚里士多德《诗学》以降,西方人多把艺术视为世界之摹仿或再现。老海厌弃这一俗套。他质问:一座神殿究竟能再现何种理念?

可他同时又承认:艺术作品与真理之间,确实存在某种密切关系。他断言:作品之真,并不在于它摹仿得真,而在于真理将其纯净光芒"注入作品"。反过来,作品又提供机会,让真理以艺术的方式敞开自身。"注入作品的这一闪光就是美。美乃真理进入本真状态的一种方式。"

老海进而宣称:艺术作品原非供人鉴赏或消遣的东西。艺术堕落为商品,更是一出历史悲剧:伟大作品经由艺术家的创造灵感而诞生。可它一旦成型,立即进入某种独立存在,从此与世俗无涉,仅属于一个"特定的世界"。

人为的珍藏拍卖,只能将艺术品从原先世界中剥离出来,标定为"过世之物"。然而作品终归还能保存一些往日的真实。老海解释说,作品的"宁静包孕着运动,此乃运动的极限。这种运动的内在凝聚,即最高的动势"。

为诗和诗人一辩

老海关于艺术的见解颇为不俗,且具有当代先锋意识。有趣的是,当他进入柏拉图《理想国》所标定的禁区,即"疯癫诗人与危险狂徒"的思想流放地之后,他的见解愈发新奇,影响也更加意味深长了。

在此禁区内,我们首先碰到老海有关"诗"的奇特释义。

他在《艺术作品起源》文中曾表示:艺术的本质是真理,而真理之所以能在作品中得以演历,正因为"它以诗的方式构成",因此,"一切艺术在本质上都是诗"。

此处须说明,老海所说的"诗"写作 Dichtung。他为何不用通用的 Poesie? 这两个词均指诗歌,只不过后者源自拉丁文,指谓各种吟唱诗文。

前者则是德国本土词汇，它与动词 Dichten 相关。

我国学者陈嘉映就此分析说：海德格尔偏爱后者，主要是因为他看重 Dichtung 的多重含义，诸如筹划、设计、构造等。这样一来，Dichtung 既可泛指艺术展现真理的过程，还能揭示艺术中的原始奥秘，即语言奥秘。老海相信："一切艺术根底下都是语言，而诗是直接凭借语言的艺术方法。"[1]

自 30 年代起，老海专心研究并讲授德国疯盲诗人荷尔德林，费时多年完成一部《荷尔德林诗析》(1968)。另外他还发表《诗人何为？》《诗中的语言》等论文。在这一系列诗论中，他细致考察诗的本质，得出有关诗与存在、诗与诗人、诗与语言等方面的重要见解。其主要思想简述如下。

人诗意地栖居在大地上　此语原是荷尔德林的一句诗。经过老海解析，现已闻名遐迩，成为海派诗论的主旨。其中仅关于"栖居"概念，老海就写下两篇论文，分别是《人诗意地栖居》和《筑、居、思》。

为何他如此重视栖居（Wohnen）呢？据说，这个词比较贴近存在之意。提醒大家：老海有关诗和语言的重要意见，几乎全都植根于存在问题。可以说，它们是围绕这一中心命题环环相扣、循序深入的。

我们还记得老海"存在于世中"的著名公式。该公式强调：人被抛入世，挣扎求生。所以他以大地为家、视天命为归。当此人与环境融为一体时，这种自由祥和的生存状态，便是一种栖居了。

由此老海提出：人的本质并非什么肉体、意志或理性的体现，而是一种亲在的逗留经验。换言之，人的在世，构成了意义源。没有亲在，就谈不上任何意义。譬如人来到世界，首先要面对皇天后土、芸芸众生。于是他在万物共存互动的关系中发现自我，学会以语言表述事物，抒发自己的生存感受。

与此同时，亲在所体验到的生存意义又时时变化，处处更新，相对受制于天地神人四位一体的镜映游戏。

从这一前提出发，我们便容易了解老海有关"诗意栖居"的说法。他引用荷尔德林的天问：大地之上可有尺度？苍天不语。老海答曰：唯有当

---

[1] 陈嘉映《海德格尔哲学概论》，北京：生活·读书·新知三联书店，1995 年，285—286 页。

人栖居大地，大地方成大地，我们才有"大地之上"的说法。

世世代代，人类为了糊口，在土地上辛苦劳作。汗流满面时，人往往仰望苍天，感慨自身的生存。老海在此强调："是诗性使人仰望天穹，同时诗性也把人引向大地，携入栖居。"诗的仰望跨越天地之间，而这个之间是专门量出供人栖居的。

诗既能呼应天地、与神相通，它便成为人类赖以测量与把握世界的基本尺度。依靠这一尺度，人才得以为诗，得以筑居（Bauen，即构筑人物交融的和谐环境），得以"人性地栖居在大地上"。

老海相信，人类生存原本充满着诗情画意。古人时常赞叹大千世界的奇妙造化，诸如繁星闪烁、云朵飘荡、四季更迭、草长莺飞。在他看来，这些神奇而又引人遐思的现象，即是"在诗与神话中被发现和奠定的历史，它也是我们这个世界中那个根本性的领域"。

诗乃存在之命名　关于诗与存在的关系，老海由浅及深，累积成论。他在《形而上学导论》中指出：人通过词语与世界照面，并使亲在成为可能。只有在词语中，"万物才首次进入存在，并成为一种是"。

《现象学基本问题》继而提出：诗具有开天辟地的启蒙作用。由于诗是人类领会和表达生命意义的基本途径，它能以词语方式展开存在之维。随后，老海又在《艺术作品起源》中强调：诗与艺术均为存在的首次命名性言说。而诗作为筹划性语言，更是一种针对世界的"给予、奠基和开端"。

到了写作《荷尔德林诗析》时，老海进一步断言："诗乃存在之基本命名，亦即一切事物的本质。诗并非随意的言说，而是最基本的语言。"他又说，"诗从不把语言当作上手材料。相反，它本身头一次使得语言成为可能。诗是一个历史民族拥有的原初语言（Ursprache）。"

老海深信：诗的语言珍贵无比。真正永恒的语言工作，也是"由诗人奠定的"。日月轮转，山河吐纳，众神飞舞，万物滋生。所有这一切，全都靠诗人说出本质的字眼，存在本身才变成人所共知的存在者。因此，诗就是"通过字词而确立的存在"。与此同时，诗虽在语言中活动，可它绝非简单地利用语言。

老海认为，诗最原始、最本能地开启了人类一切言谈，并使得整个语言系统成为可能。在这系统中，诗不仅奠定了人类语言必不可少的对话本质，支撑起交谈者共享的语言统一性，而且逐渐敞开我们的日常言谈内容。

在他看来，与其说诗高于日常语言，倒不如说日常语言是"被遗忘的、因而也是丧失精华的诗"。

诗人何为？ 老海如此抬举诗的意义，他对于诗人的期许自然也不一般。他认为，诗人是往来于众神和人民之间的使者：他一方面凝听神旨，揣度天意，或从古老传说中汲取祖先的生存智慧。另一方面，他又殚精竭思，百转歌喉，努力将各种天籁神旨翻译成诗，传送给迷茫中的人民，为他们的生活设定尺度，并确立意义。总之，诗人为天命所驱，他必须面对神秘，言说存在。

这委实是一桩伟大工作。然而，诗人的业绩往往会伴随诸多的艰难危险。这方面，荷尔德林就是突出例证。

为何选取荷尔德林为例，而不是歌德或席勒？据说荷氏名诗《面包与酒》有这样一句咏叹："在这贫瘠的世界，诗人何为？"老海征引此句，大发感慨，形成他有关现代诗人的重要见解。

他首先声称：荷氏是"诗人中的诗人"。为什么？如前所述，传统诗人的使命是在诗语中道出神秘，袒露人与世界的关系，并使万物如其所是地存在。然而诗人为诗艰难，不得不乞灵于命运女神的恩赐。

古希腊诗人四出吟游，参天吁地，苦苦寻觅诗的踪迹。这种工作因而被后世诗人兰波比喻为一种"语言炼丹术"。在此含义上，老海说，荷氏与古希腊诗人一脉相传，真正具备他们的原始眼光与执拗信念。

其次，19世纪工业革命推动欧洲步入现代社会。一时间天地摇撼，神灵逃遁，万物失色，诗人的歌喉也随之变得喑哑刺耳。老海明确指出：荷氏的时代恰是一个"众神已逝，新神未到"的时代。诸神的消失，既令世界失掉尺度，也模糊了人的生存意义。此乃西方危机的根本缘由。

在这精神贫瘠的危机时代，诗人又该如何为诗？荷氏贫病交加，却"以诗为命"，即以神性测度自身，以诗语追怀往事，在绵绵悲伤中，继续祈求神的昭示。由于他一心要以诗性拯救人民，度过"这世界的漫漫长夜"，荷尔德林才得以"重新奠定诗的本质，为我们确立了一个新时代"。

最后，诗人的求索充满危险。早年荷氏云游四方，目的是追寻神的踪迹。他在一封书信中说，他担心自己从神那里获得太多，承受不起。当他最终返回母亲家时，他已疯癫失明，却硬说是因盗取天火，不幸被阿波罗神击伤了双目。

老海在此评说：作为神人之间的信息使者，荷尔德林被天意选中，他的命运一如古希腊神话中的俄狄浦斯：据说那位忒拜国王，在得知神谕后失去了双目。荷氏却因接受"过强的光芒"，完全堕入黑暗之中。由此可见，现代诗人风险之大，超过以往。

诗的语言特征 诗人为诗的艰难，大多出自诗的语言。老海首先察觉，诗语具有某种超越感：它不在寻常意义上编造诗句，而要努力捕捉神奇。譬如一首诗描绘天际飘动的云朵：它光亮闪烁，自身就是一段诗意的述说。可那云彩自由浮动，不断超越自身，变成它所不是的东西。老海在此按说：是云彩而非诗人，使这首诗成其为诗。

另外，诗也不仅仅传达某种确凿之义。好诗通常暗示某种意境，并在诗句与这意境之间，形成某种内在共鸣。说到底，诗的用意就是以有限之语言，来表达不可言说之意。或者说，诗的最大野心，无非是说出本质性的言辞，并以此来挽留诸神、道出真理，命名存在或抵近奥秘。

问题是，诗所希望捕捉的上述对象，从来就不肯老实停留在词语当中。老海深知，存在绝非某一具体的存在者。而诗中那个神秘莫测的长驻者（存在），同时又是一个稍纵即逝的逃逸能手。

为此，老海实在伤透脑筋。他承认，他在《存在与时间》里严重忽略了语言与存在的特殊关联。经过转折后，他希望能在"诗语研究"中突破这一难题。

在《诗中的语言》文中，老海果然发现诗语的另一特征，此即"多义含混"。他肯定语言的生命在于庞杂多义。而含混作为语言的奥秘本质，深深植根于存在与无（Nichts）的不可言说中。

老海据此认为：诗语自有一种"悄然离去"的性能，能回到空无境界。

对他而言,"无"是万有涌现的背景。所以他说诗语虽有"瓦解日常语言之功",但它的含混并不以"溃散的方式"消失。相反,它能再度显现,"归结为不可言说的一致"。这种离去近似中国古人的"去言",即回到"无或空"的境界。

这一发现,与这位西学哲人曾一度涉猎过东方禅宗学说是否有关,恐怕还得做更深入的研究,方能说得清楚。

(海德格尔《诗·语言·思》,彭富春译,北京:文化艺术出版社,1990年)

巴赫金：语言与思想的对话

> 他所感兴趣并尽力弘扬的，都是文学史上那些备受冷落、却能充分体现语言及文化发育过程中离心力量或颠覆因素的反教规种类。

1956年，在莫斯科召开的国际斯拉夫语文盛会上。来自美国哈佛大学的俄裔语言学大师雅各布森（Roman Jacobson）百感交集，一面同早年形式主义学派的故友什克洛夫斯基（Victor Shklovsky）等人叙旧，一面频频赞扬某个名叫巴赫金的苏联学者，并询问其近况。与会者多曾了解巴赫金于1929年出版的名著《陀思妥耶夫斯基诗学问题》（下称《陀氏诗学》），却罕知其下落。

毕竟岁月如烟，中间隔着战争和劫难造成的重重忘却。

四年后，科学院高尔基文学所的青年学者瓦吉姆·柯日诺夫偶然从所资料库里捡出巴赫金佚文《拉伯雷在现实主义历史中》。出于对已故作者的崇敬，他同两个研究生上书，请求领导发表该文。未果，却查明作者还活着，在远离莫斯科的一所外省师范学院教书。

到底年轻人好动少虑。他们在摩尔达维亚的萨兰斯克市找到了那位苍老多病的"地下人"，又主动协助他整理出版成堆未曾见天日的手稿笔记。

就这样，一位本已湮没无闻的苏联学术巨星得以复现，并在他的萧瑟晚年，目睹自己积年写作的著作以惊人速度传向世界，尤其在欧美激起持续不断的学术冲动。

直到 1984 年，哈佛大学出版社推出美国学者克拉克与霍奎斯特合写的首本完整思想传记《米哈伊尔·巴赫金》(*Mikhail Bakhtin*)，有关这位"20 世纪最重要思想家之一"的考古挖掘工作方告一段落。

一幅拼贴复原的画像

尽管美国的苏俄研究发达过人，尽管克拉克与霍奎斯特是训练有素的斯拉夫语文专家和古董甄别内行，由美国人撰写天下唯一的巴赫金传，终归是一种学术破格。这两位美国教授，自 80 年代中期之后，几番访苏勘察。可他们罗致多年的材料，仅够拼贴一帧蒙面先知的模糊肖像。盛誉之下，引起不少同行的质疑批评，以致将此书喻为神秘色彩浓重的"圣徒传记"。

两位作者为己辩白，列举巴赫金研究的天然技术局限，诸如背景晦暗、档案简陋、同代见证人多已亡故、手稿毁失严重，且年代难考。加之巴赫金本人因残疾孤僻而与世无争，疏于通信日记，又对往事讳莫如深，结果造成了众多神秘空白与悬案，令所有传记家无奈。

这位古怪老人究竟何方来去？据查：巴赫金于 1895 年 11 月 16 日生于莫斯科附近的奥勒尔镇。他家族的贵族封号可以上溯至 14 世纪，其支系散布莫斯科与西伯利亚。曾祖父一度典卖三千农奴，创办过一所士官学校。但从祖父起改从银行业。父亲未再受封，仅作为银行职员在各地辗转服务。

因此小巴赫金随家迁徙频仍。9 岁时，他移居立陶宛首府维尔纽斯，15 岁转赴乌克兰南部海港敖德萨。直到 18 岁进大学，他的早期启蒙大体是一多重结构，即一面受东正教官方教育，就读俄制中学，并从外籍教师，熟习德法拉丁文，一面又在民族杂居文化环境下长大，接触多种语言、宗教与知识传统影响，养成他后来著名的泛欧视界以及一种"对话哲学"观念。

巴赫金在家排行第二。长兄尼古拉豪迈进取，热爱语言学，并激发了弟弟的知识兴趣。尼古拉革命前弃学参战，后流亡英国，在伯明翰大学教授古文，直至客死他乡。如同与长兄关系，米哈伊尔与家人的联系也因战乱而日渐松散。

其父病卒于30年代。母亲和一个妹妹死于卫国战争中的列宁格勒围城。而他本人则因16岁起罹患脊髓灰质炎，行动困难，性情乖僻，逐步走上一条罕为人知的治学之路。

1914至1918年，巴赫金转入长兄就读的圣彼得堡大学，修习古典文学，受业师费泽林斯基教授指点，开始关注小说进化、俗文学讽刺功能、语言对话现象。时值象征诗歌与形式主义文论的萌发期。巴赫金目睹蒂尼亚诺夫、什克洛夫斯基等人在彼得堡建立"诗语研究会"，并积极会同雅各布森的莫斯科语言小组创建学派，从此他便潜心于同形式主义的理论较量与交流。不期之中，后来竟成为该学派暗中最持久的对话者和超越者。

毕业后的巴赫金，随着内战与饥荒漩涡离开彼得格勒，去乡镇谋生，结识一批后来成为苏维埃文化名人的朋友，其中如批评家伏罗什诺夫、梅德维捷夫、钢琴家尤金娜、文学教授庞姆皮扬斯基等。

这些来自都市的知识分子，乱世不忘读书，常烹茶相聚，切磋思想，通宵达旦。这种以知识兴趣为纽带的"小组"，据雅各布森诠释，是一种较社团为小，又比西方沙龙更重精神情谊的俄国文人传统组合，亦是重大学派理论的酝酿基地。

巴赫金得助于朋友，先后在涅维尔、威帖布斯克两地充任统计局会计，为驻军和党校开课，参与组织群众文化活动。不久因脊髓灰质炎与伤寒并发，右腿致残。幸得当地图书馆职员伊莲娜同情照拂，二人于1921年结婚。此后他由妻子相伴，维持写作生涯。

1924年，巴赫金在新经济政策条件下返回列宁格勒，并经朋友斡旋，申请到二等病残补助金。却因没有职业和学术衔级，在借书和发表文章方面寸步难行。于是他只得寄居友人寓所，间或私人授课，或为书局阅稿，月入仅一二十卢布，借贷不断。

此时苏联学术繁荣，派系竞争热烈。在列宁格勒，尤以国立艺术史研究所为形式主义论战中心。巴赫金无缘直接介入，便通过小组朋友分享信息、策动研究，产生了一批专家们后来称谓的"巴赫金小组作品"。

专家们的理由是：巴赫金当时创作力最盛，却无法发表，因而甘为朋友捉刀，或与之合作。结果便有伏罗申诺夫、梅德维捷夫名下的三部新著及数篇论文。而他们又反过来，力助巴赫金推出他唯一的署名专论《陀氏诗学》。

此说先在苏联由塔尔图学派的伊万诺夫教授提出，后在美国得到霍奎斯特等人附议加固，但争辩不绝。苏联国家版权局对此谜案折中处理，宣布三部争议著作再版时，须将巴赫金列为法定合著人之一。

巴赫金自己对此少有解白。也许他念及朋友恩重，也许事关他当时的个人安危。1929年初，巴赫金因私自授课、受人牵累、被拘押审查，病情加剧。幸而《陀氏诗学》出版，并得到卢那察尔斯基的书评肯定，复由密友尤金娜联络高尔基和阿·托尔斯泰发来援救电报，方于年底从轻判处他流放六年（原议十年），并免于押送。

此后六年间，巴赫金携妻在哈萨克斯坦小城库斯坦纳服刑。那里寒冷贫瘠，文化落后，唯民情淳厚，容其夫妇自谋生活。巴赫金除了不准教书，尽可在供销社工作，为集体农庄培训会计，还为《苏维埃商业报》写过少数民族商品需求调查报告。刑满后，他不得回都市居住，因而拜托友人，荐往萨兰斯克师院任教。刚一年，又因肃反运动而辞职，移居莫斯科城外100公里处的萨维诺瓦镇，就地等候回城机会，并方便他进城借书。

30年代末，巴赫金受雇为首都出版社临时审稿，又同高尔基文学所签约讲授小说理论。1940年他完成《拉伯雷》论文，拟用它向该所申报博士学位及正式聘任。不料战争突起，科学院疏散，档案馆遭轰炸。他的一部将出书稿被毁，另外一些珍贵手稿则被他自己在艰难时期卷烟抽掉。应战争急需，这个残疾人在萨维诺瓦努力教授德语，多少遂其报国之心。

"二战"胜利后，巴赫金重返萨兰斯克师院教书，升讲师，又兼文学系主任，但生活艰辛如故，长年栖身于一所废弃监狱。1946年底，他突然被通知去莫斯科补行博士论文答辩。此际，苏联学术界开展反世界主义运动。围绕巴赫金论文，所内两派意见冲突，形成7比6票僵局，进而引起报章批评，高尔基文学所所长去职。

延搁至1951年，国家学术任命局方裁定此案，授予巴赫金副博士学位，而非申报的博士衔。于是副博士耸肩一笑，再也不提进京工作之事。

晚年的巴赫金辛苦教书，谨恳待人，深得学生与当地群众爱戴。师院扩建为大学后，终于分给他两间住房。于是，这一对老夫妇相依为命，心满意足。此时的巴赫金，既不为平反奔走，也无意晋升教授或加入作家协会。同代朋友里，能熬过劫难者寥寥无几。巴赫金抚书自慰，安静隐居，清理一生思绪。

谁知高尔基所的那几个年轻人，竟在他退休前夕闯入家门，催促他交出《陀氏诗学》与《拉伯雷》修订稿，迅速交与作家出版社堂皇付印。继而柯日诺夫（此君已成苏联文论第三代代表）运作多方关系，组织莫斯科学界名流费定、图尔宾等人，发起一场抢救运动，将巴赫金夫妇接回首都治疗。

1971年伊莲娜病殁后，众朋友又竭力为巴赫金争得莫斯科城区居住权，并用老人自己的稿费向作家协会申请购置了一小套住房。巴赫金同一只波斯猫在其中定居约三年，接受国内外纷纭朝觐，后于1975年3月7日辞世，终年80岁，身后享誉宛若圣人。

复调、对话与小说理论

巴赫金的已知论著（包括争议作品，现有八本流传于世），共同组成一个错综缠绕的复合体，反映他在半个多世纪里，就一组问题，从不同学科层面进行反复探究的努力。后人将其创作活动粗分为四期，或以不同的学术语言（分别为现象学、社会学、语言学、历史文学）为重心的四个研究阶段。

其中早期（1924年前）与晚期（1961年后）首尾相连，专注于伦理哲学和人文方法论的思考。第三期（指列宁格勒及流放外省期间），集中在有关语言符号和文学史研究的课题上。从中产生了巴赫金最为人熟知，亦为后人借用派生最多的一系列著名原创性思想，诸如复调（Polyphony）理论、对话观念（Dialogism）、杂语变异（Heteroglossia）、狂欢化（Carnivalization），以及围绕古典话语研究形成的独特小说理论。

所谓复调理论，始于巴赫金对陀氏小说的结构分析。我们知道，陀思妥耶夫斯基是俄国文学史上最擅长表现双重人格与精神矛盾的作家。他的艺术风格，一面显示出列宁和高尔基都赞许不已的艺术天才，一面又常令批评家抱怨其主题纠结、思想晦涩。对此,老托尔斯泰曾经醋意盎然地评价说:如此"全身心都充满分裂冲突的人,不配充当后世楷模"。然而,西方文论不为所动,偏要奉陀氏为"现代小说祖师爷",事情因而麻乱难断。

巴赫金以其卑微与多思癖性,较他人更能理解陀氏笔下那些拥有"伟大却尚未解决的思想问题"的小人物。当然,他也深知:陀氏研究的争论症结,不仅仅在于文学。所以他在《陀氏诗学》书中,超然梳理众家意见,承认他们各据其理,都抓住陀氏某一嗓音或主题。合在一堆,却不免杂乱纷呈,相互抵牾。但这并不意味批评诸家偏颇,反而证明陀氏小说与众不同,属于一种多声部结构,或曰复调小说。

所谓复调,乃相对于托尔斯泰式的"独白小说"而言。巴赫金喻托翁为"通晓一切和全知全能的作者上帝":他单方面对笔下人物言行施以统一规定,确保自己意志"无所不至地贯彻到世界和心灵的每个角落"。读惯这类小说的读者和批评家,渐渐养成听命于威严声音调遣的潜意识,犹如音乐会听众判断优劣的准尺,系在指挥手中的金属棒上。

然而,依此独白式的批评积习,在陀氏小说里寻觅作者的统领作用或主导倾向,我们很容易碰壁。其中主要原因是:

一、陀氏刻意改造了传统认可的作者和人物关系:他放弃了万能君主或乐队指挥中心位置,贯通了主宾或你我意识,创造出"不是无声的奴隶,而是自由活动的人物,他们与作家并肩耸立,非但会反驳自辩,而且足以与之抗衡"。

二、与多数小说家视界不同,陀氏的叙事方式偏向在共时状态下平行地展示诸多意识的并存竞争,而不像传统手法中靠单线牵引或纵向安排矛盾的跌宕起伏。这不但导致复调小说的结构开放、未有终止,而且让作者得以将巨大而生动的思想变动性集约于单一时空内。其张力之强,令人感受到生命现象的深刻含混与多变,以致"在每个声音里都能听到争执,每句话中均可见出断裂,以及瞬间向另一态度转换的意向"。

作为陀氏研究领域的重大突破,巴赫金的复调理论引起了许多论争和质疑。该书修订本里,巴赫金改动某些原先说法,力图加固复调论的超语言学基础,即对话哲学。针对别人关于"人物独立、则作者被动消极"的指责，巴赫金坚持认为：陀氏并非那种简单推理意义上无主见的作家（即出让主权、任人乱说）。其复调小说的积极含义，在于深刻地复杂化了传统的作者地位观念，"在他本人同他人的真理之间，建立起全新的特殊关系"。

巴赫金又说：陀氏在其小说里非常活跃，但他活跃在一种"对话的而非主宰的方式里"。这种"由独白走向对话"的观念变更，乃一巨大的认识论进步，其历史意义，等于"从地心说向哥白尼宇宙论"的飞跃。

一旦作者放弃了全知全能的中心位置后，他便能在人物相互作用、充分活跃的关系网络中，形成他自己游动感应的越出位置（Extralocality），由此造成文本结构在更高层次上的多重复合统一。犹如爱因斯坦相对论对比牛顿定律，这样的复调式秩序统一，当然要优于独白主义的单项集约。

若要弄懂巴赫金的对话哲学（复调理论不过是这一哲学借文学之题的实际挥发），似应补充解释三项有支撑性意义的巴赫金思想基础。

其一，在方法论上，巴赫金始终反对抽象理念、封闭系统。在他看来，这二者致使现代人精神分裂，理论丰富而行动贫困化。在早年《走向行动哲学》一文中，他发现人类日常行动（Act），如同古代门神，拥有两副面孔：一面是可以演绎推导的客观规律，另一面则表现为经验领域不可重复的事件性（Eventness）。由于现代理念忽略活跃而独特的第二面，他便强调人文研究超越自然科学方法观念，以"生动介入"方式，深入了解事物的非系统现象、未知层面的潜力，以及专门学科归纳不了的关系网络。

其二，由于持有这种多极感应的灵活立场，巴赫金在语言符号研究领域得以厕身于各大系统之间，进而在贴近日常交流活动之际，寻找到一种"超语言"的对话原则。他所谓的"对话"，不单指人际交谈，还包括思想的共生性歧义，乃至文化内部的复杂运动。

虽然赞同结构语言学的专业化动机，巴赫金却不满索绪尔将语言和言语、人和社会分裂对立的狭隘界定。在他看来，语言学属广义的意识研究范畴，它不能以文本或个人为中心，而应集聚于人与人之间的对话交流过程。这是因为：一切意识思想，都是符号反应物。唯经符号交流，才能在人际发生。所以，它不仅受制于语言自身规律，亦由谈话人的言谈（Utterance）和多变的语境所决定。

其三，上述对话原则，一旦落实到作者地位或你我意识上，便吻合陀思妥耶夫斯基的重要思想："我不能没有别人，不能成为没有别人的自我。我应在他人身上找到自我，在我身上发现别人。"

换句话说，陀氏与巴赫金有关作者功能的看法，介于两种极端之间。传统的人本观念认为："我"可以通过语言表意或把握别人思想。后结构观念则声称：文字乃游戏，人生亦如此。所以谁也把握不了意义，因而无所谓自我。

巴赫金兜转双方，提出"大家一起经由对话、掌握意义与自我"。或者说，"我能够表达意义，但只是非直接地、通过与人应答往来产生意义"。这种对话交流关系渗入一切。因此，"个人真正地生活在我和他人的形式中"。一个声音什么也解决不了，两个声音才是生活的基础。独白只能消灭语言和思想，兼并真正的个性，阻碍其发展。

巴赫金对陀氏的研究，引导他进入小说理论。在此领域中，他运用哲学人类学观念，去透视古典话语规律，以及高低文化的渗透冲突运动。陀氏曾反复将作者同上帝形象相比，并因此欣赏《旧约》里仁慈宽厚的耶和华，反感中世纪《圣经》对这一原本形象的人为扭曲。

据此，巴赫金进一步发现神学经典叙事方式的演变、所反映的人类文化与文学内部的力量消长，或称"向心力和离心力"的相互作用。例如，基督教初创期的宗教文本，多以戏谑亲近口吻描述耶稣骑毛驴、戴荆冠进入耶路撒冷，以此表现他的落拓随和，与民同乐。如此文本，具有鲜明的对话或复调性质。然而，伴随大一统宗教统治的确立，耶稣的形象逐渐僵化倨傲、不近人情，成为独白主义与官方文化偶像。

归结到小说理论，巴赫金提出自己大悖于流行理论的"反诗学"。当年卢卡奇在《历史小说》中追悼史诗衰亡。与此相左，巴赫金称史诗维系官方文化统一，小说则代表一种针对史诗的侵蚀与挑战。

与传统小说理论不同，巴赫金不承认小说起始于笛福和理查逊时代，而且拒不尊崇依照传统标准择出的那一套高品位正典。他所感兴趣并尽力弘扬的，都是文学史上那些备受冷落、却能充分体现语言及文化发育过程中离心力量或颠覆因素的反教规种类，诸如薄伽丘、拉伯雷、但丁、歌德，以及承接这一支脉的陀思妥耶夫斯基。

巴赫金认为，自苏格拉底对话、古希腊梅尼普式讽刺诗文以降，正是这股不断从民俗文化和粗俚杂语中汲取营养、强调怀疑讪笑与滑稽模仿（Parody）的文学势力，构成了他所说的小说性（Novelness）。这一反叛力量，如同文学王国里的罗宾汉式江洋大盗，专事骚扰与破坏。它不但造成文学文本中高低混合的杂语变异、形式创新，而且日益瓦解史诗所代表的正统独白体系，及其崇古贬今的价值观。

对巴赫金来说，小说类型研究，乃是他透视人类意识冲突演进的一台X光机。为此，他无视其他文学类型（如叙情诗、悲喜剧），仅仅关注小说与史诗这两股超级力量的争斗。

在拉伯雷小说《高康大》里，巴赫金最终找到了能充分表述他复杂思绪的例证。《高康大》写于文艺复兴早期，正逢西方文化史上新旧交错、上下颠倒的"门槛时期"。犹如熄灭了灯光的舞台，被压制和禁忌的民众语言、社会习俗得以呼啸而出，尽情狂欢。而拉伯雷也得以大胆拼合各类杂语与高低趣味，将其小说变成任意作为的实验室，制造出骇人听闻的古怪形式。

巴赫金对拉伯雷小说的分析重点，分别是狂欢节与怪诞现实主义（Grotesque Realism）。前者是一种社会组织形式，后者则是对应而生的文学特征。作为正统社会制度之外的文化系统，狂欢节是宗教统治势力无力控制的领域。在这里，平民百姓放纵感官享受，宣泄生命本能，以短暂而无节制的吃喝享乐方式，祭祀他们久已失去的盛世乐土，并通过苦难现实的象征性中断，来重温人类自由的乌托邦憧憬。

非但如此，狂欢活动致使庶民贱奴及其所代表的非正统语言文化有机会公开登台，更以丑角弄人的身份亵渎神灵，混淆尊卑，形成与官方宗教相仿佛却又对它百般嘲弄诋毁的反仪式。

在文学表现形式上，巴赫金指出：狂欢仪式赋予小说文本一系列潜伏影响：其中有"广场概念"，即狂欢节令市镇广场向百姓自由开放，它影射权威场所界限消融，文化中心与边缘关系发生逆转。

又如小说中的"假面功能"：它以独特的符号掩饰作用化解贫富，沟通雅俗，打破高低对立，暗示人们仍然拥有一种摆脱羁绊、进入新生存的可能，并且启发后世作家，教会他们如何变换口吻、切换立场。

最后，由此生成的杂乱话语现象，不但抵消了单一官方语言的强制纯化作用，而且造成语言自由转意、褒贬兼有的欢闹相对性（Jolly Relativity）。这种文学语言的狂欢或怪诞性质，在巴赫金看来，却是一种原始生命动力：它推动人类不断走向自由平等的交流对话。

巴赫金理论的旅行

自20世纪60年代中期在苏联被发现之后，巴赫金的学术思想随即经由欧陆交通进入西方学术中心巴黎，继而移向美国。大约二十年的传播及演变，表明他的理论具有独特的沟通与附着性能，并能对众多流派和学科产生广泛影响，因而被西方学者称为烛洞哲学、媒介学说或旅行理论。

若要解释这一20世纪学术交流史上罕见成功的原因，一时恐难以做到。我尝试从以下三个方面粗略加以说明。

首先是东西方学术思想的交流相动。新左派运动中，有两位保加利亚裔移民学者，克利斯蒂娃（Julia Kristeva）和托多洛夫（Tzvetan Todorov），先后将巴赫金作品带去巴黎，并且向欧美学界做出专题推荐。巴赫金的思想理论遂得以在70年代初形成第一轮轰动。究其内在接受条件，除去表面上的好奇（"象牙塔内爆出的又一日瓦戈事件"），更深一层的重视则来自西方学术自身的危机感与革新需求。

当时轰轰烈烈的巴黎结构主义革命正面临一次历史转向。人文科学范式革命在此加速酝酿，并形成黑洞般的吸附力量。自俄国形式主义开始，历经布拉格学派，再到巴黎太凯尔集团，这一由东往西迁徙多年的学术运动至此开始了逆向寻根。巴黎人主动回顾、大力挖掘早期俄国形式主义，以便从中获取学术革命所需的启示、想象、经验教训。

正当此时，巴赫金应运而至，以其对形式主义长达二十年的批判与超越努力，一举吸引众人目光，进而成为西方研究俄国形式主义的中心命题。至1978年，巴赫金在西方文论界的领袖地位已经基本确立。

其次，上述戏剧性的循环很快又越出俄国形式主义与斯拉夫语文研究的专业圈，随同专家们对于巴赫金传记、文稿的深入调查，开始向不同学科渗透发展。这一阶段的关键因素，在于巴赫金的著作覆盖宽广、立场超越，而又不拘于单一系统。

例如巴赫金关于语言互动性的发现，启发了克利斯蒂娃等人对于文本互文性（Intertextuality）、作家隐退现象的重视。巴赫金似乎早预见到结构语言学落入解构巢穴的趋势。为此他提前网开一面，早已将文本中的矛盾与移位同宽大社会历史背景联结起来。

这种导致诸系统、诸学科之间不断发生渗漏与再接的灵活态度，使得一度坚定的结构主义文论家托多洛夫转而提倡巴赫金式的"对话批评"。众多的西方左倾学者此时也得益于巴赫金的形式主义批判。在他们看来，巴赫金的超语言观，不仅照亮了语言范畴的阶级斗争场地，而且有助于他们打通文本与环境、个人与社会，以及雅俗文化之间的多重壁垒。

再比如巴赫金对于民俗文化、广义文本、日常事件的关注，也刺激了西方学者的广泛兴趣。他们针对当代杂语政治、文化复调，乃至"理论狂欢化"现象，相继发起调查研究，做出一波又一波的深入研究。

最后，将前两项原因（东西方交流和学科渗透）合并一处，我们似可见出巴赫金在地缘位置和学术立场上的双重优越性：他不为教条理论和意识形态所限，注重一种贴近现实又尊重他人的交流关系研究。

当今世界知识状况正在发生多种深刻变革，中心消散，界限模糊。所有学科、派别、种族或文化，都在努力调整自身所处的网络关系。值此重大变革时代，大概只有巴赫金这样的对话哲学，才能帮助我们顺应历史潮流，避免僵硬和偏见，信步所至，宾主相宜。

（Katerina Clark & Michael Holquist, *Mikhail Bakhtin,* Harvard University Press, 1984）

话语理论的诞生

> 语言系统和道德系统、法律系统一样,首先是社会性的、受物质基础决定的。它并不是一种完全客观的规律,也不尽是个人能力或特征,而是介于主客观之间的社会共有法则。

早听人讲,留学的滋味远远比不上"游学"。前者为图功名,不免宵衣旰食、摩顶放踵,犹如受戒的和尚。后者至多算是一种"带发修行",可以随意来去、择仙而拜,洒脱多了。

前年夏天,我重回哈佛访问,真正体会到"游学"的好处。那滋味端的不同往常。由于是客座学者,我自然免去了在校师生的一应功课。又持有教师红卡,得以在校园里享有种种特权。于是整日价逛书店、会朋友,听讲演、读闲书。感觉上成了一个投帖挂单的鲁提辖。在辛苦攻读的诸多同学面前,我渐渐以"洒家"自居起来。

暑假里的校园极为清静,每日中午我从图书馆出来,总爱在草坪上用餐,外带喂鸽子。有时依着老橡树迷糊过去,醒来看见衣服上点点滴滴的白色鸟粪,竟不知自己置身何处。

下午时光,多在几家书店度过。其中哈佛书店的环境最为可人。那里既有古典音乐,又有充足冷气,还有供读者随意坐览的圈椅。若不是书店内禁烟,我满可以天天在那里"坐览",一直到夜晚打烊。

就在这种悠闲环境中,我兴味盎然地浏览了一批有关西方话语理论（Theories of Discourse）的新旧书籍。冥思苦想之余,飘飘然有一种飞入时间隧道的感觉。仿佛腾云驾雾,阅古览今。又好像深山进香,得见高僧,与之攀谈,不拘俗礼。下面依照当时读书漫想的思绪,作一篇游记,以纪念那一段美好日子。

第一站 1950年夏,莫斯科

从5月到7月,斯大林同志连续发表一系列文章、讲话与书信,就马克思主义与语言学问题作出权威界定。同时他严厉批驳尼古拉·马尔的极左派"阶级语言论"。以当今眼光看,那位马尔教授及其追随者几乎成功制造了一起语言学领域里的"李森科事件":他们以正宗马克思主义者自居,提出要以无产阶级语言为纲,重建苏联官方语言;并鼓吹"语言是上层建筑领域的一部分""语法是阶级斗争的砝码"等等,不一而足。

提起斯大林1951年结集出版的《马克思主义和语言学问题》,西方学者往往讥笑他的"外行干预""权力意志"。其实斯大林无论作为政治领袖或语言学人,俱非平庸之辈。

身为政治领袖,斯大林引用马克思"方言经过经济集中和政治集中而成为统一的民族语言"的见解,反复强调"民族语言的统一性"。他又援用列宁"语言是人类最重要的交际工具,是保证贸易周转,使居民按各个阶级组合的最重要条件之一"的论述,肯定语言作为"通用交往工具"的社会意义。

斯大林的"语言整体观",集中着眼于苏联社会的稳定发展,自然他要批判马尔一类偏激分子及其伪科学。作为一个敏锐的语言学问题思考者,斯大林同时也关注语言系统性与同一性规律。他认为,"词汇好比语言的建筑材料,语法很像几何学",其抽象法则使得"语言有巨大的稳固性"。

他的这些高见,听起来颇有一些结构主义味道,即突出语言大系统的支配功能,同时把方言、行话、习惯语等统统视为系统决定下的从属形式。

在阐述马克思主义语言观时,斯大林肯定道:"语言既不能列入基础一类,也不能列入上层建筑一类。"因为语言是"作为人们的交际工具、作为社会中交流思想的工具为社会服务的"[1]。

那么,马克思恩格斯当年究竟是怎样看待语言的属性呢?《德意志意识形态》中,马恩提出一个著名双关定理,即一方面肯定语言的产生与发展同人类劳动过程和社会物质生活密不可分;另一方面,他们又强调语言与人类思维不可分割,即"语言是思想的直接现实"这一命题。

关于语言的物质性、实践性,马恩表示:"精神从一开始就很倒霉,注定要受物质的纠缠。物质在这里表现为震动着的空气层、声音。简言之,即语言。语言和意识具有同样长久的历史。语言是一种实践的、既为别人存在,并且仅仅也为我自己存在的、现实的意识。"[2]

转回来说,由于语言和意识同是人类劳动、社会交往、物质生活的产物,它们两者也就混同一体,难以剥离了。不仅如此,它们还携手参与人类的"精神生产"。马恩一再强调说:"思想、观念、意识的生产,最初是直接与人们的物质活动、与人们的物质交往、与现实生活的语言交织在一起的。"它们是"人们物质关系的直接产物。表现在某一民族的政治、法律、道德、宗教、形而上学等的语言中的精神生产也是这样"。[3]

大概是考虑到语言与物质、精神双重纠缠的特殊关系,斯大林做出一项重要论断,即语言"既不是经济基础,也不是上层建筑"。同时,他也不承认语言是"基础与上层建筑的中间状态"。所以,他把语言单列一项,粗略定义为一种必不可少而又本身自律的交往工具。

至于"语言的阶级性"问题,斯大林有鉴于极左派"阶级语言论"的危害,断然采取了否定态度,并且通过书信,毫不容情地向学界宣布自己的最终结论:一、语言作为交际工具,对社会的一切成员是共同的。二、方言和习惯语是全民语言的支系,并且从属于全民语言。三、语言有"阶级性"的公式是错误的、非马克思主义的公式。[4]

---

1 参见《斯大林选集》下卷,北京:人民出版社,1979年,508—509,517,525页。
2 参见《马克思恩格斯全集》3卷,北京:人民出版社,1960年,34页。
3 同上书,29页。
4 参见《斯大林选集》下卷,514页。

然而，斯大林的结论并未真正解决、也不可能永久排除"语言阶级性"这一疑难命题。后来的西方马克思主义者及左派学者纷纷返回此处，重新探讨马克思恩格斯的有关论述，并对斯大林的武断表示不满。

如其所示，马克思在《圣麦克斯》文中确实说过："资产者有自己的语言，它是资产阶级的产物，意味着商业关系。"[1] 恩格斯在《英国工人阶级状况》中直接指出：工人们"逐渐变成一种与英国资产阶级完全不同的人，他们说的是另一种习惯语，有另一套思想和观念，另一套习俗和道德原则，另一套宗教和政治"。[2]

在此问题上，斯大林显然难以自圆其说。既然语言与意识、社会密切相关，它怎能完全不受阶级和意识形态的影响呢？刘姥姥说不来林黛玉的"文话"，反之亦然。难道这只是"方言"的差异吗？如果说斯大林出于当时反左的政治需要，偏重否定所谓的"阶级语言论"，那么他在学术上是否犯了一个西方左派称之为"右倾"的错误呢？

依我陋见，左右之争容易引起意气用事。倒不如说，他老人家在操持家务的时候，一不留神把洗澡水（极左谬论）和婴儿（阶级性方言差异，即话语研究的重要线索）都泼出门去。

这的确是个失误。可对斯大林而言，也只能算是"三七开"一类。而且他的失误，虽说一度阻碍了话语理论在苏联的进展，西方人却依然要把苏联视为这一理论的发祥地之一。这是因为，早在 20 年代后期，巴赫金及其学术小组成员伏罗什诺夫，就已经对此做出了开创性努力。

第二站　　1924 至 1929 年，列宁格勒

内战后，巴赫金返回列宁格勒，寄居在朋友家。由于他下肢残废，又没有正式职业，从事学术活动极为困难。可这时正是巴赫金的创作旺盛期。他领导下的"巴赫金小组"也频繁聚会、热烈讨论，成为一个重大学派理

---

[1] 参见《马克思恩格斯全集》3 卷，255 页。
[2] 同上书，410 页。

论的酝酿基地。

朋友们多在大学、研究机构供职，其中有两人发表的三部著作明显受到巴赫金指导，或是集体合作产品。例如伏罗什诺夫1929年出版的《马克思主义与语言哲学》，便被西方学者看作是话语理论极重要的一本起始性研究著作。

1931年，移居欧洲的俄裔语言学大师罗曼·雅各布森有幸读到这本书，忍不住大加赞赏，说它独特的语言哲学观及"对话"方法，无疑会被欧美语言学界视为"重要理论前提"。

"二战"后，雅各布森转任美国哈佛大学教授。由于他的赏识推荐，哈佛大学出版社终于在1973年隆重推出《马克思主义与语言哲学》英译本，并在前言中肯定该书对布拉格学派及其对西方语用学（Pragmatics）理论的积极贡献。如此一本非等闲之书，反倒在苏联无甚影响，可见历史惯于捉弄学问人。对于欧美学者而言，巴赫金、伏罗什诺夫这两个东方人，究竟于默默无闻之中，实现了哪些突破呢？大致有如下三项：

巴赫金的超语言学观念（Translinguistics） 在《陀氏诗学》中，巴赫金曾表明：他的研究并不囿于语言形式，而是看重语言的社会历史性语义分析。"我们的分析，可以归结为超语言学。这里的超语言学研究，是指活的语言中超出语言学范围的那些方面。"[1]

超出哪些方面呢？即音位学、语态学、语法、句法、词法等有关语言系统半自治法则的研究。这些半自治研究相对独立，基本不受社会历史因素影响。一旦跳出这个圈子，巴赫金就能着眼于语言在实际应用中不断变化的"活的意义发生规律"，此即话语研究范畴。或者说，话语研究涉及那些有关语言敏感于社会历史因素，并与之相互联系制约的规律。

具体说，这种超语言学观念的突出价值，在于它大胆超出索绪尔结构主义的局限。而巴赫金所说的"活语言"，也是针对索氏"死语言"研究而发。索绪尔《语言学基本教程》（1915）一度对俄国形式主义学派影响极大，几乎成为语言学革新的指导纲领。巴赫金将它当作自己的谈话对象、

---

[1] 参见巴赫金《陀氏诗学》，北京：生活·读书·新知三联书店，1988年，250页。

比较目标，因而能在吸纳索绪尔改革精神之际，又对它做出超越性的批判。其主旨是：

一、索绪尔发现并尊崇的抽象语言系统，虽有一定科学性，毕竟只是一套理想语言模式。它过于纯净中立，因而是一套死语言：该系统只能作为应用前提，却无人能拿它当话说。该系统一接触现实，就会发生泄露，因为语言本身无法免除历史、社会与个人因素的掺杂。

二、索绪尔将语言（Langue，即语言系统），置于言语（Parole，即语言应用）之上，强调前者对后者的决定性支配和制约作用。可在巴赫金看来，"语言＞言语"这一公式是错误的，应当颠倒过来，把活的语言及其研究放在第一位。或者说，语言学家应当努力建立一门关于言语规律的语言学。

巴赫金的对话原则（Dialogism） 该原则是巴赫金反复运用的基本方法，也是支持他在哲学、艺术和小说理论中的核心论点。简单说，他心目中的人类生存总是面对世界，"我"面对"他人"，作者面对读者。对立项之间，都有一种"应答性"：它对等往返、作用双方，造成不断的交流、沟通并形成人与神、词与物、我与他、作者与读者之间的辩证关系，并从中衍生意义。

在语言学范围内，对话原则主要涉及语义的生成与流变。西方语义学一向分为两派。一派认为意义来自个人，它经由字词表现或再现出来（巴赫金称之为"主观唯心派"）。另一派则相信意义隐存于字词本身，或位于符号网络之间（例如索绪尔声称：网络中的符号差异决定意义，但这一"客观论"后来遭人解构，沦为虚无主义）。

在此难题上，巴赫金独树一帜，声称意义出自人们的相互对话及其具体语境（Actual Context），唯有"对话交际，才是语言生命的真正所在之处"[1]。从哲学上讲，此乃一种意义发生学的相对论：不是"我"拥有意义，也并非"无人占有意义"，而是"大家经由对话获得意义"。另外，对话既可以是两者间的，也可以是个人内在的思想矛盾活动。

对话原则是交流活动的哲学概括。实际应用中，真正起作用的是"言

---

[1] 巴赫金《陀氏诗学》，252页。

谈"（英译 Utterance）。从表面看，这言谈与索绪尔的言语相似，都是指言语行为（Speech-act）。然而巴赫金赋予这一新概念的定义是：一切"言谈"都具有社会性、历史性、对话性与具体语境，因而它们都是充满矛盾的"杂语"。它们的肮脏、混浊、易变与倾向性，显然区别于"干净、中立、自在的（索绪尔语言）系统"。

对此，巴伏（Bakhtin & Volosinov）二人总结说："语言的实际真实性，即言语行为，并不是由语言规范因素构筑的抽象系统，也不是导致该系统实现自己的心理和生理行为。它只是在言谈中完成的言语交相反应。"[1]

巴赫金/伏罗什诺夫的"意识形态符号"论 巴赫金的上述见解，不仅对西方学者有重大启示，它对于马克思主义有待完成的语言理论，我以为也有相当的建设功用。马克思曾警告说："对哲学家们来说，从思想世界降到现实世界是最困难的任务之一。语言是思想的直接现实。正像哲学家们把思维变成一种独立的力量那样，他们也一定要把语言变成某种独立的特殊的王国。"[2]

巴赫金对索绪尔的批判，恰恰致力于打破结构主义的语言独立王国。他还不畏险阻，选择了由思想世界（抽象系统）向现实世界（活的言语）进行迫降的任务。当然，他不可能轻易完成这一重任。可他指示的方向足以昭示后人。与此同时，巴赫金也清醒地指出：结构主义之所以能向马克思主义发起挑战，原因在于它执拗的科学意志与分析能力。譬如索绪尔有关语言法则（相对）自治的认识、他的共时研究模式，以及从整体上建立严密精确的解码基础的努力。所有这些，都可视为语言研究走向现代化、科学化的必要步骤。

鉴于上述两方面考虑，巴伏二人在《语言哲学》书中，首次提出"语言是意识形态符号"的论断。此举颇有兼容与创新的胆识。与索绪尔的"系统决定论"相左，"意识形态符号论"突出语言社会性、意识形态性，同时它也承认语言作为符号的相对自律（但这是第二位的）。

---

[1] 参见巴赫金与伏罗什诺夫《马克思主义与语言哲学》英译本，Marxism and the Philosophy of Language，Harvard University Press，1973，p.24。
[2] 参见《马克思恩格斯全集》3卷，525页。

这是因为，语言系统和道德系统、法律系统一样，首先是社会性的、受物质基础决定的。它并不是一种完全客观的规律（如力学原理），也不尽是个人能力或特征（例如人人指纹不同），而是介于主客观之间的社会共有法则。

其次，我们也不能否认：语言符号有它自身的系统约束，因为这对于个人而言，确实是统一的潜在前提。它要求个人向群体学习、掌握这套规律，继而经由它实现交流，并受其制约。总之，个人与社会，只有经由语言符号，才能获得联系。而这一符号系统，却与意识形态系统"相互重叠"（回到马克思）。

关于这两个系统的重叠关系，作者解释说："任何意识形态因素都拥有意义，它再现、描述或表示某种它的身外之物。换言之，它是一个符号。没有符号就没有意识形态。"[1] 而语言作为特殊的符号系统，不仅因此与意识形态系统重叠合一，而且在实际应用中渗透了意识形态充盈物（Ideological Impletion）。

在此关键处，巴赫金的"君为臣纲"公式，即"意识形态制约＞符号制约"，再一次得到重申："对于说话人，语言形式仅仅存在于具体言语的语境之中，因此，也就是存在于一种特定的意识形态语境之中。字词永远都被内容和意义充斥着。而这内容和意义，又都是从行为和意识形态中引申而来。"

他们二人又说："只有在反常和特殊情况下，我们才用正确标准来检验一段言语（例如语言教学的课堂上）。正常情况下，语言的正确标准总是遭到一种纯粹的意识形态标准的掩压。言语的正确性与它的真伪性质、诗意或粗俗性质相比，总是被后者所掩压。假如我们将这种从意识形态充盈物中剥离出来的语言学形式加以神圣化，那么我们必将走到单纯研究文字符号，而非研究言语行为符号的地步。"[2]

试举一例。《红楼梦》里有一段"贾母请刘姥姥吃茄子"的生动对话，让我们用它来印证巴赫金的道理。文中贾母对刘姥姥说道："你们天天吃茄

---

[1] 参见巴赫金与伏罗什诺夫《马克思主义与语言哲学》英译本，9页。
[2] 《马克思主义与语言哲学》英译本，70—71页

子,也尝尝我们的。"姥姥吃一口笑答:"别哄我了,茄子跑出这个味儿来,我们也不用种粮食,只种茄子了。"

请注意:同样一个茄子,对二老太通用,应该是一样的意思。或依巴赫金之理,上述对话的语言正确性无误,看不出毛病。但随之而来的,竟是满场哄笑!姥姥分明犯了某种"非语法"错误,并因此陷入交流困境。

后经凤姐解说那"茄子"的制法,姥姥这才发现:"这茄子"绝非"那茄子"!其中的差异(不是索绪尔的符号差异,而是源于意识形态、行为方式的明显差异)犹如天壤之别,意味苦涩,又令人惊叹不已。

姥姥逢场作戏,被迫笑认自己无知:"种一辈子茄子的人,居然不识茄子了!"原来这土巴物儿改头换面,在贾府出现,摇身变成了什么"茄鲞","倒要十几只鸡来配它!"

至此我们已能看出,《红楼梦》中这些个茄子"符号",显然饱含巴赫金所说的"意识形态充盈物",而且都不是什么中立纯净的死符号。它们相互纠缠抗争,既沟通又阻断对话交流,并经由不断的内在冲突,逐步指示并凸显了贾刘二人间的贫富、雅俗与贵贱不同。

尽管都是老妇闲谈,言语通白,气氛欢快,可曹雪芹偏能从中传达出深刻感人的社会含义。原因便是他熟谙语言的双重性,即不仅在形式上讲究"正确标准",更要紧的是作为语言大师,他尤能把握语言在活的对话情境中的意识形态与行为方式标准。

上面这个土得掉渣的例子,恰好是一段话语分析的实例演示。实际上,走到这一步,我们已随同巴伏二人站在当今话语理论的门槛上了。他俩曾说过:"任何抽象理论如要证明自己合法,就必须用某种特殊的理论和实践目标来加以证实肯定。"[1]可以说,他们在开拓"言语语言学"过程中,委实做到了双重系统与标准的兼容,并顾及抽象理论与分析操作的联结。

遗憾的是,他俩未曾也不可能对"话语"这一复杂概念作出明细界定。这既为后人预留了发挥余地,也不免造成了目前话语研究内部的分歧。围绕话语问题,巴赫金和伏罗什诺夫先后使用过三个相关概念,分别是言语

---

[1] 《马克思主义与语言哲学》英译本,71页。

（索绪尔原创）、言谈（自创），以及俄文 Slovo（说话、讲述之义）。

Slovo 被西方人直译为"话语"，进而等同于英、法、德文里的 Discourse, Discours 和 Diskurs。而"言谈"概念，因其偏重对话情境中的具体段落分析[1]，早已成为西方语用学和句法理论的支柱。

如此一来，在巴伏二人初创的基础上，竟派生出高低不等的两个话语研究分支。高层一支被称作"话语理论"。它注重探究语言与意识、知识、意义、权力、机构、行为、仪式和文明制度之间的勾连互动关系，因此属于元哲学或泛语言学尖端命题。较低一层通称"话语分析"。它提倡务实的应用操作，并同电脑技术结合，展现出大范围统计分析的实用科学前景。

那么，巴伏二人是否由于务实而疏忽了话语理论的高层拓展呢？应当说，在《陀氏诗学》《小说的话语》《拉伯雷》中使用 Slovo 一词时，巴赫金偏好它的古义，就像古希腊人使用逻各斯概念那样，侧重其中那种"口语天意"的语言神秘力量。这和中国人看重道（既是言说，也是道理、天道）很相似，都富有形而上的思辨色彩。所以我们不便指责他缺乏思想高度。至于西方学者阿尔都塞、福柯等人后来推进的话语概念，也只有在此基础上，渐次加以历史的说明。

第三站　　1968 至 1975 年，法国巴黎

走笔至此，忽闻门铃大响。我抬头环顾，没见哈佛草坪，亦无老橡树，却是女儿放学回家，央求我做饭吃。洒家无奈，被迫从那思想世界一下子返回到现实中的厨房。关于下一截游程，恳请读者稍候。一俟有空，我随时都能驾书腾云而去。区区巴黎，岂不是近在咫尺！

（Bakhtin & Volosinov, English translated by Ladislav Matejka & I. R. Titunik, *Marxism and Philosophy of Language*, Harvard University Press, 1986）

1　详见《马克思主义与语言哲学》第三部分第一章《言谈理论》。

阿尔都塞与话语理论

"跪下来默默祈祷吧,信仰自会征服你的心灵。"与之相仿,阿氏认为思想与行动相连,可以分解成行为、实践、仪式与机构等物化形式。讨论意萨司时,他说这是意识形态的实际显现。

1969年4月。巴黎香风拂面,花都冉冉回春。在拉丁区一位哲学家的书斋,凝重气氛依然笼罩着案头的累累积书(多为马克思、恩格斯、列宁和意共领袖葛兰西的著作),以及大叠凌乱手稿[1]。

主人心理时间上的此刻毫无春意,因为他正目睹一个西方共运严重受挫的多事之秋:苏共二十大,赫鲁晓夫秘密报告,中苏论战,以及1968年"五月风暴"激荡之后的法共内部分裂。面对这一切,性情刚毅的阿尔都塞掩卷沉思,深感历史的重压。

路易·阿尔都塞(Louis Althusser)本是巴黎高师毕业的进步青年。"二战"中曾被德军俘虏,在纳粹集中营苦役四年,成为坚定的革命者。1948年他加入法共,渐以左翼新秀、"结构马克思主义"倡导者闻名。

中苏论战,阿尔都塞同情中方,反对苏共推行"非斯大林化"。法共1968年选举惨败后,他几遭党内批评,内心却关心中国"文化大革命",重

---

[1] 此稿未能成书,后人只知其总名叫 De la Superstructure,译为《上层建筑论》。

视意识形态斗争（赵按：他这是隔山观景，想借毛主席的思想，为西方共运谋求出路。）

身为严肃共产党人，阿尔都塞决意要澄明"遭到苏共庸俗化的"马克思主义原理，并以科学精神"复兴"马列体系，使之适应发达资本主义状态下的革命需要。如此动机，让后世评论家不忍加以厚非。然而历史注定，这位骨鲠之士，要以悲剧告终。

打字机旁是一份完成的文稿，标题赫然为《意识形态与意识形态国家机器》。这是阿氏从《上层建筑论》手稿中抽出、反复改定的重头论文。

题目之难，对这位著名哲学家亦属空前。因此在交法共理论刊物《思想》杂志付印之前，阿尔都塞又特意加上三页后记及一个审慎的副标题：一项调查工作的笔记。该文于 1970 年首次刊出，遂成为西马理论的一个争议焦点，以及它最重要的生发源泉之一。

这是一篇创见鲜明又严重缺乏平衡的双主题论文[1]，上篇讨论生产关系的再生产，下篇专究意识形态。由于它对话语理论产生过关键性影响，下面我简单解说其中的三项要点。

再生产与意萨司

生产关系的再生产　马克思恩格斯有关"经济基础与上层建筑"的原理尽人皆知，有关"最终决定"和"反作用"的争论也一直难断。

阿尔都塞认为：世人惯以机械方法理解马恩的"描述性"原理，这就难免引起争辩与误解。为了正本清源，须提倡新式阅读，即把原文明写的黑字概念，与那些省略空白的无言论述结合起来，加以系统把握，并提取其理论框架，寻出内在功能机制，从而使这一套原理，像结构模型一样严整科学、自行运转。（赵按：此乃"结构马克思主义"的显著特点之一，它类似三维制图、立体填空。但阿氏方法虽有创新，却不尽成功。）

假设经济基础为 A 项，上层建筑为 B 项，两项之间不甚明细的连接部

---

[1] 英译本载《列宁与哲学》，纽约，1971 年。

分（A如何决定B，B又如何反作用A），就是阿氏要填充说明的。

关于A项，马克思曾说：任何一个民族，如果停止经济生产，"不用说一年，就几个星期，也要灭亡"。[1] 我们已知，这种生产包括马克思明说的生产工具、生产力的补充再造，但却留出生产关系这一空白未加论述。

究竟生产关系能否、是否需要再生产？阿尔都塞依据马翁给定的框架，推导出一个肯定答复。

首先，现代社会的生产力（劳动力与科技）的再生产需要，迫使资本家向工人提供最低工资，以维持生活及抚养子女，此即"无产阶级自身的再生产"。

其次，现代资本主义对工人的要求不断增多：它不但需要工人，更要求工人们具备符合大工业管理标准的各种素质。这包括"技术、知识、行为准则和道德规范"，即训练工人"对资本主义生产秩序的服从"。阿氏说，"正是在此意识形态支配形式下，劳动力的技术再生产受到预定。"[2]

请注意：意识形态与生产力在此发生交叉，并将AB两大项勾连起来，显现出其间一个混合型ab子项的轮廓，即"生产关系的再生产"。但我们仍然不清楚：意识形态究竟是怎样"反作用"于再生产。或者说，这一系统还缺少运转功能。于是作者回到B项上层建筑，继续填空。

意识形态国家机器　马恩、列宁有关上层建筑（Superstructure）的论断中，"国家"这一重要概念，可分为国家机器、国家权力（领导权）两层。列宁强调工人阶级先夺取领导权，再在旧基础上新建国家机器。

意共领袖葛兰西（Antonio Gramsci）进而发现：东西方革命战略理当有所不同。这是因为：西方工业化国家拥有成熟的议会制度、发育完全的市民社会。而这二者在东方国家都比较原始，或不发达。

所以，现代西方国家能以"强制与自愿相结合"的软硬两手"正常行使领导权"。此处"国家等于政治社会加市民社会"。或者说，"国家机器只是外围堡垒，它背后有一个由市民社会的堡垒和土木工事构成的强大纵深

---

[1] 参见《马克思恩格斯选集》4卷，北京：人民出版社，1995年，580页。
[2] 参见阿尔都塞《列宁与哲学》英文版，1971年，133页。

体系"。为此，西方共运不可冒险强攻，而应坚持艰苦的阵地战，伺机赢得意识形态领导权。

葛兰西泣血写下的战斗总结，经意、法两党失败的验证，已升级为西马经典思想。阿尔都塞深受其教，痛感意识形态斗争对于西方共运的重要性。于是，他大胆填补马列理论框架，提出除了强制型国家机器（英文缩写RSAs，读利萨司）之外，还有一种意识形态国家机器（简称ISAs，音译意萨司）。

依照阿氏的矫枉过正说，"利萨司"明指政府、军警、法庭等官方机构。而"意萨司"涉及宗教、教育、家庭、工会、文化设施等民间组织。

这两类机器的功用不尽相同，但又相互补足。利萨司权力集中，统管公众事务。而意萨司属于私有领域的半自治组织，它容许矛盾纷争，却又是不同意识形态的激烈争夺之地。"任何阶级如不能对它实行有效控制，就无法长久掌握国家机器。"（赵按：此处阿尔都塞急欲与葛兰西相呼应，凸显市民社会隐秘机制。但市民社会是否就等于国家机器？我们姑且存疑。）

回到问题一。阿尔都塞用新获得的ba子项（意萨司），接驳上述ab子项（生产关系的再生产），试图建立起一个两大项之间的联动装置："经过许多页纸的悬置之后，我现在能回答前面提出的中心问题了。生产关系首先是经由生产及流通的物质程序获得再生产的。但不可忘记，意识形态关系同时出现在该过程中。"[1]

换言之，阿尔都塞认为：利萨司和意萨司合力监护了生产关系的再生产：前者以国家强力为后盾，保障后者（半自治民间系统）的活动条件。而意萨司作为"看不见的国家机器"，或是它的世俗延伸部分（在此含义上，它近似于葛兰西的"市民社会"），其主要功能是以精巧隐秘方式，透过日常熏陶和"梯次训练、惩戒、选拔、评估"手段，造就人们对资本主义秩序的驯良服从，从而确保其生产关系稳定延绵。

阿氏还提出：欧洲中世纪主要的意萨司机关是教会。到了现代资本主义社会，教会功能已被全民教育机构所取代。"正是通过一种包裹在大规

---

[1] 参见阿尔都塞《列宁与哲学》英文版，148页。

模灌输的统治阶级意识形态中的不同形式的技术教育,某种资本主义社会形成中的生产关系,即被剥削者与剥削者的关系,才大体上得到再生产。"[1](赵按:西方左派从此转向,开始大举研究资产阶级教育、文艺、学术等领域的意识形态话语机制。)

意识形态与主体 在《德意志意识形态》中,马恩视德国当时的意识形态为"虚假观念、精神奴役枷锁或颠倒现实的幻影"。(赵按:列宁后来阐述了以社会主义意识形态、反对资产阶级意识形态的必要性。)阿尔都塞不满足于此。他援引马恩批判观念,添加结构主义方法,概括出一个著名公式,即"意识形态是个人与其生存的真实条件的想象关系的再现"。

针对意识形态的双重性,阿氏进而提出一个著名的两点论:

一、意识形态乃是一种想象机制,它具有再现功能。

二、意识形态同时具有一定的真实性及其相应的物质存在形式。(赵按:此论影响极大,但功过一时还难予评说。)

具体说,意识形态首先是关于个人生存处境的"想象关系"。诸如宗教信仰、伦理观念、政治态度等,都归属于意识形态,或称世界观。(赵按:阿尔都塞坚称马克思主义是科学,而科学不是意识形态。)

若以马恩的批判眼光看,意识形态并不是什么真理,而是一个个由"幻想与暗示"构成的思想系统。所谓幻想,是说它不等于现实。可它毕竟也不全是空想,其中确有一些揭示真相的暗指功能。为此,我们需要对意识形态进行细致入微的解释,以发现隐藏在其后的世界真实性。

解释方式有二。其一是欧洲中世纪教会惯用的陈腐"机械解释"。例如教父向信徒说:"上帝是某国王化身"(马克思讥讽这是一种"美丽的谎言")。其二是经过费尔巴哈改造的"深层阐释":它发现"上帝是人的投影",而人总要以一种想象形式,再现自己的生存处境。

马克思对此指出:这便是意识形态形成的原因与特性。他在《论犹太人问题》中表明:人类生存艰难,它总是需要"编造某种有关自己生存境遇的异化图像"。《1844年经济学哲学手稿》又说:这是因为人的生存条

---

[1] 参见阿尔都塞《列宁与哲学》英文版,156页。

件"是被异化的社会本质,即异化的劳动,所支配的"。阿尔都塞据此断言:"意识形态再现之图像,并不是个人生存的真实关系,而是一种想象关系。"

然而,想象关系并非毫无根据。它自有其物质存在形式。法国哲人帕斯卡尔有名言道:"跪下来默默祈祷吧,信仰自会征服你的心灵。"与之相仿,阿氏认为思想与行动相连,可以分解成行为、实践、仪式与机构等物化形式。讨论意萨司时,他说这是意识形态的实际显现。此处他进而肯定:"意识形态总是存在于一种机构及其实际运作或活动之中。"该存在并不等于石头或步枪的存在,而是"在物质形态中有其最终根由"。由于个人受到意识形态制约,"最终也就是受到生产关系与阶级关系的制约"。[1]

举例说明之。一个人若是信奉上帝或法律,那他一定受其信仰左右,并会在此基础上,建立起一种"主体性的物质态度"。譬如教徒按时去教堂,以便躬身祈祷或参加斋戒仪式。守法者也会循规蹈矩,并在法治不靖时采取抗议行动。一般而言,信奉某种意识形态者,必须"言行一致"。

最后,阿尔都塞又提出一项独创的"意识形态与主体"说,引起欧美学界关注。我们知道,西方人所谓的主体(Subject,哲学概念),俗称灵魂、上帝或自我,它们分别构成了西方古今意识形态的核心内容。按照西方哲学家的通行说法,意识形态一方面只归个人所有,服务于大写的主体(Subject,指主观能动的自我)。另一方面,它又对每一个人发挥塑造作用,使之成为各个不同的小写主体(subject,指听命于意识形态主宰的臣民)。

其中的奥妙在于:意识形态能从无数个人当中"征招主体",将其改造为心甘情愿的属民。这一改造过程,阿尔都塞称之为质询(Interpellation),即呼唤某人,询问他"你是谁?你是某某吗?"从而使他得以确认自我。一旦此人确立了主体意识,承认自己的名目、身份,及其在意萨司中给定的位置和职能,他就会接受此种意识形态提供的整体图像,从而认同于某类人,获得与之一致的抚慰感,并据此认识、理解或误解社会。

---

[1] 阿尔都塞《列宁与哲学》英文版,166—167页。

缺陷与批评

上面用了 5 页稿纸，企图讲明阿氏 60 页长文的思绪，肯定吃力不讨好。可要讲话语理论，又非得爬此山不可。下得山来，让我们先松口气，看他的好处和毛病何在。

先说毛病。此文毛病之多，招来四方围攻。亲苏派骂他是极左毛派、斯大林分子。老左派却责怪阿氏的结构观念，说它反人道，反历史主义。法共抱怨他制造党内麻烦，加剧新老矛盾。英共则担心法国佬的影响过大，侵犯了自家领地。因而有左派宿将 E.P. 汤普逊在伦敦发表《理论的贫困》（1978），隔海拦击。

阿尔都塞承认其论文太抽象，有两个缺陷。其一是讨论再生产时，他误以意识形态机制为预定条件，忘记阶级斗争才是根本前提。其二是他忽略了阶级意识形态的相互斗争，其根源不在意萨司，"而在于陷入阶级斗争的社会阶级本身"。不仅如此。该文还留下了两处比较严重的"学术硬伤"。

首先，阿氏意萨司说，援引葛兰西的市民社会（英译 Civil Society）说。而葛氏理论，来源于马恩论及的市民社会（Burgerliche Gesellschaft）。

所谓市民社会，原指构成国家基础的早期资本主义家族、商业与社会伦理组织。马克思称它是"全部历史的真正发源地和舞台"，也是长期遭到欧洲史学家忽视的现实关系。马翁还发现：政治国家和市民社会之间一直有公民权和人权之争。"只有在基督教统治下，市民社会才能完全从国家生活中分离出来。"[1]

葛兰西集中考察政治社会与市民社会的关系，提出现代资本主义广义国家概念（以此区别于传统狭义国家）。这种国家具有"半人半马怪物"的双重性：它一方面经由政治社会实现强力统治，另一方面又通过市民社会施行文化与道德指导。如此均衡统治，就把强制与同意、暴力与文明有机地结合起来，确保资本主义统治的合法化。

请留意：葛兰西虽有双重性之说，可他未将市民社会直接称作国家机

---

[1] 《马克思恩格斯全集》1 卷，450 页。

器。阿氏意萨司说，出于对市民社会的强调意图，终于混淆两者界限，有违马翁原意。经人批评，阿尔都塞到70年代末已不再坚持此说。

其次，阿尔都塞以结构观念看待主体，必定遭遇一个经典难题，即个人能动性与系统自动化的冲突。大家知道，人文主义夸张人的作用，几乎压倒了上帝。与之相反，结构主义漠视人的中心地位，转而强调系统决定、功能运转。这就抹杀了人的应变能力，也否定了变革可能。

依照阿尔都塞所言，西方国家就好比一台庞大的精密机器，资本主义意识形态统治天网恢恢，疏而不漏，以至于所有人一出娘胎，就落入意萨司的自动化再生产程序之下，分门别类，惨遭修理，无一幸免。

既如此，西方人还有什么革命希望？依英国左派史家安德森所评，此论集"悲观与偏激"于一身，堪称西马理论之通病。

尽管阿氏论文缺憾多多，后人还是承认其影响，特别是他对当代话语理论和文化再生产理论的发展功不可没。

意识形态与话语研究

回头再看阿氏功劳。作为西马历史上自卢卡奇、葛兰西之后最具独创性的思想家、理论家，阿尔都塞"生于末世"，注定要成为严酷历史的牺牲品。1980年他精神狂乱，误杀妻子海伦娜，同时也结束了他的学术生命。

但是，面对20世纪60年代末的欧美学术与政治危机，他于绝望中奋力搏击，寻求出路，还是为后人留下许多思想启示。那场危机，从学术上讲，是谓结构主义革命和语言学转向（The Linguistic Turn）。

身为"结构马克思主义"的鼓吹者，阿氏比一般左派学者更熟谙其中利弊。例如，索绪尔结构语言学一度曾以其科学立场、共时分析见长，企图大举改造人文学术。可它的进展戛然止于神话叙事研究，再难有大突破。原因便是它无视语言应用中的阶级斗争，因此亟须解构，或引入历时冲突法则。关于这一点，阿氏虽未明言，但他的检讨已向后人提示：结构研究不可脱离阶级斗争。

从政治上看，1968年危机催促西马总结教训，解答发达资本主义"超稳定结构"之谜，并确认今后主攻方向。紧随其后，新左派学者乱后思定，也开始检讨失败原因。从理论上讲，就是要从传统哲学、政治经济学层面沉降下来，转向跨学科的微观系统研究，其中要点，便有语言与意义、知识与权力、社会机构与意识形态之间的深层隐秘关系。

对此，福柯解释说，五月风暴作为一种"理论要求"，不仅像革命口号所称的那样，"要对大学进行解构"，它还将大批专家学者的注意力，"引向一整套隐秘的控制机制。正是通过这一机制，社会才得以传输知识，并在知识面具掩盖下，保证它自身的延续"。

在此变革大背景下，结构语言学于是降解为话语研究。而意识形态讨论，也迅速转入意识形态话语研究阶段。阿尔都塞本人虽没有直接探讨话语理论，可是他有关意识形态的思考，恰好为后者崛起提供了理论框架与关键线索。

1970年后，欧洲话语研究集中于法国巴黎，大致有三个走向：拜肖（Michael Pecheux）等人的意识形态话语分析；以福柯（Michael Foucault）为首的知识／权力研究；布迪厄（Pierre Bourdieu）的语言行为实践论。

这里简评第一项成果，后两项另文分解。

拜肖是阿尔都塞的学生。他受《意识形态与意识形态国家机器》一文启发，于1975年发表《语言、语义学与意识形态》，力图以唯物主义立场观点，"发展马列主义的意识形态理论"。该书至少廓清了两个问题。

话语理论＝语义政治学　西方语义学（Semantics）和音位学、字形学、词法、语法一样，同属语言学分支。但它并不自封于语言学之内，而像一个突出的外接部分，与哲学、社会学、政治学交叉联系，揭示或掩盖许多语言秘密。拜肖指出：传统语义学有两大错误概念。

一是迷信所谓的"通用语义"（巴赫金讥笑它是语言乌托邦），即字词本身拥有定义，广泛为人接受。二是坚持"主观释义"，即认为唯有个人的主观意志，才能决定、扩展或改变语义。

拜肖说，语义学的根本原则，并不在于语言系统的自治法则（它是非历史的、抽象的、同一的），而在于非语言系统的决定因素（它既是历史—社会的，也是说话人的）。语言系统一向受到非语言系统决定因素的包围和影响，而后者才真正限定、调节或改变语言的实际意义。

譬如在现代资本主义国家中，再生产的物质条件规定了民族语言的同一性与隔离性。与庞大组织机构、自动化—标准化管理相适应，统一的语言交流得到保障。同时，精细的社会劳动分工又把人们分隔成难以沟通的不平等群体，在这里，语言不仅是交流手段，也是交流障碍。

与结构主义语言学相左，首先，话语不等于言语（Parole），也不是索绪尔所说的那种泛指的语言实践或个人表达方式。相反，话语是语言在特定社会历史条件限定下的群体表现形式。因而话语是没有单个作者的：它是一种隐匿在人们意识之下，却又暗中支配各个群体不同的言语、思想、行为方式的潜在逻辑。

其次，话语也不同于索绪尔定义的语言（Langue）。Langue 作为抽象语言法则，为各民族语言的统一奠定了基础。话语则与 Langue 垂直交切，形成超出其上的现实语义逻辑。该逻辑制约活的语言应用，并体现意识形态语义。据此，话语理论就是一种"语义政治学"。

拜肖总结道：语义本是意识形态的一部分，话语则是意识形态的特殊形式。意义的深处"与纯粹的语言学财产毫无关系"：它植根于人类劳动、物质生活与阶级斗争。[1]

话语形成与意识形态冲突　　话语如何形成？我们该怎样鉴别话语差异？拜肖强调：话语是通过物质生产、社会生活、意识形态斗争逐步形成的，它们彼此也处于冲突纷争状态。具体说，话语差异主要来自：

一、说话人的社会地位，例如资本家与工人、将军与士兵、男老板与女职员、警察与流浪汉。

二、话语与说话范围相关的机构或专业领域密切相关。例如教堂弥撒、学术论文、军队条令、医生诊断、商品广告等，它们都因涉及了不同机构，而具有不同的形式要求、技术规范、职业伦理。

拜肖说：字词、短语、主题等，俱依照说话人的社会位置，相应改变

---

[1] 拜肖，《语言、语义学与意识形态》英译本，*Language, Semantics, and Ideology*, Palgrave Macmillan, 1982.

它们的含义。[1]譬如两个身份悬殊的人，在诉说同一个词"真理"时，他俩的意思不大相同。而同一个人在不同场合、向不同听众讲述这个词时，其含义也自有区别。

这就是说，一切语义的可能性，只能在特定社会位置和机构环境中，被限定落实为具体意义。这意义并非来自符号差异，而是来自那个造成语境差异的社会本身。

简言之，话语就是人们在特定的历史条件、社会环境下，决定自己该说什么、怎样说的潜在制约机制。不仅如此，它还是意识形态霸权争夺与冲突的场所。

马克思在《路易·波拿巴的雾月十八日》里，生动地描述过"自由、平等、博爱"口号，是怎样被形形色色的革命派、保皇党、投机分子所滥用，变成了不同实质的东西。这就关系到如何说才算正确、合法或有道理的问题。说不过别人的"说法"，就会逐渐被压服淘汰。相反，掌握了统治权的阶级，亦能建立起符合自己利益与需要的话语秩序、话语规范。

依照上述基本原则，现代社会从上到下分别在不同的机构与专业领域，逐步形成了不同的话语系统。在拜肖看来，这些专业话语系统，从语言学上分析，都是"由替代词、解说、同义语等组成的关系系统"。

比如在美国的法庭上，法官、律师、陪审团所说的话，都是同一种资产阶级法律话语。而人们在法庭所说的话，也在一个特定的话语形成（Discursive Formation）中反复运作，从而衍生意义，最终判定犯人是否有罪，或处以何种刑罚。若想改变这种法律制度，唯有运用话语分析方法，去批判揭露其中弊端及其不合理本质。

至此，西马有关意识形态话语研究的工作方案已基本展开。不难看出，该方案深受阿尔都塞影响，也是对其意识形态理论框架进行填充的结果。

然而，该方案虽有进步（一反西马的反经济主义倾向，开始了降解意识形态的战略努力），可它此后的进展，却也暴露出不少问题。例如这一理论在认识论上仍留有缺陷，它区分话语、非话语的技术困难，也未得到解

---

[1] 拜肖《语言、语义学与意识形态》英译本，111页。

决。左派学者因此普遍滋生出一种"意识形态假想敌"心态。另外,意识形态话语研究只是话语理论的一个部分。若想了解全局,我们还须再讲一讲福柯。

(Louis Althusser, *Lenin and Philosophy and Other Essays*, New York: Monthly Review Press, 1984)

福柯的知识考古学

当初尼采疯癫而去,不过留下话说:"上帝死了。"福柯居然又补上一句:"人也要死!"而且没给西方人留下任何的超度希望。

米歇尔·福柯1984年6月25日在巴黎去世,享年不足58岁。但法国人对他悼念的规格,却与萨特相近,尽管萨特的长寿、嗜动及其盖世文豪的思想产量非他可比。

巴黎评论家们似乎情不自禁,启用了福柯本人的分类标准,即视萨特为传统的博学通能型知识分子:他代表真理大成,身系社会与时代主流。而后进的福柯,则属于一种专家型的局限知识者,或曰边缘人:他们与当今西方文明的严重离异,导致其心态趋同于古代那些袭扰罗马帝国的游牧骑士。在此含义上,福柯的身份便显贵如大酋长,或本世纪"最后一位大师"。

这个都市里的野蛮人、"戴假面的哲学家",生前喜爱独处、匿名和俭朴素洁的起居环境。他几乎没有法国人惯常的癖好,却对美国乡村式快餐(三明治加可乐)表示欣赏。每逢有人问起个人身世,他总是回答"毫无故事性",因而无须保密,也不值得报道。他甚至不怎么爱国,曾公开抱怨自己国家的文化别具压迫性,结果造成他的逃避习惯,一度竟想搬去日本。

与萨特对比,福柯一生平淡无奇。他生活内容主要为读书、教书加写书。读书读过了第二次世界大战,先后得到巴黎高师的哲学、心理学学位,巴黎大学的心理病理学博士证书，以及1962年颁发的国家博士称号。

教书自1955年起，先后去瑞典、波兰、西德、突尼斯游方布道，无缘涉足国内知识界的多数政治活动。俟他1968年谋得巴黎大学文森纳分校教席，又于1970年入选法兰西学院，出任思想制度史教授，总算教出了头。然而此际他因侨居国外，错过了五月风暴，仅在事后随人参加了一些社会调查。而那对他而言，多半是一种知识乐趣，刺激他发奋著书而已。

福柯作品，连同收编文集，约有十来本。名气大的如《疯癫与文明》《诊所的诞生》《词与物》《知识考古学》《规训与惩罚》以及未完成的《性史》。这些书题材生冷，思路孤绝，方向飘逸。写作《性史》时，福柯就曾几度易辙。

销路较佳的一部文集叫作《权力／知识》。据说靠了它的版税，福柯晚年在加州大学洛杉矶校园终于过上一段舒心日子。不过，因耗费心血研究西方文明的疯狂主题，他注定活不长，亦难真正舒心。

说到世人对福柯的理解接受，好比一台戏。20世纪70年代前，冷落和非议为多。待到他成名并循规应酬逐渐增多的采访后，人们又说他缺乏时髦，是同代名流里"最不像巴黎人的一个"。对此福柯自嘲："一辈子没踏过历史大道，老是陷在路沟里。"如今反转过来：福柯的名字便是时髦。他的那些著作，堪称后结构主义所能展示的最大世面。而提及此人理论方法，即指向人文学术的历史变革。近几年，专注于福柯传记及其思想研究的工作进展迅速，被欧美学者当成一门新兴跨国工业。

福柯临终前，最后一次同美国教授拉宾诺晤谈，似乎料到他身后的繁忙景象。他说他像一枚棋子，被人挪遍了棋盘上的每个方格：理想家、虚无派、反人道、马克思的信徒或对手，又说他是技术官僚、保守分子，或新批判理论的楷模——却始终无法将他稳固定位。这使他深信："他们在安置鄙人方面的无能，确与我自身的某些因素有关。"

福柯的知识结构

本文无意纪念伟人（如上述，他不过伶仃一士耳），也不想冒充研究。记得六年前，我受老师的驱迫，开始读福柯的书。至今似懂非懂，有愧师训。于是将断续的心得笔记整理一遍，以示自己勤勉、不畏挑战。

根据专家新见解，福柯的创作生涯可以粗分为三期。1968年前为早期，或称"考古学"观念形成期。1975年后为晚期，又名"谱系学"工程深入期。中间夹着一个方法论沉思和凝聚的过渡阶段。

此种分法，既尊重了福柯对其方法变动的说明，又顾及他为自己作品归纳的三项轴心，即依次考察真理、权力、伦理命题。这里试从他早期的知识结构、思想特征开始，且以其人手段，对他略施以人种考辨。

生为外省医生之子，福柯择哲学与病理学为业，在战后巴黎高等师范度过了他的青年时代。这里也曾是萨特、阿尔都塞的母校，因辈出名人而有贵族摇篮的封号。它的毕业生却源源加入法共，或热衷贫民的事业。

福柯入此山门，自然全面发展。通习马克思、尼采、弗洛伊德之余，他又追随萨特、伊波利特、梅洛·庞蒂的足迹，直至入党。当时高师的风气，"想当哲学家就必须做马克思主义者"，福柯回忆说。不过法兰西人崇尚恋爱自由，不断尝试以现象学、存在主义、心理分析同马克思理论相结合，"皆因不满意而逐一放弃，又推出结构主义做新娘"。

50年代初，福柯和同代人"经历了一场起先不觉什么、后来却导致深刻分化的转变"。变化的潜因，是他所谓"哲学的弥散"，即战后哲学日益裂解为众多门类，再难以传统思辨加以包容综合。

方法上，现象学及人道马克思主义代表的主观性倾向仍居主位，但注重科学性的形式分析潮流已然酝酿成势。在巴黎高师，巴什拉教授（Gaston Bachelard）影响下的"认识论小组"持续活跃，阿尔都塞（福柯老师之一）为首的结构马克思派也开始形成气候。

这场变化中，福柯究竟走了有多远？反正到60年代他同萨特论战时，老少二人已然是隔河相望。福柯表示钦佩老一代"英勇慷慨之士，他们确对生活、政治、存在抱有激情，然而我代人发现了别的，生出一种针对观念及我称作系统的激情。该无名系统不含主体，其中的自我炸成了碎片"。

这番宣言，当然有反对父母包办之意。可福柯并没有真的同结构主义私奔。专家称，福柯变化远较同辈人复杂深入（他出国造成的若即若离也是原因）。至少除了语言和心理学外，他还卷入了针对科学哲学与历史的反思。而他后来的独特奇诡，据信在此一变：从中他缓慢构筑起跨度颇大的知识结构，以及一套用来质疑、批判西方哲学的知识考古观念。

先说语言学方面。对语言的重视，乃是"二战"后西方人文学术图变的标志，它也是福柯、德里达等人走向结构与解构的途径。对此福柯自有体验。自孩提时他常做一个噩梦：他在堂上当众捧书诵读，许多生词同他做对，只好硬充神童，振振有声。猛然间字句浮动，一片混沌，梦里的他喉头抽搐，从冷汗中惊醒。

后人细读这段自白的心理含义，一说此人知识意志殊强，不甘无知无力，终生难忘透过语言阐解世事。这一点福柯很像结构派，即关注人类意识的深层形式，坚持文化解码须从语言研究下手。

福柯不断的惊梦，却也显示出他对语言的警惕多疑。出于病理学家的禀性，福柯早早就见出语言的虚幻蒙骗性，指明它"不能再现世界，仅为它自身的表征"，因此不可作为本体论基石，而要置于他的话语分析仪下——做临床检验。如此态度，令他将结构主义也看作病人，不仅讥笑它做了研究对象的俘虏，还指其为西方学术企图依赖语言表征系统、从整体把握世界的"最后一番徒劳"。

福柯语言观与结构主义的矛盾，较多体现在他围绕知识意志命题建立的话语理论上。比如说，他强调知识（Savoir）与权力（Pouvoir）之间的心理纽带（Voir，意为能见、要了解），进而将语言的意义、知识的生成看作一种冲突机制。而话语作为真理性言语行为，本身便是权力争夺场所，其间充满了压迫控制。

就此，结构语言学的宁静殿堂被他炸成了千疮百孔，散发着浓烈的火药味。有人怀疑话语理论内含"阶级斗争基因"，于是指责福柯是隐秘的马克思弟子。公开的左派却不一定认同，因为他们很容易找出反驳理由。

福柯发现自己无家可归，便声言他既不是马克思派，也不是结构派。同时他又称马克思为伟大之"话语发现者"——他本人虽然不常引用马翁语句，可那种恩泽之情，就如同"物理学家不必把爱因斯坦成天挂在嘴边"一样。

这一桩亲缘疑案难倒了许多人。大胆假设者中，有一位美国加州大学的普斯特（Mark Poster）教授直言道：福柯语言观乃是当代产物，它反映最新批判意识对于晚期资本主义思想控制与社会交流特征的省悟。如果说马克思成功运用资本与阶级理论，表述了资本主义古典特征，福柯则从语言角度推进批判，尝试对付新历史条件。[1]

普斯特称：福柯的大胆尝试，实乃一次研究范式转换，即由"生产方式进入信息方式"。问题是福柯放弃整体论，又不提供系统理论应有的乌托邦选择，令人望而却步。普斯特此说颇有新意，但不足定论。暂且存疑。

福柯在语言方面持此边缘性立场，应该说与他对历史的不惑见解紧密相关。年轻时，他曾带着语言难题穿过一片荒冢，那里埋着一批久为历史遗忘的"疯子哲学家"的思想尸骸，例如德国癫狂作家荷尔德林的悲剧残篇《恩沛多克勒斯之死》，法国囚犯文人萨德侯爵的色情小说，福楼拜令人尴尬的《圣安东尼之诱惑》，尼采的《道德谱系学》等。

就像巴赫金追查小说离心力，直到发现狂欢现象，福柯紧跟尼采之流，走到语言崩解变形的极限，看到了历史的偏执病态，知识的"肯定性无意识"，以及被他当作异端排斥的另一种认识传统。

尼采，作为这一反文化史的代表，深刻影响了福柯的历史改造动机。尼采说历史共有三类：纪念碑式、博古式、批判式，分别来源于柏拉图为历史学制定的"如实、个性与真理"标准。对此尼采嗤之以鼻，通称为形而上学的女佣，或基于偏见和欲望的人造品。

尼采《道德谱系学》又称：史学的顽劣习惯，是"将最终结论置于开端"，由此一举压缩纷乱时空、进入封闭体系，以便"把千变万化都合并为因果与目的制约下的合理运动"。为抵消这种主观认识的历史幻觉，尼采采取戏仿式的谱系分析，还原出西方道德史的非道德本相，进而揭露"理性解释"对事物原状所施加的蓄意掩盖、精心修整、疯狂抹消作用。

在《尼采、谱系学、历史》一文里，福柯赞同尼采发明的颠倒与瓦解原则，并且敏锐补充说：历史乃是一种"权力合法化过程记录"。尼采针对历史事件的起源（Ursprung）与形成发生（Herkunft），曾经做过截然不同

---

[1] 参见 Mark Poster, *Foucault, Marxism and History: Mode of Production versus Mode of Information*, Polity Press, 1984。

的解释。福柯进一步指出：尼采对于后者的复杂认识，是他摆脱传统局限、走向实效历史（Wirkliche Historie）的重要一步。

受尼采启发，福柯另行锻造自己的考古学工具，赋予它特殊的陌生化、反记忆功能，以便质疑"我们价值的价值"，展现被历史文献深藏或压服的"另一性"。请留意：福柯的考古学（Archeology）与谱系学（Genealogy）方法，既不能等同于思想史，又不是常规的历史理论。

实际上，福柯所谓的考古学、谱系学，都是他从尼采那里借来的"工具箱"。其目的是要运用先进的话语理论，深入分析权力与知识的生成变化。与尼采相似，他在历史研究中弃绝思辨、张扬差异；拒认不变真理，处处防范知识意志（包括自我批判）；注重对个案的细察深描，偏向研究反常与悖逆。结果是出奇制胜，不断导致预设观念的崩塌，进而将历史的平整渐进，改写为错乱与断裂。

然而福柯也自有不同处。这里我们面对他知识结构的又一延展——尼采太浅薄，哪里晓得当代科学的神奇。法国学者德鲁兹（Gilles Deleuze）较早指出：福柯受巴什拉的科学哲学影响，其考古学具有超越结构主义的范式革新倾向。

美国哲学家海顿·怀特（Hyden White）更进一步，反复试以福柯偏爱的物理学"场论"观念，来解说他貌似凌乱，甚至有悖理性与人道的知识结构。结果让人觉得，福柯的思想空间，似乎是一由马克思、弗洛伊德、尼采、索绪尔构成边界的知识场，其中基本运行规律，则有如爱因斯坦描述的那样。

1983年，美国女学者梅杰-波埃泽发表一本专论：《福柯的西方文化考古学》。此书着重讨论"科学神话"与福柯的关系。作者一方面认为，福柯与传统人文学术的冲突根源，在于他对其认知模式（多受牛顿物理学、近代生物学支配）的背离。譬如他对主体和渐进历史的挑战，就像科学家批判地心引力说与达尔文进化论。另一方面，爱因斯坦的相对论、空间观，及其有关临界、负荷、量子跳变等概念，也大量渗入他的考古学构想。[1]

---

[1] 参　见 Pamela Major-Poetzl, *Michel Foucault's Archaeology of Western Culture: Toward a New Science of History*, University of North Carolina Press, 1983。

诚然，福柯无法使用爱因斯坦的数理化推演工具。但他不断变更主题与对话角度，艰难地推动改造，廓清地基，毕竟向人们提示了一些可能，即逐步形成一种能包含哲学、科学、社会与文学的"大文化研究范式"。

在其中，他所习用的知识场（Episteme，亦译知识共因），便可获得历史的临界与突变说明。而他关于话语和陈述（Enonce）活动的分层沉降研究（大致等于原子与充电粒子关系），也似能纳入他晚年提出的"知识—权力微观物理学"构架，变得容易理解一些。

考古学三部曲

关于福柯的考古学著作，有人说它们一反世人看世界是"混乱之下，藏有秩序"的习惯，令人体验到"秩序之下，无尽之混沌"。亦有人谓之为"探险者的手绘海图"：那图上见不到历史大陆、意识河流，仅仅在大片的未知海域里，标出一些散落岛屿，零星暗礁。即便简陋如此，也非一蹴而就。

20世纪60年代中后期，福柯为此写下数本实验作品，因有"考古学三部曲"之说。其中《疯癫与文明》《词与物》较为传神，不似《知识考古学》那样理论化。（也有专家以《诊所的诞生》取替《疯癫与文明》，作为三部曲之首。）这里仅就头两本书，作一些外观引荐。

《疯癫与文明》（英译本为 Madness and Civilization，New York：Pantheon，1965），法文当译《精神病史》。它由福柯博士论文改定，其主题与病学史几乎无涉，只谈疯狂与理性关系。恰如法国批评家罗兰·巴特所评："疯狂（对福柯）并非一种疾病，而是因时而异的意义。"

《疯癫与文明》勾勒出三个岛屿状的知识时期，分别查看它们关于疯狂的不同定义、鉴别与处置方式。结果呈现出一幅令人惊骇的文明沉浮图——其间根本就谈不上什么理性进步、知识完善，倒是"人性在自律系统中建立起强权，从一种统治，移向另一种"。

根据福柯的冷静描述（赵按：这也是一种拒绝对背景和因果加以解释的描述），早在中世纪的欧洲诸国，疯狂本是一种神启或某种魔力知识形式。那时的人们视疯子为特殊的获救者，或具有常人不及的智慧与预言能力，因而与之频繁对话，同处中不乏礼遇。

到了古典时期，或曰文艺复兴阶段，这种自由交往却戛然而止。在启蒙自然观开始对非理性展开排斥的同时，欧洲人对疯子产生了恐惧和厌恶，并试图隔离或放逐他们。一度用以控制瘟疫的麻风病所被借来容纳大批疯子、罪犯和穷人，以便将他们不加区分地合并关押，当作野兽般的怪物驱赶或示众。

另一种别具特色的"净化仪式"，是将各村镇的呆懒顽劣之徒，集中装入愚人船（法文 Bateau ivre，德文 Narrenschiff，英文 Ship of Fools），顺水漂离世人的活动范围，只留下不幸者隐约难辨的哭喊，以及欧洲古典文学作品中充满黑色诱惑的想象。

1657年，依据法国国王敕令，开办了"总医院"，其功能等同于德国的"感化院"、英国的"济贫院"。然而，这些慈善机构都不以治病为业，而要大规模清除并羁押疯癫人群，进而确立一种"巨型监禁系统"（赵按：这一命题后在福柯的《规训与惩罚》中，深入发展为权力技术研究）。

由中世纪到古典时期的认识突变，并不意味盛行的理性对疯狂有何同情了解意向。相反，福柯从中见出常人对自身人性和理智的不稳信念以及焦灼心态。整个欧洲社会，对其制度造成的伤害失误无能为力，唯有厉行隔离惩戒，以保障它的正常秩序和"精神再统一"。法国大革命虽然废除了总医院制度，可那仅仅是将里面的罪犯穷人释放出来，疯子则被转入监狱。

直到18世纪末，又一次认知突变才斩断疯狂与贫困、犯罪、兽性等非理性危险观念的繁杂联系。在涂克与皮耐尔创立的疯人院里，疯子们首次被看作心理病患者，受到家庭式的呵护。

继而弗洛伊德恢复对话，引导欧洲社会进入所谓的现代科学认知。此时，精神病专家一方面被授予鉴定与医治疯子的特权，他们也自以为拥有裁判疯人语言意义的能力；另一方面，现代作家不断在艺术假面背后装神弄鬼，扮演可疑又动人的"真理角色"。

福柯称此剧变为西方精神的重大逆变，即非理性经过长达百年的压制与沉默之后，又作为"妄诞语言和狂热欲望"再度出现。他将这本怪诞之书题献给两位导致西方文化错乱的艺术家：萨德与戈雅，并且想入非非地揣测说：当初那些愚人船驶离人世，很可能是作为象征性的移民船，去寻找"他们的理性"，岂有不归之理？

此书令不少科学史家愤怒，却也让大批批评家、文论家称奇叫绝。面对批评，福柯坚称他不是反理性，而是承接尼采、海德格尔的反思辨传统，并且与韦伯、阿多诺的理性怀疑论相通。他讨厌扮演"要么是理性派、要么是非理性派的角色"，宁可做一个相对论家，把理性看成一座旋转门，进而研究它的必要与危险，以及它与疯狂之间的潜在关系模式。

1966 年出版的《词与物》（英译本改名《物的秩序》，*The Order of Things, An Archeology of Human Sciences*，Random House，1970），将福柯对理性的拷问方式扩展至对西方人文科学的通体诊断。序言中，福柯自陈他写此书，是受古代中国人提醒（福柯不懂汉学，仅从博尔赫斯小说里略有猎奇），发现世上竟有这等格物致知的奇妙方式。相形之下，"我头脑中所有习惯秩序为之尽摧"。

原来天下万物，解释各异，无非是依照语言的不同"标名、陈述与思维格局"组织而成的。这种词与物的对应关系，因时、地、民族而变，向人类提供多种进入真实的认知途径。在福柯看来，人类被抛入生存，一定怀有"旷野恐惧"。为此，他们免不了要以语言为网络，各自编结表征系统，以便填充心理空间，捕捉并限定世界。

如是看来，西方文明只是任意而相对的一种，尽可以由福柯当成"异域土著文化"横加解剖。其中的断裂突变，则被看成知识场的临界重组。或者以通俗比喻，说成是西方人在文艺复兴、古典、现代时期，反复用语言押宝下注，不断变更表征系统，以求把握世界的结果。

作为福柯的第一块发掘场所，文艺复兴时期（中世纪晚期至 16 世纪末）显得遥远又神秘，有如中国天人合一的前逻辑纪元。那时节，西方人刚从伊甸园里爬出，只会以亚当的拟仿目光，看待偌大原生世界：宇宙的浩渺无际，在圣光照耀下呈现出弥散状关系。于是人们相信：上帝在万物上留下印迹，只需找到适当词语，即可认识它们的隐秘牵连。

福柯称此时的知识特征是相似（Resemblance），它以"协约、仿效、类比、感应"四种同心圆的方式，将天下所有事物联结起来，并通过这种"近似"观念，形成有关生命、劳动与语言的基本话语。（赵按：这些话语分别涉及人的生物性、社会性、文化性。它们同时也是西方人学的三大研究目标。因此便有当时知识的混通现象：僧侣、术士和史家都是讲故事能手，莎士比亚剧作好比百科全书，那里头神人对话、草木有知，想象驰骋，上天入地。）

轮到唐吉诃德出游，世情早已大变。骑士罗曼史提供的图谱，令英雄屡屡遭受挫折。畜群、村姑、小旅店，不肯幻变为军队、贵妇与城堡。往昔相似的平原，如今密布"差异的沟壑"。

福柯称这位瘦长可笑的文学人物跨越断裂，象征西方认知的潜伏观念突然发生了巨大的重组性变化，即由早先的"相似类比"，转变为一种精确表示（Mathesis）、系统分类（Taxinomia）。

在此古典时期（17世纪至18世纪末），"思维不复由聚拢事物、寻求共性的能力主宰。相反它突出差异、并确认个性"。这一古典认知，相信自然秩序的天成完美，以及在语言明晰表征基础上确立的知识可靠性。

至此，文艺复兴时代的语言三重结构，突然被压缩成两极关系：词（能指）与物（所指）之间的缠绕环节（指导致意义增殖的相似性）被一举删除干净，形成以词代物、平行对应的两套严整秩序。

这样一来，语言获得了既是分类符号表，又是本体论的地位。每一门科学无不尽力追求与自然吻合一致的准确系统图，以为世界可以在这些图示的扩展完善中，再现其关系与秩序。

18世纪末，欧洲知识场发生了又一次原因不明的突变（赵按：福柯像爱因斯坦那样，拒不讨论社会历史的变革因素）。临界标志人物，据说是法国的疯狂贵族萨德（Marquis de Sade，1740—1814）。这个疯子无意以塞万提斯式的嘲讽，去体现陈旧知识观的衰败。相反，他胡乱写出一连串色情小说，并调动其中"模糊又蛮横的欲望力量，去反复冲撞表征的局限"。

萨德之后，欧洲诞生了一种新的现代认知（Modern Episteme），其主要特点是：语言表征系统的崩解；人文科学概念的出现。

先看欧洲语言的变化。至此，词与物之间不再是精确再现的关系："物"开始逃离"词"所编织的平面网络，进入更深的时空。文字学已将语言自身列为研究对象，并发现其暧昧起源及其物的性质。现代文学在语言的不断崩解中凝结为一种独立存在形式，宣告它"无事可做，只有在不断蜷曲挣扎中返回自身"，即从表征转向自我表征。

此时，康德的哲学批判也不再简单地依靠语言来表述思想。相反，他处心积虑，要追究思想的前置条件。由此产生了欧洲哲学的显著分裂：形式分析从思辨阐释中剥离出来。而人作为知识主体，同时竟也成为自己研究的客体！

依照福柯所言，古典时期的语言嬗变，造成"自然与自然人的黏合，它彻底排斥了任何可称为人的科学的因素"。只有当19世纪的西方人，发现他们身陷混沌语言当中，这才将自己从物的秩序中分离出来，自封为主体。

然而，这个主体之"人"，却是伴随他那"非我或异化"的孪生兄弟一道诞生的。据此，福柯认定现代思想的特征，就是"对于无意识的思考"。而"我们关于人的观念、关注及人道主义，一直酣睡在它不存在的危险乱石上"，如同海滩上的印迹，下一个浪头，没准就会卷它而去。

至此，福柯已经完成了他对西方人文学术的鸟瞰式批判。结尾一章，他重复前一本书的逻辑，指出语言"像疯狂那样去而复归，却在现代自我表征的失效过程中，暴露了它的不透明本质"。换言之，福柯此说肯定了西方人在语言表征问题上犯下了历史性错误。所谓"人的科学"之所以是一场梦，也是因为它误将人的局限视为获取真知的条件。

在福柯看来，欧洲人这种既当主体又当客体，既看重"经验"又突出"超验"的可笑思维习惯，注定将会瓦解。随之而来的"当代认知"将十分重视自我反思、自我批判。它将努力把"人"带回到"物"的世界，以便颠倒现代认知的秩序、突出由差异向同一的反推。

这大约是福柯考古学被人叫作"反人文科学"的主要理由。所谓"反"，依然是强调他向人文科学提出了挑战性难题。而且，这些难题在1968年之后，又得以不断地扩展和深入。看来西方人是避不开也忘不了，对他敬畏之余，又痛苦不堪。

当初尼采疯癫而去，不过留下话说："上帝死了。"福柯居然又补上一句："人也要死！"而且没给西方人留下任何的超度希望。这番狼狈情境，倒像是当年阿 Q 闻得人大吼:"你何曾姓过赵?凭什么姓赵?"很是一桩妈妈的事情。

(Foucault: *Madness and Civilization*, New York: Pantheon, 1965; *The Order of Things, An Archeology of Human Science*s, Random House, 1970)

福柯的话语理论

往好里说,知识就是力量,劳心者治人,知识越多越自由。反过来讲,强者亦可根据自身的需要或好恶,去规划真理的面目,去决定历史的取舍,进而去钳制异议、压服歧见,乃至于破坏生态、灭绝物种。

前两篇拙文,陆续介绍了一批话语理论知识。它们关系到语言同阶级、机构、意识形态的复杂关系,以及西方学者的分析演绎。围绕这些问题,中国古代知识传统也有一套久远而睿智的见解,甚至透露出一些较洋人更冷峻的现代意识。请看以下中国成语,其中涉及话语现象的精彩比喻俯拾即是:

立言立德,言出法随;口碑载道,众口铄金;甘言厚币,巧舌如簧;如雷贯耳,余音绕梁;在官言官,指鹿为马;人微言轻,口说无凭;言不尽意,圣人所难;文章憎命,言语道断;千夫所指,无疾而终,等等。

关于话语的巨大力量及其权威性,中国古人还有一些敏锐非凡的见识。譬如《淮南子》称汉字发明惊天动地,乃至"天降黍米,鬼哭神号",似乎早就预见到人类获得语言圣器之后"福祸相倚"的前景。《左传》谓:"道之以文辞,兵可以弭。"此处"文辞",是指外交宣传辞令。又如"州县符,如霹雳;得诏书,但挂壁。"可见政令威重如山。"一字入公文,九牛拔不转",则以百姓口吻,表现出封建司法制度的森严。

钱锺书在《管锥编》里，曾就"口戕口"的说法，做过饶有兴味的评注。此说出于武王《机铭》："皇皇唯敬，口生诟，口戕口。"钱注：前"口"乃口舌之口，谓言语，后"口"乃丁口之口，谓生人。以口兴戎，害人杀身，皆"口戕口"。武王《笔书》又云："陷水可脱，陷文不活。"《全唐文》之《口兵诫》也唱道："我诫于口，惟心之门。可以多食，勿以多言。"据此钱先生归结道："诸如此类，皆以严口舌之戒而弛口腹之防。"[1]

中国古人何以这般警惕"祸从口出"？钱先生指明，大抵是因为"文网语阱深密乃尔"。后面这八个字，窃以为要比西洋人的长篇话语理论讲得简明透彻多了！若以西洋概念来印证钱先生这句"文网语阱"的精练断语，大概我要征引四五位大师的名言，才能有个像样的交代。请看如下语录：

海德格尔：语言乃存在之家，人则居住在其深处。

卡西尔：人从自身的存在中编织出语言，又将自己置于语言的陷阱之中。

维特根斯坦：语言是一座遍布歧路的迷宫。

哈贝马斯：语言交流方式受到权力的扭曲，便构成了意识形态网络。

福柯：你以为自己在说话，其实是话在说你。

看来西洋人对于"口戕口"的问题，认识稍显迟钝一些。他们有关"文网语阱"的觉悟，也只是在最近几十年才多少有所提高。这方面，值得专门听一听法国哲学家福柯的话语理论。

1969年，即阿尔都塞完成《意识形态与意识形态国家机器》论文那一年，福柯推出他的话语理论奠基作《知识考古学》。此书从两方面界定了他的"考古学"立场。首先是突出"反史学"的维新之举，大胆质疑传统史学原则（如历史连续性、阶段进化、终极目的等），代之以别出心裁的翻挖和颠倒。

其次，福柯执意破除结构主义的符号系统论，主张一种侧重话语分析的文化史研究。其基本特点，是把语言的冲突、变革与凝聚过程视为充满斗争的"事件"。而潜在的话语运动，又从微观上构成了西方史的浩瀚长卷、思想大厦以及各种社会机制。此种切入角度，可谓是与阿尔都塞异曲

---

[1] 参见《管锥编》855页。

同工了。

前文已提及,阿尔都塞的意识形态理论,曾猛烈扭转西方思维定式,动摇了传统人文主义的宏伟理念。正如英国左派学者伊格尔顿(Terry Eagleton)所说:从此人们开始"抛弃以往那种依据观念去选择字词的思考习惯,改为针对字词来考察观念了"。欧美学界从围绕"思想观念"的宏泛争论,突然转向针对"字词话语"的侦察分析——这一降解趋势,可说是由阿尔都塞倡导、继而由福柯扩展为一场针对西方知识史的批判解构运动。

应当指出,福柯此时的态度偏激、方向多变,尤其缺乏重建愿望。然而他赖以指导考古的话语理论,却给资本主义文化批判提供了新式武器,进而带动一些西方新学的崛起,诸如女权理论、新历史学派、东方主义、后殖民主义文化批评。简评其要点如下。

人文理念与学术圭臬的降解

1973年,福柯在西德一家电视台,与美国大牌教授、著名语言学家乔姆斯基(Noam Chomsky)当众辩论有关"人性"的问题。众所周知,老乔是位诚挚的人性论者。他肯定人类具有语言学习与创造的天赋,而人作为一种理性主体,理应是能积累知识、逐步完善自身的。

于是,老乔振振有词地质问福柯:"请问阁下,人性究竟存在与否?"福柯避而不答,反而提出一个相当折磨人的难题:"人性这一概念,请问究竟是如何形成的?它又如何作用于我们当下的社会?"

福柯的反诘,意在批驳"主体观念"支配下的认知传统,逐一瓦解人性、知识、真理等因袭观念,目的是要全面质疑西方人文学术。依照他的考古学眼光,西方所谓的科学、哲学、宗教、法律之类,尽是一些历史沿革下来的庞杂话语集群:它们在权力冲突的支配下,经由不断的剔除、混淆与积淀,才逐渐形成如今各个不同的专业话语系统。至于科学和真理,也很难说是什么纯粹干净的知识,因为它们不可避免地掺杂主观意志,并留有权力干预的伤痕。

在其精细入微的"知识考古"过程中,福柯对于伪科学、前科学,乃至于意识形态浓厚的社会科学,全都一视同仁,各打五十板——因为他只在乎这些话语实践如何产生了知识,而不管它们是否会成为一门科学。

西方学术一向沉溺于抽象思辨,并以"理性至上"为光荣旗号。可在福柯看来,这种冥顽不化的知识意志,使得西方人脑昏昏、盲从理念,却对话语的隐秘活动视而不见。为此,他所承担的历史任务,便是"批判那些貌似中立而又独立的(学术)机构的运作方式"。

这位西方文明的刻薄批评家,恣意挖苦那些长期被人顶礼膜拜、奉为圭臬的经典著作(Oeuvre)及其作者。圣贤之书,威名赫赫,世代鼎立,容不得半点掺假伪造。福柯却大肆嘲笑说:天下文章一大抄,任何名著都只是与人合写的文集,从来就没有什么单一作者。

"一本书本身,并没有截然分明的边界。它深深陷入一个与其他书籍、其他文本、其他句子相互参照的系统之中。它是这个网状系统的一个突起物。它根本不可能被限定在小小的装订本里。仅仅是在一个复杂话语场的基础上,它才得以凸显,并构筑自身。"[1]

至此,福柯已向我们提示了"人文理念降解"的基本法则,即对目标施行"历史化的语言分析":首先查阅它赖以生成的文化档案(Archives),核实它在特定历史情境(Context)下的变动经过;进而分析构成这种观念、理论或制度的语言陈述方式,以便判明它们由知识、权力、语言三方面因素合成的"话语形成"。

不妨说,福柯的考古学,实际上是一门有关"人们说过哪些话、怎么说才算是知识或真理"的历史。

话语对象、陈述、话语形成

抛开传统思想史的"作者、作品与经典性"原则,福柯将其注意力转向隐深的话语活动,并以"话语形成"代替"科学理论的形成规律"。我们若掌握以下三个技术环节,便可大致了解知识考古的道理。

---

1 福柯《知识考古学》1972年英文版,23页。

一、话语对象。话语这东西，并不像一般语言符号那样，有着明确具体的涉指目标，例如 champagne 指香槟酒，guillotine 指断头台。人类生活中，我们时常遇到许多难以言传、文不逮意的事物和现象，诸如生命、爱情、疾病、死亡、信仰、习俗等等。"一个人不可能随时随地、随心所欲地说明一切。"

中国古代圣贤谓："道不可言，道常无名。"这些几句话、几本书甚至几代人都说不清楚的玄奥道理，就是西洋人讨论的"话语对象"了。福柯称："话语并不等于所说的事物，而是构成对象。"

中国古人又道："因其无名，强为之名。知其不能尽道，反而横说竖说，极尽描摹刻画之功。"故而福柯十分精明地确认：话语对象又是一种需要许多人"反复加以填充、不断变动的特殊空间"。

二、陈述（Enonce，英译 Statement）。"陈述"是构成话语的语用学基本单位。在西方语用学里，"叙述"是指人们通用的口语方式：它由短语和句子组成，内含指示、描述、质疑、评价等游戏规则。

与上面讨论的"叙述"不同，"陈述"仅仅涉及知识或真理的权威性指示与限定，人们一般不便对"陈述"加以评注或争辩，而是承认、服从或默认。福柯发现：这种"陈述"不属私人所有（它外在于主体），却是一种稀少、有用、令人向往和占有的"公共资产"。人们可以对陈述进行生产、改造、重组或分解，并反复加以使用。所以福柯说它具有一种"重复使用的物质性"。

说穿了，陈述所拥有的这些奇特属性，其实正是"知识"的属性。一个人学会陈述，等于掌握了知识，就能像有知识的人那样说话、思考，并发挥权威。

三、话语形成。与常规的句子不同，陈述不能孤立运作，只有在相关领域之内，它才能成为话语的组成部分。

福柯又列举"话语形成"的三个条件，即形成区域、分界权威、专业格栅。例如在考察西方精神病学时，福柯首先圈出产生这门知识的文化区域，即欧洲启蒙后的家庭、教区、法制等相关环境。此时大批出现的疯子，是否应该由司法部门加以羁押？或是交给神父教诲？或送济贫院供养？

援引不同机构的权威性，欧洲人反复争辩"疯子"的定义及其处置办法，逐步认定他们是病人，而不是迷误犯法之徒，因此应当交给医生去看管治疗。这就明确了知识领域的分界权威。可是早期的欧洲医学也对付不了这些疯子，需要新的专业格栅，将生理、病理、心理学知识合成一门精细学问。

世革言殊，物移名变。福柯潜心考察，未曾在历史荒野里发现事物的纯净起源，却只看见大量杂乱无章的耦合。那些个神圣理念、崇高原则，在各自漫长的嬗变中，都不过是一些"意义弥散系统"：其间充满了断裂差异，又纠结互动，几乎没有什么稳定的组合规律。一经挖掘，它们便露出松散凌乱、饱受历史误解的原始面目。

对于上面这番近似虚无的结论，福柯本人并不满意。不久，五月风暴猛烈冲击了他的思想格局。另外，阿尔都塞相继发表的重要论文，也促使他看到自己的理论局限，即严重忽略阶级冲突。

1970年，福柯入选法兰西学院，隆重讲演《话语的秩序》。他的研究，由此进入了"谱系学"阶段，目的是要大大凸显话语系统的约束功能，证实"话语生产总是依照一定程序受到控制、挑选、组织和分配的"。福柯强调指出：由于"权力"的暗中压制，话语名为表意系统，往往却变成一种"强加于事物的暴力"，犹如中国成语里的强词夺理、言过其实、睁眼说瞎话。

所谓"话语暴力"，大致表现为三种控制形式：

一、言语禁忌。譬如性和政治是忌讳话题。说话的仪式、场合和身份也构成限制，这好比中国古人的非礼勿言、非礼勿听。

二、理性原则。它排斥荒谬混乱，讲究言语逻辑。但我们知道，太过刻意地讲究理性，往往也会弄巧成拙。

三、真理意志。启蒙运动鼓舞了欧洲资产阶级的进取精神，从而孕育出一种"上帝般全知全能"的矫激意志——请留意：它有别于东方智慧的浑厚圆通。中国人习惯天人合一，无为而治，知而不言，无知而后知。又深谙"大智若愚""至言去言"之妙，所以安享口腹之欲，而不学西洋人巨细无遗、穷通一切的功利主义追求。

福柯的好处，在于他屡屡告诫族人：西洋人的求知意志过于狂妄、易遭天谴。据他考证，古时候的希腊人也曾敬畏语言。他们相信：话语的力量在于"谁说话、怎样说"。长老在庄严威仪中发号施令，巫师神秘兮兮地念动咒语。听众诚惶诚恐，无不信服真理与权力的表述。

　　然而上帝一死，西方人立马就张狂起来，满以为真理话语人皆可言，关键在于"说什么""对不对"。然而在福柯看来，如此狂妄心态，导致了从陈述行为（Enonciation）向陈述内容（Enonce）的转折。转折之后，真理不再同权力挂钩，竟变成了一种"平等竞争"的目标——人们通过教育和学术制度来获取知识，实则是尽可能多地掌握权力。所以福柯说：三大排斥系统中，最具威力的"真理意志"，其实最怕曝光。它貌似公允，一无私心。但试图揭露真相的人，无不大倒其霉。

　　如果说，福柯话语理论像个三角形，分别由"语言、知识、权力"这三极构成，那么到了1970年以后，在其晚期著作《规训与惩罚》和《性史》里，他的研究重心，明显开始向"权力"一极偏移，急欲突出"权力—机构—主体"这三个相关命题。

权力/知识模式

　　福柯的考古学成功瓦解了知识主体，却留下轻视阶级斗争的破绽。于是他迅速打出"谱系学"旗号，试以一种新式冲突论，"就西方知识的历史命运，作出一种政治性的解答"。

　　经此一转，福柯大力推崇尼采的"道德谱系学"研究方法，赞扬此公突出了"权力"命题，又奉它为"西方哲学之纲目"。我们知道，尼采的"权力意志"，原本近似于叔本华的"生命意志"。它指示人性深处的一种扩张本能，及其对强力的渴求。经福柯篡改，这概念牵扯到好几层意思：

　　一、象征那种上天入地、孜孜求知的"浮士德精神"；

　　二、泛指个人对他人、世界的了解与征服能力；

　　三、由此延展为政治权力问题，比如福柯后期钻研的权威机构与统治技术。

从理论上讲，福柯的权力既不等同于尼采思想，也不吻合于马克思的阶级与国家学说。他的权力观不仅没有主体，而且不讲整体论，因此也无所谓阶级阵营、政治中心、社会变革蓝图。更关键的差异是：福柯拒绝人文主义进步理想，认定权力乃人类天性，是一种"控制、占有并以自己为中心统一其他"的潜在欲望及能力。

作为人的精神意念或生理能量，这种"权力"无处不在、四处游动。但凡有人群之处，就会有权力之争。例如原始部落里的分食、择偶、酋长夺位。再比如荒岛上鲁滨逊和星期五的主仆关系。进入现代社会之后，权力凭借高科技提携，更是发展到登峰造极、细致入微的地步。

权力意志引出了知识意志（La volonte de savoir）。在福柯笔下，权力与知识变得善恶交织、密不可分。法文里权力（Pouvoir）和知识（Savoir）分享词根 Voir，意为"看见或知道"。它像一条心理纽带，把权力与知识结为一体。

我们往好里说，知识就是力量，劳心者治人，知识越多越自由。反过来讲，强者亦可根据自身的需要或好恶，去规划真理的面目，去决定历史的取舍，去钳制异议、压服歧见，乃至于破坏生态、灭绝物种。

鉴于此情，福柯又提出"权力微观物理学"之说，以此去裁定权力与知识的纠结并存模式。他声称：权力在激烈冲突中，经由机构产生知识。然而，权力并非主动地针对知识进行激励、扭曲或强迫打印。双方的联盟，也不尽由意识形态撮合而成。

关键在于"没有任何知识能够单独形成：它必须依赖一个交流、记录积累和转移的系统。而这系统本身，即是一种权力形式。反过来说，任何权力的行使，都离不开知识的提取、占有、分配与保留。在此水平上，并不存在知识同社会的对垒，只有一种知识与权力焊接的根本形式"。

现代监狱与全景监控

1975 年，福柯出版《规训与惩罚》，专题研究监狱制度及其监控技术。出于他对阿尔都塞老师"国家无处不在论"的欣赏，福柯强调：西方社会并不仅仅由国家机器维持，而是得到一张权力知识大网的保障。这套隐形的"文网语阱",渗透到西方社会的各个层面。而它赖以建立的秘密逻辑,居然在自由、平等、博爱的法国,得到了历史实证。

法国封建刑罚相当野蛮,长期以酷刑恫吓民众、炫耀王权。结果是不断加剧反叛。原因是,旧法律代表君主意志,违者必须重罚:它先用肉刑逼供,继以公开处决,昭示真理。行刑时让大批民众围观,目击暴力(正义象征)在犯人身上施行,以确保统治合法性。

问题是犯人临死没了顾忌,往往漫骂嘲弄,弄出一些个狂欢局面。结果权威被嘲弄,罪犯反而成了英雄。

大革命怒而爆发,先将国王砍了头,继而血腥内战,滥用肉刑。待到资产阶级一统天下,不得不改良刑罚。此时工商经济蓬勃发展,增加了伪造、欺诈、怠工、破坏机器等经济犯罪。因此,实际上是经济理性,而非人道考虑,支配了刑罚改良。福柯说,改良不仅是资产阶级寻求有效统治的策略,更是一种为行使权力而亟须改进的"技术"。

新刑罚一改肉刑弊端,代之以高墙监禁、驯化罪犯。它突出漫长的审判,伴以新闻报道,向社会证明其合法性。惩罚本身倒成了隐秘部分:犯人被关进高墙,各以单间囚房羁押。囚房编号,分层纳入一个巨大环形建筑。院子中央设有一座高耸的瞭望塔。卫兵通过塔上的监视孔,可以对所有囚犯一览无遗。

这种"理想建筑",原本是由英国法律和道德大师边沁(Jeremy Bentham)发明,学名 Panopticon(中央监控式全景监狱)。其主要特点,是利用先进监视技术和系统分隔法,大大提高控管效率。

全景监控一旦获得确立,就迅速得到各种学科知识(从社会学、心理学、统计学,直到工程设计、通信联络、运筹决策)的协同配合。在此基础上逐步产生了科层组织、监督检验、流水作业、集约调度,最终形成一整套中央调控系统。

仿照监狱的有效管理模式,军队、工厂、学校、医院等现代机构也纷纷建立、不断改进,像一台台机器那样自动运转,进而联网扩展为如今严整的西方社会制度。福柯发问:这些个现代机构竟然与监狱如此相似,它们还相互借鉴、技术共享、彼此协调配合,岂不令人大大地吃惊?

现代人的主体化

我们在前面的文章中，已知阿尔都塞揭示了发达资本主义文明的两重性：即不但依靠"利萨司"实现强力压制，还经由"意萨司"施行文化与道德指导。如此"软硬"兼施，两手并用，是为了求得一种均衡统治。

阿尔都塞还表明：西方人所谓的主体，不过是意识形态赋予他们以一种"自我中心"的幻觉。大写主体（Subject）的主观意识，反过来恰恰是它被资产阶级意识形态主宰的现实，即小写subject（意为"受支配、被征服者"）。

阿老师的出色批判，无疑深深地感染了福柯。为此，他进一步点明话语理论的关键，即主体化（Subjectification）命题，此说对西方新学影响深远。

阿尔都塞主体论的原义很抽象。福柯加以实例演示，生动多了。他指出：欧洲刑罚改良的一个重大方向转折，即淡化肉刑暴力，代之以"控制和驯服心灵"的缜密、温柔型权力技术。这里所说的"心灵"，绝非基督徒的原罪灵魂，而是各种先进监控技术合力压造成型的"主体"。

所谓"现代人的主体化"过程，须以微观物理学的透析手段说明如下：

纪律约束　现代刑罚不喜欢暴力象征符号，诸如森严法场、高大绞架、肢解的尸身等。相反，它热衷于"静寂的囚禁"。现代都市里，监狱成为最具普及性的惩罚象征，其显著特点是纪律约束、精神驯化。纪律包括反复操练、按时作息、定量配给、反省、报到、礼貌等等细则。采取这套强制技术，不单是要维护社会契约，而且"企图塑造一种驯服主体，即一个个惯于服从规划和命令的温顺的人，他们长期接受权威的影响，以致获释后也能自动运行、发挥功能"。

社会规范　现代欧洲的监狱纪律系统，既是科学进步的产物，又反转升格为西方社会理性统治的楷模。从"权力知识"的角度看，其应用性极为广泛，可以简约成四条原则：

一、条块分隔。除犯人外，各类社会成员，如士兵、病人、工人或学生，皆可按年龄、性别、能力编组，并建立档案与等级制。

二、程序管理。它以时间表、操作规范指导一切活动，严格控制生产、学习、操练的时间、强度与节奏，以至于每件事的姿势动作，都有标准可循。

三、训练考核。它以考试评估强化梯次训练，确保学生、工人或士兵在规定时间内，变成各行各业的熟练工具。

四、统筹规划。它利用现代信息手段普遍联网，形成一套集中调控系统。这系统无所不管，囊括个人的时间、言行、求偶、职业选择。一句话，这套原则确立了标准的欧美现代社会规范。

教育功能 社会规范不仅能阻止犯人侵扰社会，它还规定了对所有人进行教育和鉴别的合法性。犯人依法去监狱，孩子依法要上学。学习合格者，将受到社会的接纳与褒奖。

社会接纳仪式是毕业典礼，它由袍帽、证书、喜庆场景、庄重言辞组成，象征着权力授予、真理确认，因而是"权力知识交织所能达到的光辉顶点"。青年人因获得"成人"独立性和自主权而大感满足，福柯却在一旁讥笑说：他们已完成"个人作为权力施行对象"的被驯化过程。

福柯对此总结道："愚蠢的封建主用铁链捆绑奴仆，资产阶级政客却用民众的思想紧紧束缚他们。正是在人们柔弱的脑神经之上，奠定了至善大帝国不可动摇的根基。"[1]

人的解剖与组装 西方经济发达，科学进步，处处标榜民主、自由和人权。福柯大拆烂污，偏要把好端端的洋人说成"政治解剖与组装"的结果。

他巨细无遗、面面俱到地数落说：从笛卡尔的人性论、人体解剖学到精神分析术，从惩罚监控、规范管理，直到教育培训——这一系列针对"人性"的权力知识运作，使得西方人有幸像机器那样，从里到外地被分解、化验、组装、调试，并充分加以利用。

不仅如此，这套学问还含有众多的程序、图表与数据。"正是从这些细微琐碎的知识中，诞生了人文主义概念下的个人，及其心理、主体、个性、意识等，还有人道的要求。"[2]

---

[1] 《规训与惩罚》英译本，103页。
[2] 同上书，142页。

在《规训与惩罚》的书尾，福柯叹曰：资本主义经济发展，是由聚集资本开始。它的政治起飞，则始于"人的积累"。这两大进程交相促动，都有光明与黑暗的话语档案。道德家们何必偏执一端，只说西方人的进步和自由呢？

福柯的尖刻冷酷，令西方学究颇多不安或不悦，却又难以反驳。鉴于此案基本上是洋人家务，外人不便多嘴，我浅浅作个介绍便罢。

若要问我的批评意见，眼下只得一句：

福柯先生的知识意志殊强，以言去言的功夫很深，话说得精细而孤绝，以至于我觉得他仍旧是个地道的西方人，尚未挣脱他自己那套文网语阱。

另外，此人勇气可嘉，大胆"戟指千夫"，评鹿评马，所以寿命不长。

敢情他一直不晓得"口戕口"的道理？

（福柯《知识考古学》，谢强译，北京：生活·读书·新知三联书店，1998年；福柯《规训与惩罚》，刘北成译，北京：生活·读书·新知三联书店，1999年）

拉康与主体的消解

拉康将语言引入意识研究,置其于欲望、劳动、阶级斗争诸要素之上。在他看来,语言如同一张大网,它既是社会交往的基础,又构成人类文化的各种象征体系,诸如文艺、宗教、科学、意识形态等。

1933年,也就是"二战"之前的那段迷惘岁月里,俄国流亡学者科热夫(Alexandre Kojeve)在巴黎高师讲授黑格尔哲学,引动法国知识界的好奇。此前,英国和意大利早已形成黑格尔学派。而法国人认识黑氏,居然晚了一百多年。

或许因为大革命,法国人顾不上这位"仅用抽象思维伴随现代各国发展"的德国学究(马克思语)。科热夫讲课之余,又编写《黑格尔著作导引》。法国哲人伊波利特随之译出《精神现象学》。

此书中的"自我意识"部分,尤其是"主人与奴隶"那一节,从此受人瞩目,成为极有影响的经典文本——因为它描述人际关系,探讨西方人学的核心命题,即自我与主体的形成。

所谓"自我与主体",都是很西洋的说法。中国人耳濡目染,至今若即若离。我们毕竟是五千年绵延下来的天人合一之族,早就习惯了仁义礼智、克己复礼的儒家传统,少不得还会羡慕那种"吾丧我""闻天籁"的道家境界。

与西洋人凸显自我的欲望相反，中国儒家从宗法社会大一统前提出发，强调克服人欲、约束个性、修养集体人格。孔子取孝悌为"人之本"，又按"君臣父子"秩序，严格规定个人角色、伦理规范。而孟子所谓"君子三乐"，竟不含任何的私心娱悦，全都是一个"君子"应尽的道德义务。荀子曰："道礼义者为君子。"违者，可就是小人或禽兽了。

老庄哲学宣扬天道无情，人如尘埃，几乎"无我"到了极点。老子谓"五色令人目盲，五音令人耳聋"，意思是说：人类文化刺激欲望、徒乱人性，还不如去掉它干净。庄子更进一步，视人欲为祸患之源，并嘲笑人类自以为是的毛病。他老人家在《大宗师》里曾把天地造化比作铁匠铸金：假如有一块矿石突然从炉中蹦出，大喊"我要做宝剑！"那么此石肯定是一邪物。"今一犯人之形，而曰人耳人耳，夫造化者必以为不祥之人。"

黑格尔的主奴寓言

庄子目中的"不祥之人"，自欧洲启蒙运动起，便开始耸立西方，自称是"万物灵长"。（这些人何尝不也是天地间的祸害？）笛卡尔带头宣称：我思即我在，标明他已挣脱神的羁绊。紧随其后，康德倡发理性批判，将"人"堂而皇之地置于世界中心。费希特进一步分离"自我"与"非我"，指定前者为"认知主体"，后者为征服对象。到了黑格尔这里，西方人灵魂出窍，膨胀为一股压倒上帝、纵横天下的"绝对理念"（今称"西方现代化"理性蓝图）。

面对资产阶级不可一世的革命潮流，黑格尔愣说他看见了"世界精神"：这精神（Geist）扮作拿破仑皇帝的模样，以历史征服者的气度"骑马巡城"。崇拜英雄的哲学家，在这西方文明曙光万丈的当口，免不了将其"主体哲学"阐发得如同英雄史诗一般。

其要旨是：人本自由，自在自为，追求真理，心想事成。关键在于：这自我意识乃一"精神实体"：它完全独立于肉体之外，却能自我运动、自我认识、自我实现！作为思维与存在的统一基础，这一精神实体创造世界、体现真理，因而它也就成了牵引历史进步的"能动主体"。

既然如此要紧，西方人的"自我意识"具有哪些特点？它又如何在"理性"的充盈下升腾入云？《精神现象学》中，黑格尔将其分作三阶段，即从单一项、对立项，到全体项，逐步实现自我提升，直到成为资产阶级大一统主体。

起初，"自我意识就是欲望"。简单说，原始人就像动物。他们以食色为天性，吃了睡，睡了吃，无休止地往返于"欲望与满足"之间。由于当时物质极度匮乏、欲望频频受挫，这就引起原始人最初的自我感觉（Selbstgefuhl）。

换言之，原始人只有从他自己的否定性痛苦经验中，才发现了"我"的感觉。假如他没有欲望，他就不会有此感觉，也就谈不上什么自我意识。但这种感觉难以持久，因为单纯的欲望，仍不能巩固个人的独立意识。

真正自我意识（Selbstbe-wusstsein）的产生，需要另一个自我的承认。老黑解释说：唯有当个人欲望"不再指向一种物质"，而是针对同样心情的另一人时，他才能从双方交往与反映中得到承认，进而获得自己"是人而非物"的认识。

假设有两个人相遇在原始森林，他们相互模仿，彼此学舌，会不会产生自我意识呢？不会。因为他们没有差异个性，也就得不到对方的承认。而模仿只能导致一种可笑的僵局。谁承认谁呢？于是爆发冲突，人类历史由此开始。

在这场生死搏斗中，对峙双方都想通过冒险"来证实自己的存在"。如果其中死了一个，问题暂时消失。有趣的结果是：其中一人甘愿屈服，以期延缓自己的生命，所以他就变成了奴隶。而另一人求胜心切，拼死争斗。或者说，为了获得对方承认，他宁可牺牲生命，所以他就成了主人。

从此人类开始面对不平等的社会关系，以及文化上的歧视压迫。

何谓自我？黑格尔大发宏论道：它就是"一个自我与另一个自我相对，并统摄对方，而这对方在自我看来只不过是它自身"。说白了，自我不能单独成立，而是一种社会关系产物。唯有两人面面相对，"我／他"成了对立统一体，这才有所谓的自我意识。

黑格尔又说：两人对立促使自我意识"走到它自身之外"；它发现自己

是"另一个东西",亦即失去自我。同时它必须扬弃对方,以肯定自己。原因是:既然他能从对方身上看见自己,这说明对方也没有"真实的存在"。

老黑的"主奴寓言"颇有辩证风格。一方面,他企图在交往前提下确认自我意识的主动性。另一方面,他也不避讳矛盾,反而暗示这一自我意识,原本就含有虚幻假象。这就为后人翻案留下了口实,进而推断自我意识＝自我误解＝意萨司骗术＝欧洲中心论。

作为对立项的"意识",主奴两个不同的自我,或两种文化(如今泛指西方文明、东方文明),此时尚未达至黑格尔期望的理想化统一。主人胜利后,便可无偿地享用奴隶的劳动成果。而那失败的奴隶,则被罚作苦役,辛劳终生。

为此黑格尔说:主人拥有一种"自为存在意识",而奴隶则养成了"依赖意识",其本质是仅仅为对方生活或被动地存在。不仅如此,这种"片面而不平衡"的关系,还造成好些个悲惨、沉痛的后果。

首先,那奴隶从此依赖主人而生,"他只有在物的形式下,才具有独立性"。其次,主人获得了支配权,他就能通过奴隶"间接地与物发生关系",即通过奴隶的艰辛劳动,获得许许多多他本不敢指望的满足。

此外,我们面对又一次深刻的逆变:主人放弃了积极劳动、主动创造功能,改由奴隶替他操持一切。于是他变得日益懒惰、愚蠢,不再是一个"真正意义上的人"。与之相反,那个奴隶虽然已经沦为附庸,他却能在暗中效仿主人,研究他的统治策略,了解他的弱点与缺陷,直到取代那个白痴。

黑格尔结论:奴隶是胜利者,而主人输了。此处,老黑尽管唯心,还是为马克思留下了发展辩证唯物主义的契机——这就是劳动创造人,实践乃认识的统一基础。一如黑格尔所言:奴隶辛苦劳作,做了主人应该做的事情。而奴隶对于主人的恐惧,恰好可以启迪他的智慧。关键在于:劳动本是人类节制欲望的重要过程:它延迟满足、训练节制、陶冶个性。所以,唯有通过不断劳动的意识,方能"重新发现自我"。

黑格尔承认:主奴关系的两极分化,实在是人类意识之极大不幸。出路何在?大哲学家无力行动,只能退入自由的思想空间。他企望一种新的健全自我意识,将会在未来的理性社会里出现:其中人人拥有自尊,个个免受压迫,并且通过彼此的平等承认,达到一种"我就是我们,而我们就是我"的忘我境界。

此种"大我"的形成,要求废除自我中心,放弃个人自治,让人人都自觉地认同集体,携手参与社会。

当然,这不是马克思的共产主义。在老黑心目中,西方理性才是他所梦寐以求的"世界精神":这一绝对实体"在其对立面之充分自由独立中,作为它们的统一而存在。意识在自我意识里,亦即在精神的概念里,才第一次找到它的转折点"。可见老黑相信:他所关心的西洋自我意识,终将从假象与黑暗中走出,"进入理性普照全球的光天化日"。

黑格尔的理想方案,毕竟有所疏漏:

一、他忘记世上除了欧洲人,还有一大堆千奇百怪的异族人。譬如中国的孔孟老庄,恐怕就远在其承认之外。而他念念难忘的"世界精神",迄今非但没有统一天下,反倒暴露出许多毛病,颇有他所挖苦的"白痴主人意识"之嫌。

二、黑格尔死后,欧洲又冒出一个疯子尼采,他把黑格尔的"主奴寓言"强行篡改成一个"强者与弱者寓言"。凭借这个寓言,他痛斥西方理性虚伪,自我意识懦弱,所以应该用所谓"超人"的意志加以替换,全力扩张强者欲望。

从此,西方文化发生了"精神分裂":意识与无意识争斗,理性与非理性冲突,直到闹出了世界大战,哲学也变成乱麻一团。老黑格尔灵魂在天,对此沉默不语。好在他长于思辨,早就留下一手滑脱之计。当年拿破仑英雄末路,黑格尔曾感叹历史冷酷、诡计百出。而这黑暗无情的世道,岂能轻易地与他那个主体相互统一?为此,需要一种高超托词,于暗中抵消偏激。

这便有了老黑的"理性狡黠"说。黑格尔的大意是:人的主观理想,尽管英明天纵,可一旦实行起来,往往不如人愿,甚至适得其反。个中原因是:理性促进自由,革命提倡解放。众说纷纭之下,哪怕是最最理智的主体意识,也难免要遭到销蚀与瓦解。这是拿破仑也控制不了的历史异化过程。

拉康：从弗洛伊德到黑格尔

1933年，当科热夫在高师热情宣讲《精神现象学》时，台下坐满了巴黎知识界名流，诸如乔治·巴塔耶、梅洛-庞蒂、雷蒙·阿隆。一起旁听的，还有一位年轻的心理大夫。黑格尔对他影响至深，以致他后来努力改造弗洛伊德学说，促成西方主体观的重大变化。此人名叫雅克·拉康（Jacques Lacan，1902—1981），生前是法兰西学院教授，巴黎结构主义明星之一。

拉康早年学医，后改习心理学，毕业后在诊所工作，是一位前途看好的开业医生。20世纪30年代风云变幻，拉康同大多数同行一样，面临精神危机。1938年，德军大举入侵奥地利。一代心理学宗师弗洛伊德全家被囚。这位82岁的犹太老人只身流亡，不久便客死伦敦。而由他亲手创立的西方心理学体系，从此凋零破败，成了时代的嘲弄对象。

在拉康看来，传统哲学花言巧语，美化人性，招人抱怨。弗洛伊德深入研究人类无意识，功不可没。然而弗氏过分强调人欲，造成一种拉康严加批评的"生物学简化论"，即人＝动物。

从黑格尔到弗洛伊德，于是形成了一个有关"主体"的急转弯，令西洋"自我"大跌身价。几乎一夜之间，他们从"神"沦落为"兽"，或是半人半兽的人头马（Centaur）。尽管弗洛伊德也倡导"科学纲领"，可他一直无法兑现自己的诺言，反而玩弄双簧，即一面强调"科学的行为解析"，一面坚持利比多（Libido）虚构理论，这就造成方法论与认识论的严重矛盾。

例如，弗洛伊德在《梦的解析》中，指梦是"一种意义过程"。由于西方行为研究注重理性规范，排斥无意义紊乱，他的"意义说"很难成立。为了调和矛盾，弗氏只好将梦看作一种"被压抑的满足"。弗氏又说：人从婴儿、儿童到成人的自我形成过程，伴随利比多经由口腔、肛门，直到生殖器的"生理迁移"。此说令人难以置信，简直如同咒语。

对此，拉康早已不耐烦。旁听黑格尔后，他摩拳擦掌，转向教学研究。20世纪50年代初，他又同国际心理分析学会决裂，在巴黎创办一个离经叛道的讲习班。从此，拉康在讲演和论文中，反复批驳利比多臆想，不断针对弗洛伊德理论施行"非生物化"手术，以期重建自我观念。

50年代中叶，拉康大胆投入结构主义阵营，希望将索绪尔和弗洛伊德合并一处，厉行改造。孰料拉康半路出家，皈依新教，竟然导致西方人学绵延多年的一大解构趋势，堪称奇观。

据专家称，拉康的结构心理学，径直架起一座通向后结构主义的桥梁。而他主动为别人提供攻击人文主体的利器，致使解构观念相继出笼，诸如德里达的"反逻各斯中心"，福柯"人的消亡"，巴特的"作者之死"，德鲁兹的"反俄狄浦斯论"。这一系列腐蚀性甚强的消解理论，猛烈推动西方人文学术改造工程。而拉康的功过得失，据说又属其中关键。下面简评他的两项基本观念。

语言关系中的互主性

拉康孜孜研究人的意识，但他严格区分自我与主体，并倾力瓦解后者。他的名言是："任何主体理论，都不过是直觉享乐主义的呕吐物。"为此，人们说拉康判处了"人的死亡"。可他所说的"人"，仅仅是传统人文观念中的虚妄主体。拉康是怎样瓦解主体观念的呢？主要是通过语言，并突出语言关系中的互主性（Intersubjectivite）。

所谓"互主性"概念，主要受黑格尔启迪。一如老黑，拉康认为人不可封闭自我，也不该强调个人自治。自我的存在，原本依赖于一个与他人共享的社会前提，此即语言关系。与黑格尔、弗洛伊德、马克思都不同，拉康将语言引入意识研究，置其于欲望、劳动、阶级斗争诸要素之上，成为支配一切的首要原则。在他看来，语言如同一张大网，它既是社会交往的基础，又构成人类文化的各种象征体系，诸如文艺、宗教、科学、意识形态等。

其次，受海德格尔影响，拉康认为人无法超越历史，上升到俯瞰全景的思想境界。但人作为认知"主体"，究竟能否了解身为"客体"的自我？这是一个每每令人发晕的问题。聪明之举，是主动绕开主客体之争，转而突出语言功能，并将所谓的"主体"，置于结构语言学的系统分析之下——如此一转，就能让所有孤芳自赏的自我，一下子全掉进"互为主体"的关系网络。

如其所示，人作为一种"说话动物"，必须通过语言交流来达到彼此承认。所以拉康称："言语总是一种契约，一种协议。个人通过它进入合同关系，并成为其中的一员。"换言之，人的自我舍此不能成立，也不能脱离网络独自兀立。在此基础上，自我就等于"主体对其他主体的完全接受"。

不仅如此。在拉康看来，人类言谈从来就不是一种独白：说听二者必须不断地转换位置。因而，主体只是一种相对而言的"短暂现象"。假如一男对一女说"汝乃吾妻"，这表示男人（主体）以语言肯定女人（客体）的身份。而当女方身份确立之际，这个男人也就变为她的丈夫。根据互主性逻辑，这一对男女经由语言交往进入某种契约，建立起交换承认的互主关系。

黑格尔提出一个理性方案以解决主奴不平等关系。对此，拉康觉得多余。他认为语言就可以解决纠纷。就是说，如今无须政治改革，只要通过语言折冲便可平息不同意识的冲突。问题是，既然主体已被摧毁，西方人回到一个相对局限而客观的自我境界，他们是否会变得比较乐于对话并承认他人呢？

象征界与无意识语言结构

拉康离经叛道，由心理学转向结构主义，颇得助于他与心理学、结构主义这两大家的亲近关系。众所周知：弗洛伊德深入探查人的心理，结构主义热烈追求深层结构，双方都相信：这些个神秘构造，暗中制约着人类的行为与意识。可它们却又深藏不露，尽是一些难以觉察的无意识结构。

弗洛伊德孤军深入，抢占无意识领域。此举启发结构派学者，开始全面发掘人类文化结构。如此潜在结构，对于列维－斯特劳斯而言，就是"图腾制度"；对于德里达，是所谓的"书写"；对于福柯，则是"话语系统"。而拉康独树一帜，称其为"象征界"，或一种"具有语言结构的无意识"。

先说象征界。借用索绪尔的语言模式，拉康大肆改造心理学。弗洛伊德的"本我—自我—超我"心理结构，被他依次改称"现实界—想象界—象征界"。这就形成了他著名的 ISR 理论，即 The Imaginary, The Symbolic, The Real。

在拉康眼中，底层的现实界（The Real）等于弗洛伊德的本我（Id）。因无法加以科学验证，拉康断然将它排除在外。（赵按：弗氏何其悲伤也！）

中间层为想象界（The Imaginary）。此即弗氏所谓的自我（Ego），或个人主观领域：它能在精神治疗中被揭示出来。但在此水平上出现的自我意识，据拉康说，只是一种虚幻妄想或不现实的错觉。

上层的象征界（The Symbolic）最关键。与弗洛伊德的超我（Super-Ego）不同，拉康的象征界并不实行强制压抑，而是于暗中代表一种秩序，或某种类似于纸板的东西：上面写满了自我赖以形成的内容。

拉康宣称：象征界本是一种无意识语言结构，或称"他人的语言"。它也是俄狄浦斯情结中的"父亲之名"：从古至今都象征着法律和权威。这一由"他人语言"所代表的潜在结构，作用是调节个人心理，平衡自我的欲望、错觉与幻想。依靠这一象征界，每一个人都必须接触外在的文化环境，并在此基础上逐渐被"客体化"，即作为一个个"主体"出现。

拉康还将人的自我形成，大致分作两阶段：

一、婴儿满六个月后，即进入"镜像阶段"。此时它从镜子里看到自己，欣喜莫名，自会依据大人的形象，想象它今后的模样。从此萌生的"自我"，开始在文化熏陶下，缓慢发展语言能力。

二、然后进入所谓的"俄狄浦斯情结阶段"（6—16岁）。它对于"自我成熟"具有决定性意义，因为此时的儿童开始服从父亲的强大影响，而"父亲的真正职能，便是把欲望与法律结合起来"。

西方心理学家一向关注个人心理欲望。拉康反其道行之，偏要去寻求某种能够约束个人意识并使之参与社会生活的宏观机制。这种先于、大于，并决定个人思维与行为的深层结构，不是中国古人所说的"礼"或"天道"，而被拉康解释为某种抽象的、不可证实的大他者（Le Grand Autre）。

此说意思含混，但似乎是前所未有地靠拢了东方智慧传统。

拉康说得对：研究人的意识，不能仅限于意识本身，而应跳出圈外。他把人的心理视为"想象界"与"象征界"的矛盾统一，刻意矫正西方个人与社会的关系。他还正确指出：人的社会性与互主性居第一位，社会才是决定个人意识的"无个性的普遍结构"。这表现出一种试图改造西方人文科学的积极倾向。

然而，拉康在其心理分析中将语言的重要性抬得太高，以致成为一种"语言神话"或"能指决定论"，即将一切都归结为象征符号。这样一来，人的生理、心理和认识活动，统统都被减缩成没有具体内容的语言能指（Signifer）。这就难免让人瞠乎其后，不敢奉陪了。

最后留下他的一段著名怪论——据说只有上帝和他本人懂得其中奥妙，信不信由您自便：无意识不是本能，而是一种社会文化约束机制。它也不像弗洛伊德所说的那样杂乱，而是一种隐然有序的语言结构。无意识与梦幻相似，看上去怪诞，却有一条意义链，潜藏于零散词句之中。

弗洛伊德研究梦的"压缩和移位"。拉康也发现：无意识具有相应的"隐喻与转喻"功能。精神分析中，患者胡说乱道，言不成句，医生却能找出凝结与空白之处，并利用语言结构法则，将其整理还原为连贯叙述。

根据他与疯子相处的丰富经验，拉康提出惊人见解："人是无意识的主体"，而"主体就是能指"。此乃何意？列维-斯特劳斯说过，"意义永远是无意义因素的组合结果，所有意义的背后只是无意义"。

据此拉康坚称：无意识第一，意识第二。治疗过程中，作为患者的"主体"，彻底瓦解在紊乱的言语中：他不停地说话，却不指示任何东西。这样，他就完全"变成了能指"。我们知道，索绪尔发明一条语言学原理，即能指/所指，通常缩写成 S/s。这表示词与物之间，本是一种任意搭配的结构关系。拉康将此公式套入心理学，于是 S/s 变成了"意识/无意识"。换言之，无意识操纵着主体的言语表现，传统的"我思"功能只是骗人的假象。

巴特：结构主义变色龙

> 与其说文本是有核的杏子，倒不如把它比作洋葱头：它的体内没有中心，没有果核，没有秘密，也没有不可简化的原则，除去它层层包裹的无限性，此外一无所有。

"二战"后，结构主义传入巴黎，一度加剧了法国的新旧文学批评之争。这场争论的保守一方，是以萨特和乔治·波莱为首的学院派。作为人道主义、历史主义的传统捍卫者，他们专注于作者的思想背景和个人创造性。

学院派遭遇的挑战，是以巴特、索莱尔、克利斯蒂娃为首的结构派。这一群新人围绕《太凯尔》杂志，呼吁文学批评的科学改造，强调它必须以列维-斯特劳斯的结构人类学为榜样，将自己重新打造，建立在结构语言学的分析基础上。在法国，率先倡导这种结构批评的人，就是罗兰·巴特（Roland Barthes）。同时，此人也是最早对结构方法加以瓦解和改造的批评家。

巴特1915年生于法国诺曼底一位海军军官家庭。第一次世界大战中，他父亲不幸阵亡，巴特从此伴随寡母哀哀度日。家境贫寒，造成他敏感内向、柔弱多病，却使他继承了母亲的艺术天赋。

大学阶段，巴特进入索邦（巴黎大学本部）专修古典文学和希腊悲剧。后因生病，在疗养院度过了"二战"岁月。其间，他大量阅读马克思、萨特、纪德著作。"二战"结束后，巴特在欧洲流动教书，结识法国语言学家格雷马斯（Algirdas Julien Greimas），开始对结构主义与符号学常识有所了解。

1952年，巴特受聘于法国国立科学研究中心（CNRS），开始了他的文学批评生涯。1960年，他有幸进入结构主义学者云集的法国高等研究院（Ecole Pratique des Hautes Etudes），从此名扬法国文坛。

20世纪60年代中期，巴特在巴黎举办了一场闻名遐迩的符号学讲座，并获得法兰西学院的讲师头衔。1976年他当选法兰西学院院士，成为同列维-斯特劳斯、福柯、拉康齐名的学术名流。1980年，巴特因车祸猝死于巴黎拉丁区，身后被誉为法国当代最优秀的文学批评家、巴黎结构主义代表之一。

巴特由结构转向后结构的思想历程具有一定典型性。因其才华横溢、应时善变，有批评家戏称他为"巴黎结构主义变色龙"。巴特是否真是一条变色龙？此问意义不大。然而，我们可以依据他的思想变化，深入了解巴黎结构主义的历史性转折。

新批评家巴特

巴特的成名作是《写作零度》（1953）和《神话学》（1957）。这两本书体现了他作为文学批评家、符号学家的特殊才能，同时也展示了他在走上结构主义道路之前的复杂立场，以及他所受到的多重影响。

巴特投身巴黎文坛时，法国左翼批评界的流行文学观念，大抵反映在萨特的《什么是文学？》一文中。

关于文学创作，萨特立场鲜明。他确信文学的功能就是恢复世界的本来面目，显示其"植根于人类自由"的事实。同时萨特认为：作者应努力与读者配合，共同完成创造与阅读目的。这位抵抗运动的老战士还十分重视进步作家的使命。他有一句名言："文学将你投入战斗。写作是一种追求自由的方式。"若想知道文学是什么，你就必须同时回答"你为谁写作"的问题。[1]

---

[1] 参见 Jean Paul Sartre, *What is Literature? and Other Essays*, Harvard University Press, 1988。

巴特发表《写作零度》(英译本名为 Writing Zero Degree)的目的，正是要同萨特对话。在他看来，文学作品可以细分为"语言""文体""写作"这三个层次。其中，"语言"乃是意义的自然秩序，也是每个作者创作的边界。与"语言"这一集体财产不同，"文体"属于个人所有，也是作家个性的标记，它反映出"艺术之外的个人命运"。

而在"语言"和"文体"之间，我们拥有写作(Ecriture)这一历史的自由选择。"在此选择中，作家清楚地表明其个人特色，因为在这里，他能证明自己的归属，并同历史的伟大危机相联系。"

比较了古典文学、革命文学、现代左翼文学的差异之后，巴特针对传统文学形式提出了尖锐指控。他认为"文学机构"鼓励一种缺乏个性和批判精神的"苍白写作"，并将文学变成了维护罪恶与暴力的工具。为此他提倡加缪式的"零度写作"，即抛开一切传统虚饰，勇敢面对人类的"赤裸现实"，既不美化它，也不回避矛盾。

《零度写作》中，我们除了能看到萨特的激进倾向，还可发现巴塔耶等人的潜在影响。巴塔耶作为法国现代"野蛮思维"的代表者，早在50年代就成为巴黎知识界推崇的时髦人物。此人继承尼采的虚无主义哲学传统，倡导与资产阶级道德和理性决裂，并以其浓郁的法国本土特色，推动巴特及其先锋派同伴，迅速而勇猛地转向60年代中期的结构主义。

《神话学》(英译本名为 Mythologies)作为巴特的符号学代表作，其实是一部即兴社会学批评文集。它搜集了作者自1952年起在《新文学》(Lettres Nouvelles)杂志上发表的五十多篇杂文。它们几乎涉及了现代巴黎文化所能提供的一切时髦玩意儿：影视明星、时装模特、脱衣舞会、汽车大赛、刑事审判、占星卜卦、政治丑闻，等等。

巴特戏称这一切为"当今神话"，或资本主义用以麻醉民众的意识形态伎俩。他为自己规定的战斗任务，是要发展一种独特的符号破坏学(Semioclasm)，即从左翼批判立场出发，去揭露现代神话的"潜意识本质"。

巴特认为：现代资本主义神话的主要特征，在于它通过大量反复使用的符号传播，人为地制造一种规范(Doxa)。此乃一种不断重复、令人信以为真的流行性观念，或是公众乐于接受、不假思索的虚假事实。这一整套用心险恶的"规范",如同古希腊神话中"美杜莎的头颅",她能令所有好奇的凝视者死于非命。因此,"符号破坏学家"只能小心翼翼地去偷听神话大门背后的真谛,或努力运用符号学方法,致力于资本主义文化的"去神话化"。

综上所述,早期的巴特是一位思想激进、方法新奇的新派批评家。他同时受到萨特进步立场、巴塔耶颓废意识、符号学时髦观念的影响,形成了自己颇为新颖而又矛盾的批评倾向。

需要指出的是,身为"业余符号学家",巴特从一开始就误解了符号学与结构主义的关系,进而导致他在《符号学原理》(1964)、《时尚的系统》(1967)中犯下明显错误,即严重混淆语言结构与象征符号。

根据法国符号学家乔治·莫南在《符号学导论》(1970)中提出的批评意见,巴特在上述两本书中讨论的文化现象,如影视形象、商品广告、时装生产与消费结构等,其实都不是真正意义上的符号研究,而只能算是一种"象征系统研究"。巴特不但混淆了索绪尔的人文符号学(Semiologie)与皮尔士的科学符号学(Semiotics),还把符号学"扩张为广义语言学的一个部分"。实际上,巴特所研究的那些文化象征现象,与语言结构并不吻合。

结构主义批评试验

符号学研究失误,促使巴特重新回到他所擅长的文学批评。20世纪60年代,他先后出版《论拉辛》(1963)、《批评文集》(1964)、《S/Z》(1970)等多部批评专著。也是在此期间,他不知不觉转向了后结构主义立场。

巴特对此解释说:"这一转折发生在1966年的论文《叙事结构分析》和1970年的《S/Z》之间。在头篇论文里,我诉诸一种普遍结构,并依据它来引出针对各个文本不同的分析(那时我相信这样一种文化可能性)。然而这一背景在《S/Z》中颠倒过来。我抛弃了那种凌驾于文本之上的统一模型的想法,以便假定每一个文本在某种程度上都是它自己的模型。换言之,我必须突出每一文本的特殊性,而这恰恰是尼采和德里达所谓的差异。"

虽然巴特一度推崇索绪尔的结构语言学原理,试图以其抽象模型来套解文学作品的普遍结构。可他很快发现:各类文体大相径庭,而每个文本都自成体系,彼此差异。一句话,它们绝非某种统一模型的派生或转换。巴特感叹道:只要批评家开始承认德里达的差异概念,他就必然会逐步接受德里达针对结构主义原理的否定与改造。可以说,正是由于结构主义不可克服的内在矛盾,巴特才得以走上后结构批评之路。

然而,作为巴黎结构主义阵营中最机敏的一条"变色龙",巴特的思想转折并不属于"被动型"。相反,批评家们大多认为,他的转向具有主动鲜明的个人色彩。下面让我们通过具体事例,来分析《批评文集》《论拉辛》《S/Z》中的思想转变轨迹。

《批评文集》前言中,巴特将文学比作"一条船"。他说,此船已经在海上航行了千百年,经历过无数次的修补与加固,以至于船体内外没剩下任何一片原装配件。说穿了,这条文学之船,从来就没有什么固定不变的构造,它只是一种不断改装和变更的"复合体"。据此,研究文学的正确方法,"只能是结构主义",即寻找船体结构变化的规律。而文学批评家,就像寄生在船板里的蛀虫(Argonaut),他在船体中不断蠕动穿行,以求发现符号游戏的新型组合形式。

怀着这种执拗信念,巴特完成了《论拉辛》,以便针对这位法国戏剧大师的经典作品做出全面的结构分析,目的是要寻出"拉辛悲剧的功能性规则"。由于受弗洛伊德《图腾与禁忌》启发,巴特称拉辛悲剧的三大主题,分别是"性爱""权力""血腥暴力"。而拉辛笔下的人物,大致可分为两类:强者与弱者。

具体说,强者代表了父系统治的威严:它以权力和禁忌维持王宫或家族的内部秩序。弱者则是弗洛伊德描述的那一类"反叛的儿子们",他们受欲望驱动,充满嫉妒和内疚,但又无时不在觊觎王位,或企图顶替"父亲"的位置。

在剧本结构上,巴特试图将拉辛的所有悲剧作品统统视为一个封闭体系,进而圈出其中三个"悲剧形成区域"。它们分别是:一、王室内庭,这里是权力中心与统治秘密的所在地;二、宫外世界,它是悲剧人物的放逐或亡命之地；三、介于这两者之间的王宫前厅。此处并不宽大，却是所有人物进行语言交流的场所，它也是各种阴谋、爱情、暴力的表演舞台。

在上述三个天地里，权力成为历史重复的关键：它竭力压制反叛，保障秩序稳定。而爱欲作为冲突的基本根源，无时无刻不在挑起矛盾，并且反复不断地体现拉辛悲剧中的"权力之争"逻辑。

拉辛剧本中最普遍的一个矛盾公式，就是A对B拥有绝对支配权；A私恋B，但B不爱A，反而深爱年轻的反叛者C。

另一公式涉及弱者的人物分类：其一种是反叛不够彻底的懦夫。他们不能摆脱对父亲的回忆与忠诚感；另一种人则属于真正的拉辛式英雄：他们为了自身的解放，敢于承当不孝之子的罪名，奋起反抗，乃至弑父。

《论拉辛》的成功之处，在于巴特以结构眼光，检查出拉辛悲剧的基本模式、发展规律。因而有批评家称其为"生动而深刻的揭示"：就像一次干净利落的清理工作，他"将卢浮宫石雕的精美原貌，重新展示于人"。问题是，这些模式和规律的应用范围有限。它们既非巴特所说的"功能性规则"，也不能被当成"古典欧洲悲剧的通用语法"。

从结构转向后结构

1970年，当巴特在《S/Z》中着手分析巴尔扎克小说结构时，他已意识到结构方法的严重局限。为此，他断然采取了两种完全不同于以往的做法。

其一是放弃针对经典作家的整体研究，甚至不去触动巴尔扎克的代表作，仅仅挑选他的短篇小说《萨腊辛》（*Sarrasine*），作为"杀鸡用牛刀"的研究对象。

其二，巴特一反当初追求结构模型的习惯，转而致力于打破封闭、拆解结构、关注意义的"无限滑动"，欢呼"能指的解放"。

《萨腊辛》（1830）是巴尔扎克《人间喜剧》系列小说中罕为人知的一部次要作品。全文只有30余页，讲述18世纪一个扑朔迷离的性变态故事。

其中的主角萨腊辛（他在小说里简称S），本是一个自幼丧母的青年雕塑家。他幼年被巴黎富翁波夏东收养，备受折磨，"惨遭精神阉割"。萨腊辛长大后，执意要去意大利学艺，并在异国结识并爱上一位人妖歌手桑比奈拉（Zambinella）。此人原本是一男孩，却被改造成美艳动人的女子。该女在小说里简称Z。她巧妙利用自己的色相和歌喉，在罗马大发横财。晚年回到法国，购置豪华庄园，开展上流社交。由于她在布满艺术品的家中放置了萨腊辛仿照"她"的体型精心雕刻的裸像，这就引起来访侯爵夫人的好奇，最终抖搂出一段令人恶心的隐私。

巴尔扎克的这本短篇小说，令巴特对这一怪诞恋情故事想入非非、大发感慨。《S/Z》这一书名，正是"Sarrasine & Zambinella"两人姓名的字头缩写。巴特用了200多页篇幅对这一短篇细加解剖。他将全文分割成561个词语段（Lexias），集中分析其中包含的各种谜语、意象、暗喻和象征涉指。再辅以弗洛伊德的心理分析术，对两位主角的性别转换、同性恋纠葛，进行反复推敲，铺张蔓延，总共生发出90多处离题评论（Digressions）。

巴特从这种细致异常、烦琐无比的分析中，得到的不是严整结构或清晰意义，而是某种建立在单一文本之上，能够不断变幻、任意阐释的"多元结构化现象"（Structuration）。

在《S/Z》的开篇处，巴特专门作出有关"读者文本""作家文本"的概念区分。所谓"读者文本"，仅供读者简单地阅读。它的意义已被确定，并被限制在"从能指到所指"的直接对应关系中。读者除了接受或拒绝它的涉指含义，再没有任何的活动余地。"作家文本"与此大不同。那些个"活跃的读者"，能够主动介入文本的创造，将自己拔高到与作家平等合作的地位，并且带着娱乐态度，或一种恶作剧心态，与文本中的能指"大胆做爱"，恣意解释文本的多重隐含意义，彻底打破文本的"生意与消费"界限。

然而，正如美国批评家芭芭拉·约翰逊（Barbara Johnson）挖苦的那样，巴特如此迷恋于性别转换以及男女界限的瓦解，以至于他过分夸大了自己的"阉割意识"，将其变成了小说文本的"最终所指"。

与此同时，约翰逊又说：巴特却忽略了巴尔扎克原有的一个重要意图，即通过对萨腊辛"自恋情结"的描写，表现他对所爱者的实际冷漠。这就是说，桑比奈拉作为萨腊辛心中的"他者"性质空泛，只是他自我欣赏的投影。

走向后结构批评的狂喜

1970年后,巴特日益走向解构批评的极端。在其后期批评实践中,他的主要作品有《文本的快乐》(1973)、《巴特论巴特》(1975)、《意象—音乐—文本》(1977)、《恋人絮语》(1977)等。从中我们看到一个放浪不羁、游戏人生的后结构批评家的楷模:他妙语横生,插科打诨,一方面恣意消解所有固定的传统观念,号召人们敞开思想、拥抱虚无;另一方面,他又拼命鼓吹"意义的无限增生",积极策动"对文学意义的大规模绑架与谋杀",因此成为西方文坛声名狼藉的"哲学恐怖分子"之一。

下面,让我们看看他的三项著名概念,作为对他反复无常的批评生涯的一个小结。

一、作者之死。《意象—音乐—文本》(英译本名为 Image-Music-Text)内含两篇关键论文,分别是《从作品到文本》和《作者之死》。巴特在头一篇文章里宣称:"作品"乃是一种牛顿式的封闭系统。"文本"则属于爱因斯坦式的开放体系。前者是"作家中心论"的迷信产物,因此它不得不受到文学类型的限制。而后者不分种类,适用于"积极的语言生产",并能导致"浮动能指的狂野游戏"。

巴特这一否定创作主体的倾向,在《作者之死》里表现为执拗的解构意志。他扬言:谈论作者就等于"给文本强加限制"。读者的诞生,"必须以作者死亡为代价"。另外,从语言学角度说,"作者不过是写作过程中的一瞬间现象"。

就这样,巴特成功地瓦解了作者中心,将文本转变为读者尽情玩弄的欲望对象。而他自己,也因此变成了人们讥笑的"文本虐待与崇拜狂"。

二、洋葱头比喻。结构主义有两个基本观念,其一是以结构关系代替主体,其二是把结构关系本身视为文本内容。巴特在《批评文集》里提出一种激烈反对"表现主义"的理论。在他看来,艺术作品的结构往往会自动否定作者的心理冲动、表达欲望。他这种偏激意识后来进一步升级为美学基本观念,即坚决否认一切文本的内在意义,无论它是主观还是客观意义。

我们知道,随着作者之死,主观意义对于巴特已不复存在。至于那种

"文本结构中存在某种客观意义、它们等待人们去发现或解释"的结构主义假设,巴特却又不能接受。于是在一篇题为《风格与意象》的文章里,他发明一个驰名天下的怪论,即把文本比喻为"洋葱头",或是一种无中心结构。

据他所言,欧美批评界长期拥有一种不言而喻的思维习惯,即视文本为一种有核的水果,如杏子或苹果。其中的果肉是形式,果核才是内容或意义所在。巴特称:这种古老比喻早该加以抛弃了:与其说文本是有核的杏子,倒不如把它比作洋葱头:"这是一种多层(或等级、系统)构造。它的体内没有中心,没有果核,没有秘密,也没有不可简化的原则。除去它层层包裹的无限性,此外一无所有。而这一层层绵延不绝的包裹,除去构成洋葱自身的外观之外,并不包含任何其他内容。"

三、批评的狂喜。巴特在《批评文集》中曾提出一个所谓"诗学与批评分离"的原则。他的论文《结构主义活动》声称:诗学满足于指明"产生意义的条件",即符号的表意法则、常见规律。与之不同,批评的主要任务不在于探测意义是如何形成的,而在于通过批评家的阐释,"将意义投射给文学形式"。

当他从《论拉辛》的整体研究,转向《S/Z》的微观解析后,巴特不再相信"文学是符号规则约束成型的产品"。另外,由于接受了克利斯蒂娃的互文性概念,他完全放弃了对于"文本意义轴心"的追求,转而强调文本结构的开放性、符号能指的浮动推移,以及一种永恒而不可克服的意义裂隙(Beance)。

1973年,当巴特进入法兰西学院时,他已从结构主义的科学之梦中醒来。他承认:由于五月风暴影响,"符号学已经改变了性质"。新的出路"将是一种被压抑了几个世纪的耻辱哲学",即享乐主义,或尼采颂扬的酒神精神。学术立场上,此时的巴特也从索绪尔和列维-斯特劳斯的结构主义,迅速转向拉康与德里达式的修正与破坏。

拉康消解了人文主体,突出了能指的绝对优先、任意浮动。这让巴特顺利进入一种忘我境界,得以纵情欢呼"分裂的自我""被麻醉的能指"。在《文本的快乐》一文中,他总结其享乐主义批评经验,提出"两种文本"说。

其一是左拉式的"快乐文本"。它让读者在印证自己的生活感受、文化水准之际,获得一种"理解的快感"。

其二是乔伊斯式的"狂喜文本"。它拒绝给人一种舒适的阅读感,相反,它打乱读者心境,刺激其欲望,破坏他的期待和自信,从根本上颠覆人同语言的正常关系。这种故意将语言和文化弄成碎片的奇怪文本,在法国疯子作家萨德侯爵笔下首开纪录,后来又在先锋派小说中蓬勃发展起来。

从"快乐文本"与"狂喜文本"的对立中,巴特发现两个截然不同的阅读领域。为此,他一方面忙于宣告传统快乐文本的终结,另一方面又借用克利斯蒂娃的符号心理分析术语,诡称狂喜文本能为读者提供一种欲望发泄的"感官意义"。以此为由,他便能为后现代文本作出堂皇的理论辩护。

如何评价巴特的功过得失?应当说,他虽然才华出众、思路敏捷,在结构主义批评领域作出了大量开创性努力,但他毕竟屡屡碰壁,不断受挫,尤其在后期走得过远,成为批评史上罕见的极端例证。这方面,他为后人留下了两条富于历史意义的教训——它们同样也是结构主义革命失败的原因:

一、针对结构主义文学批评的偏激倾向,一些批评家曾经警告说:在语言学分析程序中,一旦我们超过词语、到达句子和段落层面,我们就势不可免地进入了"非语言领域",此即巴赫金、福柯等人所说的"话语领地"。关键在于:这一话语领域的研究,并非语言学结构分析的范围。这是因为,那些由句子拼合的段落,其意义涉指(Referent)必须同话语情境相联系,才能反映出相关的历史、社会、文化意义。

二、素以"厌恶意义"著称的巴特,顽固反对超出文本以外的情境分析(Contextual Analysis)。对此,有批评家称之为一种超文本恐惧症(Extra-textuality Phobia)。这其中的根本原因,是巴特始终迷信那种"文学是一种元语言(Metalanguage)"的结构主义谬论。

实际上,文学虽然由语言构成,却并非完全依赖于语言规则。在此问题上,巴特并不比一百年前的文论家更聪明,比如阿诺德和约翰逊博士。他们承认并重视文学的语言性质,但绝不会忘记一点,即文学从一开始就是人类经验与历史的混杂结晶。

后期的巴特,不但将文学简化成了语言学研究,而且更进一步,把文本分析当成了一种瓦解作品主体及其内在结构的符号游戏。这位伟大的批评家，任意驱赶或呼唤伟大作家。在他凌驾一切的解构意志面前，所有文本中的符号能指获得了空前的解放：它们无拘无束，随意变动，躁动不安，却又永无归属之地。

巴特拼命攻击"涉指意义的幻想"，拒绝接受任何固定确凿的文本意义。这种清教徒式的道德怪癖，促使他把"意义的接受"，视为一种"原罪"。有人认为，巴特将索绪尔的语言观念"存在主义化"了。而他所继承的萨特遗产，妨碍了他对结构主义批评原则的理解与坚持。

最终，他只能作为一个对世界意义充满"恶心"的存在主义者，在自我分裂过程中走向虚无，在符号游戏的狂喜中寻求精神慰藉。

（Roland Barthes, *Critical Essays*, Northwestern University Press, 1972; Roland Barthes, *Image-Music-Text*, New York: Hill & Wang, 1977）

利奥塔与后现代主义论争

在他看来,当今最发达社会所有迷乱的症结,都在于知识状态不同往常。或者说,人们已经改变了传统的知识游戏规则:从科学、文学到艺术,历经百年变迁,无不在眼下发生了同源并列性质的"叙事危机"。

"总而言之,我认为知识分子——假使这号人存在,或有理由存在下去(后一点不大可能,似乎也不尽人意)——正在抛弃他们过去的预言家功能。说到这功能,我不仅指他们假装能未卜先知,而且包含他们一直梦寐以求的那种管理者作用。那些古希腊的圣哲、犹太先知、罗马立法官们,至今仍然作为楷模,萦绕在我们教授和作家的脑海里。而我却梦想着,会有那么一位摆脱了自明与全能的知识分子,他努力在时代的惯性和约束网中探查情况,并且指明弱点、出路与关键联系。他不断地更换位置,既不知明天的立场,也不限定今后的想法,因为他对现状的关切,超过了一切。"

以上的话,是福柯1977年3月12日回答法国《新闻观察》专访时所言。

稍早一些,在同另一位当代法国哲学家德鲁兹(Gilles Deleuze)的对话里,福柯还明确表示过,1968年五月风暴之后的巴黎知识分子的历史任务已经改变:他们无须像以往的知识领袖(如萨特)那样走在民众前列,表述集体的真理,或者以革命行动(如马拉、丹东)去实践并验证自己的浪漫理想。当今的哲学理论本身，已经变成了一种实践或行动——"它是一种局部的、非整体性的、针对权力结构的具体削弱与毁坏"。

1789年革命，留给法国学人诸多精神遗产，其中便有被英国人讥诮过的"思想上的巴士底狱惊恐症"，以及为了自由梦想而不顾一切的"断头台崇拜"。

20世纪60年代之后，随着最后一代"公民贵族型"左倾思想家的隐退，法国人文学术日趋精细剔解、局部否证，似乎认同了波普尔《开放社会》所提示的历史教训，即"大人物犯大错误"。上引福柯言论，正是这种新学风与知识伦理观变化的印证。

然而毕竟是法国人。福柯、德里达倡导的研究范式转换，未曾祛除法兰西知识传统秉承的浪漫色彩。早年面对要塞与街垒的冲动，经由讲坛、沙龙、咖啡馆，一路退入了象牙塔，并在那儿凝聚成书本世界里经久不息的哗变趋势。

起义的学者向意识的纵深挺进，沿途破坏语言囚笼、结构枷锁，并抵制一应理论重建可能导致的垄断局面。对他们许多人来说，福柯生前设想的西方文明"第四知识共因时期"（或称后现代时期），就如同共和制一般确凿、必然。而传统学术领地上供奉百年的理性君主，要么逊位，要么再当一回路易十六。

利奥塔报告后现代状态

让–弗朗索瓦·利奥塔（Jean-Francois Lyotard）是福柯之后的法国哲学重要代表。与前者相同，这位巴黎大学并美国加州大学教授，在跻身学院派正统之前，曾经长期热衷于激进政治。

自20世纪50年代起，利奥塔先后声援过阿尔及利亚民族解放斗争，参与组织了1968年巴黎大学农泰尔学院的新左派师生联盟，还作为《社会主义或野蛮》（Socialisme ou Barbarie）杂志的著名撰稿人，享誉巴黎进步知识界。

据英国专家班宁顿观察，利奥塔的政治态度在1974年出版《利比多经济学》前后骤然有变，标志是他受德鲁兹《反俄狄浦斯论》影响，在学术观念上由现象学转向后结构主义所关注的西方文化精神裂变。此后，利奥塔在《后现代状态》(*La Condition Postmoderne*，1979）和《歧异》(*Le Differend*，1984）等书中，充分展示其语言学应用倾向，并紧追欧美文化哲学新潮，上升为有关后现代主义论战的中心人物。

利奥塔的变化，并非一无连贯性立场。1983年夏，他在法国《世界报》发表一篇轰动性文章，名为《知识分子的坟墓》。文中，他一面附和福柯，强调知识分子的类别与职能分化，申明其统一目标及集体责任的丧失；另一方面，他又保留形而上的革命精神，要求破除笛卡尔以来对哲学整体论（Totalite）的迷信，代之以鼓励差异和自由的局部独特性（Singularite）思维，从而从根本上瓦解资本主义的窒息生存机制。

这样一个"知识分子的掘墓人"，由激情抗争走向冷静自戕，又因此做起反权威的权威，这大约是西方学术革命在当前演进的逻辑之一。

更能体现利奥塔思想特色的著作是《后现代状态：关于知识的报告》，这也是他代表法国哲学，向欧美同行发起时代性挑战的著作。该书不足70页，却立论高远，攻势凌厉，引起的反响有如海啸地震。

对此后果，美国左倾思想领袖杰姆逊评论说：此书从表面看，是以中立态度，专究当代科技与知识发展规律。但在实际上，其命题宽广复合，至少交叉勾结了三项现存的重大哲学难点：

一、在科学哲学领域，它推进库恩与费雅拉本德的科学革命理论；

二、在社会学层面，它抵牾哈贝马斯的合法化与交往活动学说；

三、在美学和文化研究范畴，它大胆指向至今难决的后现代主义争端，试图从根本上解决问题。

这样一种立体交叉型的综合理论，解读起来颇为费事。我拟分四步，简要说明利奥塔的报告，然后再谈它所造成的学术影响。

第一步：当今科技与知识状态

依照美国学者托马斯·库恩（Thomas Kuhn）对科学革命规律的了解，近来科技发展趋势中的反常频率与范式危机日益明显。利奥塔更关心其中

几项足以改变人类知识性质的具体动向:

其一是所有新进科研分支,都同语言学有关,诸如电脑语言、信息传播、电子控制论、翻译与数据库技术。这意味着大规模将知识移入可操作的输出和输入渠道,并按照效益原则,废弃那些不可变为数字信码的知识。

其二,由人脑进入电脑的知识外在化,除了便于它作为商品,与生产交换系统并网,还促使知识分子道德冷漠,并奉行中立的操作伦理。结果将导致知识与权力的恐怖整合。

其三,与人文社会科学的理论狂欢现象一致,自然科学的前沿领地,尤其是量子论、灾变学等研究方向,纷纷呈现中心消散、规律不齐、验证有限等不稳定状态。而所谓的科学共同体,已不再关注已知的增加,却专心生产未知。[1]

鉴于上述趋向,利奥塔试图分析当代科技与传统知识之间的"范式不可通约"性质,并追究双方冲突给西方文明造成的根源性危机。在他看来,当今最发达社会所有迷乱的症结,都在于知识状态不同往常。或者说,人们已经改变了传统的知识游戏规则:从科学、文学到艺术,历经百年变迁,无不在眼下发生了同源并列性质的"叙事危机"。

第二步:叙事知识、科学知识

何谓游戏规则、叙事危机?我们于是被带入利奥塔精通的语言符号领域,看他怎样把成串的"语用学粒子理论"拼合成他立论的基础。

自列维-斯特劳斯开始,直到普洛普、热奈特对神话与小说结构的研究表明:叙事方法及其重要模式,在人类思想发育史上意义重大,它不但有助于人类由野蛮到文明的认知能力提高、部族习俗养成,还能经由口头叙事、图文叙事的演进,保障公认知识的筛选流传与文化积累。福柯打破了叙事研究的封闭结构,从中发展出动态、历时的知识考古方法,以及一套话语理论。

---

[1] 参见库恩《科学革命的结构》英译本,*The Structure of Scientific Revolutions*, University of Chicago Press, 1986。

福柯所谓话语（Discours），是指从索绪尔创立的"语言和言语"两元论系统中分离出来的一种严肃言语行为。其功用是以权威性陈述，迫使人认可它为意义或真理，并在此基础上，形成潜在定规或程序般的束缚力，令人无法脱离话语去进行理性思想。福柯凭借此法深入考察西方知识的原生形态，并且得出了他著名的论断：话语原为一种压迫、排斥和控制的权力形式。所谓人文科学，不过是特定历史条件下思想控制与占有的产物。

凭借上述叙事和话语观念，利奥塔有意站在语用学立场上，重新阐释知识构成、社会形态。其中关键是：他将语言行为及其游戏规则，提升到一种支配位置，把它看成社会存在的隐形基础。而整个人类社会的内在制约关系，则体现为一张弹性可变的语言游戏网络。

利奥塔的理由是：不但个人透过语言了解制约关系、并在它调控下发挥自身的交流影响，而且所有的社会文化机构（从军队、商业、科研，直到官僚组织），都在语言层面折射为话语实践中的"物化"制度。承认这一新方法，利奥塔就能在书中获得立足点，从而论证两大类知识的差异矛盾，最终指明危机的由来，及其全局影响。

具体说，利奥塔是依靠维特根斯坦的语用学工具，完成了"叙事知识／科学知识"的基本区分。所谓叙事知识，是由原始口述方式演化而来。作为一种传统知识体系，叙事知识质朴无华、宽松大度，它兼容了言语的能力标准及各类游戏规则，诸如指示、描述、评价、质疑等等，其中还饱含了古代人类有关公平、正义、效益、幸福及美的价值观念，并能通过叙事实践中的说、听、指三角传输网，直接构成传统的社会制约关系。

如果说，叙事知识是人类知识的老祖母，那么科学知识就是从中派生出来的新生儿。与原始、粗糙、爱管闲事的叙事知识大不同，科学知识严格精细，挑剔成性，极其强调它的专业属性。它很少涉及百姓生活中的闲杂琐事，仅仅关注真理的选择、限定与求证。

科学知识不需要玩弄各种语言游戏——它看重的游戏只有一种，即指示性陈述（Statement）。请留意：陈述凭借它的真理价值，一般会被人们无条件地加以接受。而人们在接受陈述时，亦可无视其中的伦理与公正。此外，陈述也不直接形成社会制约——它仅仅在高端专业机构中开展游戏，譬如哈佛大学的物理实验室、麻省理工学院的诺贝尔奖攻关课题组。

按理说，人类文明与社会制约有赖于上述两大类知识的并存互补。作为语言游戏，两者的有效性及规则截然不同，因而不可以其中之一去裁判另一种。然而这里的问题是：如尼采所见，科学自有一股"忘却过去的力量"，或称"知识意志"，它一旦脱出专司记忆的叙事母体，便要大肆侵吞扩张，并以自身标准，去否定前者、预想未来。

这便形成了利奥塔所谓的"文化帝国主义逻辑"。这就是说，叙事知识宽容大度、忍辱退让，不断放弃它对社会的整体维系与平衡功能。科学却愈发认定它杂乱落后、土头巴脑，"只配给妇女儿童享用"。

结果，就演成当今西方文化的不治之症：非但科学知识在否定叙事知识的同时，无法完成文化意义上的替代，而且依照利奥塔所论，科学知识执拗如钢的"合法化需求"，已导致包括它自身在内的、普遍的"知识非合法化状态"。

第三步：知识合法化问题

此题的经典论述，出自德国社会哲学家哈贝马斯。在哈氏看来，当代资本主义危机趋势呈连锁状，即由经济、管理，向着社会同一性和生存意义领域，实行排挤性发展。最终匮乏的将不是物质，而是资源耗尽的文化动因及其合法性。利奥塔将哈氏社会伦理说，套改为语言游戏，以便论证更深一层的叙事危机。

利奥塔发现：处于文化起源优先地位的叙事知识，本来并无合法之虑。在原始部落中，长老、巫师或老祖母，只需占据叙事者的中心位置，便能自动获得话语权威。科学游戏则对说、听、指三方要求严格：

一、叙事者必须陈述关于指谓的真理，并提供详细证据；

二、倾听者必须拥有作为潜在叙事者的理解与反驳能力；

三、说听双方所指谓的目标，须得在叙事中与真实相一致。

这种由真理意志主宰的科学叙事法则，福柯正确描述为话语形成过程中的主要"排斥系统"：它确保科学不断清除杂质，以证明自身合法有效。

自柏拉图起,科学即开始依赖"不科学的叙事"将自己合法化(悖逆之一)。就是说,为了让人承认并且接受它,科学天生就需要某种形而上的预设,充当其真理前提,并据此形成不同时期的合法化叙事,诸如泛神论、绝对理念、逻辑经验主义、现代科学哲学。

然而,科学哲学作为两大类知识的混合物,自身也不纯净。20世纪科学革命揭示了科学的荒诞谬误,及其可笑可悲的证明法则。于是波普尔之后,欧美科学家再度实行整肃:他们一面将归纳演绎的"实证"方法,改变为假定猜想的"证伪"方法,一面孜孜寻求更加严密的"科学语文学",乃至精确洗练到家的"元科学"。后果一如利奥塔所示:科学家们逐步放弃了对于"超验第一证据"的追求,转而奉守操作主义、可错尝试,或科学实在论。换言之,如今的真理,仅仅存在于科学游戏中。除去专家小组的共识,再无其他合法依据。

以上所说的"科学非合法化"过程,呼应尼采的著名悖论:"欧洲虚无主义从科学的真理要求中诞生,并且转过头来反抗科学。"利奥塔深化了这一逆反含义。他进一步指出:受害者不单单是科学自身,更包括了叙事知识以及人类整个的知识合法性(悖逆之二)。

个中原因,恰如哈贝马斯所论:自然科学的合法性,原本同古代立法权威相关,因而具有重要的社会学意义。但它一直受到"内在真理意志"驱使,只能挟持叙事知识步步推进,并以消耗对方的方式,不断回头向母体(叙事知识)索取新的合法答案,直到从内部蚀空双方,最终瓦解了元叙事(Meta-narrative)的支撑维系作用。

这一复杂逆变,产生于18世纪启蒙运动与资产阶级革命。当时科学与民主携手并进。人民讨论正义,一如科学家争辩真理。由此造成两套宏大的合法叙事:民主与科学交相辉映,自由与知识双头联体。利奥塔又说:知识合法化的主题裂解,始见于1807年柏林大学的建校宣言。该宣言确认:探索科学真理,是为大学(以及后来效法柏大的欧美高校)的首要目标。

柏林大学的创始人,德国语言学家、教育学家洪堡(Wilhelm von Humboldt),在坚持大学的真理目标之际,也希望能够维持真理与社会理想之间的形式统一。然而此后的科技发展势如破竹：它不但逐步拆毁了科学家顶礼膜拜的牛顿式殿堂，也迅速反噬了与之共生的人文学术典范及其叙事体系。

第四步：何谓后现代主义

最后，让我们回到利奥塔的结论与对策。何谓后现代主义？

作者解释说，他以"现代"一词，首先确指那些含蓄地声称"自己同某种宏伟叙事体系有关，并能利用相应的元话语证实自己合法"的理论。这些"现代理论"又可称作"启蒙叙事"，或称西方现代史上的两大"合法性神话"。它们分别是：人性解放；人类知识的自省统一性。

这两大"合法性神话"的特征，是知识作为英雄主角，在线状的历史发展过程中，不断克服矛盾与谬误，走向伦理与政治的和谐终点。而它们共同分享的理性进步话语，既可以用来判定知识合法，又能核准社会制约的有效性，由此形成一种真理验证与宏伟叙事的同源性。

何谓后现代？利奥塔说，它在知识层面上指示人们对于上述话语和宏伟叙事的怀疑否定：他们不再相信那些历史性的伟大主题、英雄主角，也不再期望找到返回宏伟叙事的道路。就像那些前沿科学家一样，人们开始心甘情愿地承认知识局限、断裂、反悖，并且缺少稳定。于是他们开始各自玩弄自己的语言游戏，以便建立局部决定论，或干脆倾向操作性创新。

在此"后现代知识状态"下，利奥塔预告的前景，是一个充满争异冲突与不规则语言游戏的"准英雄"世纪。它类似古希腊哲学黄金时代。那时候百花齐放、百家争鸣，禁欲派、怀疑派、诡辩派吵吵嚷嚷，莫衷一是。

据此，后现代学者只能适应并认可知识的非合法化状态，并依靠大量边缘性、局部性的小型叙事（petit recit），去机动地发明新规则，倡举并发展争异而非同一性，最终在此基础上确立一种利奥塔称作谬误推理（Paralogie）的后现代合法知识方式。

后现代哲学话语种种

利奥塔的后现代理论并非独一无二,要把握其特点和倾向,就必须将他同别人进行比较,方可见出由差异导致的意义与影响。

作为一种跨学科的应变发展理论,后现代主义因涉及西方文明的当代反省、意义再释,而日显重要。自20世纪60年代以降,这一困扰主题从美国到西欧,又由文艺建筑扩散到整个社会文化研究。

70年代后期,后现代论战进入一个元哲学批判与理论竞争阶段。与此同时,围绕各种后现代文化现象的形式研究,也逐步转向对于危机性质、灾变根源的综合调查,并因此形成了一套哲学话语。

早在利奥塔之前或同期加入讨论并发挥了理论影响的人很多。屈指数来,便有美国文论家哈桑(Ihab Hassan)、艺术批评家罗森堡(Harold Rosenberg)、英国史学家安德森(Perry Anderson)、建筑评论家詹克斯(Charles Jancks)、法国社会学家鲍德里雅(Jean Baudrillard),等等。

近十年来,能以强大实力在哲学层次继续角逐的人数锐减。称得上高段位棋手的只有四五位,他们分别是德国的哈贝马斯,美国的贝尔和杰姆逊,以及法国的利奥塔本人。这些人的理论立场,集中反映后现代论战的发展动向,也反衬出利奥塔所代表的哲学思潮。下面简单勾勒这一冲突态势。

贝尔(Daniel Bell)置身于灾变症状最突出的美国,率先从后工业社会理论,切入后现代文化研究,因而占据了全景阐释的优越位置。他在《资本主义文化矛盾》中,依据经济、政治、文化三领域断裂说,追查冲突机制与危机根源,进而认定后现代文化(或反文化),乃是文艺现代主义极度扩张而导致的文化霸权局面。在此含义上,后现代文化意味着话语沟通无效,同时它鼓励文化渎神、信仰悼亡。对此,贝尔持新保守主义立场,要求西方文化向新宗教观念回归,并在哲学上严厉批驳以福柯为首的法国后结构倾向。[1]

受贝尔启示,同是美国文化批评家的杰姆逊(Fredric Jameson),却从左

---

[1] 参见贝尔《资本主义文化矛盾》英译本,*Cultural Contradictions of Capitalism*, Basic Books, 1976。

派激进立场出发,援引马克思主义整体叙事威力,将后现代文艺特征,从总体上归结并且印证于后工业社会结构变化。

杰姆逊深刻说明:现代派文艺由反叛颠覆,走向后现代大众化商品复制与形式上的混拼模仿,实际反映出资本主义文化生产的内在危险逻辑:它迫使艺术放弃批判,顺应消费和科技型生产关系,加速表征的紊乱。

因而在杰姆逊看来,后现代主义不单有关艺术分期、形式变更,它更从哲学的高度,指示与当今社会经济发展同步对应的晚期资本主义文化形态。其中最关键的两种危机,分别体现为"理论话语界限销蚀""语言表征规律失控"。[1]

利奥塔《后现代状态》1979年问世,标志着论战中心由北美转向西欧,或从宽泛归纳进入欧陆哲学内部的寻根活动。1980年,哈贝马斯代表德国哲学传统正式参赛,在一篇题名《现代性对后现代性》的论文里,同时抨击了贝尔和利奥塔各自的"反现代主义"倾向。

哈氏认为:现代化或韦伯所谓的"理性化蓝图",乃是一项未完成的工程。它自启蒙时期开始设计,却在后来的实施中误入歧路。关键在于它未能遵循科学、道德、艺术各自不同的认识范式,去发展复合的理性化制度。而文艺现代性作为整个工程之一部失败惨重,原因是它自毁专业界限,又不能提供通用的交往方式。对此,哈贝马斯的抉择,是不放弃启蒙设想,反而回头纠正原先设计的错误,分三个层次完成理性的修复重建。

同时,哈贝马斯呼吁,要从左右两侧抵制反现代主义的进攻:一面是贝尔为首的美英新保守派,他们将危机归罪于文艺现代性,并对它加以驯化规约;另一面是法国后结构主义,他们过激的反叛,已导致对于理性的虚假否定。[2]

若将利奥塔置于上述纷争背景下,我们大致可以得出两点评价。首先,从方法论和学术视界看,利奥塔与众不同的新颖视角,代表西方人文科学自语言学转向以来最时髦的趋势。而且他有能力循此途径,沟通各有关领

---

[1] 参见杰姆逊《后现代主义:晚期资本主义文化逻辑》英译本,*Postmodernism: or the Cultural Logic of Late Capitalism*, Duke University Press, 1991。

[2] 参见哈贝马斯《现代性哲学话语》英译本,*The Philosophical Discourse of Modernity*, The MIT Press, 1987。

域，大胆逼近争议核心的认识论与知识社会学问题。这无疑为课题的深入提供了动力和机会。

美国文论家哈桑评价说：利奥塔透过对语言的强调，一举提出了他有关道德、政治、哲学与文化方面的综合见解，从而促进了我们对于后现代性的本质认识。另外，同其他几位棋手的"现代风格"相比，他确实在这盘国际象棋赛里，超越了常规布局与棋路，真正以后现代知识态度，对待后现代命题。

例如在社会制约模式上，贝尔受美英结构功能主义影响，提倡调节与和谐原则，视知识为整合推进力量。哈贝马斯坚持法兰克福学派的精神物质二元冲突原则，突出知识批判功能。利奥塔则竭力摆脱双方限制，试以开放变动的语言游戏原则另辟认知蹊径。这对于渴求创新的众多中间派学者（如杰姆逊），便产生强烈的吸引和启发力量。尤其是利奥塔关于后现代知识状态在文艺美学领域引起"表征危机"的论点，如今已推动大批学者的专业论证。

其次，从政治倾向看，利奥塔究竟属于哈贝马斯定义的"年轻保守派的反现代主义"，还是美国左派及后马学者拥护的"抵抗派后现代主义"？

这里简单区分激进与保守似乎已经不合适，因为衡量尺度本身是现代的。比如，哈贝马斯称利奥塔具有"返回前现代的怀旧意识"，据此断定他为保守。那又该如何解释他的偏激否定呢？

这其中谜底，一如杰姆逊持中解说，既反映法德哲学之间的传统宿怨（崇尚个性解放的一方，仍抗拒代表黑格尔式整体思辨的另一方对手），也由于法国后结构主义历经巴塔耶、拉康、德里达到德鲁兹的激烈学术解构，已经为利奥塔提供了质疑现代知识的充分条件。

有趣的是，率领众人走出"人的时期"的福柯，在他去世之前，对于利奥塔和哈贝马斯的论战故作冷漠，表示不偏向任何一方。只是在《什么是启蒙》文中，他曾婉转点明：现代与后现代并不是严格的时代标志，而是指不同的知识态度。前者面对自我和世界的未知痛苦焦躁，依旧不放弃穷尽一切的企图。而后者乐于、也安于承认全知的不可能，因而无所谓怀旧或前瞻。

依此看来，利奥塔是代替福柯当了靶子。其实他若少说几句预言家的套话，岂不合乎福柯在本文开篇被引述的那个梦想？毕竟不问何时何地，做个后现代哲人还是可以的。

（Jean-Francois Lyotard, *The Postmodern Condition: A Report on Knowledge*, University of Minnesota Press, 1984）

本雅明与西马文化生产论的发端

在现代资本主义生产条件之下,文学艺术作品已经成为先进的机器制造业,具备资本主义商业活动的众多特性。而作家的"独立创作",因为受到市场规律的强大支配,日益混同于现代工厂的流水生产。

作为一股文化理论思潮,西方马克思主义(Western Marxism,以下简称西马)对于当代西方的文化与上层建筑的研究,长期以来锲而不舍,情有独钟。

恰恰由于西马理论家大多是脱离实际的知识分子,他们围绕上层建筑的浓厚兴趣及其针对"经济主义"的反感,往往促使他们偏离常规,打破"上层建筑/经济基础"的两分法,竭力贯通或混淆彼此间的活动,形成一些与传统唯物主义观念不尽相同的新看法。

这其中一个明显倾向,便是所谓的"艺术或文化生产理论"。这一理论的基本立场是:在"二战"后的发达工业国,资本统治严重渗透并主宰了文化领域;一切艺术俱已沦为商品,而文化直接等于剩余价值。

换句话说,依照资本发展的大一统逻辑,原本属于知识分子的世袭精神领地,业已惨遭"殖民化",即按部就班、周密无遗地被纳入晚期资本主义的生产与再生产系统,变成一种真正意义上的文化工业(Cultural Industry)。

与此同时，传统的语言、文学、艺术等文化象征形式，也被剥夺了它们表现真实的传统功能，沦为一种意识形态的虚假再现。这样一来，资本主义经济再生产（Reproduction）便同文学艺术的再现（Representation）合二为一，共同承担起维护和延续资本主义制度的任务。

西方马克思主义理论发展史上，这一理论倾向大致是从本雅明（Walter Benjamin）的"艺术生产论"开始，经由马歇雷的"文学生产论"、阿尔都塞的"多元决定论"，一直演变到布迪厄的"文化生产场论"。其间几经周折，多有反复，现已扩张为具有广泛影响的一支跨学科的庞杂理论。

下面仅就本雅明的早期思想试行评述，以便我们从头了解西马文化批判理论的发展线索。

一个命运多舛的激进文人

身为法兰克福学派早期成员的本雅明，"二战"后声望日高。1968年新左派革命后，他更被欧美左倾理论界誉为"20世纪德国最重要的文学批评家""西马现代主义理论的奠基人"。

本雅明1892年出生于柏林的一个富有犹太人家庭，青年时代就学于弗莱堡、慕尼黑和伯尔尼，以《德国悲剧起源》一书获得博士学位。20世纪20年代，他同左翼学者布洛赫、布莱希特亲密交往，热切研读马恩著作，尤其受到卢卡奇名著《历史与阶级意识》的启发。

1927年本雅明专程访问苏联。随后他转向一种革命同路人立场。由于纳粹迫害，也由于没有固定职业，他长期颠沛流离，充任临时撰稿人或即兴批评家。然而生活困顿、贫病交加，却阻挡不了他的笔耕不辍，进而成为那个动荡时代中一个命运多舛的激进文人典型。

本雅明与法兰克福学派关系复杂。他虽与之交往，彼此引为同道，甚至一度应聘到法兰克福大学社会研究所工作，可他与生俱来的怪癖性情、独立精神，却不允许他完全附属于某一学术集团。他在思想观点上，也不尽雷同于法兰克福学派的领袖人物诸如霍克海默、阿多诺等人。于是，他采取一种若即若离的姿态，被后人视为一个"游离于主流之外的学派成员"。

1933年希特勒上台执政，本雅明匆忙逃亡巴黎，却不愿随同学派集体转赴美国。1940年法国沦陷后，他再度出逃，急不择路，不幸在穿越西班牙国境时，因患病和受阻，被迫自杀，年仅48岁。他的密友、德国左翼戏剧家布莱希特闻讯悲伤不已，称其亡故是"希特勒对于德国文学的第一次重大打击"。

本雅明生前潦倒，许多著作零散亡佚。"二战"后，经过阿伦特、阿多诺、铁德曼等人悉心整理，其主要作品陆续重见天日。其中有流传广泛的两卷本论文集《启示集》《反思集》，也有他生前未得发表的《波德莱尔研究》《书信集》，以及未能完成的巨作《巴黎，19世纪的首都》（亦称《拱廊规划》）。

这些遗作的出版流行，给作者带来罕见的后世声誉。如今，身为西马艺术生产论、现代主义研究的重要代表，本雅明的理论地位尤为突出。而在西马思想史上，他被公认为艺术生产论的创始人。

本雅明的文化生产论

所谓"文化生产论"，主要是受马克思《剩余价值论》的启发。早在《1844年经济学哲学手稿》《关于费尔巴哈的提纲》中，马克思即已开始重视文学的意识形态性质，并关注它的生产与实践规律。晚年写作《剩余价值理论》时，马翁专门在该书附录中，添加一节《关于一切职业都具有生产性的辩护见解》，进而强调指出："哲学家生产观念，诗人生产诗。"[1] 马克思还写下一段后来被广为引征的名言："商品、物质产品的生产，要花费一定量的劳动和劳动时间。一切艺术和科学的产品，书籍、绘画、雕塑等等，只要它们表现为物，就都包括在这些物质产品中。"[2]

援引马克思有关生产力、生产关系的原理，以及艺术作为"精神生产"的论述，本雅明于20世纪30年代相继写成《机器复制时代的艺术作品》

---

[1] 《马克思恩格斯全集》26卷，北京：人民出版社，1961年，415页。
[2] 同上书，165页。

(1933)、《作为生产者的作家》(1934)两篇论文,分别提出重要观念如下:

一、艺术是一种社会生产形式。首先,本雅明在《作为生产者的作家》中指出:马克思主义虽然认为艺术属于上层建筑,并肯定艺术与意识形态及其创造形式的关系,但它并不否认艺术本身的社会实践性质,尤其关注"文学作品在历史的生产关系中所处的地位"。此种观点,据英国左派学者伊格尔顿分析,首次突破了机械反映论与形式主义批评的对立模式,大胆倡导一条"从经济基础与生产关系方面全面介入文学研究"的新途径。

也就是说,本雅明在"艺术表现形式"和"意识形态反映形式"之外,刻意补充了"文学作为社会生产方式"这一重要视角。如此一来,文学就可以重新鉴定,被视为"至少是三种因素的复杂统一体"。与此同时,文学批评家不仅要研究文学相对独立的形式演变,分析它同意识形态结构的关系,还应当顾及"一系列作家和读者之间的特殊关系"。

从这一新角度出发,本雅明郑重提出:在现代资本主义生产条件之下,文学艺术作品虽然还像往常一样,属于"个人创造物、意识形态的结晶或某种艺术形式的翻新",可它已经成为一门先进的机器制造业,具备资本主义商业活动的众多特性。譬如出版商为谋求厚利,蓄意推出畅销作品。收藏家搜集稀有珍品,再转手拍卖或成批复制。而作家的"独立创作",因为受到市场规律的强大支配,日益混同于现代工厂的流水生产。

另外,现代艺术制作日益要求大规模的系统管理、经济核算,例如好莱坞电影、百老汇戏剧。它们往往一次动用成百上千万资金,雇用大批导演、演员和各种技术专家。同时,艺术生产就像经济生产部门一样,越来越依赖科学技术装备。而这些装备将成为"艺术生产力的关键",并将推动整个社会文化生活,不断发生巨大变化。

二、机器复制导致现代艺术"光晕消失"。在《机器复制时代的艺术作品》一文中,本雅明进而发现:技术进步已造成一些"支配艺术发展倾向的纲领",并将一系列新概念引入现代艺术理论。他声称:这些概念"漠视诸如创造力和天才、永恒价值与神秘观念",其结果有助于促进革命运动,但也可能成为法西斯的统治工具。

"机器复制"便是这些吉凶难料的趋势中的一个。本雅明提及的复制（Replic）手段，包括自动印刷、照相、录音、电影拷贝，乃至各种先进的成批生产技术。他强调，与传统的铸造术和石印术不同，"1900年前后的机器复制，已达到如此水平，以至于它不仅能复制一切传世艺术品，由此对公众施加影响，而且还在艺术制作领域，形成了一种垄断局面"。[1]

机器复制固然带来巨大便利和社会影响，但它也对艺术本身造成历史性的伤害。本雅明发现：艺术作品从此开始贬值，而它"最敏感的核心问题，即其真实性，受到了干扰"。在他看来，机器复制时代促使艺术作品失掉了它所特有的"光晕"。

何谓光晕（Aura）？本雅明解释说：艺术原本是从宗教祭祀发展而来，因此它具有与生俱来的仪式功能。譬如一尊维纳斯雕像，古希腊人奉其为美的象征，对它充满崇拜赞赏之情，并在心理上同它保持距离。此即一种"不可亵渎、珍惜有加"的态度。本雅明又说，艺术作品的光晕，具有独特性、永久性。与之相反，现代艺术摹本仅仅具有暂时性和可复制性。

非但如此，本雅明还把"光晕衰败"看作一种至关重要的"现代认知方式的变化"。资本主义社会将一切都改造成了商品，艺术自然也难逃厄运。它的"独特性与永久性"遭到猛烈的攻击破坏。世人渴望占有艺术。这种愿望是如此强烈而不可扼制，以至于他们通过占有其复制品来获得满足。"把一件东西从甲壳中撬出来，毁掉它的光晕，这正是一种认识的标记。"它也是一种"万物平等的意识使然"。

本雅明又说，作为一种认识变化的进程，机器复制最深刻的影响却在于"艺术领域之外"：既然它能制造出无数的摹本，完全抹杀赝品与真品间的区别，并且用摹本代替原作独一无二的存在，那么，这种复制必然带来"与现代危机相对应的、牵涉到人类未来前景的传统大崩溃"。

本雅明有关"光晕消失""机器复制"的思想，对后人产生了深刻启发，尤其表现在针对现代主义和表征危机的研究方面。

---

1 参见本雅明《启示录》英译本，*Illuminations*，New York：Shockens Books，1969，p.220。

文化唯物主义新观念

马克思主义一向认为,文学艺术作为上层建筑领域的组成部分,并非仅仅被动消极地反映经济基础。经济基础与上层建筑之间,也不存在任何机械的、一对一的相应关系。

马克思在《政治经济学批判导言》中指出:艺术的繁盛时期"绝不是同社会的一般发展成比例的,因而也绝不是同物质基础的一般发展成比例的"。恩格斯也说过:"根据唯物史观,历史过程中的决定因素,归根到底是现实生活的生产和再生产。无论马克思或我,都从来没有肯定过比这更多的东西。如果有人在这里加以歪曲,说经济因素是唯一决定性的因素,那么他就是把这个命题变成毫无内容的、抽象的、荒诞无稽的空话。"[1]

值得我们关注的是:战后西马理论滋生出一种"文化唯物主义"倾向,其基本特征,一是突出当代资本主义的技术优势及全面物化能力,抹消经济基础与上层建筑之间的界限;二是以多元系统分析法,从微观上贯通文化与经济两大领域,以便对它们实行综合性的交叉研究。

在此基础上,一批批西马学者反复强调文化活动与经济活动的相互渗透,以及文化本身的"资本主义再生产"逻辑。本雅明作为这种理论的始作俑者,早在《德国悲剧起源》(1922)、《波德莱尔研究》(1937—1939)、《拱廊规划》(1930—1940)中,提供了如下重要观念与方法。

一、商品拜物教与文化幻象。本雅明将其《拱廊规划》设计为一部针对19世纪巴黎的"唯物主义文化史"。其主要目的,是根据马克思有关"商品拜物教"的观点,并参照卢卡奇围绕资本主义"物化"倾向所作的批判,去深入研究现代文化的异化特征及其表现规律。他声称:《拱廊规划》的焦点将"聚集在商品拜物教性质的决定性影响方面"。

关于商品拜物教,马克思在《资本论》第一章指出:商品"充满形而上学的微妙和神学的怪诞"。这一神秘性质,虽然来自"人与人之间的一定的社会关系",可它却"在人们面前采取了物与物之间的关系的虚幻形式"。

---

[1]《马克思恩格斯全集》2卷,28页。

对此微妙现象，马克思经过深思熟虑，做出这样一段经典说明："劳动产品一旦表现为商品，就带上拜物教的性质，拜物教是同这种（资本主义）生产方式分不开的。"[1]

本雅明极为重视马翁所说的"虚幻形式"。他认为，19世纪以法国巴黎为代表的现代资本主义文化，其命运已完全被商品特性所主宰。而这种商品特性所表现出来的文化价值，乃是一种富有神奇色彩的幻象（Phantasmagoria）。

请留意：此种文化幻象乃是一种混合物：一方面它就是商品，其交换价值掩盖了使用价值；另一方面，它被设计为光怪陆离的虚幻形象，或某一神秘诱人的占有目标。其目的却是骗人耳目、刺激消费欲望，造成民众的虚假意识。

在本雅明看来，文化幻象恰是一种贯穿现代资本主义生产全过程的特殊规律。对于众多生产者（包括作家和艺术家）而言，它构成强大异化压力，突出反映了资本主义经济与文化的合流趋势。

二、经济与文化的相互表现关系。需要指出：身为著名的西马文化批评家，本雅明并不像阿多诺、马尔库塞那样关注现代文化的意识形态批判。相反，他更关心这一新兴文化的感性外观及其独特表现形式。

据他观察，自20世纪初开始，欧洲人一向习惯的传统生活方式，陆续遭到现代工业文明的无情破坏与亵渎。老一辈人喜爱的田园风光以及他们所眷恋的种种古老风范、生活节奏、伦理观念，亦已逐步成为不可复见的历史。与此同时，现代文化环境五光十色，变更急促，喧闹沸腾而又充满了感官刺激。在此背景下，本雅明确认："商品生产的现代社会，正在用炫目的光泽装扮并环绕自己。"

作为一种"奇迹现象"，资本主义文化幻象所展示的奇妙光泽，很少涉及人类自由解放的美好理想。相反，本雅明发现：它具有一种明显的"变形功能"，即有效地掩盖资本主义社会矛盾，诱使人们忘记其生产方式的根本性弊端。《拱廊规划》中，本雅明列举了摩天大厦、有声电影、轰动一时

---

[1] 《马克思恩格斯全集》，49卷，186—188页。

的巴黎世界博览会,并对它们的变形作用加以详细描绘、周密分析。

与同代左派批评家不同,本雅明并不认为文化艺术是经济基础直接而必然的反映。他援引马克思在《德意志意识形态》中的批判见解,强调意识形态反映现实时的"虚假与扭曲"方式,进而提出如下看法:

"假设基础在其思想物质性和经验中,能够在一定程度上限定上层建筑。但如果这种限定并非一种简单反映,那么又该如何形容它的特征呢?当作它的'表现'。上层建筑正是基础的表现。社会赖以存在的经济条件表现在上层建筑中,就好像一个人俯面而睡时做梦的内容——虽然梦境与这种睡姿有关——但梦境并非其反映,而是它的表现。"

这里,有批评家指出:本雅明试图利用他这种新奇"表现论",一举取代老式的"机械反映论",并将其注意力顺势转向"经济与文化的表现关系"方面,以便能够全力"描述经济在其文化中的表现,而不是文化的经济根源"。

三、星云式唯物主义阐释方法。本雅明的奇特表现论,不仅影响了战后西马文化研究重心的持续偏移,而且造成其方法论的显著颠倒。应当指出,本雅明偏重文化本身的梦幻性质,这同他的犹太神秘主义思想有关。在他看来,资本主义如同一场梦魇,以其"再生的神秘力量,将欧洲反复带入新的睡梦之中"。

于是在资本主义生产关系支配下,形象代替了概念,幻觉掩盖了真实,甚至历史也呈现出一种梦游般的无意识。针对这一历史性巨变,本雅明声称他要创造一种"历史写作的新辩证法",即通过针对具体物质的凝视反思,发现他们与往日的不同,从而唤起人们对今日梦幻的觉醒。

由于老本拒绝机械反映论,也否认现代表征的可靠性,他逐步发明一种全新的表征与阐释方法。《拱廊规划》中,他尝试利用大量景物的素描、拼接和引语,构成一种"星云式"密集表征,以便以具体图像形式,克服现代条件下的表征困难,实现真正的唯物主义表现目标。

老本追问:"通过什么途径,才能取得鲜明的图像表现,并同时实现马克思主义的方法呢?航程的第一阶段,是把(电影)蒙太奇原则带入历史。此即利用最微小而精确的结构因素,去建立宏大的阐释框架。说到底,就是通过分析简单而独特的景象,去发现整体中闪光的秘密。"[1]

最后需要说明:本雅明的星云式表征与阐释方法,深深植根于他早年的认识论与真理观。譬如,他一反卢卡奇的有机总体论,曾在《德国悲剧起源》中提出:并不存在某种抽象的总体。即便有总体的话,它也是无法归纳的众多事物的集合。真理也不是什么空洞虚无的哲学概念,它只能被视为互相关联的具体物质对象。"思想就像是永恒的星云,而对它加以阐释的最好方法,就是再现其完整的框架,并且让其中相互矛盾的特性与极端性并肩而立。"[2]

为此,本雅明坚称:哲学家和史学家再现真理的最佳方式,不是依靠抽象归纳、总体概括,而是要"沉没于物体的最微小的细节当中"。当然,这种沉没方式并不雷同于经验主义的实证方法,因为它强调"以阻断的艺术来对抗演绎,以论证的顽强来对抗某种片面事实的简单认可,以论题的不断重复来对抗肤浅的统一认识,更以集中的正面描述来对抗论战的否定"[3]。

(Benjamin, *Illuminations*, NY: Shockens Books, 1969)

---

1 《本雅明全集》英译本,*Selected Writings of Walter Benjamin*,New York: Belnap Press,Vol.5,p.6。
2 《启示录》,35页。
3 同上书,32页。

鲍德里亚与表征危机

> 我们生活在一个物品的时代。由于消费活动已"达到能够垄断整个生活的地步",以往那种"纯粹而简单的富裕",如今竟然变成一种奴役的根源!人们通过无目的的购买来获得快乐满足,以及一种虚假的自由感。

利奥塔从当代知识状况的角度,指出"启蒙神话"及其宏伟叙事的瓦解,突出后现代"叙事危机"。鲍德里亚则从另一个层面入手,试图解释后现代文化最令人迷惑的信息增生、交流紊乱问题。

这一问题的实质,据鲍氏称,是由于发达资本社会的商品消费恶性膨胀,导致一种与现代社会大相径庭的"崭新语言现实"——它剧烈改变了图文符号原有的交流功能,造成一种后现代文化。从根本上说,新兴的后现代生产与交流方式,打破了传统反映论和认识论,让西方人文科学陷入难以再现历史和现实的"表征危机"中。

所谓表征危机(Crisis of Representation),与叙事危机、合法性危机、理性终结、主体瓦解等命题一道,共同构成后现代主义研究的元哲学核心内容。西方思想史上,有关语言符号表达、象征真实(简称"表征")的命题,一直是关系到认识论、反映论、知识合法性、交流活动理论的重大争议问题。

早在古希腊，柏拉图和亚里士多德就曾围绕"艺术是否再现真实"，形成两种相对立场。柏拉图在《理想国》中提出："诗"是对物质表象的"摹仿"或"复制"；而真实在于理念或思想，不在于表象。诗人的工作，由于仅仅是仿造事物的表象，因而"双倍地远离真实"。再加上诗人创作时受情绪的支配，想入非非、身不由己，所以属于"危险人物"，理当逐出理想国。

与此相对，亚里士多德的《诗学》则认为：理念只反映固定不变的现象，真实只能是一种经由艺术形式"再现"出来的变化过程。诗人从大自然中寻找形式，从而使艺术摹仿同自然变化相一致。因此诗人不仅是摹仿者，也是创造者。诗或艺术因而是一种"特殊摹仿"，即通过形式创新、再现真实。

古希腊哲学中的"摹仿论"已然孕育了当代表征危机的分歧根源。"摹仿"一词的拉丁文，写作 Mimesis。"再现"一词，则写作 Representatio。当代西方学者趋向认为：Mimesis 的古意，并不是简单的摹仿，它更侧重于"再现"（Representation）。为此英、德、法文都改用后一种说法，并围绕这一更改，展开持续激烈的争论。

考虑到我国学术界在翻译古希腊经典时，已形成"摹仿"和"再现"这两个不同定称——西方近代哲学，又产生出表现（Expression）、象征（Vorstellung）、代表（Stellvertretung）、反映（Reflection）、模仿（Imitation）等新概念——为了避免混淆，本文试将西方学者所说的 Representation，暂译作"表征"，以此区别古典与近代的相关概念，同时也便于概括膨胀了的这一庞大命题。

当代西方文论所讨论的表征问题，确实内涵复杂。它被广泛用来指示有关语言符号、文学艺术、学术理论和意识形态对于真实与真理的表达、模拟、象征行为。这不仅涉及人类认知、反映与交流的多种模式，而且关系到人文学术对于历史文化的阐释能力，以及政治学理论中有关"民意代表"、国家权力合法性问题（即上层建筑是否真实反映生产力与阶级利益之间的平衡）。

我们试用"表征"一词，既想保留其"再现"的古典含义，又兼顾它涵盖的"表现""代表""象征"等现代派生意义。如此权宜之计，固然不够精确，但它有利于我们加深对表征问题复杂性的认识。经过上述简单的词源解释,让我们再看鲍德里亚是怎样分析这一深层危机的。

　　作为多产而激进的法国后现代理论家,让·鲍德里亚(Jean Baudrillard)自20世纪40年代起,师从法共理论家列菲弗尔(Henri Lefebvre),长期关注发达资本主义社会的"日常生活批判"。1956年,他因不同观点被开除出党,此后受到结构语言学和"环境社会学派"的影响。

　　1968年五月风暴后,这位巴黎大学农泰尔学院的社会学教授,陆续发表《消费社会》(1970)、《走向符号学的政治经济学批判》(1972)、《生产之镜》(1973)、《象征交换与死亡》(1976)、《类象与仿真》(1981)、《致命战略》(1983)等论著,不断引起舆论轰动、学界瞩目。

　　若以1973年问世的《生产之镜》为转折,鲍氏理论发展,似可分作两个阶段:前期他试图糅合马克思主义与现代符号学,后期则背离马克思主义,倒向后结构派。现将鲍德里亚的主要论点,分四项简评如下。

消费社会,或资本第四阶段

　　马克思在《哲学的贫困》中,这样描述商品交换的历史变化:

> 曾经有这样一个时期,例如在中世纪,当时交换的只是剩余品,即生产超过消费的过剩品。也曾经有这样一个时期,当时不仅剩余品,而且一切产品,整个工业活动都处在商业范围之内。最后到了一个时期,人们一向认为不能出让的东西,这时都成了交换和买卖的对象。这个时期,甚至像德行、爱情、信仰、知识和良心等最后也成了买卖的对象。这是一个普遍贿赂、普遍买卖的时期,或者用政治经济学的术语来说,是一切精神的或物质的东西都变成交换价值,并到市场上去寻找最符合它的真正价值的评价的时期。[1]

　　马翁描述的这三个阶段,被后世经济学家分别称作前商品阶段、商

1　《马克思恩格斯全集》4卷,79—80页。

品阶段、商品化阶段。

鲍德里亚却在《消费社会》里宣称：马克思所说的第三阶段，仅仅是第二阶段的数量扩展：它反映早期资本主义市场关系的自然增长及其商品化的渐进发展。据他看来，这一持续的增长发育过程，已于"二战"后导致某种"阶段断裂"，从中产生一种新式商品拜物教，进而形成了发达资本主义消费社会（La societe de consummation），或称"资本的第四阶段"。

第四阶段展示了一种前所未有的富裕景象：商品广告充斥时空，无所不在，甚至侵入现代人的精神生活，并已构成一种巨大而显赫的消费环境。与此同时，现代西方人不再像以往那样独立于世，为人群所环绕：如今他们是彻底地被物质商品所压倒、所包围。就像"狼孩"在狼群中长大，现代人由此获得一种"狼性"，即贪图享受，热衷消费，超前支出，寅吃卯粮。

鲍德里亚警告说："我们如今已变成具有功能性的物品。我们生活在一个物品的时代。就是说，我们依照物品的节奏生活，并受制于它们无止境的生产过程。"换言之，由于消费活动已"达到能够垄断整个生活的地步"，以往那种"纯粹而简单的富裕"，如今竟然变成一种奴役的根源！这是因为：资本社会已经有足够能力，凭借商品消费来"调节和规定所有人的行为、时间，据此形成一种系统化的氛围组织"。

鲍德里亚还发现：当代消费心理本身更是一种"魔幻思维"：它把人的原始欲望、占有冲动，变成了对于商品符号的信仰。人们通过无目的的购买，来获得快乐满足以及一种虚假的自由感。实际上，当代消费不再是独立自主的个人行为。社会生产的真实需求和虚假需求，也被混成一团、无法分辨。所有的商品广告，都声称它取决于大众需要，并诚心服务社会。

"如此这般，一台洗衣机就变成了一种身份装备：它构成安逸而体面的中产阶级生活的一项要素。而人的需求本身，已不再是那种为了获得某种具体物品的单纯要求。它更多地是为了获得一种差异，即一种对于社会意义的欲望需求。"[1]

1　Baudrillard, *The Consumer Society: Myths and Structures*, Sage Publications Ltd., 1998.

从生产方式到符码方式

鲍氏早期著作关注当代商品性质的变化,以及由"消费与信息"合成的一种符码系统(Code System)。在他看来,这种以符码系统为主要特征的战后文化,确已造成在日常生活中的根本性变化。

为此,鲍氏尝试利用符号学的添加剂,来补充马克思针对传统资本主义的批判。此后,他更进一步发展到背离马克思主义立场,企图用他所发明的符码方式(Mode of Codification),来代替马翁的生产方式(Mode of Production)。

众所周知,马克思对商品的分析,涉及其"使用价值""交换价值"。他早已明确指出:资本主义商品生产的主要目的是获取利润,即重视商品的使用价值,由此形成"商品拜物教"虚假观念。这一概念视商品为人类需求的自然满足,却忘记生产过程中的劳动与剥削。这样一来,商品就被神秘化了,一如原始部落对自然神的顶礼膜拜。

与此相悖,鲍德里亚在其《走向符号学的政治经济学批判》中,却又提出商品的第三种价值,即符号价值。

何谓商品的符号价值?鲍氏称:商品作为符号,能表现消费者的个性、特征、地位与修养,据此构成社会分类。这一想法,无疑受到美国学者凡勃伦(Torsten Veblen,1857—1929)有关炫耀型消费(Conspicuous Consumption)的观念启发。

所谓炫耀型消费,原指19世纪末美国暴发户发明的一种消费方式:它违背人类消费的自然需求原则,通过挥霍性的大肆花销,有意显示豪门风度,模仿贵族趣味,以期建立一种以巨额财产为基础的社会权威。鲍德里亚认为,凡勃伦当年的定义,仅仅适用于少数上层有闲阶级(The Leisure Class)。这种行为方式,经过广泛扩散,如今已发展成为整个西方社会的消费模式。

非但如此,当代商品消费正在逐步"构成一张笼罩全球、任意而统一的符号网络"。它抛弃传统价值与社会分类秩序,代之以一个顺时应变的表征系统。在此系统中,市场、购买和广告"已经成为通用语言,或我们这个社会相互交流与对话的符码"。消费者无法拒绝消费，因为它就是个人责任、社会伦理，以及整个社会赖以连接的基本方式。

正像语言符号那样，商品现在具有表现与象征功能。根据结构语言学法则，字词通过它们在语言系统中的差异变换，可以获得不同于其他的独立意义。同理，商品如今也处于一个社会分类系统之中：它们依据其中的差异变化，即可形成有关个人社会地位的特殊含义。

由此可见，商品对于鲍德里亚而言，就像语言对于索绪尔：它们都是一些符号能指。不仅如此，这些商品如今都具有字词那样的抽象性、差异性、互换性。在这种由商品构成的"符码系统"的支配下，人与商品不但可以相互替代，而且还能依据商品符号价值，实现人的自身价值。

问题是，就像索绪尔的语言系统一样，这种符码系统也是一个无意义的浮动网络：它无止境地挑逗欲望、刺激消费，从而控制和设计社会，以此促进资本主义生产和再生产。如此反复循环，最终却只能导致一种"自我指涉的意义模式"，即一切都毫无意义。[1]

鲍氏早期著作，由于尚未脱离马克思批判传统，仍具有一定的进步变革含义。例如他鉴于消费社会的恶性膨胀，强调它促使商品文化在经济生产与社会再生产领域都取得了中心支配地位。而发达资本主义社会的商品消费逻辑，已经达到一种可以通过发展生产、促进消费的方式，来操纵和制约大众思想行为，并形成全面的文化霸权。

然而到了《生产之镜》书中，鲍氏便以马翁"忽视商品符号价值及其交流活动"为由，开始放弃进步立场，转向一种以尼采、巴塔耶为楷模的贵族式批判。为了确立他所谓的符码方式，他甚至攻击马克思主义是"生产性资本主义的镜式反映"，又说它的"生产逻辑过于简化"。

然而，鲍德里亚从未严格定义过"符码方式"。有批评家指出：鲍氏有关当代商品符号价值的论点虽有一定启发意义，但其推论过于绝对化，缺少政治经济学方面的详细论证。

---

[1] 参见鲍德里亚《走向符号学的政治经济学批判》英译本，*For a Critique of the Political Economy of the Sign*, Telos Press Publishing, 1981。

类象与仿真

在《象征交换与死亡》《致命战略》等书里，鲍德里亚越走越远，表现出明显的绝望与偏激倾向。他声称，由于商品消费符码的统治，当代资本主义的社会性（Socius）已经完结，变成了一座"资本的妓院"：它恬不知耻地出卖一切事物的替代品与交换物，抹消一切价值界限、道德标准，并使得各种人文理念或哲学决定论通通沦为无效。

在此状况下，劳动便不再是生产力，也不意味着剥削：它"只是一种符号系统中的符号"。工人和技术人员，已经变成信息网络的终端机，他们的一切活动，都被网络系统"预设、标价，并当作商品出售。生产就这样加入了符号的消费系统"。

如何才能摆脱这种可怕的符码统治呢？鲍氏的答复是："几乎没有出路。"唯一可能是"返回前资本主义时期的象征交换阶段"，或者"选择死亡"。

鲍氏后期思想特征，是一种"高科技恐惧症与感伤怀旧情绪的混合"。援引加拿大学者麦克卢恩在《理解信息》(Mashall McLuhan, *Understanding Media: The Extension of Man*, 1964)中推出的科技决定论原则——"信息是技术社会最关键的异化模式"，他在《类象与仿真》中进一步描述当代符码统治的彻底性和绝望局面，据此大大突出资本主义的表征危机。

让我们先来看看，究竟什么是类象（Simulacra）和仿真（Simulation）。类象与摹本（Copy）相对应。传统的摹仿论坚持"真实原型与人为摹仿"的区别，即原型是第一位的，摹本只是对原型的模仿或再现，因而也只有从属性的价值，它本身并不代表实在或真理。

但类象与摹本不同，它是一种"没有原型的事物的摹本"，或者根据本雅明的说法，它是现代大工业机器生产无止境的同类复制（Reproduction）产品。比如德国奔驰600型轿车，现已生产80万台，它们完全一样，都是根据同一个电脑设计模型（Model）复制的，因此在功能和外观上毫无区别，也看不出个人劳动或手工发明的任何痕迹。

古希腊的柏拉图为何要反对艺术摹仿及其摹本呢？用美国学者杰姆逊的话解释："他害怕艺术会成为类象，因为你如果被各种类象包围，就像置身于一间装满玻璃的房子里,一切都成为没有涉指的类象,原型也变成了类象之一。这样一来,现实就不复存在了。"

比类象的机械复制方式更进一步,仿真利用高科技手段,例如电脑模拟、全息成像、自然仿生、基因工程、原子对撞机、高能加速器、实战模拟装置等等,针对现实进行真假难辨的逼真模拟、科学再现。例如美国迪斯尼公园的各种神奇微缩世界。再比如轰动新闻的"生物圈Ⅱ号"科学实验项目。一如鲍德里亚所言,当代科技发展导致人类越来越完备的仿真能力。西方人如今日益被各种信息图像、复制商品、仿真环境所包围,渐渐进入由一个类象与仿真主宰的世界。

这个世界里的现实感、真实性日益减少,直至荡然无存。在其中,人们越来越无法区别真假,也很难确定时空位置,或断定自己从哪里来、到哪里去。一句话,这种"世界的非真实化"趋势,就构成了鲍德里亚视如末世灾难的"超真实"(Hyper-Reality)前景。

表征危机的结果

鲍德里亚危言耸听地预言:在这个正在由类象和仿真构成的超真实世界里,词与物、能指与所指的再现关系完全失效:如今它们除了表现自己,在现实中已然毫无根据,也没有真实、具体的所指。

这是因为:与小说和谎言不同,类象和仿真不仅仅以空洞代替实在,或以虚伪代替真实,它还在实际上破坏了真实的对立物,"将真实吸纳到自身内部",并且拒绝一切理性的解释或批判。他还表示:当代日新月异的电视和电脑信息,正是社会奔向后现代"超真实文化"的堕落之路。

在鲍氏看来,信息媒介机构作为"关键的仿真机器",已形成一个独立自治的超真实领域,并且有效地颠倒了"真实与表征"之间的关系:过去媒介被视为反映或再现真实的镜子,如今它们却无时不在制造"比真实还要真实"的信息和意象。而那些真实经验、历史事件同它们相比,"反而成为次要的东西了"。

我们看到,索绪尔结构语言学中的符号自指性(Self-referentiality),在鲍氏手中变成了后现代社会经验的第一原则。同时，它也向传统批判理论提出了空前绝后的难题：在这无人控制的符码统治结构内，你不能确定统治者、被统治者，也无法提出变革或解放理论——因为这种符码无所指、无根据、无缘由，并且超出表征逻辑的范围之外，成为一片混沌紊乱的无意义。

我们知道，表征需要以主体为依托。但如今人们已无法用康德的时空、因果观念来理解世界，因而个人也就不再是把握真实的出发点。与此同时，人们能从巨型电脑的集成电路、矩阵、记忆库和指令程序中，源源不断地制造"超真实"的类象模型，并把它们再造无数次。

鲍氏最后说：在一个符号和信息完全充斥的社会，媒介的巨大增生，必定会导致一种信息爆炸。这种爆炸"意味着每一种意义差异系统内部界限的消失瓦解。由于它原有的两极合成一极，这便造成了意义差异的短路。短路能够抹消传统术语、对立概念，以及媒介和真实之间的一应区别"。换言之，鲍氏所预见的信息爆炸，能瓦解所有传统的对立价值、意义界限，并对它们实行"中立化"处理，从而造成意义崩塌，令所有信息都变成"无意义的噪音"，或是没有内容的形式效果。

鲍氏称：这就像是宇宙大爆炸形成的一个大黑洞。在此状态下，"信息会直接毁坏意义与表征，或者抹平差异，使之中立化。信息吞噬它自身的内容，吞噬交流和社会性。它并非导向一种随意创新的模糊领域。恰恰相反，它将带领社会走向熵的最终境界"。

同理，经济再生产（Reproduction）与文化的表征或再现（Representation）之间的界限也被炸平，形成短路沟通。于是，经济再生产这一极，便将成为社会的单一主因，而文化表征这一极，则被再生产吸纳消化了。

鲍氏强调：这将不仅仅是一种符号游戏，而是社会权力关系的新格局。类象世界的目标，是要建立一种"政治与文化霸权"。它将是控制论的胜利，是遗传密码 DNA 的胜利。它将会消灭比喻和戏仿、现实原则与快乐原则、左派与右派。因为在这种类象世界里，就连弗洛伊德所谓的"利比多"、福柯所说的"权力"，都已沦为某种商品符码、财富类象。

鲍氏理论在欧美影响不小。它已引起许多后现代派人士的叫好或追随。也正由于它具有一定的腐蚀性，我们需要对它严加界定和批判。在这方面，美国新左派批评家凯尔纳在《后现代理论》书中公正地指出：鲍氏前期著作富有启发性。由于他抛弃自己较好、较新的思想，逐步告别马克思主义，导致其后期理论缺陷明显、毛病多多。[1]

鲍德里亚的主要毛病是：他将符号系统升级为解释后现代文化的唯一逻辑；他完全抹杀了信息社会应有的进步内涵，并因此堕入虚无主义；他的理论抽象虚幻，缺少现实分析，读起来像是科幻小说；鲍氏理论具有突出的后现代特征，即理论自身已成为一种超级商品。

---

[1] 参见凯尔纳《后现代理论》英译本，Douglas Kellner & Steven Best, *Postmodern Theory, Critical Interrogations*, MacMillan, 1991。

海德格尔论科技危险

老海晚年的思想日趋悲观。他深知,现代人依赖科技,远远超过他们对于传统的依恋。诸神俱已逝去,而他自己的声音微弱、论据不足,岂能轻易感召或说服众人。

朱虹老师从波士顿回北京,带来我老师丹的消息,令我一喜一悲。喜的是丹执教哈佛四十年,孜孜研究美国文化,如今功德圆满,刚出版一部自选论文集。作为学生,我自然很想拜读此书,听听导师的总结性意见。与喜讯相伴,却是一桩凶祸。原来我老师壮心不已,常年骑自行车上班,不期一日清晨被汽车撞倒,造成腿部骨折。住院手术之后,他自称无碍,并盼望能早日出院,上班如旧。这可害苦了比他年轻一半的系主任:根据常理,他不能批准我老师继续骑车上班。但要对我老师说不,他小子偏偏又没胆量!

汽车横行,乃美国现代文明一大特点。哈佛教授中,对此率先实行杯葛的,据说是20世纪30年代的新人文主义领袖白璧德。某日,白公下课后步出校门,见马路上汽车呼啸,往来穿梭,将大批师生堵在校门口。公愤而挺身,挥动手杖阻止车流。校方闻知此事,慌忙设立红绿灯,方便师生过街。又严禁汽车在校园围墙外鸣笛,以维护大学尊严。

那时丹只是一名学生,目睹老师力克群车,钦佩不已。岂料身为哈佛退休教授的他,如今却眼睁睁地被汽车撞倒在校门口。真可谓世风日下,伊甸园里的蛇爬上了亚当的头顶。

丹说过,美国文明之未来,系于一场"机器与花园"的搏斗。机器(Machine)代表不断发达的科学技术,花园(Garden)则象征日益萎缩的人文精神。在他看来,20世纪美国文明史,实为一部机器包围并不断蚕食花园的历史。对此他深感忧虑。声讨之余,还身体力行,长期蔑视科技进步。比如他拒不驾车,也不用电脑写作。抽烟时全凭烟斗火柴,绝不考虑电子打火机的方便。

记得十年前,我与同学起哄,要求改革哈佛文科保守传统,引进电脑教学。丹身为系主任,迫于民主呐喊,怏怏然允许我们投票自决。我学会电脑后,见老师还在一台手动打字机上敲打,忍不住劝他改用电动打字机。丹丝毫不为所动,至今仍用那台老掉牙的机器给我写信。

读了丹的新书,我知他已入不惑之境,绝不会放弃"花园原则"了。像他这类骨鲠之士,欧美学界并不乏见。这些老人在学术上领导潮流,往往以其先锋意识与科技理性迎头相撞。论战开处,火光迸溅,雷鸣电闪,大有魔道争高之势。

做学生时,我喜欢观看这种西洋景,却少有设身处地的同情——权当是听老人家唠嗑,抱怨资本主义罪过罢了。没想到,中国如今也一日千里,迅速进步起来。当下北京城里,高楼林立,道路盘旋。数万辆"面的"如蝗虫般铺天盖地,上下翻飞,声威似已压倒纽约城里满街乱窜的黄狗(Yellow Cabs)。报刊电视大张旗鼓,正在讨论"轿车开进市民家"的热门话题。壮哉华夏,快哉国人。

感叹之余,我倒生出几丝幽古之情,非但不忍心指责老师的倔强古板,反而想写一封信,去夸奖他的见素抱朴,绝圣弃智。回信时,我挑出《庄子·天地篇》里的一节故事,将它改成英文,以慰师心。

这故事缓缓说道:孔子的门徒子贡,一度去南方游历。路遇一老者,在园中辛苦浇菜。但见这老人费力从井中汲水,又抱瓦罐往返运送,半天才得浇上一垄。子贡性急,便好心向老人提议说:据说有一种机械,名曰桔槔,一天可浇地百亩,省力又见效,您老何不试它一试?老者一哂答曰:"有机械者必有机事,有机事者必有机心。机心存于胸中,则纯白不备。纯白不备，则神生不定。神生不定者，道之所不载也。吾非不知，羞而不为也。"

子贡大惭，却不解其意，便回去请教孔子。孔子说他遇见了"混沌氏"。这种人"体性抱神，以游世俗之间"。子贡又追问"混沌术"的由来。孔子语塞，承认此学极为深奥，连他本人也说不清楚。

孔子所谓"混沌氏"，以及他弄不懂的那一路学问，无疑是指老庄之道。碍于语境限制，我无法向丹细说。然而凭借一个西洋混沌氏的存在，我却可以穿插往返，与大洋彼岸求得沟通。此人即是德国哲学家海德格尔。

世人都说这位"老海"，最能亲近东方思想。譬如他曾同中国学者试译《道德经》，又经日人铃木大拙介绍，涉猎过东方禅宗。眼下随着海学兴旺，人们益发关注他与道学之间的交响暗合关系。对此我不敢妄作比较；这里有感而发，只想讲讲海德格尔针对西洋哲学与科技的批判意见。其中不免也有一些混沌之处，讲不清楚时，还望读者见谅。

孔子认错，老海转向

中国先秦思想史上儒道相争，留下不少风趣轶闻，著名者如《庄子》嘲笑孔丘"行年五十有一而不闻道"，恣意贬薄。书中又写孔子如何去请教老聃，结果被训得哑口无言。闭门思过三月，孔圣人终于发现，他在处世原则上犯有大错：原来他长期缺乏一种"顺应自然变化的生存意识"。为此，他向老子诚恳忏悔说："不与化为人，安能化人？"这才算是勉强及格。

孔子认错故事，自然包含了学派相争意气。若依学理而论，儒道两家虽有朝野之分，却也能阴阳相济、渐趋融合。譬如儒学以仁为核心，构成一套坚韧致密的伦理纲常，或称社会政治哲学。它讲求克己复礼，励精图治。

道学则主张退隐修静、以柔克刚，于无为中追求天人合一、自然和谐。而这恰恰是孔孟所忽略的一面，即一种有关人生宇宙的宏观意识，或曰哲学本体论。儒与道这两大学派并立共存，一道构成了华夏文明的和谐生存模式。

儒学壮人体魄，如食五谷。道学消灾除怨，好比医药。如此看来，"孔子认错"也不是什么无稽笑谈，它可能关系到中国文明赖以绵延的某种不可或缺的思想均衡机制。

西洋文明后来居上，一路领先，特征是断裂、爆发与突变。"二战"结束时已造出了原子弹，致使上帝和人都失掉安身之位。这就逼迫欧洲哲学家从思想上痛加反省、予以纠偏了。

从个人际遇看，海德格尔中年失足，涉嫌纳粹，饱受政治教训与精神磨难，从而促成他的晚年退隐，或曰"闭门思过"。可笑的是，老海蛰居黑森林长达三十年，简直要比孔子多出十倍的痛心悔悟！

话说回来，谁让他积极入世，又明珠暗投来着？在那人迹罕至的山顶小屋，老海摒弃奢华、远离尘嚣、学作农夫模样。白日与松泉为伴，夜晚则拥书而眠。长年苦思冥想，居然也至50岁上下，渐得其道了。

如此得来之道，自然不同于西哲正宗。老海晚年论诗说禅，宣讲天命，甚至引诵老子——令某些欧美学者闻声惊骇，以为他要皈依中国道统。平心而论，老海不过是立足西哲传统，依照其物极必反的逻辑，顺势回转，并试图参照东方模式，为西洋人考虑一种比较顺乎自然的活法罢了。

1947年后，海德格尔陆续写下《论人道主义》《关于技术的追问》《通向语言之路》《什么叫作思》等大量论著。这些书的特点是：生拼硬造，晦涩艰难，苦予表达，又欲罢不能。

此公在语言和思想上风格殊异，几乎让东西方学者都饱尝其苦。这大概是西方现代哲人的特有困境：独辟蹊径，止于无路可走；竭力更新，又挣不脱传统束缚。因而有人以"一只么蛾子"为例，说他拼命咬破西方哲学的坚硬茧壳，但已无力爬出来"尽情飞舞"。

老海后期思想要点

归纳老海后期思想的混沌性质，似有以下三点值得我们注意。

一、**西洋哲学之终结**。老海执著于传统哲学批判，晚年渐至彻悟境界。他在《哲学的终结与思想的任务》中指出：现代科学昌盛，实为一个逐步撕裂哲学母体、造成真理瓦解的过程。在科学的压迫诱导下，早先包容一统的西洋哲学，如今已经分裂为人类学、社会学、心理学、语言学等诸多学科。

儿女们独立后，纷纷标榜科学基因，却羞于承认它们的母系血缘。"这一发展貌似哲学解体，实则是哲学的完成。"哲学之完成，依照老海之意，也是西方形而上学传统的终结：

"形而上学就是柏拉图主义。尼采称其哲学特征为柏拉图主义的颠倒。随着马克思所完成的形而上学批判，哲学已耗尽它的极端可能性，并进入终结阶段。"[1]

当然，终结并非即刻完蛋，而是指这一思辨系统成熟后的困惑与局限。为此需要呼吁变革，并寻觅某种新的兼容性思想方式。老海断定：导致西方哲学困境的原因是形而上学。而形而上学归根到底，是一种讲究抽象概念、严格范畴的逻辑思维方式。

自柏拉图起，西方哲人就以此为纲，逐步建立起精细入微的本体论、认识论体系。这套玄学家什，本是西方人引以为荣、东方人暗中叹服的东西。老海却深以为憾，认为它先天不良，从娘胎里带来了重大隐患。这是为何？

二、主客两极分化。福祸相依，泰极否来。老海看到，形而上学虽为洋人造福千年，可也酿成尾大不掉的麻烦。其中致命关键，在于逻辑思维所导致的"主客两极分化"，或曰以人为中心，自以为是地针对世界采取"日趋精细的分割剥离"。早在《存在与时间》里，老海就指控西洋哲学的弥天大错：

西洋本体论号称"第一哲学"，扬言能包容天地间的一切奥秘。然而自亚里士多德以降，它从未涉及人与自然休戚相关的"存在问题"。换言之，它自以为关心人类生存，实际上却把"存在"一词的生动原意，强行改换成了严格僵硬的名词概念。用大白话解释，就是把 To Be 当作 Being，或将"存在"误读为"存在者"。

从此，西洋哲学便阴阳失调：它为人事而忘乎天理，求功利而疏于道义。晚年老海进而确认：这种以抽象概念为基准的逻辑思维，恰是西洋文

---

[1] 参见《海德格尔基本著作》英译本，*Basic Writings: Martin Heidegger*，Harper Collins，1993年。

明赖以发达、并因之遭殃的"思想原罪"。

譬如古希腊文中有关"是"的系词,一旦被当作哲学范畴,便导致简明而无情的等同:这个"是"被用来严格界定一切存在之物,并将它们统统变成了逻辑思维对象,从而割断其间浑然天成、彼此默契的血肉联系。为此老海叹息:一个"是"的出现,居然引起"世界的崩溃"!

西洋人凭借形而上之法,格物致知,通幽见微。他们满以为手握胜券,可直达终极、穷尽真理。殊不知人言嚣张,则天道式微。庙算过细,躬虑必浅。强求自在自为,反落得个孤家寡人、远离真知。

"世界越是广泛有效地被人征服、被人摆布,对象越是表现出客观性,其中的主观意志就越强烈。"科学的胜利,非但不能维持和谐的世界图景,反因其片面单调、妄自尊大,极易掩压天命(Geschick)的显现。

老海慧眼,从中看出这幅"推背图"中人的不幸:他被超拔出来,突破了"天地神人"的四重交织,自信能主宰一切。然而主客分化的后果,却是西洋人的持续异化:他日益背离自然一统的世界,不断丢弃他所拥有的丰富生存可能。

三、科学不再思想。西洋哲学分崩瓦解,现代科学势如破竹,暗示这种思辨方式阳火过盛、有伤阴鹫。请看:它从古典哲学裂变为现代科学,再由科学之中,派生出控制论、智能工程、电脑语言等一系列更加"科学"的玩意儿。如此可畏的发展趋势,莫非要导致人类思想语言的全面逻辑化与程序化?

为此老海警告世人:"科学并不思想。"或者说,即便它拥有某种高明思想,可其中的潜在逻辑,也是要排斥或禁止其他各种思想的。

此话并非空穴来风。老海强调说:"科学自身所建立的权威,将受到新的科学,即控制论的左右。"而信息技术和元语言学的进展,则被他视为形而上学"针对一切语言进行普遍技术化的努力"。

在老海看来,科学通过对元语言的追求及其对天然语言的扬弃,将把人类带入一种"单轨思想,即根据技术操作原则,将词与物变作单一严整的对应阵列"。

在此基础上形成的电脑信息网络,一旦成为固定社会机制,即可确保科学对于整个世界的统治。当然，老海并不因此抹杀信息革命的进步意义。但他坚持认为，这一强悍趋势如不加以谨慎把握，极有可能窒息语言生命，剥夺其创造功能，最终造成人类的语言蜕变与思想萎缩。

赛先生三部曲

上面删繁就简，撮要列出老海的一些"反启蒙"观点。乍听怪论，难免有人嗤其荒诞，或愤然反诘，要为科学一辩。其实西洋哲学反躬自责、矫枉过正，20世纪渐成大势。

老海上承尼采，下接德里达、福柯，被人誉为四大"极端预言家"之首。这四个人逆流而动，危言耸听，合力来挖西方现代化的墙脚。名为对启蒙哲学的反叛，实乃这一传统的自我更新。所以国人不必多虑，姑且听听他们的不同意见。

现成一例，是美国教授麦吉尔的感慨之辞。此公精研海学，盼望能与东方人携手，合力寻找针对启蒙哲学的消炎解毒剂，然而"印度和中国当下的学术讨论，往往带有19世纪初叶的性质。东方人对于科学、进步这一类启蒙与后启蒙价值观念，竟抱有如此默契而笃定的信心，不免让西方人时感震惊"。[1]

麦教授的牢骚，带有几分中肯：毕竟我们一厢情愿，诚心邀那赛先生来家作客。后来他在中国定居，拿到绿卡，逐渐熬成一个好公民模样。况且中国积弱，吃尽西洋利器之苦。正是依靠科技兴国，才有今日转圜之机，不再受列强欺负。如此功德，岂可不对赛先生讴而颂之？于是赏黄马褂、赐双眼花翎、加太子太保衔。眼见那个非我族类的赛某人，也要在我华夏之邦反客为主了。中国人素来宽厚，封他个铁帽子王，也算不得什么。欢喜之余，偏又闻得他家门不幸，沉疴复发。

此时，难道我们不该有所警惕？为了本民族文化的健康长寿，适当做

---

[1] 参见 Allan Megill, *Prophets of Extremity: Nietzsche, Heidegger, Foucault, Derrida*, University of California Press, 1987, p.340。

一点求变通、留后路的思想准备，亦属寻常。至少在查明西洋现代病的成因之前，我们不妨听听老海的诊断意见。

技术的本质分析

关于现代科技，世人因受启蒙哲学影响，往往抱定功利主义的乐观态度，要么视其为一种中介性工具，要么把它看成人类力量的延伸。这是因为：人类利用技术手段开发自然资源，首先可以迅速实现社会富裕，以及生活上的便利舒适。其次，从人类学角度看，技术不仅有赖于人们的劳动与谋略，同时也增强人驾驭自然的能力，鼓励其扩张意图。在此含义上，"技术就是力量"。

老海讥笑上述流行观念，说它远未把握技术的本质。在他看来，技术并非什么单纯的中介性手段，它还涉及人与自然的根本关系，影响人类世界的构造发展。譬如墨西哥的印第安人，一向拒绝使用钢犁。他们在耕种时，还要从马蹄上卸下铁掌，为的是不伤害大地母亲。与之大不同，现代人驾驶拖拉机开垦土地，利用生物技术操纵养殖，大规模开采提炼化工产品，目的是重新改造整个世界。

二者相比，其中人与土地、动植物的关系截然不同：土著与大自然保持一种原始崇敬式的"伙伴关系"，现代科学技术却体现出高度的人类霸权意图。它以自然为征服与谋略对象，实行彻底而冷酷的强力榨取。

因此技术并不仅仅是手段。它更是"一种展现的方式"。展现什么呢？老海追溯此题，直到西方文明源头。他发现"技术"在希腊文中写作 Techne。这个词除了指示工匠技艺，还牵涉到诗（Poesis）、有关心灵和美的艺术，以及广义知识概念（Episteme）。因此 Techne 一词的关键，并不在于工具的制造、操作和使用，而在于一种"认知的展现"。

问题在于：西洋哲学经过柏拉图的形而上学转折，大大简化"技术"的原始含义，遗弃了它的真理认知功能。以柏拉图对话为例：它高度注重思辨，刻意寻求根据和原因，由此形成一种"合理思维定式"。其核心功能，是"把思想抽象化，进而看作一种技术"，以便服务于人类的行动与制造。

老海强烈反对这种"针对思想的技术性理解"。因为他担心，技术一旦被褊狭地理解为"工具"，人类就会忘却真理的"去蔽"，进而迷恋于各种奇技淫巧——小技得逞，大道废弛。君子乐道甚乎技也。此处，老海已经透露出一种与中国古人相似的话音了。

科技是一种座架

西洋科技日趋发达，如日中天，引出老海的深刻而沉重的精神忧虑。在他看来，技术本质的逻辑发展，导致西方现代科技的诞生。而作为重大历史转折，现代科技已将人类带入一个新时代。而如今技术的本质，已经展现为一种"全体存在者的真理的命运"。或者说，现代科技的潜在力量，已开始决定并将从根本上改变人类的生存方式。

为了说明这一历史性变化的严重含义，老海自20世纪50年代起，经过反复酝酿，提出一个拗口而难懂的概念，即座架（德文 Gestell，英译 Enframing）。从字面看，"座架"大约是指某种集约性的、一旦开头就无法摆脱的基本模式。用老海的话说："座架就像一条山脉主干，它贯穿一座座原始山峰，使之展现为绵延不绝的群山。"

更有甚者：座架与人的行为密切相关，也是一种自主意志的必然结果。甚至可以说：它是人类一意孤行、为自身设下的无形陷阱。其中危机四伏，出路渺茫，人却乐在其中，识不破庐山真面目，反而以为世界该当如此。

有这么严重吗？老海自有他的说法。他指出：进入现代社会之前，人虽然贵为万物灵长，可他毕竟与诸多事物牵连，不可避免地被交织、包容在存在整体之中。如今人超越了自然秩序，成为"首要主体"，并将自身与万物对立，自以为拥有无可置疑的权威。

在此大背景下，现代科技作为一种"精神座架"出现，其主要特点，是具备一种强求（Herausforden）性质。同时，它还展现出一系列可怕后果，诸如"物化""齐一化""功能化""谋算""限定""全面统治""物质耗尽"，等等。

换言之，这种科技座架就像一个铁笼子，它能汇聚人类的意念与需求，违背自然规律，强迫事物按照人的目的进行超常规的变化。结果，无非是破坏自然进程、扭曲事物属性、限制人的正常发展。在其支配之下，世上万物都被客体化，即被现代科技"展现"为单纯的能量提供者、可分解物质、加工原料、替代对象，以及各种丧失它们原有性质的"持存物"。

老海说，现代科技漠视事物的天然存在权利，把它们仅仅当作进攻与克服的目标。在它面前，世上的一切，包括人本身，都是可以估算、分析、利用并加以控制的对象。正是由于这种严重侵害事物本性的逻辑，人类被迫进入非自然的存在，逐渐丧失本性，沦为所谓"人道主义"的牺牲品。

与此同时，现代科技又以其执拗意志，勒令一切神话、宗教及传统存在方式统统退出历史舞台。而新时代的一切事物，只能在技术交往中得以重新构造与规定。就是说，它们必须千篇一律地展现为功能性、物质性的存在，并且成为可预测、可算计、可耗尽的技术对象。

因此，现代科技绝不是什么单纯的中介或工具性力量，而是自然、世界和人类社会的强制性座架，是"发展/毁灭"的真理命运。"如果命运以座架的形式支配着一切，那么它就是整体的危险。"

绝望之后的希望

老海晚年的思想日趋悲观。他深知，现代人依赖科技，远远超过他们对于传统的依恋。诸神俱已逝去，而他自己的声音微弱，论据不足，岂能轻易感召或说服众人。在他后期的理论文章里，神秘主义色彩相当严重。

譬如他宣称，科技作为人类的"最高危险"，其深刻危害性并不在于核战争、能源耗竭、环境污染或物种灭绝——真正的危险，早在原子弹发明之前已经降临：它就是科技的"思维与行动方式"。"那种精心谋算的思想本身，就是一次毁灭性的爆炸。"

非但如此，他还怀疑并且否认人类控制科技发展的能力。在老海看来，人必将成为"技术人"或持存物。这意味着他将受到科技思维方式的束缚、限制与迷惑。而那些试图以道德或人性来"控制科技"的企图，亦会显得幼稚可笑，因为"没有任何个人或团体，也没有什么专业委员会或头面人物的某一次正式会议，能够让原子时代的进程刹车"。

希望渺茫，出路何在？老海以为，只有唤起人们的"沉思"，从根本上去反省人类生存前景。这里录下他晚年的两段奇思，谨供住进高楼、装上电话、准备购买汽车的中国人一览：

一、老海视西洋哲学为一种乐器，说它虽然像钢琴一般韵律分明、铿锵激越，终因音域有限，不能尽显万象，达到与天道的完满契合。此外，他认为还应该存在某种低沉古朴的"基本音调"，这不免令人联想起中国古代的黄钟大吕、箜篌木鱼之类。可惜的是，西洋人似乎难以识别或领略其中的"阴沉之趣"。

二、老海晚年寂寞，曾面对一株苹果树大发议论：为什么我们非要按照科学家的逻辑，去观察和揣度这个世界呢？在他们眼中，一棵迎风摇摆、花果灿然的苹果树，无非是一堆叶绿素、分子链、光合作用、遗传基因的具体体现。然而作为活人，我们既同苹果树声息相通，为何不能把它看作一种美好生命，并且勇敢地选择这种在阳光下、微风中自然舒展的思想方式呢？

（《海德格尔选集》，孙周兴选编，上海：上海三联书店，1996年）

杰姆逊与后现代文化批判

> 与丹尼尔·贝尔的"三领域分裂模式"不同,杰姆逊坚持总体阐释与历史阶段论,将资本主义进程分为三个历史阶段,分别是市场阶段、垄断阶段、晚期阶段。

去年初夏,杰姆逊(Fredric Jameson)教授重访北京,应邀在中国社会科学院外国文学所讲演,题目仍然有关"后现代主义",却增加了不少新近的理论思考。讲演中,他与听众往来答辩,谈得入味。当晚所长宴请,我们又在醉翁亭饭馆,做了一次"后学术"恳谈。

时下像我们这种单位,请外宾吃饭只能是工作餐,点不起海味和水酒的。所长规格亦如此。所幸餐馆的名字还不算俗,席间气氛温融:先上几杯清茶,继以简洁小菜,配合些许薄酒。书卷笑谈,其味自浓,居然渐入一种多年未遇的酣畅。

杰姆逊教授走后,我翻看他送我的新书《后现代主义,或晚期资本主义文化逻辑》(1991年),感到很有必要写一段笔记,记录他这几年的进展情况。顺便也发点议论,以资留念。

杰教授在北京是常客。1985年他来北大讲学半年,颇受欢迎。此后就像走亲戚一般来去,每回都要帮忙贡献点什么。时间长了,他在中国的朋友蛮多。他在美国杜克大学亲自指导的中国博士生也陆续学成好几位。

大家都知道，杰姆逊是美国著名左派学者，也知道他研究后现代主义锲而不舍，自成一家。但有一个问题，即他作为美国左派，专攻后现代，又对中国甚感兴趣，这种矛盾统一从何而来？它对我们有什么启示没有？

从文学批评到文化研究

1984年，杰姆逊发表论文《后现代主义，或晚期资本主义文化逻辑》。此文1990年扩展为同名著作。[1]

该文作为杰姆逊介入后现代论战的宣言，影响广泛、引用多多。由此激发的各种争论及研讨文章连篇累牍，1991年经人汇集成书，题名为《后现代主义／杰姆逊／批判》。[2] 在这部文集的导言里，编者凯尔纳坦言：杰姆逊此举令人吃惊：身为有地位的学院派批评家，美国左派文论领袖，杰姆逊为何要自讨苦吃，"卷入有关后现代的论争与激情中去呢？"

依照凯尔纳的评断，这既非投机之举，亦非偶然事件，而是杰姆逊学术思想发展的自然结果。提醒大家，杰姆逊的学术生涯很有趣，在同辈左派学者中也有代表性。

"二战"后，杰姆逊在耶鲁大学攻读法文及比较文学，师从德国犹太裔流亡学者奥尔巴赫（Erich Auerbach）教授，深受其名著《论摹仿》的影响：注重文学现象的综合系统研究。[3] 不久老师谢世。在当时弥漫整个美国的反共气候压抑下，这个寂寞学子徘徊于经院深处，苦苦探寻自己的出路。杰姆逊的博士论文选取法国作家萨特为题。其目的，是要以现象学方法，分析这位左派文学大师的文体风格、思想特征。

事后杰姆逊回顾说："我是通过对萨特的同情，来接近马克思主义的。对于我这样的美国青年而言，萨特是一种政治文人的表率，也是我们当时所能拥有的少数完美榜样。"

---

1 参见 Jameson, *Postmodernism, or, The Cultural Logic of Late Capitalism*, Duke University Press, 1990。

2 参见 Douglas Kellner, *Postmodernism / Jameson / Critique*, Maisonneuve Press, 1991。

3 参见奥氏《论摹仿》英译本，*Mimesis: The Representation of Reality in Western Literature*, Princeton University Press, 1968。

以萨特为楷模，显然具有两重积极含义：一是杰姆逊要把自己设计成"孤独而拒不妥协"的批判型学者，二是他要突出自己的欧洲语言和理论优势，以便对抗英美新批评在美国的长期垄断。

20世纪60年代，新左派运动席卷欧美大学。这位精通德、法文的哈佛讲师，开始大量阅读卢卡奇、阿多诺、本雅明、布洛赫等西马理论家的著作。风雨声中读书，大约其味不同。那些深奥洋书，居然让他摆脱了精神孤独，立志要在美国理论圈子里独树一帜。

1967后，杰姆逊离开哈佛，去加州大学圣地亚哥分校执教十年，同时撰写他的第一部专著《马克思主义与形式主义》（1971）。此时他已确信，马克思主义较之各种形式主义批评，乃是一种更为宽大深刻的研究方法，更是"我们用以恢复自身与存在之间关系的认知方式"。[1]

针对新左派"反对阐释"的论调，杰姆逊有意建立一种批判型的阐释理论。这种"新马阐释学"，主要借鉴卢卡奇的历史辩证观、阿尔都塞的多元决定论，以及布洛赫倡导的"文艺乌托邦功能"。其目标是顺应当代条件，综合考察文学与历史、政治的相关作用，以期克服各领域断裂造成的阐释困难，恢复左派批评失掉的优势。

杰姆逊的第二本书《语言的囚笼》（1972），是他深入调查结构主义文论之后，向形式主义统治发动的挑战。该书依次检验索绪尔、列维－斯特劳斯、拉康、德里达等人的批评方法，一面尖锐批判他们的"逻各斯中心论"及其狭窄学术视界，一面又肯定结构主义文论的革命性质、进步意义。

他在《囚笼》前言中申明："完全从意识形态立场排斥结构主义，就等于拒绝接纳语言学发展的最新成果。我以为真正有效的结构主义批判，需要我们完全进入其中，从中穿越而过，并且在它的另一端，进入一个完全不同而又更趋完善的哲学境界。"

杰姆逊敏锐指出：结构主义成功的关键，是它发明了共时方法、功能概念。这同时表现为一种优势与一大弱项。解决问题的出路，就在于引入

---

[1] 参见 Jameson, *Marxism and Form: the 20th Century Dialectical Theories of Literature*, Princeton University Press, 1971。

历史和意识形态研究，以便达至理想与现实、抽象观念与具体分析的统一。[1]

1976至1983年，杰姆逊返回耶鲁，升任教授。此间他完成了最有影响的批评著作《政治无意识》(1981)。援引卢卡奇的辩证方法，该书集中论证"资产阶级主体瓦解"这一理论命题。

卢卡奇在《历史与阶级意识》和《小说理论》中，曾强调资产阶级文学与资本主义历史进程之间的潜在联系，并将小说的诞生视为早期资本主义发展的结果，也是一种与当时经济和政治文化相应的、特有的"个人化文学表达形式"。但卢氏对后起的现代派文学持否定态度，认为它是垄断资本阶段的腐朽艺术表现。

为了继续卢卡奇这一未竟工程，杰姆逊选择以巴尔扎克、吉辛、康拉德、乔伊斯等现代派作家为例，细致考察他们作品中的主人翁形象以及作者自身的主体意识在文学史长河里的盛衰衍变过程。

在康拉德小说《吉姆爷》(Joseph Conrad, *Lord Jim*)里，杰姆逊发现了"现代自我"或"资产阶级主体"开始分裂的生动迹象：一方面为抵抗资本主义物化倾向，小说家被迫强化主人翁的精神独立，加重个人经验与心理描写；另一方面，康拉德又不得不将艺术实验作为一种补偿手段，以顺应商品时代的畅销要求。此乃作者自身的主体意识分裂。

与之相呼应，小说《吉姆爷》被置于鲜明的殖民文化冲突背景之下。主人翁原本强悍自信的主体性，迎头撞击东方异族的挑战，不能不产生出一种深刻的疑虑与惶惑。"我究竟是谁？我们比他们优越吗？"西洋文明的道德伦理何在？西方理性与那些野蛮人的生命哲学相比，到底孰优孰劣？

小说结尾，读者看到西方英雄的精神破碎、大作家深重的思想矛盾，以及他意识中隐隐骚动的批判企图。与卢卡奇不同，杰姆逊没有去抨击现代派艺术的堕落倾向，反而从中读出了新意。他的精彩分析，实际上为我们提供了一部与《启蒙辩证法》相呼应的"理性衰亡史诗"，同时也将狭窄精细的文学文本研究，变成了针对现代资本主义文化的深入批判。

---

[1] 参见 Jameson, *The Prison House of Language: A Critical Account of Structuralism and Russian Formalism*, Princeton University Press, 1974.

《政治无意识》避免了传统左派文论的简化倾向。由于它大胆借用西马理论和新进批评技巧，取得了明显成功。有人称赞杰姆逊"运用西方思想库所能提供的几乎每一种批评语言，从事熟练、广博而又专业化的综合批评，终令左派文论一跃而为广受尊崇的学术方法"。

在杰姆逊看来，文学文本是一种"社会象征行为"。政治阐释则是一切解读的大前提。在此前提下，文体、心理、语言与结构分析，都属于技术手段。唯有通过政治释读，才能保证文本与文化现象的统一，最终回到文本暗含的宏观历史诠释上来。[1]

后现代文化批判

如果说杰姆逊70年代完成了从文学批评到文化批评的学术转折，那么，80年代他所面临的重大课题，便是当代资本主义文化的批判阐释。在其70年代专著中，他已多次涉及后现代主义文艺现象，关注这一现状的理论描述，并开始探讨论战的力量对比、发展方向。

首先，杰姆逊对英美批评传统强烈不满，屡次指明它的狭隘孱弱本性。在《马克思主义与形式》的结尾，他曾痛快淋漓地抨击道："像政治学一样，英美哲学早已被削除了具有危险性质的思辨功能。由于不能设想自身之外的任何东西，它变得几乎一无用处，只能让人痛切地感到：它已远离那些伟大传统政治与乌托邦理论。我们当前的文化，由于严重缺乏思想，已经到了令人窒息的地步。英美哲学因此而堕落为文学批评，以便继续评论当代生活的抽象性质。但愿它能够名副其实！"

事实上，80年代的美国批评，在结构主义理论统治下，已经蜕变成单纯的专业工具。它在理论上玄奥虚无、政治上消极冷漠，而且长期沉溺于文本分析、语言游戏中。要想打破这种遗忘历史、回避冲突的学术孤立主义，唯一的出路，就是转向新式综合文化分析。

其次，在杰姆逊看来，发展左派文化批判本身也是一项紧迫的政治任

---

[1] 参见 Jameson, *The Political Unconsciousness: Narrative as a Socially Symbolic Act*, Cornell University Press, 1981。

务。新左派运动衰落后,政治保守主义在英美大行其道。受其压迫,大批激进学者退回书斋,埋头探讨理论,同时舍弃了当年强烈鼓舞过他们的进步使命感。政治运动的萎缩,于是也导致理论领域内的畸形繁荣。

70年代后期,后结构思潮在欧美迅速崛起。它在扩张自身影响的同时,也频频向马克思主义发动攻势。困境中的杰姆逊,试以自己的不懈努力,一面迎击后结构主义挑战,一面批判地阐释后现代文化现象,从而"证明马克思主义绝非什么唯生产的、简约的、过时的整体论话语"。

杰姆逊的后现代批判理论,大致可分为两个阶段。以1984年发表的《文化逻辑》一文为界,前期是准备阶段,后期是成型阶段。

早在1975年,杰姆逊便已放弃他有关"新现代主义或高级现代主义"的判断,转而宣告现代性的终结:"所有空中飘舞的那些稻草,似乎都在证明一种普遍的感觉,即现代时期已经结束,而某种深刻的断裂,某种根本的间断,或质的飞跃,业已决定性地将我们同20世纪初那个为人熟悉的、以现代主义胜利反叛为特征的新世界隔离开来。"

那么,后现代主义有哪些特征能使它有别于现代主义呢?对此,杰姆逊在1982年的讲稿《后现代主义与消费社会》中,尝试作出理论解答。

首先他列举后现代文艺现象的一些共同特征,例如它们对现代主义权威制度的猛烈攻击,已导致大众文化与高雅艺术的界限消蚀,各种专业话语的交相混合,以及主体观念瓦解、历史意识丧失,等等。然而杰姆逊认为:后现代的真正含义不止于此:"它不单单是一种特殊艺术风格的别称。在我的使用中,它同时也是一个分期概念。其功能是把一种新的文化形式的出现,与一种新的社会生活、新的经济秩序联系起来,加以相关的说明。"

在此文化研究层面上,杰姆逊强调指出:后现代文化受制于当代资本主义消费社会及其商品文化生产规律,其中最突出的两大形式特征,分别是混杂拼贴、精神分裂。

一、混杂拼贴(Pastiche)。随着大众文化泛滥、意识形态淡化,现代派文艺由戏仿(Parody)转向了混杂拼贴,简称"杂拼"。所谓戏仿,是指现代派作家故意模仿某种经典风格或形式,借此在作品中巧妙地反映历史差异、观念错位,以便激起人们的嘲讽与思考,达到揭露或批判现状的目的。

作为现代派文艺的重要形式，戏仿方法含有美学上的创新批判功能。然而在当代艺术泯灭个性、创新枯竭、作品沦为复制商品的大背景之下，戏仿只能蜕变为一种杂拼。后者胡乱拼合、并利用一切传统手法，生产并倾销既无个性，也毫无批判功能的大众时尚作品。杰姆逊指出，这种新的拼贴形式，"通过复制与再生产加强了消费资本主义的逻辑"。

二、精神分裂（Schizophrenia）。 后结构批评家拉康等人喜欢用语言模式分析精神分裂。例如在俄狄浦斯情结中，儿子为争夺母爱杀死父亲的行为，即被视为一种语言障碍。因为在儿子心中，父亲从一个活的亲人，逐渐转化为一种永恒压迫象征。

在此象征符号中，历史（父子亲缘）被删除干净，只剩下强烈的现实存在（压抑儿子个性）。唯有祛除这一符号，儿子才能获得独立生命意义。从语言学角度看，"父亲"符号的具体所指（活的亲人），及其抽象所指（压迫象征），在儿子心中发生了严重错乱，从而导致疯狂的弑父行为。

与此相似，后现代经验的重要特征，恰恰也是"语言链条断裂""时空概念紊乱"。滚滚而来的商品广告，无穷无尽的电子信息，不断翻新的杂乱拼贴，导致符号、文字与视听形象全面混淆，失掉了确切意义。或者说，大量孤立断裂的"物质性能指"，无法再构成和谐统一的个人经验。

这就加剧了艺术表现中的历史淡化、时空倒错、中心瓦解，以及深度感、距离感的普遍消失。资本主义疯狂的物质生产与消费享受，也因此造就了一个精神分裂、意义紊乱的文化系统。

《消费社会》作为讲稿，尝试性地反映出杰姆逊对后现代文化特征的描述努力。但该文并未完成作者预定的目标，即把后现代主义当作一个历史分期概念，并将这一新型文化形式"与新的社会生活、经济秩序联系起来，加以相关说明"。

资本主义文化逻辑

1984年，杰姆逊升任杜克大学比较文学系主任。这一升迁，奠定其美国左派文论领袖的地位。同年，《新左派评论》发表他的《晚期资本主义文化逻辑》，引起重大轰动和广泛讨论。此文贡献有如下三点：

一、总体阐释与阶段理论。在众多西方左派学者中，杰姆逊被人称作是一位"老而无悔的黑格尔派马克思主义者"。他坦然接受这个饱含挖苦意味的头衔，表示要坚持马克思主义的一些基本观念，例如整体论、辩证法和唯物主义。在其著作论文中，他从不避讳对马翁的赞赏与模仿，反而奉其为经典。

与丹尼尔·贝尔的"三领域分裂模式"不同，杰姆逊坚持总体阐释与历史阶段论。《文化逻辑》一文基本上沿用马列的分期概念，将资本主义进程分为三个历史阶段，分别是"市场阶段""垄断阶段""晚期阶段"。

在他有关晚期阶段的描述中，杰姆逊参考并援引欧洲学者曼德尔（Ernest Mandel）的晚期资本主义新论，将它形容为一种在高科技制导下、经由信息联网而形成的"多国资本"时代。这里说明一下，曼德尔是比利时经济学家，1975年发表《晚期资本主义》。[1]

曼德尔的分期依据，主要是"技术/生产方式"，即以蒸汽机、马达和电脑为代表，形成三个不同的机器时代，它们依次以其先进生产力刷新意识、重组社会。曼氏认为，晚期资本主义自20世纪60年代起，在全球范围内发动社会结构变革，主要目标是兼并早期资本主义尚未征服的"残余传统领地"。

而在杰姆逊看来，这种"更加纯粹的资本主义"跨国模式，试图将资本的极权统治进一步扩张到"以往那些未被商品化的领域"。它不仅要竭力消灭第三世界的前资本主义社会组织、文化传统，而且正以历史性的全新方式，"从根本上对大自然和无意识世界进行彻底渗透、全面殖民"。

针对资本主义三阶段的不同社会与政治结构特征，杰姆逊提出与之相应的三种文化形式，分别是现实主义、现代主义、后现代主义。这三种形式依次更迭，取决于资本主义生产方式的变革逻辑，以及它不断深入的物化规律。请留意：杰姆逊的阐释方法，同时也用了阿尔都塞的"多元系统决定论"。

我们知道，阿尔都塞曾用结构观念解释上层建筑与经济基础之间的复

---

[1] 参见其 *Late Capitalism*，New Left Books，1978。

杂关系。在他看来，马克思主义必须强调经济的先决性及其同上层建筑的对应联系。但两者并非简单的"直接决定"或机械因果关系。我们还必须考虑到黑格尔的"表现因果"，以及最新的"结构因果"规律。他坚持认为：经济乃文化发展的最终与根本原因，但文化自身拥有一定的"半自律性"，它也能对经济产生反作用。

为了描述这一复杂精致的互动关系，阿尔都塞发明一种多元决定论（Over-Determination），即视发达资本主义社会为一总体性复合结构。在其中，经济是位于核心的元系统。此外还有政治、法律、宗教、艺术等不同的亚系统。每一亚系统都有它自己的操作运行规则，以及相应的专业话语、理论规范。"为此，我们在研究当代文化现象时，应当尊重这种半自律性，综合考虑层次之间的间隙与差异，以及它同邻近亚系统的互动作用，最终从总体结构上得出合理解释。也就是说，总体的结构关系才是决定性的因素。"

二、文化主因说。据此，杰姆逊把后现代主义称作晚期资本主义的一种文化主因（Cultural Dominant）。从总体上看，后现代文化是由发达资本主义发展逻辑造成并支配的："如今艺术生产已被整合进普遍的商品生产之中。而经济出于它那旋风般的疯狂需要，已赋予艺术创新以日益基本性的运作功能与结构位置。"与此同时，商品经济对于文化的广泛渗透与支配，又促使文化系统发生了"持续爆炸"。

爆炸具有双重的后果：一方面文化系统的半自律性遭到破坏，形成文化自身严重的物化倾向；另一方面，文化的无数碎片被炸飞到经济基础与社会生活中，因而"从商品价格、国家权力运作，直到人的心理结构本身"，无不显露出越来越多的文化特征、文化性质。文化研究也随之变得重要起来。

杰姆逊说，"后现代其实是一个力场"，场中包括许多不同的文化冲动。或者说，文化主因触发了各个亚系统的差异变化。在其影响下，出现了众多的后现代特征，诸如主体消失、历史感衰弱、时空倒错、精神分裂等。

与法兰克福学派的"个人终结"说相应，杰姆逊认为，后现代文化去除了现代派作品中的异化与焦虑主题，代之以一种"文化的物化"特征，即艺术作品越来越缺乏深度、矛盾淡化、玩世不恭。就连伟大作家的个人风格与表现形式也开始逐渐消亡。

与资本主义的瓦解趋势相关，后现代文本呈现出形式破碎、意义浮动的普遍现象。对此杰姆逊指出："这种既是全球性的，又是典型美国式的后现代文化。"实际上，这正是由于美国在全球范围内大力发展其军事经济统治，因而在其内部和上层建筑领域造成的文化表现。

三、辩证的批判立场。 如何看待和评价后现代主义？杰姆逊与众不同，他既反对激进派的盲目颂扬，也反对保守派的道德化批判。他强调：我们不可忘记，后现代主义正是当代历史的重要组成部分。对于它的恰当立场，马克思早已为我们确立。《共产党宣言》中，马恩针对资本主义的评价，具有鲜明深刻的辩证性。他们表明：资本主义既是具有强盛生命力的新事物，也是充满破坏性、残酷性的历史进程。

据此，杰姆逊提倡一种辩证批判立场：对后现代文化既肯定又否定，以便一面批判其破坏与倒退特征，一面客观分析它可能提供的进步机遇，并结合当代文化条件，来制定新的左派战略。

无疑，杰姆逊的后现代文化批判也有局限性。近年来，他不断遭受左右双方的批评。首先，他有关发达资本主义经济与文化关系的阐释不够明细，也未能提供严格的政治经济学分析。其次，他的文化主因说含混不清，半生不熟。人们觉得这一主因刚刚出现，远未形成控制全局的能力。最后，由于他坚持经典马克思主义，又大胆吸收后结构哲学话语，这就引起了许多误解。

一些老左派认为杰姆逊走得太远，过多接受了后现代理论观念，譬如主体消亡说。而作为新式马克思主义文化批判，他的理论缺少一个起轴心作用的主体。面对批评，杰姆逊虽然以其乐观主义著称，依然免不了孤立与困惑。他曾声称要以鲍德里亚的"致命战略"，将后现代主义推向极端，再以"内部爆炸"的方法，摧毁其哲学话语。为此，他不惜利用拼贴法来瓦解拼贴，用"我所谓历史替代物的工具，来体现某种真正的历史意识"。

苦闷中的杰姆逊，转向第三世界和中国，以寻找革命希望、超越方式。1985年秋，他首次应邀来北京大学讲课三个月，讲稿以《后现代主义与文化理论》之名在中国出版。近来他不断扩展研究范围，从建筑、音乐到电影,又从欧美文化批评,转向第三世界文化的现状分析。

1994年,杰姆逊发表《跨国资本主义时代的第三世界文学》一文,表明他高度重视西方后现代文化正在引起的全球后果。关键是,后现代将带来一种"文化趋同",还是某种东西方文化对话与文化冲突并举的新局面?

那晚的饭桌上,杰姆逊教授同我们谈起他学习中文、研读鲁迅《狂人日记》的体会。他说他以此作为个人理论的实验探索,期望能形成一种综合性的新阐释理论。

与贝尔的解决方案截然不同,杰姆逊不相信西方文明可以单靠忏悔而获得新生。希望究竟何在?他毫不掩饰地表示:"社会主义应当能够创造一种有吸引力的新文化形式,以便同后现代主义对抗。"

(Fredrick Jameson, *Postmodernism, or, The Cultural Logic of Late Capitalism*, Duke University Press, 1990)

亨廷顿、萨义德与东方主义

这两位大牌美国教授,一个保守强悍,一个激进时髦。面对西方霸权日趋衰落,他俩各执一端,高谈阔论,引起纷纷议论。依照多年惯例,美国教授喜欢自说自话,不太在乎邻居的反应。

1995年入夏以来,中美关系不睦,迭有外交纠纷。尤其在台湾问题上,美方轻举妄动,引起两国关系滑坡。按说,这并非什么耸人听闻的趣事,也不直接影响华尔街的股市行情,因而犯不上记者主笔们大惊小怪。然而,今年的美国舆论特别关照中国:大小报纸杂志竞相报道,议论纷纷,一改美国媒体以往的孤傲态度。

过去读《纽约时报》,我习惯掠过国际要闻(大多是有关苏俄、欧洲、日本的新闻),往角落里寻找中国的消息。偶尔发现一两条,那种陌生遥远的语气,直让人以为是北极探险、史前考古。

如今中国明显升了一级,开始摆到了美国老百姓天天瞩目的位置,又受到各类行家的解说评论,自然算得上是一种变化。可那报道中的语气依然不对,常令人感到啼笑皆非。试举两例,附加评语如下:

其一,据今年7月17日《纽约时报》称,素喜信口开河的美国众议院议长金里奇,因贸然支持"台独",遭到基辛格博士私下训斥——据传是亨利从北京钓鱼台打电话到国会山,让这位大嘴议长立即"闭嘴"!事后,金里奇公开认错,说他前一次讲话"绝非当真",并抱怨中国问题委实困难,今后他得"多花一些时间研究中国"。

《纽约时报》炒卖政治逸闻,不愧为老手。此番拿议长作法,活画出一批美国政治家的鲁莽幼稚。他们在对华政策上胸无点墨、频繁出错,以至于爆出"议长挨批,回家补课"的笑话。然而这种肥皂剧式的调侃,却让我这个旁观者心头苦涩:中美两国建交多年,一直未曾化解心理障碍,也难弥补两国文化悬殊。金里奇坦承中国问题艰难,其他美国高官何尝不难?官员如此,百姓又该当如何?看来中美两国学者均有帮助本国民众补课的长久任务。

国家相处,贵在相互尊重与了解。倘若连续几十年昏暗不明,又不虚心学习,中美关系岂不要永远艰难困苦下去?

其二,今年7月25日《洛杉矶时报》,专题评论欧美关系淡化趋势。文章说:美国人疏远欧洲,转而重视亚洲和中国,是因为后者已成为"世上最伟大变革的象征"。从今年起,"中国开始引起过去对苏联才有的那种持续注意,中国正被当作超级大国那样对待,尽管它还不是一个超级大国。"

该文眼光犀利,分析得当,行文也符合客观叙事的体例。中国人捧读之余,依然会生出一些隐隐不快。原因何在?是因为作者态度傲慢、私心度人?还是由于他恭维不当,给中国人扣错了帽子?

其实,这位仁兄十有八九并非刻意伤人。他同金里奇差不多,都属于那种说话大大咧咧、不在乎别人反应的美国佬。若以西洋话语理论来分析,我们不难在这貌似公允的文字背后,发现一种美国人习以为常、安之若素的超级语气(Supertone)。这种语气受到超级权力(Superpower)的支配影响,往往浑然天成,一气贯通,令人闻其声而见其形。

仔细分解下来,其中大概还包含好几层彼此牵连的引申含义:比如倚仗实力而骄人的霸主心态,冷静而世故的功利计算,以及针对潜在对手的先天性警惕,等等。如此一想,中美交往困难,岂可单单责怪官员百姓?恐怕就连知识界、文化人也不得免俗。

上述专家见解所暴露的语气问题,足以证明交往障碍之深。我们承认,当惯了超级大国的人家,平日说话办事,自有他的高超气派、主体意识。

若非门当户对,他怎能降贵纡尊,与你闲谈平等?另一方面,中国固穷,民心硬朗。中国文人向来又讲究"风骨"二字。与阔客交往,最忌讳人家的脸色语气。其中难处,还望大洋彼岸的同行多加体谅。若在这一层上生分了,后患大矣!

目前美国学术界议论纷纷,广泛讨论中美关系的差异本质、弥合方法。其中有识之士提出:中美关系恶化的原因复杂,超出一般的国际政治范畴,因而有必要向深层探讨,检视双方在文化思想观念方面的显著差异。对此我深表赞同,并试以东方主义一题,谈谈自己不成熟的看法。

近两年,针对东西方关系的调整趋势,美国思想界发生一些变化。其中最令中国学者瞩目的一对热点问题,分别是亨廷顿的文明冲突论,萨义德的东方主义批判。

这两位大牌美国教授,一个保守强悍,一个激进时髦。面对西方霸权日趋衰落,他俩各执一端,高谈阔论,引起纷纷议论。依照多年惯例,美国教授喜欢自说自话,不太在乎邻居的反应。即便有人在一旁嘀咕,他们也难得听见,因为讨论一般是以英文进行的。

如今情况明显有变:东方人非但大声说话,而且振振有词,颇有些令人吃惊的例子。譬如去年春天,有一美国青年在新加坡犯案,后被判监禁和鞭笞。美方舆论哗然。李光耀为此接见记者,批评美国的傲慢偏见。他说东亚国家通过向西方学习,进步显著,可是"我们不想吸收西方的一切,因为它的价值体系衰败,腐蚀社会基础。亚洲今后的发展,将有赖于自身文化价值,亟须提倡社会第一、家庭为本、和谐共处等基本原则"。

此后,有关"亚洲价值"的讨论绵延不绝,参与者包括马来西亚总理、韩国总统、日本议员。有人甚至宣告:西方应当"停止妒忌亚洲的成就,开始学习它的伦理"。当然,政治声明与学术研讨是两码事。普天下的学问人,无论穷国富国,总归要讲究一个"雅"字,追求一个"理"字。我写这篇札记,是想客观评价亨廷顿、萨义德两人有关东方文明的看法。文章虽然牵扯到两位美国教授,却无意要他们向中国学习什么,特为说明。

亨廷顿：文明冲突论

先说亨廷顿（Samuel Huntington）。亨氏是哈佛大学教授，肯尼迪学院奥林战略研究所所长。因为口笔如剑，著书累累，又专攻比较政治学和国际战略，他在哈佛的声望，颇似当年未出道的基辛格博士。

亨廷顿教授擅长的专题，既有"冷战"中美苏对抗、南美军人政权，也有穷国现代化与政治改革。在自由派主导的哈佛校园里，此公力主"新权威主义"，直言批评美式民主，颇显右得硬气，且能代表保守派的战略意图。

1993年夏天，美国《外交》杂志刊登亨氏文章《文明的冲突？》。《纽约时报》略有异议，亨氏随即发表辩文《不是文明，能是什么？》。孰料这一惯例研究，竟在亚洲激起了连续不断的反响。从吉隆坡到马尼拉，从香港到北京，"文明冲突"一时成了最热门的话题。

我在哈佛听过亨廷顿的课。印象中这位教授机敏自信，灼见皇皇。他又是个大忙人，课后往往提包便走，外出公干。弹指十年，突闻他改行，做起了文化研究，并因此惹出非议，我不免为他抱憾。

细读其文，倒也不觉得怪异。教授本是西方得道之人：他受政府资助，为美国研究未来战略，当属本分。至于他的学术观点，我们尽可批评挑剔，费厄泼赖（Fair Play）嘛。亨廷顿提出了哪些新奇观点？无非两条，一是率先考察"非西方化"趋势，坦承西方中心论破产；二是预言世界格局将出现一种东西方对抗模式，而威胁主要来自儒教与伊斯兰国家。分析评述如下：

一、非西方化潮流的兴起。苏联瓦解后；美国人失掉了长期竞争对手，一时间轻飘飘、惶惶然，形成一种怪异的心理失衡。强敌消失，促使美国登上统治世界的权势高峰。这个唯一超级大国，如今的军事经济力量无与伦比。以它为首的西方七国，不仅能合法制定国际安全秩序，亦可有效控制全球经济。在所有的国际机构中，美国都在努力"代表世界整体"说话，以便能够"维持其优势、保障其根本利益、宣扬其政治与经济价值观念"。

在此大好背景下，难怪有人要欢呼世界文化的趋同性。他们说：现代化进程已令日本等国西方化，而经济一体化与信息技术的发达，将促进各民族国家的文化溶血。鉴于西方文明是一"适合人类的普世文明"，落后民族只能顺流而动，即遵照西方的规则，走向西化大同，舍此没有其他出路。

亨廷顿不赞成这种乐观兮兮的"趋同论"。他所关心的问题恰好相反，是一种非西方化的逆流。何谓"非西方化"？说白了就是反对趋同、坚持文化独立、对抗西方霸权。

亨氏指出，面对西方化的压力，落后国家通常采用三种应变策略：第一是关门主义，即强行自我封闭，杜绝西方影响，拒不参加由西方主导的国际社会。但这种政策难以持久，结果不是崩溃就是屈服。

第二种策略是顺流而变，改造民族身份，以求继续生存。然而变革艰难，挫折频仍。即便成功，也难获得西方接纳。迄今为止，多数发展中国家贫困依旧，受制于人。

另外还产生一批所谓的"精神分裂"国家。其中最有代表性的，就有墨西哥、土耳其、俄罗斯。这些国家的共同特征，是忽视本国文化特性，过分仿效西方。然而剧烈变革容易引发危机，打破它们加入西方俱乐部的幻想。屈辱之下，民族主义反而不断高涨。参比得失，目前已有一些国家冷静下来，转向新的第三种选择，即积极发展国力、争取平等地位、保存本国文化。亨廷顿认为，第三种方式，实乃"现代化而不西方化"。

针对上述动向，亨廷顿警告说："西方虽然处于权势的高峰，它却面对非西方世界的威胁。"他的主要理由是：日益扩大的国际交往，难免会引发敌对情绪，造成一些国家种族分裂、宗教复兴，其中尤以伊斯兰原教旨主义为烈。区域经济发展，亦能促进穷国的独立意识。例如亚洲国家的儒教传统，不但提供了经济成功基础，鼓励它们自信，而且导致当地知识阶层的非西方化。

亨氏敏锐地发现，亚洲精英过去与西方有着深厚的渊源：他们留学牛津、索邦、英国军官学校，努力吸取西方的理智与价值观念。如今他们却反过头来，重视本土文化，强调民族利益，甚至带头批评西方霸权。

二、文明冲突范式。关于世界格局，美国学界近年来众说纷纭。先有福山"历史终结论"的喜庆之音，后有施莱辛格"帝国衰亡论"的危言耸听。相比之下，亨廷顿更多一层冷静世故。身为美国政治学领袖，他看到西方霸权衰落，便要求改变研究范式，这一动机颇为不俗。

亨廷顿正确指出："国际政治已经迈出了西方阶段。"换言之，过去一直由西方国家关门独享的国际牌戏，如今增添了一批新玩家。在此新牌局、新的游戏规则支配之下，"非西方文明不再是西方殖民主义压迫下的历史客体，而像西方一样，成为推动和塑造历史的力量"。

与之相应，21世纪的世界模式也将发生大的变化："新世界的冲突根源，不复在于意识形态或经济。文明的冲突将左右全球政治。各大文明之间的断层线，将成为未来的战斗线。"

需要说明：亨廷顿的"文明"概念，出自英国史学元老汤因比。与老汤一样，亨廷顿认为"文明"是由相同的语言、宗教、价值系统所构成。作为一种文化单位，它能吸引最广泛的族群认同。

《历史研究》中，汤因比曾描述二十一种文明的兴衰分合，视其为历史发展主线。亨廷顿闭口不谈文明的共生互补，反而突出其间的敌对关系。他声称：文明差异由来已久，根深蒂固，远远超过意识形态和制度差异，足以引发持久冲突，形成一种"我们与他们"的深刻对立。提醒大家：亨氏此处将他冷战时期的国际冲突论，强行纳入汤因比的文明史框架，虽有创新，却显得立论陡峭，引起一些学者反感，指其为"强权文化理论的入侵"。

透过这副"强权墨镜"，亨廷顿发现：如今世界上只剩下七八种文明还具备继续在竞技场上争斗格杀的资格。它们分别是：欧美、儒家、日本（？）、伊斯兰、印度教、斯拉夫东正教、拉美以及非洲文明（后者可有可无）。

而西方国家的主要危险，将来自亚洲儒教与中东伊斯兰国家。这两大东方集团，一旦携手联盟，前景不堪设想。"如果有下一次世界大战，它必定将是文明之战。"如何在此战国格局中合纵连横呢？亨氏建议，西方应加强欧美团结，拉拢东欧拉美，争取俄国日本，并相机挑动儒教文明与伊斯兰国家的矛盾，以期从整体上扼制冲突危险。

亨氏这一高论，惹恼了不少亚洲学者。他们受儒教传统影响，笃信有教无类，和而不同，却不喜欢你死我活的冲突论。此乃双方基本差异之一。

亨氏出于自己的陋识偏见，居然误认儒教为西方大敌，奢谈中国扩张传统。在我看来，如此差异并不可怕，只要亨教授能亲自来中国走走，自然会有新的见解。比较深刻而危险的差异，在于他的认识论。恕我不恭，教授身为西方精英，竟脱不出基督教文明的一个千年老套，即我／他，主／奴、上帝／魔鬼的二元对立。平心而论，这一"优越思维方式"，不仅形而上学，而且在潜意识上有违民主与平等原则。西方历史上，从十字军东征以降的种种惨剧，大概都与此有关。

另外中国人晓得，西洋人害怕魔鬼，且又离不开它。去了旧鬼，还要造一个新鬼来接替。亨教授是否因此而心神不宁、疑惧中国？如是，且看我借用一样西洋新法，来为老先生驱邪。

萨义德论东方主义

与亨廷顿针锋相对，美国另有一股批判西方霸权的左派激进思潮。它的突出代表，就是哥伦比亚大学的萨义德教授。

论学术门第，萨义德这位左派学者，丝毫不让亨氏：他出身哈佛，风流倜傥，通晓九种语言，讲堂风范尤其令人折服。最有趣的是，萨义德饱受西方精英教育，却念念不忘东方文明，乐于标榜他的阿拉伯血统。作为巴解组织的铁杆盟友，他还激烈抨击殖民主义，反对美国发动海湾战争。

究其根源，原来萨教授出生巴勒斯坦，启蒙于耶路撒冷与开罗的法文与英文学校。移居美国后，他一帆风顺，先后考入普林斯顿与哈佛。20世纪60年代末，新左派狂飙突进，激励了这位哥大助教的雄心异志。70年代他潜心钻研福柯的话语分析方法，率先在比较文学领域试行知识考古，终以一部《东方主义》（*Orientalism*，Vintage，1979）大爆冷门，树立起左倾文化批评的当代典范。话说回来，当年他在哈佛苦读时，即便有此反叛念头，谅他小子也不敢张狂。

《东方主义》开卷引用马克思的名言："他们不能再现自己，一定要别人来再现他们。"此语出自《路易·波拿巴的雾月十八日》。马翁的原意是说：法国民众就像袋子里的马铃薯，"他们不能代表自己，一定要别人来代表他们。他们的代表一定要同时是他们的主宰，是高高站在他们上面的权威"。

请注意：中文本《马克思恩格斯全集》8卷217页，把马翁所用的德文动词 Vertreten 译作了"代表"。西方左派则通称再现（Represent）。因为除了"政治代表"之外，该动词还包含了"文化再现"的宽泛含义。依照福柯等人的话语分析逻辑，"再现"并不是什么真实图像，而是一种饱受意识形态支配的虚幻想象，同时它也是话语拆解的对象。

以这种时兴的批判眼光，去"重读"东西方文化关系，萨氏发现：它就是一部东方文明如何被西方人强行扭曲改造的历史。且看，东方民族长期遭受帝国主义压迫，愚昧无知，形同散沙，一如马克思笔下法国大革命中的落后民众。拙于表达的他们，既缺政治代表，也少有文艺作品中的独立形象。在西方文人眼里，他们像一群哑巴或丧失个性的奴隶。

譬如《鲁滨逊漂流记》里的星期五，他本是个"野人"，可以任由主子命名并随意驱使。又如法国作家福楼拜记述的埃及舞女，她艳丽曼妙，野性难驯，洋溢着尼罗河的原始冲动，却又过早失掉了繁衍能力。然而，正是由于这些卑微客体的存在，大大巩固了西方人的主体意识，促使他们变成落后民族的代言人，变成诠释东方文化的合法权威。

很显然，萨义德挑选东方主义命题，目的是要颠覆西方霸权的合法性，重新界定东西方文化关系。何谓东方主义？简言之，它就是西方主子有关东方奴隶的各种文化再现，是围绕欧洲中心观念产生的一整套针对东方的学术原则、思想方式、统治制度。具体说，它包括以下三层含义：

一、学术东方主义，或称东方学。东方学的兴起，伴随欧洲列强的扩张。它们持续百年的海外殖民，反过来又刺激了东方学的发达。作为西学分支，东方学表面上只涉及教学研究的种种规范，可其中渗透了殖民主义观念。

譬如西方人习用的近东、中东和远东之说，原本就是顺着欧洲征服者的自我目光，慢慢扩展其"主体视域"，由近及远，将其知识兴趣与统治欲望逐步推广的结果。

反过来说，诸如埃及、印度这样广袤而神秘的东方国家，在沦为奴役对象的同时，它们何尝不是西方学术强行捕捉、贪婪肢解的目标？

二、想象东方主义。与东方学互为依托，还有一种作为"思想方式"的东方主义，其特点是从西洋哲学的本体论、认识论出发，将东西方文化对立看待，借此形成一种"西优东劣"原则。

顺着西方文艺发展脉络，萨义德逐个析读但丁、歌德、伏尔泰、巴尔扎克等人的作品，说明这些欧洲名流普遍"接受东西方的概念区分，并以此为基点，做出种种有关东方的精细理论、史诗、小说、社会描述和政治研究"。[1]

即便是在没有直接殖民利益的德国，早期东方学的昌盛，也曾促成一批浪漫狂想型的文艺作品，其中不乏一种潜在而固执的精神优越。

三、作为话语系统的东方主义。 学术与想象之外，还有更深邃复杂的一层东方主义，它就是福柯所说的话语系统，或一种兼有政治、经济、文化压迫功能的全球网状机构。这种东方主义无处不在，又难以觉察。人们只能以话语分析方法，对它进行周密的文本剖解，层层剥离，以暴露其历史根源及其物质性。

所谓"物质性"，原是福柯的说法。福柯强调：在西方权力与知识意志的支配下，话语系统中无形的思想概念能够逐渐"物化成形"，相应产生一套由权力技术支撑的"综合机构"。

就东方主义而言，这套机构既包括大英博物馆、牛津、剑桥等东方学权威中心，也涉及美国之音、好莱坞、可口可乐一类文化生产部门，甚至牵扯到一些表面与此无关的单位，诸如五角大楼、第82空降师、第七舰队。

萨义德指出，作为一种话语系统，东方主义历时两百年，逐步形成制度，大致可分为两个阶段。首先是"英法阶段"，即从19世纪初到第一次世界大战。这两个老牌殖民帝国横行海上，热衷于殖民扩张，你争我夺，几乎控制了大半个世界。

其二为"美国阶段"。它专指"二战"之后，美利坚合众国巍然崛起，取代英法，成为东方主义大本营和战略中心。这两个阶段虽然不同，它们的任务始终如一，此即"运用一切方法对付东方"。萨义德说，这任务包括针对东方"发表见解，确立权威观念，进行各种描述，教授东方学知识，以及如何去那里定居，并且统治那块地方"。

---

1 参见 Edward Said, *Orientalism*, Random House, 1979, 第 2 页。

简而言之，东方主义就是一种"为了主宰、改变并统治东方而形成的西方行为方式"。不了解这一庞大系统及其运作机制，人们便无法判明："自启蒙运动以来，欧洲文化是如何控制东方，并不断地从政治、社会、军事、意识形态、科学和想象性艺术等等方面，制造出一个东方来的。"[1]

为了描画上述过程，萨义德大胆借鉴福柯的知识考古方法，充分运用话语分析技巧，筛选历代积案，以求逐步凸显东方主义的"知识谱系"，暴露它赖以形成的历史语境、物化规律。像福柯一样，萨义德对各类文本一视同仁，实行综合治理。我们在《东方主义》的主要章节里，既可欣赏拉马丹、劳伦斯、福斯特的文学华彩，也能拜读洪堡、吉本、赫南的学术论点。甚至有机会了解相隔百年的政客讲演、海军部署、考古报告、传教日记，还有比较语言学论战、英国皇家东方学会的发展简史，以及东印度公司的账面收入。

如同编织一幅花毯，作者广征博引，穿插比较，渐渐显出一种令人惊诧的历史全景。而在描绘全景的同时，萨义德并未忽略其中的隐秘关键，这就是支撑东方主义话语系统的"权威意识""战略位置"。

我们已知："权威意识"来自西方人自命优越的主体观念，也是他们难以克服的"整体意识局限"。萨义德指出，西方人有关东方的各种思考和行为，多少都受到东方主义影响，其中轻者为"潜在型"，重者，如前述的亨廷顿教授，则可称为"明显型"。权威意识的产生，当然是西方人切身利益驱动的结果。在此过程中，他们还利用各种专业领域的权威话语，不断散布影响，加强权力机制，以达到支配全局的目的。

所谓"战略位置"之说，涉及这种借助知识来建立霸权的技术方式。假设东方主义为一张巨大的知识权力网络，其中自然安装了各种管线、开关、阀门与调控枢纽，这些机关的潜在作用，就是发展和巩固西方人在各种学术专业领域里的全球战略优势，从而一步步"把东方纳入西方的学术、西方的意识，以及西方的帝国网络之中"。[2]

---

[1] 参见 Edward Said, *Orientalism*, Random House, 1979, 第22页。
[2] 同上书, 第203页。

与此同时，萨义德又不断提醒读者：东方主义作为一种权威性话语系统，它的形成和发展，始终脱离不了自己的征服对象。换句话说，西方文明恰恰是通过压迫东方、描述东方、将自己同东方对立，才得以不断从中获取力量，进而确立起自身的权力与自信。因此，没有东方和东方文明，就没有如今西方人的文化优越感，乃至他们的权威心态、战略位置。由于这种权威恰好建立在东方的屈辱之上，萨义德进而断定：东方乃是西方的潜在自我与替代物。

综上所述，萨义德的东方主义批判，大致是激进而富有挑战精神的。他面对当今世界潮流，从左倾文化批评家立场出发，大胆揭露矛盾，深入剖析西方学术的潜在主体意识，引导欧美各国开展"后殖民文化研究"，确有相当大的进步影响。而他在《东方主义》中展示的批判纲领，也堪称是高屋建瓴、气度不凡，足以展示作者的勃勃雄心。

然而《东方主义》也有比较严重的缺点与不足。这里简单批评两点。

其一，东方主义总体模式大而笼统，无所不包，好像是普天下统一的规律。换言之，萨义德把东方主义当成一套完整严密的话语系统，覆盖全球而无例外。可他严重忽略了东亚和中国。他所谓的东方，基本是指伊斯兰、阿拉伯和北非。他曾简略谈及印度，几乎没有提到中国和日本，所以说，他的东方主义仅仅是一种"阿拉伯主义"。

为何避开中国？因为萨义德不懂汉学，也因为中国的情况与他的总体模式不相符合，很难被纳入他的理论范畴。问题是：不谈中国何来东方？这不能不说是他知识结构、理论框架上的一大疏漏。舍此便无法自圆其说。

其二，书中缺少对立冲突。简单说，萨义德是一面倒，既没有注意东方国家的反帝反殖民运动，也忽视了西方知识界内部的抵抗和斗争。其实帝国主义、殖民主义在全世界的发展并不平衡：他们在各处都遇到了抵抗和斗争。譬如以中国之大，就容不得东方主义横行霸道。哪怕是鸦片战争之后，中国也保留一个半封建半殖民地身份，并非像印度和埃及那样，完全沦为奴隶。

在萨义德看来，东方主义犹如一张压在东方人身上的巨大网络："东方本身过去不是、现在也不是一个思想和行动的自由主体。"此话过于偏激，至少忽略了中国人民自立、自信、自强的现状。

客观持平而论,萨义德的问题,就在于他的双重人格、边缘意识。此人出身巴勒斯坦,在埃及受法国教育,后到美国念书、当教授,可谓相当的西化。不仅如此,萨义德接受福柯和西马的理论影响,也就接受了福柯的边缘意识、抵抗精神。但这种意识从根本上讲,仍未脱离西方文化中心观念,只不过是它的一种逆转、反拨,或激烈质疑。就算我们承认这一逆转具有学术震撼力,可它难免偏激过头。尤其是在理论变革初期,这种革命冲动往往带有以总体论对抗总体论的性质。例如阿尔都塞的结构马克思主义,由于过分强调意萨司机制、总体结构运转,反而抹杀了个人主动性,以及进行革命的可能。

同理,萨义德虽然突出批评东方主义的总体性霸权统治,可他无法解释:就在同一张东方主义话语网络之下,为何出现他本人和亨廷顿这样截然对立的学术现象?

另外,萨义德针对西方主体意识的抨击,依然显得幼稚,尚未摆脱主/奴观念的简单对立与颠倒。他坚持说:东方只是西方的压迫对象、潜在自我,但不具备独立的主体意识。这同黑格尔、胡塞尔的"他人观念"并无二致,即一面承认"他人是像我一样的人",一面认为"他不具备同我一样的优先地位或独立性"。

在此潜意识的支配下,萨义德以为,他只需颠倒我/他、主/奴关系,即可轻易完成拆解工作。如同定向爆破,一按电钮,大厦便无声崩塌。只可惜,在此颠倒拆解过程中,他不仅避免不了西方学术观念的牢固束缚,也无法描述或还原一个真实、原本、自为的东方。

原因很简单,萨教授说不清他究竟是东方人还是西方人。

(Edward Said, *Orientalism*, Vintage, 1979)

美国的忧郁

几乎是有生以来头一回,美国人开始变得疑虑不安、心烦意乱。他们私下里一再感觉到:好日子已经过完,形势日趋困顿,前景复杂难料,似乎有必要预备不测了。

1835年,有个法国人托克维尔(Alexis de Toucqueville)写过一本书,题名为《美国的民主》(*Democratie en Amerique*)。此书描述新大陆的壮阔地理,刻画扬基佬的精神风貌,首次向世界提供了一幅美国人民的集体肖像。另外,结合分析这一新秀民族的民主个性及其潜在利弊,作者还对美国社会文化发展作出了一系列长远预测。

话说回来,这位托克维尔本是一个没落贵族青年。法国大革命中,他的外祖父上了断头台,父母双双被投入监狱。如此家庭背景,非但没养成托氏敌视革命的情绪,反而促成他在美国学领域的显赫地位。

托氏何以大获成功?如今美国人对他钦佩之余,往往勘不破其中秘密。其实,依照马克思的说法,有少数这样的贵族思想家,他们关于资本主义的批判见解,因其视角与底蕴不同,往往会超出暴发阶级的平庸浅薄,形成深刻历史洞见。

这样看来,托克维尔的故事就不难解释了:法国大革命固然可怕,却显示一种历史规律。衰败的欧洲尚未新生,革命后的混乱令人失望,一时清理不出多少头绪。此时的托氏,孤独又冷静:他的贵族教养引导他脱离世俗,面向大洋彼岸,越位观察资本主义变革大趋势。

托克维尔的历史预见

1831年,托克维尔亲赴美国考察,企图从那个混沌未开的幼小民族身上,找到有关未来世界的基本答案。如他在书中所言:"我承认,我在美国看到了远比美国更多的东西。我在那里搜寻民主的形象,它的表现、特征、偏见与热情,以便了解在其发展过程中,我们应当害怕或希望什么。"[1]

托克维尔预见到:当时美国弱小幼稚,却有得天独厚的发展前景。它的蓬勃朝气、开放思维、实用精神,必将合成巨大进步动力,促使它超越腐朽没落的欧洲,成为世界上的伟大强国。未来世界版图上,能同美国实力相当的对手,大概只有俄罗斯一家。而俄罗斯将与美国匹敌的原因,不在于它的幅员辽阔、民心强悍,而在于它的文化思想"出发点",与美国截然不同。所以遵照"天意的安排",美俄两国将会平分秋色,各领一端,"分别影响半个世界的命运"。

对于托氏预言,美国人心下感叹,由衷佩服,几乎到了烧香拜佛的程度。想想看,那个古怪法国佬不但早在150年前就活画出美国的成年形象,而且犹如天启神助,准确预见到美苏争霸的"冷战"格局。可惜的是,托老先生没能掐算一下美国成年后的命运。眼下苏联已经解体,"冷战"成为历史。作为一个新兴民族,一向无忧无虑的美国,正走向一段心情黯淡、前景难料的岁月。

本文中,我有两个目的,第一是延续托克维尔的历史哲学命题,分析美国精神状态的最新变化。我们知道,西方思想史上素有"时代精神、民族心态"的说法。我之所以从文化心理入手,是要把美国民族当成一个人来看待,从小到大地描述它在不同阶段的集体人格,进而探讨中美两个民族的关系。第二个目的是:如何看待一个与本民族截然不同的民族,这对中国知识

1　参见托氏《美国的民主》英译本,*Democracy in America*, NY: Signet, 1956, p.13。

界是一重大现实问题。随着"我／他"的各自变化,问题越发显得沉重起来。本着一种"观人察己"的态度,我今天专门来同大家谈谈美国。

一谈到美国,人们自然想起一句俗语:美国的月亮圆又圆。于是有人肯定,有人反驳。我想讲的是:美国的月亮早先一点儿也不圆。它后来渐渐圆起来,一度圆得非同寻常,以至于现在又显露出不那么圆的迹象。

根据中国的传统看法,这本是自然规律,没啥子稀奇。同理,一个民族的精神发育,也可分作童年、少年、青年、中年等几个阶段——它顺序发展,逐渐演变,才有今日之美国心态。

美国:从童年到青年

一、美国的童年。自"五月花"号泊岸,到1776年美国独立革命,早期的美国实为一个逃学顽童,或称"欧洲人走失的侄子"。

这孩子生性倔强,不服管教。他先是离家出走、漂洋过海,继而又同宗主国英国闹翻、另立门户。由于地处偏远,家长鞭长莫及,居然给这小子闹成了!为此,欧洲人时常批评美国偏激幼稚、缺乏教养。可他为了追求自由,不惜脱胎换骨,另辟天地。可见这是一个勇敢而自信的孩子,从小就与众不同。

二、美国的少年时代。这是爱默生和杰克逊的时代,也是托克维尔目睹的美国民主发育阶段。此时的民族心态,可谓天真烂漫,激进昂扬。反映在思想史上,特点是无限天地,海阔天空,不断开拓,充满新奇念头。例如美国哲人爱默生扬言,要在哲学上走自己的路,不甘再做欧洲人的学徒。

又比如军人出身的杰克逊总统,开创一种鲁莽率直的民主政治,曾公开提出"政党分赃"。再看马克·吐温小说里的汤姆与哈克:这两个顽童野性十足,拒绝教化,偏偏大获人心,成就一代美国文学经典。美国大诗人惠特曼,则在《草叶集》中尽情讴歌一个在原野上撒欢奔跑的欢乐少年形象:他一无拘束、酷爱自由、肢体矫健、思想清新,充满旺盛的生命活力。

当然也有个别例外。譬如霍桑小说中浓厚的清教文化阴影,爱伦·坡《大鸦》诗中出人意料的黑色意象。可这些"为赋新诗"而模仿大人叹息的口吻,恰是一种"少年不识愁滋味"的体现。

三、美国的青年时代。自美国内战到"二战"结束,目睹美国的迅猛成长。美国的南北内战,堪称是其"青春期骚动"的必然结果。林肯被杀,美国人伤心一时,却在狂躁之后,很快找到了心理平衡。

内战后的美国蓬勃发展,工业实力一举超过了欧洲列强。就像一个发育迅猛的小伙子,他身材高大,举止笨拙,可又明显缺少世故。一次大战,美国当上了英国的小伙计。威尔逊总统提出国际联盟方案,也因其理想主义惨遭失败。经济危机爆发,全国上下一片惊慌,多亏罗斯福推行新政,挽回危险局面,继而大举参战,打败德国日本,致使美国一跃而为世界强国,进入所谓的"美国世纪"。

四、美国步入中年。"二战"后,自杜鲁门时期到布什总统任内,美国运气直线上升,其国力强盛达到了人类顶峰,其富裕程度更为有史以来之未见。作为西方国家的不二领袖,美国一方面与苏联对抗,从中积累起丰富的国际政治经验;另一方面它依据强大实力,奉行全球扩张与争霸战略。

在国内,美国的民主政治、市场经济、社会福利日趋成熟,构成制度化体系,同时也培养出一种特有的美国价值观,或称"美国生活方式"。国民对此普遍感到认同或自满,逐渐习惯于一种优越心理,甚至是潜意识的霸主心态。

总而言之,作为一个后来居上的新秀民族,美国一帆风顺,从未吃过大亏,也没有任何忍辱负重的历史经验。肯尼迪被刺,确是一个心理打击,可它阻挡不了美国人不断开拓"新边疆"的使命感、自信心。朝鲜战争、越南战争都是说打就打,强悍凶狠,毫无顾忌。直到最近几年,才出现前越战司令官威斯特摩兰将军的反思性传记。

待到苏联瓦解,海湾战争打赢,美国终于感到了疲惫和厌倦。就像一个野心勃勃的中年人,它在长期奋斗和紧张对抗之后,突然松懈下来,发现自己元气大伤,并且不可阻挡地进入了更年期。

与之相应,美国民族的心理变化也随之加剧——几乎是有生以来头一回,美国人开始变得疑虑不安、心烦意乱。他们私下里一再感觉到:好日子已经过完,形势日趋困顿,前景复杂难料,似乎有必要预备不测了。

问题是：对于这样一个从小自由散漫、自命不凡，又因反叛家长管教、最终成为"全球家长"的民族而言，目前世界上并不存在一种能够令美国改变性格的权威影响。于是乎，伟大而自尊的美国，只能孤独而骄傲地站立着：他威风凛凛，心事重重，目光中透出一种以往罕见的忧郁神情。

美国进入了更年期？

美国民族的忧郁神情，我早先在哈佛教授脸上，偶尔窥见一斑。

1984年博士资格考试，考试委员会的老师们，曾列出美国前途的三种可能，要我择一答辩：继续强大、收缩保守、分裂瓦解。

为求稳妥，我选择中庸之道，依次分析美国经济与社会结构变化，认为它的巅峰时期已过，拓展余地不多，社会矛盾加剧，导致自由主义政纲分裂。如此态势，虽不至于引发普遍衰退，也将迫使政府采取守势，谨慎处理内政外交。

记得当时老师们眼神专注，对我的论证不加诘驳，反而连连追问：你为何不选第三项？你的理由何在？强大压力下，我只好重申我对美国高科技研究体制的乐观看法，强调这一特殊优势将发挥巨大的变革作用，至少能牵引美国持续发展三十年。然而老师们不依不饶，最后还是提醒我：要注意西方史上从神圣罗马帝国以降的"帝国衰亡规律"。这似乎是要向我表明：即便你得到博士学位，也不能停止研究。需要继续体察美国的变化，跟踪它的历史发展逻辑。然而要把握这一逻辑谈何容易！

1989年回国途中，我在旧金山获得又一次令人难忘的美国印象。

当时我正搭乘一个泛美航班，从盘旋低飞的波音机上俯瞰湛蓝的海湾：一艘庞大的航空母舰正在徐徐入港。从舷窗中看去，甲板上布满战机，水兵列队行礼，码头上万人集聚，色彩绚丽——这大约是海军家属较多的缘故。我虽听不见地面喧闹，仍能感觉乐队在高奏《上帝保佑美国》，市长在发表热情祝词，妻儿老小则在欢迎他们远自地中海或波斯湾归来的亲人。

我知道，航母返港一直是美国光明、强盛与幸福的象征节目。目睹这一典型的自我炫耀，我仍然感受到一次强烈震撼，忍不住怀疑我所了解的一系列有关美国衰败的专家见解。

今年我重访美国,又有不少新的感触。突出一点,就是"美国忧郁"的普遍化:它不再局限于少数知识精英,而是波及美国各阶层。从政治家到老百姓,人们一致关心的国家大事,全都归结到"如何节俭度日、让谁来负担裁减"这一捉襟见肘的问题上来。

金里奇发动"中产阶级革命",旨在压缩社会福利、缩减政府赤字。结果却引起了预算危机,联邦机构两次关门。不难想象:一个舒服久了、民主惯了的民族,岂可轻易接受这许多节制?随着贫富差距加大,社会矛盾激化,种族关系紧张,连续演成轰动大案,诸如俄克拉荷马联邦大厦爆炸案、辛普森的世纪审判、邮包炸弹恐吓案、加州大学取消种族优惠,等等。这些事件性质严重,令人担忧,因为它们集中指向美国民主法制的基本价值观,并对其合法性提出挑战。

与之相应,美国学术界也出现一些流行悲观论调,甚至一些偏激理论。前者如布热津斯基的《大失控与大混乱》。它声称美国自身难保,问题成堆,因而既不配做世界警察,也不配做全球银行家,甚至连一个教训旁人的道德家也当不成。后者如莫雷与赫恩斯坦的《钟型曲线》。此书突出智商的决定作用,强调美国社会两极分化不可避免:上层将由一个高智商精英阶层实行统治,下层则属于不断壮大的愚笨阶级。其中黑人智商低下,不可救药。这一结论来自专家权威,它可能成为右翼思潮的又一"科学依据"。

反映到外交政策与对华关系上,美国忧郁症病情明显、间歇发作,兼有狂躁迹象,现已成为国际观察家的评论热点。不难看出,自1991年以来,白宫、国务院、国会山为此前后摇摆,反复争论。他们犹豫彷徨、情绪波动的程度,远比当初制定"冷战"政策时来得激烈。

众所周知,"冷战"是杜鲁门总统1947年拍板决定的美国外交方略。它以苏联为主要对手,实行长达半个世纪的战略扼制。这一战略的形成,前后不到一年时间。参与设计者,除了总统左右手哈特曼与艾奇逊,便是美国驻苏大使凯南(George Kennan)。

在一篇著名外交报告中,凯南认定美苏之间没有长期共存的"生活准则"。作为一个征服型国家,苏联的攻势也是美国无法回避的。为此,美国只能"在不断变化的地理与政治关键点上,灵活而警惕地采取回应措施,以实现对苏联扩张的系统扼制"。[1]

如今,像凯南这样精通外交、熟悉对手的高级智囊已经少见。面临"冷战"后重建"世界新秩序"的任务,美国却表现失常、游移不定——这同它一贯的率直自信作风大相径庭。自1991年苏联解体后,美国外交迅速失掉重心,显得轻飘飘又惶惶然。一方面是霸权达到顶峰的得意忘形,另一方面又因敌人消失而茫然不知所对,无法适应这一"天赐"胜利。

于是在美国理论界出现了福山(Francis Fukuyama)的"历史终结论"。福山的大意是说:一旦冷战结束,意识形态斗争停止,历史也就随之告终,天下从此太平,因为人类别无选择,只有跟随资本主义了。[2]

直到1993年,克林顿政府迟迟拿不出一个全球战略方案。由于失去了"冷战"对手,美国的孤立主义盛行。多数人要求削减军备,从海外撤兵,减少国际干预,以便尽快分享和平红利,倾力解决国内问题。

长期"冷战",令美国人深感疲惫,首次在国际事务中形成"负债经营"的心理,进而造成目标含混、行动紊乱的后果。这一时期,美国对中国采取一种无所谓态度,认为苏联完了,中国也就失去了战略价值,只是一个地区力量。

1993年夏天,亨廷顿模仿当年凯南的做法,在美国《外交》杂志公开发表他的官资研究项目论文《文明的冲突》。此文提醒美国切莫丧失警惕,更要重视新的国际冲突规律,尤其要防备以伊斯兰和儒教文明所代表的"非西方化"趋势。

亨氏理论反映出美国战略思想突然向右倾斜,也为美国全球战略中的"中国问题危机"埋下了重要伏笔。需要批评的是:亨廷顿虽然敏锐地指出了全球政治格局的重大变化趋势(西方中心结束、国际牌局增添了新玩家),可他毕竟不是东方专家,不可能具备凯南当年的思想说服力。与此同

---

1 参见凯南化名"X先生"所写的报告:《苏联行为的起源》,载美国《外交》杂志,1947年7月,第25卷。
2 参见福山《历史的终结与最后的人》英译本,*The End of History and the Last Man*,Penguin Books,2003。

时，亨廷顿对于儒家文明与中国传统的诸多偏见，已在亚洲激起一片愤慨，反而给美国外交造成了新的混乱。

时至1995年秋天，我在美国访问时仍能感受到针对中国的不安情绪。首先是报刊杂志有关中国的报道普遍增加。各式评论倾向不同，却都流露出一种针对中国发展前景的严重关注。其次是一次盖洛普民意调查，发现67%的被调查人认为中国是"不友好国家或潜在敌人"。尽管这一数据缺少普遍代表性，却也反映出一种前所未有的迹象。

令人欣慰的是，经过长时间思索观望，一些资深外交家和学界有识之士，开始相继发言，强调美中两国维持正常关系的重要性。譬如基辛格慨然表示：无论我们反对与否，中国终将成为一个全球大国，既如此，我们与其对中国实行扼制，倒不如在其发展过程中主动予以帮助。换言之，任何企图扼制中国的方案，必定会给美国自身带来灾难。

最近，布热津斯基又发表文章，宣称美国最大的外交课题，是要确保中国在世界上发挥建设性作用。为此，两国都须学会与对方相处，分别调整自家的一些观点。这位前任国务卿继而又忧心忡忡地指出：关于"中国即将成为超级大国"的流行看法并非好事。因为它一方面会引起美国人"对未来中国产生多疑症"，另一方面"也能养成中国的狂妄自大"。在布氏看来，中国人的文明自豪感、他们"自认为是世界中心的习惯心理"，以及他们150年来饱受屈辱的历史，会不会导致其"自尊心进一步膨胀"？[1]

眼下，美国政府已经多次宣布，美中关系是"世界上最重要的关系"，它将在政府议程上"占据首要地位"。而美国将对中国采取一种全面接触、理智对话、避免冲突的政策，用克林顿的话说："全世界都指望我们（美中）做正确的事情。"然而问题并未解决，疑虑依然存在。

如同两个巨人，中美这两个伟大民族，首次面对面地相遇在历史的狭长走廊里。他们经历不同，性格各异，彼此了解不够，甚至在文化传统与思维方式上都有显著差别。与此同时，他们又福祸相倚、荣辱关联，谁也避不开谁。

---

[1] 参见布热津斯基《中国是全球力量，还是全球问题？》，载《华盛顿邮报》，1995年10月29日。

面临上述问题，我以为中国人也有某种反观自身、平衡心理的必要。钱锺书先生说得好："中西交往，人我关系，如同鸟之双翼，剪之双刃，缺一不可。"

中国强大本是好事，也是历史的必然。随之而来，却也有一个摆脱孤立、面对世界的思想调整过程，以及一个研究他人、学习与人和睦相处的艰巨任务。

在这一长期缓慢的调整学习过程中，我们可能会情绪波动，犹豫不决，甚至一时间争论激烈、出现偏差。这都不要紧。关键问题是要注意保持民族心态的健康平稳。而健康心态的保持，则要求知识界和专业学者坚守客观立场，适当发挥"理性阀门"的节制作用。

（参见托克维尔《论美国的民主》，董果良译，北京：商务印书馆，1988年）

My Notes from Harvard

附 录

哈佛读书札记

哈佛与清华

1981年,我在中国社会科学院研究生院毕业,得了硕士学位就被公派留美,去哈佛大学读博。刚到哈佛第一年,我读得很辛苦,感觉就像个乡下孩子,走惯了乡间小路,突然被扔进一个大都市,满眼都是立交桥,上下盘旋飞舞,看见路牌,也不知道怎么拐弯。

在这种紧张繁忙情况下,我自然就忘了咱们的春节,脑子里只记得交上最后一篇论文的截止日期,美国学生管它叫死期(Deadline)。突然间,我在宿舍接到一个电话,电话里讲的是中文,而且是地道动听的北京话!那人是个老年男子,口齿清楚,态度可亲。他问我是不是赵一凡先生,是否大陆来的博士生。我说是。然后那人简洁地自我介绍说:"我是张光直。"

张光直先生是美国科学院院士、哈佛大学人类学系主任,也是中国华人在美国的骄傲。张先生当时将近60岁了,我此前从未见过他,而且当时我也压根儿就没明白过来——这是美国科学院院士在给我打电话。张先生又说:春节快到了,我代表中国来的几位学长,邀请大陆来的新同学聚餐,吃年夜饭。然后他仔细告诉我时间地点。

到了聚餐那天,大雪纷飞,道路湿滑,我又没有车,怎样才能去赴宴呢?正在茫然中,张先生亲自驾车来接我:他一副美国教授打扮,开很漂亮的好车,来到学生宿舍楼下。我诚惶诚恐,上了张先生的车。张先生轻声慢语,很快就让我放松下来,开始同他说东说西。

后来到了一处人家。原来这里是赵元任先生的故居,是他的老屋。赵先生那年刚去世。我记得那是 1982 年上半年的事情。他有一个女儿叫赵如岚。按照美国习惯，这个女儿结婚以后，加上夫婿姓氏，就成了"卞赵如岚"。

我一到赵家就发现，客厅里还有几个同我年龄差不多的中国留学生。他们身边围坐着一些老学长，嘘寒问暖，很快就同我们熟悉起来。

他乡初遇清华人

我在赵家见到的老学长，多是清华人：他们要么是当年西南联大的教师子弟，要么是台湾"清华"的毕业生。这些人把我们当朋友、当子弟看，所以关系亲密，一无隔阂。

张先生告诉我们：这是一个中国人的传统聚会，名叫"康桥聚会"，这是因为哈佛大学所在地叫 Cambridge。每月举办一次。除了聚餐外，每一次都要邀请一个主讲人，做专题学术报告，题目也是中国学者比较感兴趣的。

此后，我接连参加了六年康桥聚会，开始对身在哈佛的清华人有所了解。这个聚会，每次都由资深的清华学长在各家轮流主持，招待我们吃中国饭，品尝中国点心。每次聚会也是一个正式的 Seminar（研讨会）。主持人一本正经，把我们当成学生，分发阅读材料。然后主讲人上台开讲，最后请大家提问讨论。

譬如在赵家：赵元任先生的女儿赵如岚，当时在哈佛主持一个中国民间说唱的研究项目。我记得，有一次她亲自出面联系，邀请一个唱天津大鼓的女艺人，到她家来现场表演。表演之后，赵先生当场发表评判意见，引起大家强烈兴趣，结果一直讨论到深夜。但是不用担心，总会有学长开车把我们一一送回家去。

赵先生是江苏人，1892 年生，1982 年去世。他是清华第二批留美学生，1910 年赴美，先入康奈尔，主修数学。到了 1914 年，转学哈佛，攻读数学博士。1920 年，赵先生回到清华，讲授物理学和数学。1921 年他又回到哈佛，进修语言学。这个时候，他对中国各地方言特感兴趣，所以要去美国学习最先进的语言学，包括音位、音阶、方言研究这些东西。1925 年清华建立国学院，赵先生成了"清华四大导师"之一，指导范围是中国音韵学、中国现代方言、普通语言学。抗战爆发后，1938年赵先生带着妻儿回哈佛教书，直到1982年去世。

赵先生留下的著作有《现代吴语研究》《广东粤语入门》《广西瑶歌记音》《国语新诗音》，还有一本《赵元任语言学文选》。

哈佛校园寻本位

"本位"这两个字，是陈寅恪先生的发明。说来奇怪，我在中国不知道什么叫本位，到了哈佛，才有机会得知：原来陈先生讲的是中国文化本位。要说陈寅恪在哈佛的经历，就要先说一说吴宓先生，因为他俩是好友。

吴宓先生1918年留美，入哈佛大学本科学院。他在哈佛遇见一个清华同学梅光迪。受梅的引见，吴宓成了白璧德的硕士生。白教授是美国新人文主义大师，当时哈佛英文系还没有博士班，所以白教授教的都是硕士生。吴宓先生跟着白教授读完了他所有的著作，做笔记非常认真，课堂表现也很出色。白教授时常夸奖他。

吴先生读了一个硕士，就回到清华，受命筹建清华国学院。他自己不当导师，只当主任，并且把他的好朋友陈寅恪介绍到清华来教书。

吴先生在哈佛英文系读的是最早一批比较文学硕士。到目前为止，我能确认的一件事，就是比较文学这门方法，是吴宓先生第一个从哈佛引进中国的。钱锺书先生认证这一点。钱先生1934年考进清华，1938年毕业。他说他那一代人，第一次是从吴宓先生那里知道比较文学的方法。此后钱锺书长期使用这种方法，当然不只是比较文学，还有比较文化。

1919年，吴先生第一次在哈佛见到陈寅恪。陈先生这个人很有意思：他喜欢游学，而不是留学。他到过许多外国的名牌大学。待到快拿学位的时候，他就飘然而去，换一所欧洲或美国最好的大学，再去读一读。他旁听了不少大教授的课，但他多数时间是在图书馆看书。陈先生精通的外语大约有二十门，其中有十多门是敦煌卷子上书写的死语言，即所谓的孤学。

陈先生为何要在清华坚持中国本位呢？我们知道，清华1909年建校；清华的建校日，实际上是国耻纪念。纪念什么呢？就是1900年八国联军攻陷北京，勒索赔款。一直到 1907 年，中国把赔款交得差不多的时候，美国的老罗斯福总统在国会宣布：他愿返还庚子赔款的一半，帮助中国学生留美。

1925 年是个大的转变。那年清华开始了一个三足鼎立的新格局：第一增设大学部，第二创办研究院，同时开创了中国现代研究生教育制度，从此国学院有了研究生，而且有了自己的导师。这些导师都是大学问家，这是一个了不得的进步与发展。我想强调的是，在教研制度上，清华国学院是我们中国现代研究生教育的发端，它的原则是思想开放、广纳新知。治学方法上，它最大的贡献，就是中西并存，融会贯通，为我所用。这就是陈寅恪先生所说的中国文化本位观。

清华与哈佛的比较

我在北京读研究生的时候，来过几次清华园，不但串门找同学，还在清华食堂吃了饭。当时感觉，进了清华东门，就是一条大路，走得人腿酸，到处都是苏联模式的板式楼房。到了哈佛后，我听人讲，早年清华的很多建筑，与哈佛非常相似。回国后，我有意加以辨识，发现很多老房子与哈佛很相像：只不过哈佛建筑的颜色比较深，清华的淡一些。解放后，清华大兴土木，按照苏联模式盖了很多新楼，所以现在的清华建筑是一种东西混杂型。

早年从哈佛毕业的清华学生，群星璀璨，人才济济。例如清华 1910 年的留美学生竺可桢，1918 年获哈佛地学博士。回国后，竺先生历任"中央研究院"气象所所长、浙江大学校长。再比如清华 1920 年的毕业生陈岱孙，1926 年获哈佛经济学博士，回国后做过清华经济系主任、法学院院长。

陈先生是我们哈佛同学会的老会长，我因工作关系同他多有交往。我听说，陈先生在哈佛读书时，结交了一大批留美同学，其中就有宋子文。宋子文当年是本科生，陈先生读的是博士。陈先生毕业后回清华，当上了法学院院长。当时国民党财政一塌糊涂，宋子文请陈先生出马，去做财政部部长，陈先生不去。

陈先生是我见过的最完美的哈佛人、清华人。他高寿九十，一生未娶，也没有子女。我回国后，受陈先生之托，在欧美同学会重建哈佛校友会，并请陈先生当名誉会长。那几年，我常去陈先生在北大的家。陈家非常破旧，只有一部红电话。然而陈先生的为人，就像他的脊梁骨，一生腰杆笔直。

抗战胜利后，陈先生代表清华校务委员会，回清华园接受校产。当时日本军队还住在清华园。陈先生大义凛然，用英语跟他们交涉，叫他们保护校产，按时撤出校园。陈先生捎带还收复了现在的欧美同学会会址。他当时是欧美同学会会长，所以他负责跟日本宪兵队交涉，不但要把欧美同学会收回来，其中破损的东西还要赔。这是陈先生亲口跟我讲的。

当年从清华去哈佛读了博士学位的，还有汤用彤先生。汤先生1916年清华毕业，1919年入哈佛哲学系，与吴宓同学。后来他做了北大哲学教授，是著名的中国思想史专家。此外还有考古学家李济、文学家林语堂。林语堂在哈佛英语系读了硕士。还有哲学家贺麟，他是哈佛哲学系硕士，后来到德国读了博士。

我在哈佛读书期间，清华同学在哈佛的人数不算多。我想，这可能是学科设置上的差别所致：哈佛是文理并重，没有多少工科。"二战"爆发后，哈佛主动把自己的工学院和大批工程学科捐献给了政府，以便建立一个战时兵器研究院。这就是MIT（麻省理工学院）的起源。任何一个大学的发展，都会一波三折。哈佛有她的波折，清华也有自己的波折。

哈佛的挫折，就是"二战"时把麻省理工学院割了出去，如今收不回来。然而哈佛有一个很大的长处，这就是"文理并重"。在哈佛，所有的本科生都必须修文科的课，管你是学物理的还是学生化的。你必须上满文科必选课，比如说读文艺复兴经典，看黑白电影，听古典音乐，欣赏大师名画。这些文化课是必修的，否则不让你毕业。这一条跟清华不一样。哈佛一直坚持贯穿文理并重。

清华解放后有一个大波折，就是院系调整，把自己的文科全都割了出去。这一波折，把清华变成了以理工为主的学校，一方面培养大批杰出工程师，另一方面却丢掉了文科。现在清华拼命想把文科找回来。但清华和哈佛的文科差距，不是一时能追回来的。这是历史的要求，不是十几年工夫所能完成的。

哈佛的研究生院共有十所，最老的一所是神学院，培养神父的地方。

其次是文理学院，Graduate School of Arts and Sciences，简称 GSAS。文理学院规模最大，它分文、史、哲、政治、经济、宗教、艺术、思想史，等等。

然后是八个职业研究院。排在前面的是法学院、医学院、商学院这三大家。它们在美国高校排名基本上是前三。还有一个相当好的设计学院，Design School，它从设计手机、小摆设，一直到家具、道路，城市规划等。还有政府学院、牙医学院、公共卫生学院。后者正在同中国卫生部合作做一个公共卫生（Public Health）国家网。

其他的差别，大致就属于历史差异了。中美这两个民族、两个国家的命运不同，这中间带来的差异，一般没有多少可比性。哈佛之所以有这么大的名气，其实跟美国的国情和发展趋势有关。哈佛史几乎就是一部美国史。她的教育思想分三层。比较有趣的是：她从未经过大的颠簸和破坏。她的思想层层叠加，扣合在一起。其中既有老的因素，也有不断增加的新因素。这是一种很奇怪的黏合状态。其实，这也是一种兼容并包。

最早是英国贵族式的教育模式。我们知道，美国的早期教育完全是从英国进口的，它除了牛津、剑桥，就没有别的样板。这是第一层。第二层是德国实验科学模式。19 世纪下半叶，哈佛第 21 届校长艾略特当政四十年，大力改革系科和课程设置，努力集优秀学者和出色学生于一堂，走出一条教学、科研相结合的发展道路。

第三层是美国民主教育传统。这同英国、德国没有关系，而是美国本土的发明。美国民主教育思想，来源于美国革命和《人权法案》。这一思想的杰出代表就是杰弗逊总统。杰弗逊的名言是："要将最大量的知识，最大限度地向民众普及。"他认定：公众教育是美国民主的基础，因为"只有有文化的国民才能理解并且以生命捍卫民主制"。

清华如今在规模上、在硬件建设上，已同哈佛相去不多。可能在软件上，特别是在文科方面，还不如哈佛。

（原载胡显章编《大学理念与人文精神》，北京：清华大学出版社，2006 年）

介绍一部美国思想史

美国研究（American Studies），又称"美国学"。这是一个五彩缤纷、内容庞杂的领域。而有关美国思想史的编撰翻修，一直也是众人瞩目的重点项目。这大概是因为：美国思想史一方面涉及世人，尤其是我们中国人了解美国文明的深度与广度；另一方面，它又能从整体上起到观测当今美国社会、美国文化发展趋势的作用。由于这两层重要原因，中国学者翻译和出版美国思想史的工作，也就因此显得相当有必要、非常有意义了。

最近，吉林人民出版社出版了一部大名鼎鼎的美国思想史。它的原名为《美国思想主潮》（Vernon Louis Parrington, *Main Currents in American Thought*），是 V. L. 帕灵顿教授1927至1930年分两卷发表的著作。在美国学术史上，此书堪称美国思想史的开山之本、扛鼎之作。何以给它如此高的评价呢？

所谓思想史研究（Intellectual History），是20世纪初由美国哲学家A. O. 洛夫乔尔、史学家J. H. 罗宾逊等人提出并加以倡导的一门跨学科的新学问。在当时著名哲学家洛夫乔尔看来，思想史强调以精密细致的哲学方法，去分析和把握一个民族的思想活动、信仰体系、时代精神的形成发展过程。而对于刻意创新的史学家罗宾逊而言，美国史学已到达一个紧要关头：它必须突破传统史学的狭隘观念、落后方法，发展一种能够综合揭示历史事件与思想运动的"新史学"，以便反映美国文明生动而磅礴的变革势头。

到了20世纪30年代，有关美国思想史和新史学的号召，合力促成了美国研究的迅速发展。值得注意的是，当时有一大批受到马克思主义影响的激进学者步入学术前沿，剧烈地改变了史学教研队伍的结构与倾向，造成一次全国性的左倾学术运动。

与此同时，围绕综合性美国研究的发展，美国学术界的跨学科交叉研究之风大盛。以哈佛大学为首，各州立大学纷纷建立起"美国研究"系科，吸引更多的史学家、文学教授，让他们同社会学、政治学、经济学专家相互交流、彼此争论。第一批美国思想史，正是在这样激动人心的背景下诞生问世的。

早期美国思想史中，成功者有三部，分别是比尔德《美国文明的兴起》（Charles Beard，*The Rise of American Civilization*，1927—1942）、柯蒂《美国思想的成长》（Merle Eugene Curti, *The Growth of American Thought*，1943），以及上面提及的帕灵顿的《美国思想主潮》。其中，又以帕灵顿的三卷本最为浩瀚跌宕，思想上也较为乐观激进。

帕灵顿的主要贡献，是他首次为读者提供了有关美国思想的宏观演进图谱。这一演进图的画面严整，篇幅浩大。作者自 1620 年一直写到 1920 年，可谓洋洋洒洒，蔚为大观。译成中文后，竟是一部 110 万字的巨著。此书出版后，声誉鹊起，并于 1928 年荣膺美国普利策史学大奖，可见它当时风头之健。

其次，帕灵顿站在鲜明的左翼进步立场上，试以马克思主义的历史唯物观，突出阐释美国 300 年历史发展过程中的经济与政治冲突主线。而帕氏心中的"美国思想主潮"，莫过于进步与保守两大思想传统的长期较量与互动。它们此消彼长，源远流长，又缺一不可地传承下来。

帕灵顿的巨著，也有它的历史缺陷。后人纷纭评说中，有人称赞它结构简明的同时，指其方法简单，缺乏那种为当今学者所欣赏的立体画面，尤其是当代美国文化的多样性与复杂性。也有人嫌它思想激进，乐观兮兮，带有 30 年代左倾思潮特有的经济决定论倾向。

以上批评不可谓无理。对于中国读者和研究人员而言，帕灵顿的著作虽说年代久远，制作上不如近作精细，可它依然具有不可替代的功用。这功用主要体现在两个方面。

其一,作为一幅简明完整的导引图,帕灵顿的著作,依然是帮助我们踏入美国思想长廊的便利工具。而它严整有序的编排顺序,黑白分明的冲突线索,以及它那并不让我们陌生的政治经济学视野,都能方便我们入门求知。

其二,帕灵顿著作之功效,更在于它那种难能可贵的激进批判意识。我们知道,"二战"后美国学术潮流更迭,史学界在返回自由派立场之时,齐声颂扬美国民主,忽略冲突矛盾,偏重强调美国思想与学术的和谐一致(Concensus)。

在此背景下,整整两代人中,似乎再也没有人写出帕灵顿那样恢宏大气、锋芒毕露的进步思想史来。他的学生辈中,虽有康马杰和帕森斯分别于 1950 年和 1958 年写出了同名的两部《美国思想》,但他们很难说在深入批判与发掘矛盾方面有多少创新之举。我们所能见到的,多是一些学院派精细制作,特别是一些杰出、翔实、却又破碎的分段思想史。

总之,帕灵顿的旧作今天依然在呼唤新的、具有批判与创新意识的美国思想史。在此意义上,我以为应当感谢清华大学陈永国教授等译者的辛勤劳动,感谢吉林人民出版社慧眼识书。

(《美国思想史》,[美]帕灵顿著,长春:吉林人民出版社,2002 年;原载《博览群书》2003 年第 10 期)

房龙小引

1987年,三联书店老总沈昌文偶然问我:"赵博士如何看房龙?他的大作《宽容》,在国内很畅销呢。"当时我回国不久,乍一听说"房龙",不由得两眼发黑,只好如实回答说:"我不熟悉房龙,也没读过《宽容》。"

我在哈佛学的是美国文化思想史。寒窗六年,自信不会遗漏重要思想家——哪怕是他们比较冷僻的著作。回想我的博士大考书单——千余本文史哲经典中,何曾出现过什么房龙?换个角度想:即便我一时疏忽,那些考我的教授们,岂能容我马虎过关!那么,这个房龙由何而来?

据查,房龙(Hendrik Willem van Loon)不是美国土生子。1882年他出生在荷兰鹿特丹,自幼家境富裕,兴趣广泛,尤其喜好历史地理。1902年他乘船前往美国,入读康奈尔大学。毕业后,这个身高两米的荷兰小伙儿,迎娶了美国上流社会的一位富家女。

不久,俄国爆发革命。房龙以记者身份返回欧洲,接着报道第一次世界大战。奔走多年,未能当上名记者,房龙于是转求其次。他先是摘取慕尼黑大学博士学位,随后又往美国高校寻觅教职。

1915至1922年,房龙在美国康奈尔大学安提克学院,两度教授欧洲史。校方评语是:房老师讲课颇受学生欢迎,可他"缺少科学性,无助于提高学生成绩"。这话听着委婉,实乃判决他不配在大学教历史。

教书不成,那就写书做研究吧。房龙第一部著作,出自他的博士论文,名曰《荷兰共和国的灭亡》(1913)。此书算得上是学术研究,可它销路不好，无法改善作者的经济状况。请留意：此时房龙已育有二子，他必须发奋工作、努力挣钱，才能维持小康水准。

1920年房龙再婚，随即与书商签约，开始撰写通俗历史读物《古人类》。这本杂书旗开得胜，令房龙一发而不可收。自1921到1925年，他接连发表《圣经的故事》《人类的故事》《宽容》等多部畅销书。

短短十年里，房龙靠写畅销书发了财，分别在美国与欧洲购置房产，进而自由写作、四处旅游、参与多种社会活动。至1944年去世，房龙在美国学术界依旧是一文不名。可在现代图书出版史上，此人却打造了一个商业成功故事。

我们已知：房龙并非资深学者，更不是什么欧美知识领袖。谁想这个不入流的房龙，影响力居然超出美国本土，漂洋过海来到中国。房龙为何在中国走俏？依我拙见，这里头的原因相当复杂，牵扯到经济、政治、文化诸方面。其兴衰过程，亦同中国最近一百年的国运相关。先看房龙怎样与中国结缘。

1922年，房龙在美国推出畅销书《人类的故事》。1925年，商务印书馆率先出版此书，译者是沈性仁女士。曹聚仁读了沈女士的译本，称房龙对他的青年时代"影响极大"。房龙1920年发表的《古人类》，也于1927至1933年间，在中国陆续出版了四个译本。书名分别是：《古代的人》《远古的人类》《文明的开端》等。其中，林徽因译本《古代的人》，颇受中国学界关注。该书由郁达夫亲自作序，1927年由上海开明书店出版。

在林徽因译本的序言中，郁达夫发表高见道：房龙文笔生动，擅长讲故事。"他的这种方法，实在巧妙不过。干燥无味的科学常识，经他那么一写，无论大人小孩，都觉得娓娓忘倦了。"他又说：房龙魔力，并非独创。说到底，此人不过是"将文学家的手法，拿来讲述科学而已"。

在当时不少美国人看来，房龙成批发表通俗历史书，大赚其钱，沽名钓誉，委实令人侧目。美国报刊上的文学专栏，偏又跟着推波助澜，鼓吹房龙作品。大作家辛克莱·刘易斯气不过，终于逮着一个机会，当面呵斥房龙说："你以为自己是个啥？你也算是作家吗？"

房龙死后，美国《星期日快报》刊登讣告，称他"善于将历史通俗化，又能把深奥晦涩的史书，变成普通读者的一大乐趣"。房龙的儿子，也在给他老爸撰写的传记中表示："美国文学史、史学史都不会留下房龙的名字。他虽然背着通俗作家的名声，却能让老百姓愉快地感受历史、地理和艺术。"

对比美国人的评语，郁达夫之见不但中肯，而且老道。唯有一点遗憾：他已点破房龙畅销的奥秘，却未分析图书出版的市场规律。上述"挥笔成金"的神奇法则，后于20世纪40年代的美国好莱坞，被德国法兰克福学派的阿多诺博士成功破译，进而著述论说，将其精确描述为大众文化（Mass Culture），或曰文化工业（Culture Industry）。

何谓文化工业？说白了，就是出版商、投资商与文化人联手，套用最先进的现代工业生产方式，大批策划、炮制、包装并推销文艺作品，令其像时髦商品一样流行于世，老少咸宜、雅俗共赏。在此意义上，房龙的商业成功，一面体现资本主义文化畸变，一面反映美国文明的现代化趋势。

以上讲的是现代经济学。再看30年代的国际政治。房龙的盖世大作《宽容》，初版于1925年。此际，欧洲革命刚刚退潮，德意法西斯蠢蠢欲动。面对凶险难测的世界，房龙感叹人类步入一个"最不宽容的时代"。

为此，他欲以"宽容"为话题，带领读者回到古代，从头检讨祖先的愚昧与偏执：从古希腊、中世纪到启蒙运动。房龙不厌其烦，将一部"思想解放史"，刻意改写成一部"不宽容的历史"，其间有种族屠杀，有十字军远征，有教会对异端的迫害，有宗教裁判所对科学家的折磨。当然，还有文艺复兴倡导的人本主义，启蒙运动鼓吹的思想自由。

一句话，房龙笔下的欧洲文明史，始终贯穿着"宽容与专横"的搏斗：犹如一双捉对儿厮杀的角斗士，它俩分别代表了善与恶、光明与黑暗、进步与反动。

提醒大家：房龙身为美国历史学博士，其政治立场基本是自由主义的，即相信科学理性、政治平等、思想自由。然而这种自由派的柔弱本性，一旦遭遇革命与战争，它就会自相矛盾、破绽百出。

请看房龙言不由衷的苦衷："进入20世纪后，现代的不宽容，已然用机关枪和集中营武装起来，以便代替中世纪的地牢、铁链、火刑柱。"历史不是一直在进步吗？人类不是越来越文明吗？房龙嗤之以鼻道："如今距离宽容一统天下的日子，还需要一万年，甚至十万年。也就是说，宽容只是一种梦想，一种乌托邦。"

1937年，希特勒发表《我的奋斗》。次年，房龙推出一本《我们的奋斗：对希特勒的答复》。作为一本反纳粹宣言，此书得到美国总统罗斯福的嘉许。1939年，德国入侵荷兰，大举轰炸鹿特丹。房龙怒不可遏，遂以志愿者身份，出任美国国际电台播音员。

"二战"期间，房龙代号"汉克大叔"，日夜报道欧洲战况，鼓励家乡民众，并以暗语指导抵抗运动。1940年《宽容》再版，房龙写下后记《这个世界并不幸福》。为啥不幸福？只因"宽容理想惨淡地破灭了。我们的时代仍未超脱仇恨、残忍与偏执"。非但如此，"最近六年来，法西斯主义与各种意识形态大行其道，开始让最乐观的人相信：我们已经回到了不折不扣的中世纪"。结论："宽容并非一味纵容。如今我们提倡宽容，即意味抵抗那些不宽容的势力。"

《宽容》为何在中国受欢迎？窃以为：起因在于反法西斯，同时离不开中国的抗日战争。1939年，上海世界书局惨遭日军轰炸。废墟中，中国工人冒险捡回房龙著作的纸样，又为《圣经的故事》出版了中译本。该译本留下一封房龙1936年底写给译者谢炳文的信。

这封信中，房龙自称他"痛恨徒劳无益的暴虐。我试着为普通读者和孩子们写书，以便他们学到这个世界的历史、地理和艺术"。他又提醒译者：要特别留意书中讨论"宽容"的部分，因为"最近两年的各种消息，尚不足以表明宽容取得了胜利"。遥望德国坦克扬起的滚滚尘埃，房龙自问："我能做到吗？"后面连加五个问号。

再看中国改革开放之后。1985年，三联书店出版房龙代表作《宽容》。至1998年，此书连续印刷11次，成为三联书店评选的"二十年来对中国影响最大的100本图书"之一。紧随其后，房龙《人类的故事》和《漫话圣经》也热闹上市，掀起了难得一见的"房龙热"。房龙死后四十年，竟又在中国火了一把。是何道理？

据沈昌文回忆："翻译出版此书，得益于李慎之。李先生洋文好，又是老共产党员。他曾跟我说：我们在很多事情上，要回到西方的'二战'前后。按照指点，我找到的第一本书就是《宽容》。"沈公又说："宽容这个题目好。大家都经历过'文革'，那个年代没有宽容。所以《宽容》出版后，一下子就印了十五万册。"

到了90年代后期，三联不再重印《宽容》。然而此书却不断引发多家出版社的追捧。根据沈公的收藏目录，其中便有广西师大中英双语本、陕西师大全彩珍藏本、中国人民大学版、中国民族摄影艺术版等12个不同版本。1999年，北京出版社又出版一套14册的《房龙文集》，囊括了他的全部著述。

于是有人开始美化房龙，誉其为"自由主义代表""人文主义大师""始终站在全人类的高度在写作"，云云。对此，我要插一句闲话：房龙不入流，他只是一个通俗作家而已。大家若想了解美国思想史，或是研究英美自由主义，有许多经典可以选读。偏偏这个房龙，可以忽略不计。

同样都是书，差别为啥这么大呢？对此，王国维先生在《静安文集续编》中早已指点过我们："哲学上之说，大都可爱者不可信，可信者不可爱。伟大之形而上学，高严之伦理学，纯粹之美学，皆吾人所酷嗜也。然求其可信者，则宁在知识论上之实证论，伦理学上之快乐论，美学上之经验论。知其可信而不能爱，觉其可爱而不能信，此近二三年中最大之烦闷。"

王先生古板。他老人家不晓得："文革"之后，中国老百姓突然发现，他们可以自由读书了！岂不皆大欢喜、人人捧读？于是便有文化热、房龙热，以及各种各样略加一点儿学问、实为消遣取乐的玩意儿。

如今，但凡是个中国人，都读书，都买书。其中最好卖的书，就是闲书、杂书、可爱书、读了不痛苦的书。比较上世纪30年代，如今中国可是宽容多了。即便同90年代比，眼下也是过之不及、量之有余。

经此一想，我也变得十二分宽容起来。三联要出房龙文集？可以呀，我很乐意为它写序！

最后笔录两段房龙名言："百家口味，各各不同。所以能否宽容，能否兼收并蓄，事关历史能否进步。任何时代的国家和民族，如果拒斥宽容，那么不管它曾有过怎样的辉煌,都要无可挽回地走向没落与衰亡。"

房龙又在《宽容》后记中告诫说:"我们仍处于一种低级社会形态。其特点是:人们以为现状完美无瑕,没必要再做什么改进。这是因为他们没有见过别的世界。一旦我们麻痹大意,病毒就会登上我们的海岸,把我们毁掉。"

(原载上海《书城》杂志 2009 年 6 月)

纪念陈寅恪先生

写作《西方文论讲稿》有感

改完此书第二稿,日历已翻入 1996 年开春之季。原打算在书尾写上几句,作为我费时十年、辛苦工作的小结。其中,免不了要有些寒窗心得之类的套话,以便感谢师友提携,嘉勉妻女合作,同时聊以自慰。

在电脑前呆坐半天,我满腹情愫却无从落笔。于是想起一桩往事。

那是 1986 年,我离开哈佛回国之前。为了转移近 5000 册图书及大量资料,我将它们分类打包装箱,托付给一个爱尔兰裔的美国经纪人,请他替我代办波士顿至北京的海陆联运。随身我只带一盒电脑软盘,里面是博士论文初稿。

回到北京后,我的论文进展还算顺利,海运图书却迟迟未至。一时间,我被跨洋丢书的可能弄得方寸大乱。当时正值盛夏,刚好能用"心急如焚"四个字来记述我那种日益增加的焦急与恐惧。幸运的是,我这无用之人,竟有一位在中国远洋总公司工作的妻子。她不清楚我丢了什么书,也不打听它们的价值。可她深知书乃夫命、家命,为此她茶饭不思,四处查询。

多亏妻子和她的同事,以及中远这家大型国企的强大海外联络能力,我那一堆被人弃置的图书资料,终于在香港的一个什么仓储货柜里被翻寻出来,再装上中国远洋的班轮,平安运抵天津新港。

当我在塘沽码头提取这批失散货物时,止不住眼眶发热,默默感谢头顶飘扬的五星红旗,感谢中远遍布全球的船长、水手、代办和老总。如今请容我再一次表达这份感激之情,因为此书正是靠了那批"散货",才得以写成。

上述可怕故事，发生在我 36 岁前后。那时，我仍有一些书生意气，对于人世沧桑一类的哲理，既缺乏自身体验，也谈不上多少感悟。如今书写成了，人也长了十岁，似乎应该是敬畏天命的时候了。这里，我想针对近来萦绕心头的一个"怕"字，再说几句闲话，权当我读书生涯的一次反省吧。

回想起来，我大致有过两种类型的惧怕心态。其中之一，就是上述因丢书而引起的惶恐。它以一波三折的现实变化，唤醒我有关人生多磨、命运难测的不祥预感。另外一种，则是我留学期间发生的事情。

1984 年秋，我在哈佛通过博士资格考试，很想再拿一个社会学硕士学位。按照规定，当时我只差 4 个学分即可申请。不料，我所缺之功课，居然是数学与统计学。这对于其他同学，或许不是什么难事，可我在"文革"前只念到初三，数理知识悬殊太大，恶补也来不及。

受此刺激，我开始体会到自己资质有限，不可能心想事成，一往无前。说来好笑，事后我几次梦见导师同我谈话，说是我数学未及格，不能授予博士学位，云云。半夜惊醒，自嘲一番再睡，心底却不能完全释然。

按照校医意见，这种紧张心理属于焦虑（Anxiety）。由于竞争激烈，压力偏大，哈佛校园里的研究生多半难免这类毛病。根据美国人的成功法则，既然我已顺利毕业，从此就无须害怕竞争，即便是在潜意识里，也应大致如此。

可我以为：由于西洋人不晓得敬畏天命，他们发明的种种心理分析概念，很难涵盖像我这一类现代中国人的复杂感受。如今我所担忧的，似乎是另外一些东西，一些用洋文总也讲不清楚的道理。

我所说的这种"杞忧"，大抵是指中国学人世代承受的那份传统压力，以及与之相关的、一些个人无法回避的人生痛苦经验。在此问题上，我们的祖先可谓见多识广、思想开明。单是一个"怕或忧"，自古便有"愁、畏、悲"等不同的解释。身为中国学人，我岂能避开这些咒符般的象形字呢？

请看，它们不仅多与"心"字搭配，而且造型也颇令人琢磨。根据《说文解字》的说法，"怕"乃无为之意，"忧"指示不动心态，"悲"从心而非声，原义是"忧愁"，却与"是非"相连。如此拼合成的一个"悲"字，其中自然也就包含了"并非如此、终不如意"的深重精神痛苦。

纪念陈寅恪先生

再看中国文化传统：它偏重维护大一统社会秩序，鼓励一种约束个性、服从集体、顺乎天意的仁义道德。与之相应，我们也继承了一系列与西洋心理学迥然不同的个人修养准则。譬如"少年不识愁滋味"的愁字，含义并不深奥，却能针对人生之初的乐观进取倾向，及时加以劝解和限制。依照我们祖先的睿智眼光，青年人涉世浅、志气高，一般要过了三十而立的年纪，方可领略一种"秋风萧瑟中的惨淡心绪"。因而"秋"与"心"相加，等于"愁"。

随着年纪增长，挫折感加重，又有所谓"四十不惑、五十知天命"的世传古训。你想违背这些清规戒律，试试自己的运气吗？别犯傻，那是笃定要吃苦头的。

这一套用以调节个人心理的传统机制，既能表现一种围绕人生局限性的直觉体验，也显示出中国圣贤大智若愚的生活态度。现代西洋哲学家中，海德格尔较多了解古希腊哲学内涵，因而他能从人类"惧怕死亡、敬服自然"的原始本能出发，论证有关畏（Angst）的合法性、必要性，其意堪与中国古人相通。

不过老海讨论的 Angst，并不具备中国象形字的神态。汉字里的"畏"，看上去像个俯首听命的可怜人——他头顶压着一个田字，象征"阡陌之制"，或是某种权威系统。老海终归是洋人。他一直活到 87 岁，也没能悟出中国人有关"畏与悲"的深刻认识。

这里，我不得不提及陈寅恪先生。陈先生 1969 年在广州辞世，享年 79 岁。他与海德格尔几乎是同龄人：陈氏生于湖南长沙，时值清光绪十六年庚寅五月十七，公历 1890 年 7 月 3 日；海德格尔的生日，则是 1889 年 9 月 26 日，诞生地为德国巴顿州梅斯基尔希镇。

陈先生比老海早逝七年，身后也没有老海那样大的国际名望。可我必须承认，此书写作过程中，我为求得心态平衡，曾努力维持东西文化的思想对应。我的笨拙做法是：一头以海德格尔、福柯等人为西洋新学代表，另一头则视吴宓、陈寅恪、钱锺书为国学导师。书写完了，我并没有多少成就感，反而生出许多畏惧。回想起来，那些令我发怵的原因，多半来自陈老先生。

老实说，我对陈先生的印象一直有点儿怪。过去，我虽敬佩先生游学列国、博习外文，学问之大，犹如一部百科全书，可我私下里觉得他命太苦，又倔强古板，不易垂范于今。

最近，读汪荣祖《陈寅恪评传》，我得知这是陈先生承接家风之结果：因其祖父与父亲不赞成康梁激进变法，陈先生也就自称"思想囿于咸丰同治之世，议论近乎湘乡南皮之间"了。这种三代相传的遗老风骨，不免有悖于"五四"以来的变革时尚，堪称保守，甚至有些个迂腐。

当然，陈寅恪先生一生崇尚气节、贬斥势利，更"以稳健开明，作为至要的政治与文化态度"[1]——这又委实令我心仪不止。然而陈先生晚年偏居岭南，性情孤傲，疑虑心重，一般人极难读懂他的心曲。依我之见，这个古怪老人在中国现代思想史上的分量，其实并不亚于海德格尔在欧美，只不过他比晚年隐居黑森林的老海，更加难为一般人所知罢了。

陈先生脾气为何如此之怪？我长久揣度不出。今年春节，我借得三卷《柳如是别传》，趁闲翻阅，时悲时喜，惹得妻子说我不知"中了什么邪"。其实，我并未参透其中多少精义，只是隐隐然感到某种震撼，进而变得心绪不宁，若有所失。我发现，这是一部中国学人的伤心史。

发现一。原来陈寅恪先生年轻时，也是爱上层楼的。20世纪初叶，他曾辗转欧美，采撷众长，目的就是要精研隋唐文化，弘扬中华传统。风雅才情方面，他亦不甘落后。譬如在《柳如是别传》的缘起篇中，他自述仰慕明末大家钱谦益的少年情怀："牧斋博通文史，旁涉梵文道藏，寅恪平生才识学问虽远不逮昔贤，而研治领域则有近似之处。"[2]

可惜陈先生那一代人生不逢时。战乱纷扰中，能成就学术雄心者庶几？晚年，偏又双目失明，折断下肢，痛苦难当，于是转向三百年前的钱柳因缘，戏曰"著书唯剩颂红妆"。在我看来，他实乃以心灵感应，再现历史，倾诉衷肠。如他所说，读钱（谦益）诗"不仅借以温旧梦，寄遐思，亦欲自验所学之深浅"。[3]

---

[1] 参见汪荣祖《陈寅恪评传》，南昌：江西百花洲出版社，1992年，34页。
[2] 参见陈寅恪《柳如是别传》上卷，上海：上海古籍出版社，1980年，3页。
[3] 同上。

发现二。方法上，陈先生捐弃故技，游戏试验，别开生面。目的是为了获得一种析诗证史、感同身受的特殊效果。依汪荣祖所见，陈先生在《柳如是别传》中，故意颠倒钱柳关系，即举柳如是为英雄主角，贬钱牧斋为附丽之人。

一方面，陈先生对那位身兼"儒士侠女"的江南红粉推崇备至，认为柳如是在才学情操上远远高出同时代的男性名流；另一方面，他竟魂不守舍地进入了三百年前的太虚幻境，燃脂暝写，醉卧春闺，直引"河东君"柳如是为他的异代知己、隔世恋人。[1]

先生幽古之情，一发则不可收，以至书中频频出现忘情之笔："河东君嗔怒时，目睛定注，如雪之凝明；静坐时，眼波动荡，如水之溶漾，实动静咸宜，无不美好。"又赞她每于歌筵席间，议论风生，四座惊叹，"故吾人今日犹可想见是夕杞园之宴，程、唐、李、张诸人，对如花之美女，听说剑之雄词，心已醉而身欲死矣"。[2]

顺着这一路六朝文字、魏晋之风考察下去，甚至会有"河东君之香乃热香，薛宝钗之香乃冷香"一类的癫狂句子。

我相信，先生的考据、阐解非同一般。我也承认：作为国史上的一代佳人，柳如是放诞多情、个性独兀。其诗词才华，丝毫不让明末士大夫，其刚毅人品，亦可入"北宋诸贤之范围"。然而以陈先生学问之大，杀鸡何须用此牛刀？

恕后生愚钝，我还是猜不透他老人家心中的奥秘。

晦暗中，适逢三联老总董秀玉女士打电话来，喜称陆键东所著《陈寅恪的最后二十年》业已出版，而《吴宓日记》正在编辑之中。三联于当今盛世，热诚推介陈吴二老，不啻一大善举。我曾预祝他们功德圆满。如今老董赠我样书，让我先睹为快。而我读此书感想良多，在此草录两点，不成敬意。

其一，如陆键东所言，陈先生那一辈人，确有其文化理想。这理想来

---

1 汪荣祖，《陈寅恪评传》，南昌：江西百花洲出版社，1992年，192页。
2 参见陈寅恪《柳如是别传》中卷，上海：上海古籍出版社，1980年，68页。

自何处？陈先生坦言："华夏民族文化，历数千载之演进，造极于赵宋之世，后渐衰微，终必复振。"[1]

在我看来，这理想犹如一曲古谱阳春白雪：其格律之贵，音韵之美，才情之高，心性之傲，实可拟人状形，托附于一个命薄如纸的明末小女子柳如是。

我还以为，由于陈先生慧眼赏识这一精妙文化传统，他才会悲逝韶华、孤怀遗恨，以至于陷入上述那种无以自拨的忧患意识。

再则，陈先生素称他"平生为不古不今之学"。所谓"不古不今"，泛指中国史的中古阶段，其中尤以隋唐史为重。他曾对吴宓解释道："唐代以新兴之精神，强健活泼之血脉，注入于久远而陈腐之文化。"

陈先生毕生的治学抱负，大概是要对近百年来的中国兴衰史，作一持平通论，或写出一部"集政治学术文化思想之大变动"为一体的巨著。[2] 由此推想，我们便不难理解先生的古怪脾性、伤心原因。

1934年陈先生悼念王国维时曾说过："凡一种文化值衰落之时，为此文化所化之人，必感痛苦，其表现此文化之程度愈宏，则其所受之苦痛亦愈甚。"[3]

陈先生一生坎坷。早年他目睹千年未有之劫，其痛已烈。他了解王国维，认为王作为中国文化凝聚之人，"安得不与之同尽？"轮到他作总结时，他一方面埋怨自己"奔走东西洋数万里，终无所成"，一方面又愧对前贤后人，深感理想"渺不可及，徒寄梦寐"。

此恨绵绵，此情不了，老先生只好捧颂柳如是的遗诗，反复吟叹"春日酿成秋日雨，念畴昔风流，暗伤如许"。[4]

其二，悲哀的同时，我感到陈先生对于中国学术，仍抱有很高远的期望。譬如他在《冯友兰中国哲学史下册审查报告》中预测说："窃以为中国自今日之后，即使能忠实输入北美或东欧之思想，其结局亦当等于玄奘唯

---

[1] 参见陈氏《金明馆丛稿二编》，北京：生活·读书·新知三联书店，2001年，245页。
[2] 参见陆键东《陈寅恪的最后二十年》，北京：生活·读书·新知三联书店，1995年，523页。
[3] 参见陈寅恪《清华大学王观堂先生纪念碑铭》。
[4] 参见《柳如是别传》上卷，上海：上海古籍出版社，1980年，340页。

识之学。……其能于思想上自成系统，有所创获者，必须一方面吸收输入外来学说，一方面不忘本来民族之地位，此二者相反而适相成之态度，乃道教之真精神，新儒家之旧途径，而二千年吾民族与他民族思想接触史之所昭示者也。"[1]

诚如先生所见，今日华夏文明像一棵度过严冬的老树：它久经凋落，而"木根未死，萌芽日长，及至盛夏，枝叶扶疏，亭亭如华盖"。

先生的话响在耳畔，余音袅袅。虽然它们还带有沉重的历史压力，我现在却感觉亲近多了。

1996 年春于北京

---

[1] 转引自陆键东《陈寅恪的最后二十年》，北京：生活·读书·新知三联书店，1995 年，517 页。

九年工作回顾

记于"三联·哈佛燕京学术丛书"第八辑出版之后

1997年8月30日,季羡林先生在《文汇读书周报》上撰文,用相当平淡而坚韧的语言,说起"三联·哈佛燕京学术丛书"的特点:"我们的宗旨是:只求有利于学术,不求闻达于世间。我们默默无闻地努力工作,从未大事张扬。一如俗话所说:桃李无言,下自成蹊。"

季先生的文章发表后,又有三年多时间过去了。截至2003年6月,"三联·哈佛燕京学术丛书"一共在三联书店编排了8辑,出版新书的总数超过50本,全部发行量超过40万册。如今,回顾一下我们的工作,我想用"天时地利人和"这句老话,来形容和评价过去八年中取得的初步成绩。

这套学术丛书,首先是中国改革大潮下应运而生的一桩新事物。

1992年邓小平南巡讲话,启发并鼓舞了许多人,包括三联书店的沈昌文、董秀玉两位老总。他们在学术图书出版方面,长期抱有一些开拓进取的热情想法。而实施这些想法的机遇,则是他们于默默中一直等待和期望的。

同样抱有类似想法的,是一批往来于中美学界的年长学者。他们家居北京,常年在北大和社科院教书育人,因而对中国当代的学术发展,尤其对中青年学者的成长,怀有直接而天然的殷切心愿。譬如德高望重的北大教授季羡林,就经常与三联老总们说东说西,犹如拉家常。

于是在北京这片古老土地上,天缘巧合,人意顺遂了。1993年春天,哈佛大学燕京学社的韩南教授专程前来北京,与三联总经理董秀玉签订合同,确定由美方赞助三联出版一套学术丛书的协作方案。

与此同时，也确立一项编选原则，即这套学术丛书将由一个中国资深学者组成的学术委员会加以指导。评审过程中，则采用专家匿名评议、委员会择优遴选这两项国外学界通行的制度。

就这样，"三联·哈佛燕京学术丛书"这桩新生事物，一步三晃、边走边试地起步了。一方面，作为学者、出版商和编辑人员，我们从未有过这种跨行业、跨学科的协同工作经验；另一方面，作为一个与哈佛协议的出版项目，它的确又是一段延续历史、开拓未来的国际交流佳话。

众所周知，早在抗战时期，哈佛大学的费正清教授就曾致力于中美学术交流。他与洪业、翁独健、聂崇岐等中国学者合作编撰的哈佛燕京《引得》，至今还在图书馆里，为万千中国学人参阅使用。

一句话，我们为此套丛书所做的一切，无疑都带有不寻常的意义与使命感。可在具体操作中，我们却只能依据中国的实际国情，以一颗务实谨慎的平常之心，来料理这套学术丛书赖以延续下去的诸多繁杂与无尽琐事。

时至今日，我们似乎可以勉励自己说：八年辛苦，感慨良多，终有所得。而目前初具规模的"三联·哈佛燕京学术丛书"，已被许多人（包括美国人）称作是中国学术界、出版界与外方合作的一个成功范例。

既如此，在这小有成就之际，我便想贸然代表中国学界的年轻一辈，向过去八年中贡献卓著的五位先生表示敬意，他们分别是：

> 美国哈佛大学 燕京学社 前任社长 韩南教授，
> 哈佛燕京学社 现任社长、著名汉学家 杜维明教授，
> 中国 三联书店 前任总经理 董秀玉，
> 丛书学术委员会主任、北京大学 季羡林教授，
> 三联书店 丛书责任编辑 许医农先生。

庆贺感谢之余，则应当坐下来自我冷静一番，以便对前一段工作有所反省和改进。眼下我最多想到的，一是扩大稿源，二是形成规范，三是增加学术创新特色。

先说稿源问题。这套丛书宁缺毋滥，早在中国出了名。每年各地来

稿百十部，我们往往连十取其一的比例也达不到。依合同之约，丛书每辑额定8本。但一连三辑，我们至多只能推出五至六本。留下的缺口，似乎越来越难弥平。真正能让委员会多数赞许的好书，实在少之又少。出路何在？我想，唯有在不降低水准的前提下，扩大我们已有的约稿面，加强与前沿学者、新兴学科的联系，并适当提高作者的年龄上限。值得注意的是，一批当年的年轻学者正进入黄金阶段。他们的成熟作品，似应纳入我们的遴选范围。

再看规范问题。时下学界有一些纷纭争议，涉及规范的建设与保持。本丛书虽有一些水准不齐现象，但质量大体有所保障。在此基础上，我建议进一步加强学术规范，为学界提供一些可以认同的示范性学术著作。理论上讲，一部优秀的学术著作，除去知识价值与创新观念外，它还应为本学科提供某种学术规范上的新标准。当然，规范不是靠一本书或几本书形成的。但只要我们保持规范建设的长远眼光，这套丛书自然会在这方面有所建树。

最后是学术创新特色。季羡林先生一直强调丛书的中外贯通与变革创新。他提出一个中肯要求：鉴古知今，鉴外知中。他再三声明说："我们对国际上一些新兴学科特别予以注意。这不是单纯地为了与世界学术接轨，而是志在要世界同我们接轨。我们不但拿来，还要送去。"

从今后中国发展大趋势看，这也是我们这套丛书最高远、最困难的目标。鼓励创新，提倡开放，推动学术进步，并从中国走向世界的步伐中不断汲取动力，这大概是我们继续工作下去的一个主旋律。至于做得好不好，仍须这个团体付出极大努力，更需要学界的广泛支持和监督。

（原载《中华读书报》2003年8月12日）

我与三联二十年

今年是三联书店60大庆。5月,我在北京接到邀请,约我为纪念文集撰稿,截止日期是7月1日。当时我正校订《西方文论讲稿》下卷。待我完工,小憩半个月,日历已翻到6月26日。也就是说,我只有三天时间,写这篇纪念文。

时间再紧,文章一定要写。道理很简单:我与三联声息相通,已有二十年的交情。这二十年,恰好又是三联枯木逢春的岁月。遥想1932年,韬奋先生创办生活书店;此后十余年,陆续增设读书、新知;至1948年10月,三店在香港合并,定称三联书店。

我是1986年回国的留学生,自然没有资格纪念三联的创业与改造。但我回国伊始,便为《读书》撰稿,继而目睹三联最近二十年的发展变化。其中值得纪念的三件事,依次是开辟《读书》专栏、翻译"美国文库"、主持"三联·哈佛燕京学术丛书"。分别记述如下。

《读书》首开专栏

1986年夏,我从哈佛回到北京,重新到社会科学院上班。是秋,一次学术会议上,我认识了《读书》女编辑倪乐。她很快发了我的稿,又安排我去见沈昌文。见面地点我记不清了,大约是在东四一带——当时《读书》编辑部居无定所,总是搬来搬去,让人头晕。

总之，就在某一后街的租借房中（我记得是冬天，朔风呼啸，摇撼破窗），我见到了沈昌文、董秀玉，以及《读书》杂志的一群青年编辑。当时感觉，好像回到30年代邹韬奋先生在上海的工作场所：一屋子男男女女，南腔北调，来去如飞，忙碌不堪。

这边说着话、干着活，那边已经架上小火锅，要开午餐了。作为"呼啸山庄"的男女主人，沈昌文和董秀玉两位领导盛情邀我入伙。我尚在犹豫，旁边的王炎、杨丽华、吴彬、赵丽雅、贾宝兰等人，早已嘻嘻哈哈，捧出各色小菜、南北调料来。一时间汤锅翻滚、香味四溢。大伙儿不分尊卑，纷乱入座。众口铄金之际，恍然一道进入了共产主义。

当时我仍处于"另眼看中国"的转型期。第一次会晤三联诸君，作何感想呢？从外表看，这帮人衣着朴素、因陋就简，形同拓荒者。偏又笑语不断，兴高采烈地做事。其效率之高、人缘之好，让我刮目相看：原来三联传统，竟是如此敬业！

很快，这一印象又被改写，因为我领教了沈昌文这个"知道分子"的厉害。（赵按：沈公说他从小在上海当学徒，没有读过多少书。可他就喜欢同京沪一带的文化人打交道，属于知识分子离不开的"知道分子"。）几个月后，沈公（当时他以三联老总兼管《读书》）约我小酌。这一餐吃得很海派，餐馆也安静。席间，他一再盘问我有关美国学界与出版界的恩怨情仇，尤其关心《纽约时报》《哈泼斯》《纽约客》的专栏作家（Column Writers）制度。我一开始当笑话讲给他听，慢慢发现他的醉翁之意，并不在学界掌故，而在于生财之道。摘录那一次对话如下：

沈昌文：一凡兄，你说那些美国大亨，竟是用了什么法子，能让学界精英俯首听命，为其报刊写专栏，而且一写十数年，无怨无悔呢？

赵一凡：沈公，这里头的关节，叫作"因人设栏、一次买断"。无论你是哈佛大教授，还是某一学术领域的头面人物，我都可以许以年金、委以专栏，让你及时发表高论。而且几乎是自由选题、原文照发。假若你是一个大牌作者，你会作何想？

沈昌文：自然是称兄道弟、引为知音了。问题是：我本是商家，不敢做慈善。即便开了专栏,那也是要赚钱的。年金出手后,它还能回来么?

赵一凡:沈公是大商人,晓得算大账。一份好杂志,若能设立四五专栏,覆盖人文社科主要领域,它自然就有号召力。读者自然也会明白,某某与某某,都在这里发文章。一人一年五六篇,合起来就是一套畅销书。沈公啊,那里头有生活,也有读书与新知。

沈昌文:知我者,赵兄也。我们煮酒论英雄,可不能喝完酒就完事儿了。我想拜托赵兄,仿照美国样式,也在《读书》上开起专栏来。三联虽然给不了年金,却善于"感情投资"。其余那些条件,都是我可以说了算的。不知赵兄意下如何?

我与沈公击掌相约,私订终身。

自1987年起,《读书》开办中国改革开放后的第一个专栏"哈佛读书札记",栏主赵一凡,责编先有倪乐,后有赵丽雅。我国漫画家丁聪先生欣然加盟,挥笔作画,为我每一篇文字都留下一幅生动画像。承蒙丁老先生不弃,这组漫画像共20余幅,多为欧美学界名流,其中还有一幅我本人的肖像。

回想起来,这套札记一直写了八年,累计30余篇。紧随其后,《读书》又推出巴黎读书札记、莫斯科读书札记等一批特色专栏,分头介绍外国新知,开启国人读书兴趣。及至1988年春,我听《读书》女编辑说:国内许多高校学生,不但定期阅读《读书》,而且组织读书小组,每周一次,风雨无阻,在教室里、草坪上讨论《读书》文章。

我对沈公打趣说:三联改革壮举,成就如此局面,那些美国出版大亨,岂不相形见绌了?

翻译"美国文库"

所谓"美国文库",原是一大套美国学界集体编撰的经典丛书:它征调全美一流学者,精心编校美国历代思想家的代表作。整个工程前后费时二十年,出版一百余部,合称 *American Library*。

作为一套由美国政府重金资助的权威文献纪念版,这套丛书不但印刷精良、装帧豪华,而且一直是各国大学、研究所、思想库的基本藏书。

1989年我从哈佛毕业。我老师丹尼尔·艾伦教授说服美国新闻出版署,向中国北京三联书店赠送"美国文库"海外版权。说明一下:我老师今年高寿96岁,他不但是"美国文库"健在的主编之一,也是美中学术交流委员会的重要角色。老爷子的心思,是想为两国文化交往敷设基础。

所以他郑重其事,命我协办此事,并参与"美国文库"第一批样书翻译。可在当时条件下,骤然碰上这么一大套美国经典,三联岂可贸然行事?于是我一面向三联报告,一面担心此事干不成,或是干砸了。

我不知沈公使了什么神通,反正三联获准出版"美国文库",并指派英文编辑倪乐出任丛书责编。她的任务是与美国使馆联系,长年办理此案。此后十年间,倪乐辛辛苦苦,不计繁难,先后出版20余部"美国文库"经典著作。

其中,除了由我率先翻译的《爱默生集》(上下卷),还有《林肯集》《杰斐逊集》《梭罗集》《霍桑集》《艾伦·坡集》《斯托夫人集》《奥尼尔集》。直到2002年,我还应美国驻华使馆文化处的邀请,为我军专家集体翻译的《华盛顿集》做过一次匿名评审。

三联推出这20本新书,属于"美国文库"在美国境外出版的第一套外文本。根据美方苛刻要求,每一部书的翻译任务,须由精选之中国学者担任。每一部译稿,亦须交美方指定专家审核。全套丛书的印刷纸张,都使用进口货。而所有中文本的封面版式,须同美国版保持一致。

1995年,我带三联译本回哈佛,让我老师亲自检验,比较中美文本。结果是老爷子笑了:两国文本除去文字不同,竟是一个模子里倒出来的!

评语:"美国文库"是一项颇有历史意义的出版工程,它非哈佛不举,非三联不办。对我个人而言,三联在那种困难岁月中,竟能把这套大书做得漂亮爽气,一来让美国政府服气,二来也没让我在老师跟前丢脸。

三联·哈佛燕京学术丛书

由哈佛大学倡导的中美学术交往,发轫于抗战期间。1942至1944年,哈佛大学汉学家费正清先生,曾两度以美国外交官身份来华,与我西南联大学者交往,并对他们施以学术援助。

这一时期,由费先生与洪业、翁独健等中国教授合编的《哈佛燕京引得》,至今还存放在一些大学图书馆内,供中国学人参阅使用。

1995年,也就是《引得》(Index)面世半个世纪之后,哈佛与中国再一次携手,合作出版"三联·哈佛燕京学术丛书"。

这套丛书,并不是单方向引进、翻译美国书,而是借用哈佛大学的资助,出版我国中青年学者的创新著作。截至2008年6月,丛书一共在三联书店编排了13辑,推出新书80余本,全部发行量超过40万册。

近十年来,"三联·哈佛燕京学术丛书"在国内日益走俏,被目为同类学术丛书中的佼佼者,进而成为各方公认的学术品牌。许多年轻教师的博士论文,一旦被丛书选中出版,作者在短短几年间,便能破格提升教授。

在美国,哈佛燕京董事会一直关注它的进展。多次专家年会上,都有汉学界权威人士推举这套丛书,指其为中美学术合作的成功典范。这套书是怎样办起来的?让我先从1992年邓小平南巡说起。

那一年春天,小平发表南巡讲话,鼓舞了许多北京人,其中就包括三联书店的两位总经理,沈昌文和董秀玉。据我所知,这二人在学术图书出版方面,始终抱有开拓进取的想法。

心同此念的,还有一批年长学者:他们家居北京,在北大或社科院工作,因而对中青年学者的培养问题,尤其心情急迫、建议频繁。譬如北大季羡林先生、厉以宁先生,社科院的李学勤先生,就时常同三联老总交流信息。他们当时议论较多的问题之一,涉及中国博士生出书困难、年轻教师科研经费紧张。谁承想,这几位先生口中的家常闲话,居然漂洋过海,受到一批美国教授的关注。

具体说,大洋彼岸有哈佛大学东亚系的三位著名教授,韩南、杜维明、傅高义。他们都是美国一流汉学家,俗称"中国通",也是美中学术交往的有功之臣。身为他们当年的学生,我有心在这里披露一点儿历史花絮——以免时过境迁,慢慢都被国人遗忘了。先说韩南教授,他是开办这套丛书的第一拓荒人。

韩南（Patrick Hanan）是新西兰人，1948年奥克兰大学毕业，1960年伦敦大学博士。后赴美国，执教斯坦福大学、哈佛大学，是欧美学界公认的中国古典小说权威。他的代表著作有《中国19世纪与20世纪早期小说》《中国白话故事》。1986年，韩南出任哈佛燕京学社社长，连任两届，倾力推动中美学术合作。

1992年，韩南得知中国青年学者出书困难，便与我洽谈此事，明确表示哈佛燕京的资助意向及资助条件，同时委托我同三联商议合作可能。1993年春，韩南教授专程前来北京，与三联新任总经理董秀玉签订合作方案，确定由哈佛燕京学社提供赞助，常年出版一套面向中国中青年学者的学术丛书。

作为对等，三联也遵照哈佛要求，聘任一个由中国资深学者组成的学术委员会。委员会由季羡林先生领衔，厉以宁、李学勤、王蒙等先生代表各大学科。他们的共同职责，是对丛书的遴选、修改与出版，实行学术指导。例如在评审过程中，一律采用专家匿名审读、委员会择优精选，以确保丛书的优秀品位。迄今为止，丛书质量一直令人满意，其根本原因，就在于坚持上述国际通行的评审制度。

韩南教授1996年退休。他的社长职务，遂由哈佛东亚系教授杜维明接替。杜先生在学界是个熟人：他1940年出生于昆明，1962年从台湾前往哈佛深造，1968年获史学博士学位，现为哈佛大学讲座教授，国际汉学界的新儒家代表。

自从杜先生接任哈佛燕京学社社长以来，每年春秋两季，我们都会看到他的忙碌身影，频繁出现在国内各大学的讲坛上。与此同时，三联与哈佛的合作出版，不但保持了原有精品项目，而且不断有所扩大。

杜先生或许不知，丛书之所以成为三联的金字招牌，除了哈佛资助、委员会评审，还依赖这套丛书的两位责任编辑：许医农与孙晓林。这两位女编辑一前一后，像跑马拉松一样，连续十多年，兢兢业业，恪尽职守。

三联若无这样百里挑一的好编辑，岂能长此以往、风雨无阻地打理燕京丛书？令人遗憾的是，三联历任领导都忙于打理内务、经营出版，却很少出访美国，去拜会一下哈佛的老朋友。

最后讲讲幕后英雄傅高义（Ezra Vogel）。傅教授是哈佛大学东亚研究中心前主任，精通中文和日文的著名社会学家。早在20世纪70年代，他就以《日本第一》《共产主义制度下的广东》享誉学界，成为美国首屈一指的东亚研究权威。80年代，他应广东省政府邀请，来华考察七个月，发表《改革开放的广东》。这也是西方学者第一本有关中国改革大潮的专题研究报告。

1995年，傅先生出任费正清中心主任。1997年，他又领导哈佛亚洲中心，统一管理哈佛大学28项对华合作项目。眼下，傅先生不再教书，可他仍在孜孜写作《邓小平传》。我有一个愿望，就是等他完成此书之后，由我执笔将它译成中文，交由三联书店出版。

（原载《我与三联》，北京：生活·读书·新知三联书店，2009年）